現代統治構造の動態と展望
法形成をめぐる政治と法

川﨑政司・大沢秀介 編

尚学社

目　次

序章　川﨑政司　3

1　アメリカ

「執行の帝国」　大林啓吾　48

現代アメリカにおける法部門の動態と展望——多元主義的な憲法秩序形成の担い手としての裁判所・訟務長官　見平典　79

2　イギリス

立法過程の改革及び変動と政治部門における権力の拡散　木下和朗　112

人権法による「法」と「政治」の関係の変容——不適合宣言・適合解釈・対話理論　上田健介　151

3　ドイツ

ドイツにおける政府提出法案の起草過程とその規律　片桐直人　186

代替立法者としての憲法裁判所　櫻井智章　209

4　フランス

フランスにおける政治と法——法律の民主的正統性と合理性　只野雅人　238

フランスにおける合憲性統制機関——憲法院とコンセイユ・デタ　井上武史　267

5　ヨーロッパ

EU法およびヨーロッパ人権裁判所判決による法形成における「補完性原則」強化と国内議会の役割　建石真公子　284

ヨーロッパにおける多層的統治構造の動態——ヨーロッパ人権裁判所と締約国の統治機構の交錯　江島晶子　310

6　日本

立法をめぐる政治と法の状況と課題——法部門による事前審査と事後審査の役割・あり方等を中心に　川﨑政司　346

立法の質と裁判所の役割　大沢秀介　388

著者紹介　420

細目次

序章 …………………………………………………… 川﨑政司　3
 Ⅰ　本書の狙い・趣旨 ………………………………………………… 3
 Ⅱ　法やその形成をめぐる状況 ……………………………………… 6
 Ⅲ　法形成における政治と法 ………………………………………… 10
  1　政治 10　　2　法 12
 Ⅳ　政治部門と法部門 ………………………………………………… 16
  1　政治と法の交錯 16　　2　政治の主体 18　　3　法を確保するシステム 20
  4　専門家の役割 25　　5　本書における政治部門と法部門（再構成の試み）28
 Ⅴ　より良き立法に向けた動き ……………………………………… 31
 Ⅵ　政治と法の相克と相互作用 ……………………………………… 35
  1　政治と法の相克 35　　2　政治と法の対話？ 38
 Ⅶ　本書の各論文について …………………………………………… 40

1　アメリカ

「執行の帝国」……………………………………………… 大林啓吾　48
 序 …………………………………………………………………………… 48
 Ⅰ　大統領による法化──大統領による憲法価値の実現 ………… 50
  1　大統領による立法への影響 50　　2　大統領命令による法創造 52
  3　大統領命令の歴史的展開 53　　4　執行権の概念と法律の授権 55
  5　命令の限界 57　　6　大統領命令の拡大と他権の対応 57
  7　近時の大統領命令 59
 Ⅱ　行政立法の法化──委任禁止の法理から行政裁量統制へ …… 63
  1　委任禁止の法理の盛衰 63　　2　シェブロン法理の登場 68
  3　委任統制と裁量統制の折衷型 70　　4　委任禁止の法理のリバイバル？ 71
  5　委任統制から行政裁量統制への転換 72　　6　法の支配の担い手 76
 後序 ………………………………………………………………………… 77

現代アメリカにおける法部門の動態と展望──多元主義的な
憲法秩序形成の担い手としての裁判所・訟務長官 ……… 見平　典　79
 Ⅰ　はじめに …………………………………………………………… 79
 Ⅱ　アメリカの法部門──裁判所と訟務長官 ……………………… 81
  1　裁判所 81　　2　訟務長官 84

Ⅲ　司法積極主義の政治的構築……………………………………………89
　　　1　概要　89　　2　事例　91　　3　影響　93
　Ⅳ　多元主義的憲法秩序形成…………………………………………………93
　　　1　概要　94　　2　事例　95　　3　日本との比較　103
　　　4　アメリカの憲法秩序形成の積極面と消極面　106
　Ⅴ　おわりに………………………………………………………………109

2　イギリス
立法過程の改革及び変動と政治部門における権力の拡散
………………………………………………………………木下和朗　112

　序………………………………………………………………………………112
　Ⅰ　法の多元性と政治部門…………………………………………………113
　　　1　法源と規律主体との関係　113　　2　政治的憲法と憲法秩序　114
　　　3　判例法主義国における議会制定法の意義　115
　Ⅱ　立法過程の概観——政府法案に即して……………………………116
　　　1　制定法の種類　116　　2　議会制定法及び法案の種類　116
　　　3　法案提出前過程　116　　4　立法に係る議事手続　118
　Ⅲ　立法過程の特色…………………………………………………………122
　　　1　政府主導　122　　2　全院伝統　123
　　　3　立法における議会の正統化機能　123
　Ⅳ　政府立法の現状及び問題点……………………………………………124
　　　1　審議時間　124　　2　議会制定法の制定数及び頁数　125
　　　3　政府立法をめぐる問題点　125
　Ⅴ　立法改革と統治構造の変動……………………………………………127
　　　1　下院における議事手続改革の特徴　128
　　　2　立法改革の2つの目的と相克　128　　3　統治構造改革と権力の拡散　129
　Ⅵ　立法改革と下院の現代化………………………………………………130
　　　1　下院現代化委員会による立法改革　130
　　　2　政府統制の実効性強化と立法改革　131　　3　法案提出前審査　132
　　　4　常設委員会改革　135　　5　平議員議事の新設　136　　6　小括　137
　Ⅶ　立法の質向上を目指して——立法評価導入をめぐる動向…………137
　　　1　依然として残る立法の質をめぐる問題　137　　2　立法評価の必要性　138
　　　3　下院政治及び統治構造改革委員会の勧告　138　　4　政府の否定的応答　139
　　　5　立法における対等なパートナーとしての議会と立法評価　140
　Ⅷ　上院改革と立法…………………………………………………………140

1　1999年上院法以降の上院の構成変化　140　　2　憲法保障機能と上院　141
　　　3　上院における政府法案の敗北　142　　4　上院憲法委員会　143
　Ⅸ　委任立法の統制 ………………………………………………………… 143
　　　1　委任立法をめぐる問題　143　　2　議会による統制手続　145
　　　3　審査主体　146　　4　議会による統制の問題点　148
　結 …………………………………………………………………………… 150

人権法による「法」と「政治」の関係の変容——不適合宣言・
　適合解釈・対話理論 …………………………………………… 上田健介　151
　はじめに ……………………………………………………………………… 151
　Ⅰ　人権法の制定とその運用 ……………………………………………… 152
　　　1　1998年人権法の概要　152　　2　不適合宣言の例　152　　3　適合解釈　161
　Ⅱ　人権法の運用と「対話理論」 ………………………………………… 163
　　　1　不適合宣言に親和的な「対話理論」　163
　　　2　適合解釈を重視する「対話理論」　169
　　　3　不適合宣言と適合解釈を使い分ける「対話理論」　175　　4　若干の分析　178
　おわりに …………………………………………………………………… 182

3　ドイツ

ドイツにおける政府提出法案の起草過程とその規律 ………… 片桐直人　186
　Ⅰ　はじめに ………………………………………………………………… 186
　　　1　立法の質の問題　186　　2　立法の統制　187
　Ⅱ　ドイツにおける政府提出法案 ………………………………………… 188
　　　1　連邦法律における政府提出法案　188　　2　関連法令　190
　Ⅲ　政府提出法案準備過程とその規律 …………………………………… 191
　　　1　政府提出法案の準備過程　191　　2　法案具体化前の準備作業　191
　　　3　立法過程における外部専門家の関与　193
　Ⅳ　原案の起草とその規律 ………………………………………………… 198
　　　1　原案の起草と連邦司法省による審査　198
　　　2　規制影響評価（Gesetzesfolgeabschatzung [GFA]）　200
　Ⅴ　法案の閣議決定まで …………………………………………………… 204
　　　1　原案起草後の手続き　204　　2　国家法規監理委員会　204
　Ⅵ　おわりにかえて ………………………………………………………… 207

代替立法者としての憲法裁判所 ……………… 櫻井智章 209
- I　はじめに …………………………………………………………… 209
- II　著名な憲法判例 ………………………………………………… 210
  - 1　第1次堕胎判決 210　　2　第2次堕胎判決 213　　3　婚氏事件 216
  - 4　ハルツⅣ判決 218　　5　バイエルン元老院廃止判決 221
- III　若干の検討 ……………………………………………………… 225
  - 1　ザールラント共産党決定 225　　2　第1次堕胎判決前の仮命令 227
  - 3　「効果の管理（Folgenmanegement）」 229
- IV　おわりに ………………………………………………………… 233

4　フランス

フランスにおける政治と法——法律の民主的正統性と合理性
……………………………………………………… 只野雅人 238
- はじめに——「法律の質」をめぐる言説 ……………………………… 238
- I　立法の質 ………………………………………………………… 241
  - 1　立法のインフレーション 241　　2　法律自体の変質？ 243
  - 3　法律の質の変化と社会の変化 245
- II　法律の質と憲法院 ……………………………………………… 247
  - 1　法律の質・合理性の保証人としての憲法院 247
  - 2　法律が備えるべき資質——立法学の憲法化 249　　3　法律の資質の論拠 254
- III　立法の質と正統性 ……………………………………………… 258
  - 1　形式の整序と実質の改善 258　　2　「質」の脱政治化・道具化？ 261
  - 3　政治の定位と法律の合理性 264
- むすび ………………………………………………………………… 265

フランスにおける合憲性統制機関——憲法院とコンセイユ・デタ
……………………………………………………… 井上武史 267
- I　はじめに ………………………………………………………… 267
- II　憲法院 …………………………………………………………… 268
  - 1　憲法院の創設 268　　2　組織・構成 269　　3　憲法院をめぐる人事 271
- III　コンセイユ・デタ ……………………………………………… 276
  - 1　組織・人事 276　　2　諮問機関としてのコンセイユ・デタ 277
  - 3　憲法改正案の審査 280
- IV　おわりに ………………………………………………………… 281

5　ヨーロッパ

EU法およびヨーロッパ人権裁判所判決による法形成における
「補完性原則」強化と国内議会の役割……………………　建石真公子　284
  I　はじめに…………………………………………………………………　284
  II　EUにおける民主主義の補強——EU法形成への国内議会の参加……　290
    1　リスボン条約による構成国議会の役割の強化　290
    2　EUにおける補完性原則と構成国議会による補完性原則の監視　291
  III　ヨーロッパ人権条約第15議定書による「補完性」の強調
    及び第16議定書による人権裁判所の「諮問的意見」制度の創設と
    締約国との関係……………………………………………………………　295
    1　ヨーロッパ人権条約前文への「補完性原則」の挿入の背景　296
    2　ヨーロッパ人権裁判所の解釈規範力の形成　300
    3　第15議定書における「補完性」原則の挿入　301
    4　第16議定書——大法廷への「諮問的意見」を求める制度　304
  IV　終わりに…………………………………………………………………　307

ヨーロッパにおける多層的統治構造の動態——ヨーロッパ人権裁判所と
締約国の統治機構の交錯……………………………………　江島晶子　310
  I　はじめに…………………………………………………………………　310
  II　ヨーロッパ・レベルの統治構造………………………………………　314
    1　人権の国際的保障とヨーロッパ人権条約　314
    2　ヨーロッパ評議会の統治構造　315　　3　ヨーロッパ人権裁判所の現在　320
  III　ヨーロッパ人権裁判所の判例法形成が各締約国に及ぼす影響………　325
    1　分析視角——多層的人権保障システム（モデル）の提示　325
    2　ヨーロッパ人権裁判所と締約国（政治部門と法部門）　331
    3　多層的人権保障システムの評価　341
  IV　おわりに——グローバル・モデルとしての
    多層的人権保障システムの可能性………………………………………　342

6　日本

立法をめぐる政治と法の状況と課題——法部門による事前審査と
事後審査の役割・あり方等を中心に………………………　川﨑政司　346
  はじめに……………………………………………………………………………　346
  I　立法に関する日本のシステム……………………………………………　349
    1　政治をめぐる制度的建前と現実　349　　2　立法における法の位置付け等　351

3　法を確保する仕組みと法部門　354
　Ⅱ　日本のシステムの実態とその変化 …………………………………… 356
　　1　立法と政治の状況　356　　2　内閣法制局が果たしてきた役割とその評価　361
　　3　最高裁が果たしてきた役割と政治との距離　366
　　4　それらが憲法や法の状況にもたらしたもの　370
　Ⅲ　法の確保にかかわる課題と対応のあり方 …………………………… 374
　　1　複数性と専門性の確保　375
　　2　法部門による重層的・競合的なチェックの仕組み　376
　　3　最高裁への期待とその限界　379
　　4　法的な資源の豊富化・明確化・共有化　381
　　5　説明責任の強化と議論の活性化　383
　まとめにかえて ………………………………………………………………… 385

立法の質と裁判所の役割 …………………………………… **大沢秀介**　388
　Ⅰ　はじめに ……………………………………………………………………… 388
　Ⅱ　統治構造の改革と立法の質の低下 …………………………………… 389
　　1　諸改革と政官関係　389　　2　官邸主導の政治と立法の質　394
　Ⅲ　立法の質と立法実務家の見解 …………………………………………… 396
　　1　立法マニュアルの提示の動き　396
　　2　法律事項該当性と政策合理性の検討　399
　Ⅳ　立法事実と裁判所 …………………………………………………………… 401
　　1　立法目的の正当性と合理性を支える事実　401
　　2　合憲性推定原則と立法事実の関係　403
　　3　立法事実論の展開と司法積極主義　404
　　4　「立法事実の変化論」の議論　406
　Ⅴ　立法の手続的正当性と司法の役割 …………………………………… 409
　　1　判断過程統制と立法者の義務　409　　2　具体的な判断の内容　412
　　3　「立法者制御の法理論」との関係　414
　Ⅵ　結びに代えて ………………………………………………………………… 417

著者紹介　420

現代統治構造の動態と展望
──法形成をめぐる政治と法──

序章

川﨑政司

　　　　　Ⅰ　本書の狙い・趣旨
　　　　　Ⅱ　法やその形成をめぐる状況
　　　　　Ⅲ　法形成における政治と法
　　　　　Ⅳ　政治部門と法部門
　　　　　Ⅴ　より良き立法に向けた動き
　　　　　Ⅵ　政治と法の相克と相互作用
　　　　　Ⅶ　本書の各論文について

Ⅰ　本書の狙い・趣旨

　1980年代後半以降，日本を含む先進民主主義諸国では，統治システムの揺らぎや変容が目に付くようになっている。その共通の背景には，冷戦構造の終結，財政状況の悪化や少子高齢化等に伴う福祉国家の行き詰まり，グローバル化の進展などがあるが，その経緯，動き，内容・程度などについては，国によって一様ではなく，また，その時期や政治・社会経済の状況による違いもみられる。憲法の変動を伴うような統治システムの改革に取り組んだ国もあれば，制度上は大きな変化はなかった国もある。

　日本は，1990年代以降に政治改革・行政改革・司法制度改革・地方分権改革などの統治機構改革に取り組み，「戦後」以来の改革などともいわれ，本格的な政権交代も経験することになった。ただし，イギリス，フランスなどで行われた大規模な改革に比べれば，それほど大きな変化があったとは言い難い面があり，むしろ，東西ドイツの統一が行われ，それ以降も頻繁に基本法改正が行われたものの[1]，連邦制に関する改革以外は統治システムに大きな変化はなかっ

たとされるドイツと，それほど目立った制度改革が行われることのなかったアメリカの中間に位置付けられるのかもしれない。

しかしながら，いずれの国においても，たびたび，議会や行政府，あるいは政治の機能不全，これらに対する不満・不信などが顕在化し，それらへの対応を迫られるような状況がみられたことでは共通するといえる。各国においてトップリーダーの主導性の確保・強化が課題となるとともに[2]，大統領制や半大統領制を採用する国だけでなく，議院内閣制を採用する国でも，「分割政府」による政治の停滞などが顕在化し[3]，また，少なからぬ国において，統治や立法の質が問題とされてきていることも，特徴として指摘することができるだろう。そして，そこでは，民主主義のあり方が問われると同時に，法や専門性についてもしばしば懐疑や批判の目に晒されることとなった。

これらの動きについては，これまでにも，憲法学や政治学の研究者などにより，紹介・検討されてきている。ただ，それらは，主にそれぞれの国の動きや制度について述べるものであって，共通の問題意識や視点から各国を横断的に検討したものはそれほど多くはない。

そこで，本書では，憲法学の立場から，法の形成に焦点を当て，かつ，「政治と法」という視点から，欧米諸国と日本の統治システムの動態と変容について，比較分析を試みることとしたい。

本書で考察の対象とするのは，アメリカ，イギリス，ドイツ，フランス，日本

---

1) 東西ドイツの統一に伴う1990年の第36次改正以降2014年の第60次改正まで25回の改正が行われている。なお，本書が対象とする国の中では，フランスにおいても，1990年代以降2008年の大規模な改正までの憲法改正の回数は19回を数える。
2) その意味するところについてはいろいろと議論があるが，大統領制・議院内閣制といった政治形態を超えた，このような動きについては，「政治の大統領化」ないし「政治の大統領制化」（presidentialization of politics）などと呼ばれることもある。なお，presidentialization of politics については，Thomas Poguntke & Paul Webb, "The Presidentialization of Politics in Democratic Societies: A Framework for Analysis", Thomas Poguntke & Paul Webb (eds.), *The Presidentialization of Politics: A Comparative Study of Modern Democracies* (2005) 参照。
3) アメリカにおける大統領の所属党派と議会の上院・下院の多数派が異なる divided government，フランスにおける大統領と首相の所属党派が異なる保革共存（cohabitation）のほか，日本では衆議院と参議院，ドイツでは連邦議会と連邦参議院の多数派が異なる「ねじれ」がしばしば問題とされてきたが，本書・木下論文は，イギリスでも，貴族院改革等に伴い貴族院（木下論文では上院）における多数派が不在となり，庶民院（木下論文では下院）と貴族院との関係につき「ねじれ」議会となっていることを指摘する。

の 5 か国と，EU とヨーロッパ評議会（ヨーロッパ人権裁判所）[4]の両方を対象とするヨーロッパである。学問的にも実務的にも頻繁に比較の対象とされ，また，「政治と法」ということから統治のシステムやその変容について論ずる素材に事欠かない 4 か国を比較の対象とする理由については多言を要しないと思われるが，個別の国とは別にヨーロッパを取り上げた理由については一言触れておく必要があるだろう。

ヨーロッパ諸国においては，EU 法やヨーロッパ人権裁判所判決が構成国の法や法形成，あるいは統治システムのあり方に大きな影響を与えており，政治と法の関係はさらに錯綜したものとなっているだけでなく，EU における「民主主義の赤字（democratic deficit）」やヨーロッパ人権裁判所の位置付け・判決の受容の問題などもあり，民主的正統性や権利保障（国際化・グローバル化と民主主義と人権保障の 3 者の関係など）をめぐる様々な動きや検討素材がみられる。政治と法という点などから，EU・ヨーロッパ人権裁判所とその構成国やその国内機関との関係は考察の対象として興味深く，また，それは，本書で取り上げるイギリス，ドイツ，フランスの制度やその改革，法状況にも大きくかかわってくるほか，グローバルな人権保障という点からは，多くの国際人権条約に批准しつつも国内的な適用・実施は限定的とされてきた日本の対応のあり方を考えていく上で，なお慎重な見極めや留保は必要となるものの，何らかの示唆を導き出すこともできるのではないかと思われる。この点，本書・江島論文は，多層的人権保障システムといったモデルを抽出し[5]，その汎用の可能性を探る。

なお，現在も進行している統治をめぐる揺らぎや変容は，統治システム全体に及び，「政治と法」という問題にとどまるものではないことはいうまでもない。また，法の形成に焦点を当てた「政治と法」という観点からの検討とはいっても，法やその形成のあり方は，それぞれの国等によって異なるほか，その多様化・多元化・多層化が進んできており，議会・行政府・裁判所のすべてがかかわり，統治作用の全般にわたっているといってよいだろう。「政治」も「法」も多義的・

---

4) EU とヨーロッパ評議会はそれぞれ異なる条約に基づく独立の機関であり，両者の位置付け・関係については，本書・江島論文参照。

5) なお，本書・上田論文は，イギリスにおいて 1998 年人権法による下級審の不適合宣言に政府が法律改正等で応じる事案が多いことの理由としてヨーロッパ人権裁判所の存在を指摘し，国内裁判所が国際的な人権保障体制と協働して実効的に機能する「多層的人権保障システム」を確認できるとして，これに呼応する。

相対的なもので，それらがかかわる問題は多様であるだけでなく，両者の関係はしばしば複雑・微妙で錯綜したものとなる。グローバル化の進展と国際機関・地域機構の発達は，さらに両者の関係の複雑さを増幅することにもなる。

そして，そこでは，「政治」と「法」といっても，それぞれの主体として何を想定し，どの機関とどの機関の関係に焦点を当てるかということも問題となってくるのであり，また，政治と法のどちらに重きを置き，どちらの側から論じるか（すなわち「政治と法」か「法と政治」か）によっても，議論は異なりうる。

そのようなことも踏まえ，本書では，取り上げる国等について，基本的に，政治あるいは法の側の視点に立った2人の稿者により，法形成やそこにおける政治と法のあり方などについて考察を加えることとしている。そこで取り上げられるのは，政治と法それぞれにかかわる制度・機関・問題状況や両者の関係・動態・あり方などであるが，ただし，政治と法の視点として何をイメージし，どのようなものを考察の対象とするかは，それぞれの国等の状況も踏まえた稿者の判断に委ね，あえて統一はしなかった。したがって，それぞれの論文は，それぞれの国等のシステムや状況を理解する上で重要な事項を取り上げているものの，必ずしも法形成における「政治と法」の全体像を論じるものとはなっているわけではない。

II 法やその形成をめぐる状況

法の形成やその主体ということで何に重きを置くか，あるいは誰がより良き法を成しうる（保証しうる）とみるかについては，それぞれの国における法に関する伝統，制度，政治や司法・裁判所の状況などによって異なりうる。それは，決して固定的なものではなく時代によって異なるのであり，また，その評価については，法の概念や立憲主義，民主主義などの理解によっても異なってくるものであるといえる。

この点，コモン・ローの伝統をもつ英米においては，制定法の比重が高まってきているものの，立法（議会制定法）は不完全なものとの見方が根強く，法ということでは裁判所の役割を重視する傾向が強いといわれてきた。ただし，イギリスでは，議会主権も憲法原理とされ[6]，長らく貴族院が最高裁判所の役割を果たす一方，アメリカでは，厳格な権力分立を採用しつつ司法裁判所が違憲審査権をもち，権利保障の役割を果たしてきている。

これに対し，ヨーロッパ大陸諸国，とりわけフランスでは，伝統的に，裁判所に対する不信や警戒感が強く，代表を通じての「一般意思」の表れともされる議会制定法に重きが置かれ，議会制定法による権力統制・権利保障の考え方がとられてきたが，ドイツでは，第2次世界大戦後，基本法で本格的な憲法裁判所制度が導入され[7]，憲法秩序の形成・保障の面で大きな役割・機能を果たすようになっている。

　もっとも，そのような伝統的な構図については，様々な変化がみられ，多様化・複雑化してきている。

　例えば，イギリスでは，従位立法（委任立法）などによって議会主権の空洞化が進んできているだけでなく，ヨーロッパ人権条約を国内法化する1998年人権法が制定され，裁判所が議会制定法の条約不適合を宣言できることとなったほか[8]，2005年憲法改革法により貴族院の上告管轄権が廃止され，独立の最高裁判所が設置されるに至った。また，フランスでは，1958年の第5共和制憲法において議会の立法権（法律事項）の限定，行政府の対議会権限の強化と立法手続への関与などを特徴とする「合理化された議会制」，憲法院による事前審査制などが導入されたほか，1970年代に入ると憲法院が1789年の人権宣言も根拠に違憲審査を行うようになるとともに，2008年の憲法改正により，権利自由を侵害された国民の抗弁がコンセイユ・デタや破棄院から移送されることで憲法院が事後審査を行うようになるに至っている。

　ヨーロッパにおいては，ヨーロッパ人権条約に基づくヨーロッパ人権裁判所の判例法が締約国の国内法や国内機関に与える影響も見逃すことができない[9]。

　これらは，立憲主義や違憲審査制のグローバル化や拡大の流れとして捉えることもとりあえず可能だろう[10]。そして，行政国家現象の進展[11]なども相ま

---

6) イギリスにおけるコモン・ローと議会制定法の位置付け・関係については本書・木下論文参照。なお，イギリスにおいても，権力の統制ということでは，むしろ議会の役割を重視する政治的立憲主義の方が有力であったといえる。

7) 第2次世界大戦における全体主義の経験の反省に立ち，基本法・基本権により議会を拘束しようとするものであり，議会主義に対する人々の信頼の喪失・ルサンチマンが憲法裁判所の成功にも作用することになったとされる。

8) 1998年人権法に基づく裁判所による不適合宣言と適合解釈の概要・運用などについては，本書・上田論文が取り上げる。

9) この点については，本書・江島論文が論じる。

って，議会主権ないし議会主義はさらに後退を余儀なくされてきているようにもみえる。すなわち，裁判所による違憲審査をはじめとする法的統制を通じた立法への関与や，行政府による議会立法への関与・行政立法（委任立法）と，それらの影響力・比重の増大などによって，議会が法律を作り，行政府がそれを執行し，裁判所が解釈・適用するといった伝統的な枠組みで法や法形成の作用・プロセスを捉えることはますます困難となってきているのである[12]。このような立法主体の細分化・多様化や議会制定法に対するコントロールの拡大は，「立法者」の相対化と捉えることもできるだろう。これに，グローバル化による条約の増大（ヨーロッパにおいては地域機構の発達）なども加わり，法はますます多元化・多層化の様相を強めるとともに，議会の役割・影響力の縮小といった状況をもたらすことになる[13]。

しかしながら，その一方で，違憲審査制の母国とも目されてきたアメリカでは，ウォーレン・コート以降，司法審査と民主主義の関係が問われてきただけでなく，1990年代以降は，裁判所による違憲審査に対する期待が低下し，司法審査に対して慎重な見方をする論調が強まっているような状況もみられ，思想的にも，議会による民主的立法を重視する規範的法実証主義[14]やポピュリズム立憲主義などが有力に展開されるようになっている。

---

10) 違憲審査制を伴う立憲主義は，第2次世界大戦後に国際的な広がりをみせることになったが，冷戦構造の終結後は，東欧諸国で違憲審査制を含んだ憲法典が制定され，イギリスやフランスで上記の動きがみられるほか，ヨーロッパだけでなくグローバルな規模で違憲審査制がさらに普及してきている。
11) 近年は，福祉国家の行き詰まりなどによる国家の役割の限界の露呈，市場化，公私協働，グローバル化などに伴い，「ポスト行政国家」などといったこともいわれ，国家の制定法の比重の低下や立法主体のさらなる多様化・多元化なども指摘されているところであるが，ここでは，そのことを指摘するにとどめることとしたい。
12) ただし，その一方で，議会制定法で定めるべき事項（議会留保）があるのであり，また，法案の準備過程が行政府を中心に展開されるとしても，法律の制定（決定）の権限をもつのは議会であり，そのことの意義を軽視すべきではないだろう。裁判所の解釈（それを通じた法形成）も基本的に制定法を前提として行われ，裁判所の違憲判断を受けての立法的対応も議会が行うことになる。
13) グローバル化の進展は，行政府による対応の比重をさらに増大させることになり，議会のコントロールが及ばない領域が拡大するだけでなく，国家の関与の有無にかかわりなく国際機関や国際的な枠組みにおいて形成される国際標準等が国内においても法としての意味をもつようなことなども生じ，そこでも議会はスルーされ，その地位・役割の低下が一層進むことになり，それらへの対応が問題となってきている。
14) 代表的なものとして，JEREMY WALDRON, THE DIGNITY OF LEGISLATION (1999) など。

また，衰退が喧伝されてきた議会についても，イギリス，フランスなどでは，その機能を強化するための改革も進められるようになっている[15]。構成国議会（国内議会）の関与が課題となってきたEUでも，その立法過程への参加や国内議会による監視などの仕組みが認められたほか[16]，国内における議会の外交的権限の強化なども行われてきている[17]。

[15) イギリスでは，貴族院の改革が進められてきているほか，庶民院についても，2006年の常設委員会改革，2010年のバックベンチ（平議員）議事の導入，2011年の議会任期固定法の制定などの改革（詳細については本書・木下論文参照）が相次いで行われ，ウェストミンスター・モデルの変容といったことも語られている。また，フランスにおける2008年の憲法改正では，修正権の抑制といった内容も含むものの，議会の機能としての政府行為の監視と公共政策の評価の明示，政府の軍事介入決定に関する議会への通知と承認，委員会の機能強化，本会議の議事日程決定権の強化，政府信任手続を用いた立法手続の限定，行政監視・政策評価を行うための委員会の設置など，議会の機能強化が改正の大きな比重を占めていた。

16) ヨーロッパでは，EUの発展とヨーロッパ人権裁判所の判例形成による国内議会の立法権の制約などが問題となり，これに対してEU等や国内において国内議会の役割を強化する動きもみられるようになっており，2009年に発効したリスボン条約とその第1及び第2議定書による国内議会に対する情報提供，国内議会による補完性原則の監視などの導入については，本書・建石論文が論じる。もっとも，これらは，EUの立法過程に国内議会がかかわることができることになったとはいえ，リスボン条約によるEUの意思決定の仕組みの柔軟化・迅速化とともに導入されたものであり，また，実効的にEUの立法に関与するものとはなっていないともいわれる。このほか，民主主義の赤字への対応ということでは，ヨーロッパ市民によって直接選挙されるヨーロッパ議会の強化の動きも注目される。この点，ヨーロッパ議会とEU理事会（閣僚理事会）によって行われる通常立法手続の整備など，その地位が強化されてきているものの，なおEUの立法過程におけるヨーロッパ議会の役割は限定的であるといわれるが，その一方で，それに伴って，多層的・複合的な民主的正統化の可能性とともに，ヨーロッパ議会と国内議会の関係なども問題となりうることになる。

17) 例えば，EUの関係については，リスボン条約の批准に際し，フランス，ドイツなどにおいてはそのための憲法改正が行われており，それによって，フランスでは，憲法にEU法案の議会提出，補完性の原則に関する議会の監視権限の規定などが設けられ，また，ドイツでは，基本法に議会の関与に関する規定が設けられ，それを具体化する「EUの事項における連邦議会及び連邦参議院の権利の拡張及び強化に関する法律」（権利拡張法）が制定された。そして，フランスでは，さらに2008年7月の憲法改正においても，後述のヨーロッパ問題の専門委員会の設置など議会の役割の強化が図られる一方，ドイツでは，連邦憲法裁判所の2009年6月30日のリスボン条約判決で，権利拡張法による連邦議会及び連邦参議院の関与権が不十分であり基本法23条1項（EUに関する諸原則）と結び付いた38条1項（連邦議会の選挙・議員の地位）に違反するとされ，これを受け，「EUの事項における連邦議会及び連邦参議院の統合責任の引受けに関する法律」などが改めて制定されている。議会の監視権限の強化ということでは，このほかに，イギリスの庶民院・貴族院，フランスの国民議会・元老院，ドイツの連邦議会におけるヨーロッパ（EU）問題を所管する委員会の設置なども挙げることができる。

このほか，ヨーロッパ諸国や日本では，立法のインフレーションなど，立法の量とともにその質が問題とされ，「より良き立法」に向けた議論や取組もみられるようになっていることも注目されるだろう[18]。

以上のように，法やその形成をめぐる状況は決して一様ではなく，また，揺れ動きや変遷がみられるが，そこでは，法の多層化や法主体の多様化・多元化が進むとともに，法形成に議会・行政府・裁判所やそれらの諸機関がかかわり，その相互作用の中で行われている姿が浮かんでくるのであり，法形成の作用について，多元的・連続的なプロセスとして複眼的・動態的・総合的に捉えていくことも必要となっているといえるのである。

Ⅲ　法形成における政治と法

立憲民主主義を採用する国では，政治と法が統治のあらゆる領域にかかわり，両者が相まって統治が行われていくことになる。

政治と法は，ともに抽象的・多義的・広範な概念であり，これらをどう捉えるかは本質的・論争的な問題であって，その定義には困難を伴う。ここでは，本書における考察に必要な範囲ということで，法形成における政治と法の位置付け・機能などを簡単にスケッチし，確認しておくこととしたい。

1　政治

社会には，必ずしも両立しない価値や利益といったものが少なくないのであり，新たに秩序や制度・ルールを形成するにあたっては，それらの対立する価値や利益を調整することが必要となる。そして，それを社会全体として調整し，価値等の選択・ルール等の決定を行う作用あるいは主体を，ひとまず「政治」と呼ぶことができるだろう。

そして，近代民主主義国家においては，立法は，国民から選挙された代表者をもって構成される議会により行われるというのが，その基本的な建前・原則とされている。

---

[18] フランスでの議論や動きについては本書・只野論文，ドイツでの議論や動きについては片桐論文，日本での議論や動きについては大沢論文が触れている。

また，現代国家では，行政府への権力や情報の集中が生じる行政国家現象が進み，議会よりも行政府の方に重心が移る傾向がみられ，立法についても行政府の役割が増大しているが[19]，それを司る執政府についても，議院内閣制か大統領制かによって国民による選出につき間接的か直接的かの違いはあるものの，国民の代表者を中心に構成されるなど[20]，民主的正統性を備えることになる。

　いずれにしても，そこでは，民主的正統性を有するものが決定権をもち，多様な民意を反映し，調整・集約することが求められているのであり，様々な対抗・協調などの関係が生じる中で，説得・批判などの議論が行われ，妥協が図られ，最終的には多数決原理により決断が行われることになる。

　なお，Ⅲ2で述べるとおり，立法において，政治は，法に枠付けられつつ決定を行うものの，そこでは，法的な観点だけから判断が行われるわけではないことも確認しておく必要があるだろう。立法は，政策の推進や政治的な意思決定の手段などともなり，政治は，むしろ，様々な要求を受け，必要性・創造性・結果妥当性などを重視し，あるいは経済的合理性（効率性）の要請に迫られつつ，政治の論理に基づいて，立法により価値的・道徳的・規範的・政策的な選択・決断を行うことになるのであって，法に関する意識が希薄となるところもあるほか，法を道具的にみる傾向が強いといえる。そして，政治は，時に，法の枠を不用意に乗り越えたり，無視するようなこともある。

---

[19] この点については，行政府が作成し提出する法案が立法の中心となり，また，委任立法が増大し，重要な事項が行政府の命令によって定められるようになっていることに現れている。しかも，それは，議院内閣制を採用する国だけでなく，大統領制を採用する国においてもみられる現象である。厳格な権力分立制をとるアメリカにおける大統領による法案提出の関与や法創造等については本書・大林論文を参照。このほか，フランスの第5共和制憲法では法律事項が限定列挙されるとともに，それ以外の事項を定めた法律は行政府のデクレによって変更が可能とされているほか，法律の所管に属する事項に介入するオルドナンスの制定も行政府に認められるなど議会の立法権が限定されており，また，イギリス，フランスなどでは法律の合理化・簡素化のために行政府の命令にその役割を担わせるような状況もみられる。

[20] もっとも，ドイツでは，制度上は，連邦議会によって選挙される首相をはじめ大臣は連邦議会の議員であることが要件とはされていない。他方，半大統領制を採用するフランスでは，首相その他政府構成員は，議会に対し責任は負うものの，国民の選挙によって選出された大統領によって任命され，議会の議員との兼職が禁止されている。

2 法

　現代国家において，法は，社会統制，活動の促進，利害の調整，紛争の処理，社会的資源の配分など多様な役割・機能を果たすようになってきているが，国家作用・活動との関係では，国家機関が権力を行使する場合の根拠となり，国家機関の行為を正当化するものであると同時に，権力を縛り，限界付けるものである。法については，変更することも可能だが，変更されるまではそれに拘束されることになる。法律を制定改廃する議会とて，法から自由というわけではなく，立法にあたっても，憲法による拘束のほか，法の一般原則，法の枠や法が備えるべき要素・条件（一般性・一貫性・体系性・整合性等）などといったものに縛られることになる。

　立憲主義は，国民の権利自由の保障のために，最高法規とする憲法によって権力を縛り，憲法によって統治が行われることを求めるものであり，そのために，憲法によって基本的な法的価値である（あるいは民主主義的価値でもある）人権を保障し，権力分立を定めるほか，司法裁判所または憲法裁判所による違憲審査制が採用される。歴史的・多義的な概念である立憲主義については，その含意するところをめぐりいろいろと議論がみられるところではあるが，20世紀後半以降，とりわけ近年の違憲審査制のグローバル化を踏まえるならば，立憲主義を上記のように捉えることも許されよう（もっとも，他方で，憲法典がない限り，あるいは裁判所による違憲審査制を採用しない限り，立憲主義ではないという必要もないが……）。立法は，少なくとも実質的なものも含む憲法に適合することが求められる。

　ただし，その場合でも，憲法を，共同体全体の法的基本秩序あるいは価値秩序を定めるものと捉えるのか，それとも，国家機関の活動を限界付ける枠秩序として捉えるのかといった問題がある。また，憲法がどの程度の規範力をもつかは，憲法に対する国民の意識，裁判所[21]による憲法解釈・違憲審査権の行使の状況などによって，異なりうることにも留意する必要がある。この点では，国民の間での憲法の浸透や支持に関するアメリカやドイツと日本との相違がし

---

[21]「裁判所」という言葉は司法裁判所を指すことも多いが，本稿では，司法裁判所と憲法裁判所を合わせたものとして適宜「裁判所」を用いている。ただし，特にアメリカや日本について「裁判所」という場合には司法裁判所のみを指す。

ばしば指摘されてきたところである[22]。そして，憲法は，抽象的である反面，開かれた構造をもち，解釈により現実に法として具体化されるとともに，社会的現実に照らして継続的に形成され，発展していくところがあるのであり，そこにおいては憲法裁判が重要な意味をもつ。

このほか，国によって条約の受容の仕方も，援用の仕方や機能の程度も異なるものの，多国間の一般条約，とりわけ国際人権条約を，国内法を枠付けるものとして挙げることもでき，グローバル立憲主義などといった捉え方がなされることもある[23]。ヨーロッパ諸国では，ヨーロッパ人権裁判所判決を通じたヨーロッパ人権条約が締約国の国内法のあり方や法形成に影響を与えていることは既に触れたが，日本では，批准後は議会・行政府・裁判所とも国際人権条約などには冷淡な態度をとってきたと評されてきたものの，グローバル化の進展とともに，徐々にではあるが，人権条約が立法に影響を与えたり，最高裁判所の判決で違憲判断の考慮要素として持ち出されるといった状況もみられるようになってきている[24]。

もっとも，国際法と国内法の関係は，複雑であり，慎重にみていくべきところもある。例えば，両者の衝突などもみられるほか，国際法が，国内の民主主義や立憲主義に大きな影響を与えることもあり，これをどうみるべきかは，条約や国際的な機構・枠組みなどの評価，国家（国民）の主権への重点の置き方，民主主義観などによって異なりうる。ヨーロッパでは，国内議会の役割や影響力の低下と民主的正統性の不足が「脱議会主義化」，「脱・議会化」などとして問題とされるようになっているほか，EU司法裁判所が判例法理として確立したEU法の優位の原則との関係で，EU法と国内憲法との関係や抵触などが問題

---

[22] アメリカでは憲法により国家社会の基本を定めるとの合意が存在し，また，ドイツでも国民の基本法への強い信頼が存在するほか，両国では違憲審査を行う裁判所が国民の尊敬・信頼を集めてきたのに対し，日本では憲法（護憲と改憲）が政治的なイデオロギーの対立点となってきた。これらの点については，本書・川﨑論文でさらに言及する。

[23]「国際法の憲法化」などとともに，国際法学などで用いられているものであり，この点については本書・江島論文参照。ただし，人権条約の国内的効力・直接適用可能性や，人権条約と国内憲法との関係・調整などについてどのように捉えるかといった問題があり，なお多くの国では，国内憲法優位が維持されるとともに，人権条約への適合性が国内裁判所によって確保されるような状況となっているわけではない。

[24] この点については，なお慎重な動きや議論がみられることも含め，本書・川﨑論文参照。

となり，これに対して，国内の憲法裁判所が，EU 法あるいは国内憲法との適合的な解釈などを通じて調和を図ってきている一方で，国内憲法との関係ではEU 法の適用優位という理解にとどめ EU 法の優位を部分的に否定する（憲法アイデンティティの保護）など，防御的な姿勢を示すような状況もみられる。

　他方，法の支配も，また，権力の恣意や濫用を防止し，個人の予測可能性と行動の自由を確保するため，少なくとも，権力の行使が法に基づくことを求めるとともに，形成される法についても，上述のような法としての要素・条件（形式的合法性等）の具備を求めるものといえる。

　もっとも，法の支配についても，多様な理解が存在し，そのような意味にとどまらず，正しさや人権保障などの実体的な内容をそれに含めたり，民主主義まで取り込むものもみられ，日本では，拡大した意味で用いられることが少なくない[25]。例えば，日本における先の統治機構改革，とりわけ司法制度改革では，その基本理念として「法の支配」が強調されることになり，その捉え方をめぐり形式的なものか実質的なものも含むのか，権力の統制の問題か司法の役割にかかわる問題かといったことが，法形成の捉え方や国民主権との関係なども含めて議論されることになったことは，記憶に新しい。

　法の支配として正しさや人権を含むことについては，何が正しいものであるかは神々の争いとなりかねず，人権の意味・範囲や調整をめぐっても価値に関する論争は避けられない。また，議会制定法が民主主義と結び付くものだとしても，法の支配に民主主義まで取り込むことは逆にその概念を不明確なものとしかねないところもある。しかしながら，それを狭く捉えようが広く捉えようが，法の支配が，その法のあり方として形式的合法性を求めることを含むものであることにはそれほど異論がないようにも思われる。そして，それは，立法者に対する要請として位置付けられうるものであって[26]，特に，現在の法律の

---

[25] 日本における「法の支配」をめぐる議論の状況を整理したものとして，渡辺康行「『法の支配』の立憲主義的保障は『裁判官の支配』を超えうるか――『法の支配』論争を読む」『立憲主義の哲学的問題地平（岩波講座 憲法 1）』（岩波書店，2007 年）53-88 頁，愛敬浩二「戦後日本公法学と法の支配」柳瀬孝雄編『司法の国民的基盤――日米の司法政治と司法理論』（日本評論社，2009 年）277-296 頁など。
[26] その要請はもちろん裁判所にも向けられており，最終的には裁判所の解釈や違憲審査によって完成・確保されることになるといえる。

質が問われるよう状況にかんがみるならば，そのことを改めて確認しておく意味は小さくないようにみえる[27]。

いずれにしても，立法については，その主体となる政治の恣意や無原則な妥協に委ねられるものではなく，法の枠や要素・条件の下で，一定のルール・手続に基づいて行われることが求められているといえるのだろう。

ただし，立法者は法の一般原則や形式的合法性なども考慮すべきであるとはいえ，それらは程度問題となるところがあり，また，それらの中には，憲法に取り込まれたり，憲法から導き出すことが可能なものもあるものの，そうでなければ政治を枠付けきれないところがあることは否めない[28]。

また，立法の質の確保や合理化ということからは，形式だけでなく，立法における適正なプロセスの確保も重要であり，その手続については憲法，議会法等によって規律されているところであるが，それに関し裁判所がどの程度法的な統制を及ぼしうるかは，議会法や議院の自律権の理解，裁判所の位置付け・役割設定などによっても異なりうる[29]。立法の手続的正当性と司法の役割については，本書では大沢論文が取り上げている。

なお，現代国家における立法においては，Ⅲ1でも触れたとおり，政策的・道具的な色彩が強まっており，そこでは，法の政策化が進み，政治的・経済的な要素が重きをなすようになる一方，法的なものは相対化・後退を余儀なくされるとともに，その意味自体が改めて問われるようにもなっていることも見据えておく必要がある。

---

[27] 法律の質の問題として，例えば，個別的法律の増加，法律の規定の不明確性・広汎性，意味の希薄な法律や規定，場当たり的・朝令暮改的な立法，法律の不整合などの問題が指摘されており，それらはある程度各国に共通するものともなっている。もっとも，その一方で，現代国家では，法令の増大や複雑化などにより，国民の知らない法令や理解困難な法令によって国民生活の細部まで規律され，あるいはあいまいで抽象性の高い規定により行政府の側に幅広い裁量が認められるなど，法の支配が建前化・空洞化している面があることも否めない。

[28] 例えば，一般性・明確性・一貫性などは程度問題とならざるを得ないところがあり，また，日本の場合でいえば，明確性の原則のように，表現の自由，罪刑法定主義，租税法律主義により憲法上位置付けられる場合には，それに反することをもって違憲・無効とされうるのに対し，一般性のように憲法の規定から直接に導き出されにくいもの（憲法41条を直接の根拠とする学説はあるものの，疑問がある）の場合には，平等原則や権力分立，あるいは個別の人権規定に反しない限り，それを欠き個別的であるということだけでは違憲とはならないことになる。

IV　政治部門と法部門

1　政治と法の交錯

　法の形成においては，議会のほか，行政府・裁判所もかかわり，政治と法が様々な形で交錯をする。

　その場合に，政治と法ということでは，議会と裁判所との関係として捉えら

---

29) 立法の合理化ということを考える上では，手続の適正化なども重要な課題とはなるが，その手続について裁判所がどこまで法的な統制を及ぼすことができるかは，微妙なところもある。

　この点，フランスの憲法院は，自らを立法手続統制機関として認めた1975年7月23日判決以降，立法手続の憲法適合性統制を行ってきているが，これは，憲法院が，もともと合理化された議会制の監視者・それをめぐる紛争の裁定者の役割を担うものであったことなどや，立法手続法の規範としての位置付け・相違なども関係しているのであり，また，そこでは，憲法典に限られないものの憲法準則への違反の有無が審査され，実際には，議事手続ではなく，法案提出手続が対象とされることが多いことにも注意が必要である（この点については，奥村公輔「『立法手続と司法審査』の再構成──フランスにおける法律案提出手続に対する裁判的統制を素材として」比較憲法学研究22号〔2010年〕169-195頁参照）。また，ドイツの連邦憲法裁判所は，立法手続もその審査の対象とするものの，その瑕疵の確定を回避し，あるいはその瑕疵により法律が無効となる場合を限定するなど，必ずしも積極的に審査を行っているわけではないとされるが，2002年12月18日の移住法判決のように連邦参議院の議決手続の瑕疵を認め法律を違憲無効とした例などもみられる（この点については，畑尻剛「議事手続に対する司法審査──ドイツ連邦憲法裁判所『移住法』判決を契機として」法学新報112巻11=12号495-528頁など参照）。他方，英米においては，議院の自律権（議会特権）が重視され，議事手続については司法審査の対象外とされてきているが，例えばイギリスでは，2004年狩猟法に関する2005年10月13日のジャクソン事件貴族院判決における裁判卿の傍論等を通して揺らぎなども指摘されるようになっている。日本では，警察法改正無効事件・最大判昭和37.3.7民集16巻3号445頁が両院の自主性の尊重のため議事手続について有効無効を判断すべきでないと判示し，学説上も，国会の審議手続については，審査することはできるのにこれを自制すべきものか，それともそもそも原理的に裁判所の権限外にあるものなのか，あるいは例外を認めるかどうかなどといった点で議論は分かれうるものの，基本的に，議院の自律権の問題として，裁判所の審査の対象外とする説が多数となっている。加えて，議会法においては，先例が重視され，弾力的な運用が認められているといった事情もあり，また，法案準備手続についても厳格な規範統制が行われているわけではない。

　なお，手続そのものの法的統制というわけではないが，裁判所が，判断過程統制の手法を採用することにより立法プロセスにおける検討，判断等について審査を及ぼすことなどもありうるが（ドイツの連邦憲法裁判所は，中間的審査密度の手法として，立法過程の適切さに着目して審査を行う「主張可能性の統制」を採用する），その意義・手法・限界等については更なる検討が必要となるのではないかと思われる。

れることが多いが，それらの関係にとどまるものではない。

　そもそも，憲法適合性や法的なものの確保については，裁判所の役割が大きいとはいえ，それのみによって担われているのではなく，議会や行政府あるいはその諸機関も一定の役割を果たしているのであり，統治の過程や作用の全体を幅広くみていくことが必要である。国際化の進展に伴うグローバルな法秩序形成や権利保障ということになってくると，国際機関や地域機構の役割にも目を向けることも必要となってくる。

　また，議会や行政府については「政治部門」，裁判所については「法原理部門」と呼ばれることも少なくない。確かに，前者は，価値・利益の調整・選択を行って政策・ルールを形成・決定し，執行するのに対し，後者は，対審構造の下で法の原理・論理や理性に基づいて中立的に裁定を行うものではあるが，政治と法の関係・境界は相対的なところがあることにも留意するべきだろう。政治による立法プロセスにおいても，公共的な理由付けが求められることになるほか[30]，法が重要な意味をもち（もつようにすべきであり），それを確保するための取組がなされる一方で，裁判所も，価値の選択・決定と無縁ではなく，政治による民主的な決定を審査し，それを覆す（あるいは肯定する）ことは，価値と価値の政治的な争いにコミットすることにもつながり，政治性を帯びることは避けられない。しかも，裁判所は，政治的・社会的な真空の中で判断を行うわけではない[31]。

　日本では，裁判所の側が政治との距離や中立性（中立的な装い）を重視してきたことなどもあって[32]，司法について「政治」といった要素に着目することは少なく，そのことは政治学において裁判所があまり取り上げられてこなかった

---

30) 理念的に求められるというだけでなく，政治的にも，多くの支持を得たり，批判をかわすためには，立法について公共的な理由付けが必要となってくる。もっとも，現実の立法では，公共的な理由が偽装され，真の狙いが隠されるようなこともないわけではない。
31) だからといって，裁判官の法解釈が政治における価値判断と同質だとまで言う必要はないだろう。通常の法律解釈と比べ，政治的な法といった側面をもつ憲法の解釈においては価値判断的な要素，政策的・戦略的な要素などが入り込んでくることは避けられないといえるが，かといって裁判官が自由に判断できるわけではなく，先例や解釈準則に従うことが要請されるほか，解釈共同体ともなる法律専門家集団の批判に耐えられるものであることが求められるのであり，何よりも，その権威や司法の優位を確保するためには客観的・中立的であるとの体裁を整えたものであることが必要となる。

ことにも現れている。これに対し，例えばアメリカでは，裁判所についても法だけでなく政治といったことからも論じられてきているのであり，司法政治学といった分野も発達してきている[33]。

憲法裁判所も，政治と法あるいはその間のどこに位置付けられるべきかは決して自明とはいえず，それぞれの国の制度や実際に憲法裁判所が果たす機能，あるいは何に着目するかによっても異なりうるのであり，また，これを採用する多くの国では既に法機関（裁判所）という評価が定着しているとはいえ，過去には様々な見方がなされてきた。

しかも，憲法秩序や法の形成は，議会・行政府・裁判所の相互作用の中で行われていくところもあるのであり，そのような場面が増えれば増えるほど，政治と法は接近し，その境界などが問われることにもなってくるだろう。

もちろん，法の確保や自律性の維持の観点からは，それぞれの役割や特質を踏まえることが重要となり，「政治」と「法」の区分を放棄する必要はない[34]。だが，必要以上に両者を対置させて違いを強調したり，政治の領域と法の領域を敢然と区分したり，実践的な理性や合理性を法の領域の独占物とみなすようなことは，以上の点を見えにくくしたり，法形成のあり方に関し現実を踏まえた全体構想を行いにくくするところもあるように思われる。

2　政治の主体

政治をその主体（アクター）ということからみると，その役割を主に担うのは，

---

[32] 1960年代後半から1970年代にかけての司法危機に際して最高裁判所によってしばしば強調されたのが，外見的なものも含んだ中立性や「公正らしさ」であり，また，その点は，裁判官の中立・公正に対する国民の信頼を強調した寺西判事補事件・最大決平成10. 12. 1民集52巻9号1761頁などにも現れている。

[33] 司法政治学とそれによる知見については，日本でも，近年，見平典らによって精力的に論じられ，裁判所の違憲審査をめぐる議論に影響を及ぼすようになってきている。

[34] 法の支配においては法の優位が確保される必要があり，そのためには，法の自律性とともに，法における司法の優位が維持されることが不可欠となってくるが，その場合に，前掲注31）でも述べたように，裁判所の判断が政治によるものとは異なることを認めなければ，原理的に，民主的なものに対して裁判所の判断が優位することがあることの説明がより困難となりかねない。もっとも，その場合でも，最高裁判所の判決を「最後の言葉」と捉えるべきかどうかの問題があり，「最後の言葉」ではないとの捉え方をするならば，その分だけ司法の優位は後退するものの，民主主義との原理的な衝突の問題を緩和することにもつながりうるとはいえる。

国民の選挙によって選ばれた議員，議員によって構成される議会，議会などを通じて選出される内閣と各大臣等，あるいは国民の選挙によって選ばれる大統領とそれを中心とする執政府，その基盤となる政党[35]，さらにはそれらのスタッフなども含んだ，政治家集団（国民選出勢力）ということができるだろう。そこでは，民主的正統性や答責性が重要な要素となる。

　そして，立法を含む議会政治ということでは，議会と行政府の関係が中心となり，また，与党と野党，あるいは政府・与党と野党といった対抗関係も重要となってくる。

　このほか，政治家と官僚の関係にも注目する必要があるが，その場合に問題となるのは，国民の非選出勢力である官僚をどう位置付けるか，ということである。官僚については，行政の担い手として，その専門性・合理性・中立性といったことに着目すれば，政治とは区別されるべきものといえるが，一口に官僚といっても，政治家を直接に補佐し，政策形成に大きくかかわる者もいれば，政治との接点をもつことなく法の執行を担っている者もおり，官僚と政治家の関係については，官僚の任用方法も含め，国によって様々である[36]。

　政治任用の官僚の場合には，政治家との関係は密接であり政治的な要素・色彩も強くなるが[37]，日本のキャリア官僚等のように，政治任用ではなくても，

---

[35] 政党が独自のアクターとしてどれだけの意味をもつかは，それぞれの国の政治的伝統，政党システムや政党状況などによって異なる。例えば，アメリカでは，政党は選挙以外ではあまり意味をなさないのに対し，イギリス，ドイツ，日本などでは政党が所属議員に党議拘束をかけるほか，日本では政党による事前審査の慣行が存在する。

[36] アメリカでは，行政府の基幹ポストやその側近ポストが政治任用となっており，大統領と去就を共にするのに対し，イギリスでは，職業公務員は専門性と政治的中立性に基づいて政権を忠実に補佐する一方，政治家は幹部も含めた公務員の人事の介入を自制するのが伝統となっている。また，フランスでは，自由任用のポストとされる高級職と大臣キャビネのスタッフにエリート職業公務員が官吏としての身分を保障されつつ就任し，職業官吏制度の伝統が強いドイツでも，幹部につき政治的官吏として身分保障が緩和される（一時退職の取扱い）。日本においては，政治任用は限定的であるが，幹部公務員の人事等につき政治の関与が強められるようになっており，この点については本書・大沢論文が触れている。

[37] ただし，中には，専門性が強く一定の独立性・中立性が認められるポストもあり，例えば，アメリカの訟務長官（Deputy Solicitor General），司法省法律顧問局担当の司法長官補（Assistant Attorney General），などは，政治任用職であるが，法部門に位置付けられうる。また，その点では，閣僚ではあるが，アメリカの司法長官（Attorney General），イギリスの法務総裁（Attorney General）なども，その位置付け・役割等からすれば，法部門と位置付けられうるものといえる。

特定の政党と結び付きを強め、政治の役割まで担うなど、政治性を帯びている場合にも、政治に括られるべき面があることは否めない。日本では、昨今、政治の主導性や政治による統制が強調・強化される傾向がみられるが、政治家と官僚の関係については、統制の規範に基づく優越・従属関係、分離の規範に基づく相互不介入関係、協働の規範に基づく指導・補佐関係の3つの規範によって複合的に規律されるのであり[38]、官僚の類型やその位置付け・役割なども踏まえ、それらのバランスをどのようにとるかということが重要となってくる。また、行政の中立性の捉え方については、行政の公共性・専門性・技術性を重視し、党派的な政治の介入の排除に重きを置く考え方と、政治の決定の忠実な実施（応答性）に重きを置く考え方とがあり、そのバランスのとり方も問題となる。

その点では、官僚の位置付けについては、その実態に即しつつ、多面的に捉えていく必要があるといえるだろう。

なお、ヨーロッパにおいては、EU構成国から1人ずつ選任される委員によって構成されるヨーロッパ委員会とその下にある官僚機構による政策形成・執行などが、「EU官僚支配」となっていると批判され、民主主義の赤字として問題となっていることについても、ここで触れておくこととしたい。

このほか、各国において代表制民主主義の機能不全が問題となり、民主主義のあり方が問われるようにもなっているが、代表制が相対化される形で熟議民主主義や直接民主主義などに目が向けられることになると、改めて市民（国民）や様々な団体が政治の主体として登場してくることにも留意する必要がある。

3 法を確保するシステム

次に、法を確保するシステムにも目を向けることとしたい。もっとも、法を確保するシステムには多様なものがあり、権力分立制などもこれにかかわってくることになるが、ここでは、憲法適合性や法的なものを確保する仕組みや機関について、みておきたい。

その仕組みは、国によって様々であるが、基本的には、立法（法律の制定や公布・発効）の前後のいずれのものかにより、事前審査と事後審査のシステムに分

---

[38] 西尾勝『行政学の基礎概念』（東京大学出版会、1990年）24–43頁。

けることができ，また，その主体により，裁判所によるものと，議会や行政府に置かれた専門機関によるものとに分けることができる。議会や行政府に置かれた専門機関によるチェック・補完は事前審査システム，裁判所による審査は事後審査システムということになるが，裁判所が事前に関与することもある。

　立憲民主主義国家では，裁判所による違憲審査制を導入するのが一般的となっているだけでなく，立法プロセスにおいても，法的な面からチェックしたり助言・補佐などを行うための仕組みが整備されることが多いということができるだろう。

　それらのうち，裁判所による憲法適合性の審査については，通常の司法裁判所に違憲審査権を付与する方法（アメリカ，日本など），憲法統制を専門に行う憲法裁判所（ドイツの連邦憲法裁判所，フランスの憲法院など）を設ける方法などがあり，日本における議論では，司法裁判所による「付随的違憲審査制」（アメリカモデル）と，憲法裁判所による「抽象的違憲審査制」（ドイツモデル）の2つの類型に区分されることが多いが，下級裁判所も違憲審査を行う「分散型」と，憲法裁判所や最上級裁判所（あるいはその専門法廷）だけが違憲審査を行う「集中型」などに分類されることもある。

　それらの区分が一定の意味や妥当性をもつとしても，各国で採用されている制度をみると多様なバリエーション（混合モデル）がみられ，それらの区分に収まりきれないところもある[39]。その意味では，違憲審査制については，審査の主体，審査の目的・機能，審査の提起方法，判決等の効力などの面から多角的にみていく必要があり，また，その位置付けや政治との関係を考える上では，裁判官の任命方法や裁判官の構成なども重要な要素となる[40]。

　加えて，付随的審査か，抽象的審査か，あるいはその機能の面では，権利救済を主眼とし憲法秩序の客観保障は2次的となるのか，憲法秩序の客観保障を主眼とし権利救済は2次的となるのかで，アメリカモデルとドイツモデルの違い

---

[39] 土井真一「法の支配と違憲審査制」論究ジュリスト2号（2012年）162頁は，違憲審査制を分類する際の観点として，①審査の主体（憲法裁判所型・通常司法裁判所型），②審査の目的（規範統制型・争訟解決型），③審査の時期（事前統制型・事後統制型），④審査の申立権者（国家機関提訴型・個人提訴型），⑤憲法判断の効力（拘束的判断型・勧告意見型）などを挙げることができ，実際には，様々な形態の制度構築がありうるとする。

[40] 例えば，本書・井上論文も指摘するように，フランスの憲法院はその位置付けや裁判官の任命・構成などから，かつては裁判機関ではなく政治機関と捉えられてきた。

が強調されることが多いものの，その一方で，アメリカについては，事件性の要件の緩和による客観保障機能の増大，上告制限等による連邦最高裁判所の憲法裁判所化，ドイツについては，具体的規範統制手続や，国民からの憲法異議とその比重の大きさなどによる権利救済機能の拡大が指摘され，両者の接近傾向や相対性にも触れるのが一般的となっている[41]。

なお，裁判所による事前審査としては，大統領の署名前に審査を行うフランスの憲法院 (Conseil Constitutionnel)[42]，政府からの求めに応じ連邦最高裁判所が勧告的意見を述べるカナダのレファレンス制度（Reference）[43]などの例を挙げることができるほか，スウェーデンにおける裁判官等による法制審議会（Lagrådet）の意見聴取制度[44]といったものもある。もっとも，違憲審査制の捉え方，

---

[41] 政治部門との関係を考える上では，違憲判決の効力の問題も重要であり，アメリカモデルでは，違憲・無効判決は当該訴訟事件限りでの個別的効力にとどまり，その法令の規定の改廃については議会の対応を待つことになるのに対し，ドイツモデルでは，違憲・無効判決には一般的効力が認められるといった相違があるが，その一方で，アメリカの連邦最高裁判決は，先例拘束性の原理から実際には個別的効力にとどまらない効果をもたらし，また，ドイツ連邦憲法裁判所は，議会の対応によるのが妥当と判断する場合には，違憲性の確認にとどめる判決手法なども採用している。

[42] フランスの憲法院の事前審査は，議会両院での可決後で大統領の署名前に，憲法的法律と議院規則は義務的に，通常法律等については大統領・首相・両院議長・議員60人以上による付託を受けて違憲審査を行うものであり，フランスでは，法案提出前のコンセイユ・デタと，法律公布前の憲法院の2つの事前審査システムが存在することになる。この点については，本書・井上論文も参照。なお，このほかにも，憲法院は，それらによる付託を受けて，国際協約に憲法に違反する条項が含まれているかにつき審査を行うものとされ，憲法院がその旨を宣言したときは，憲法改正の後でなければ批准・承認できないものとされている。EUのマーストリヒト条約やリスボン条約の批准の際には，それによる憲法院の判断を踏まえ，憲法改正が行われており，これらについては，EUによる政治的・経済的な統合の推進に向けた政治部門と憲法院との協働との見方もなされている。

[43] カナダのレファレンス制度は，カナダ連邦・州の政府から憲法解釈，ある事項の憲法適合性等について諮問・照会を受けた場合（州政府の場合は州最高裁判所に意見を求めた上で，連邦最高裁判所への自動的上告権が認められている），連邦最高裁判所が勧告的意見を出すものであるが，その意見には法的拘束力はないとされている。

レファレンス制度（法的拘束力のない勧告的意見の制度）は，連邦レベルでは連邦最高裁判所により司法権の範囲外の行為であるとしてその権限が否定されているアメリカの一部の州で，従来からみられたものであり，また，国際レベルでは，国際司法裁判所の重要な権限・任務となっているほかヨーロッパでは，2013年にヨーロッパ評議会が採択したヨーロッパ人権条約の第16議定書が，ヨーロッパ人権条約の解釈・適用に関する原則等について，締約国の最高裁判所からヨーロッパ人権裁判所に対して勧告的意見を求める諮問制度を規定しており，本書・建石論文は，ヨーロッパ人権裁判所が憲法裁判所的な役割を果たすことにつながることを指摘する。

あるいはその具体的な仕組みや機能にもよるが，レファレンスや意見聴取制度は，裁判所による違憲審査制に含ましめることには慎重な検討が必要であり，また，かつては違憲審査制といえるかどうか議論のあった憲法院の事前審査もフランスの独特な制度といった趣が強いといえる。

このほか，実質的な違憲審査制ということでは，イギリスの裁判所によるヨーロッパ人権条約への不適合宣言や適合解釈の制度も挙げられうる。不適合宣言は，法律を無効とするものではなく，実際には議会がこれを受け入れ法改正を行っているとはいわれるものの，議会の民主的決定を尊重した弱い違憲審査と呼ぶこともできるだろう[45]。

続いて，議会や行政府に置かれた専門機関による事前審査システムについても概観しておこう。

これについても多様なものがあるが，議会において，憲法適合性や法的な面からのチェックを行うものとして，専門委員会などを設置する例があり，その代表的なものとして，フィンランドの憲法委員会[46]を挙げることができる。本書・木下論文は，イギリスの貴族院の憲法委員会が憲法保障の機能を果たしていることを，本書・江島論文は，ヨーロッパ人権条約の観点から検討を行うイギリス庶民院・貴族院の人権合同委員会がヨーロッパ評議会から高い評価を得ていることを指摘する。このような議会の専門委員会の場合，委員が専門性

---

[44] これは，一定の法案について最高裁判所・最高行政裁判所の裁判官又は元裁判官によって構成される法制審議会の意見聴取をすることが義務付けられ，法制審議会が基本法，他の法令との関係，法案内部の整合性等の観点から参考意見を述べるものである。

[45] その制度や意義について検討を行っている本書・上田論文によれば，イギリスでは，実質的に違憲判決と同視しうる不適合宣言につき，民主主義との相克を問題とする議論はみられないという。このほかに，弱い違憲審査の例として，1982年憲法（権利及び自由に関するカナダ憲章）において連邦議会・州議会の法律上の宣言による人権憲章（一定の人権規定を除く）の適用除外に関する条項が定められているカナダも挙げられうる。なお，それに関連して，Jeremy Waldronの議論も踏まえ，「強い司法審査」と「弱い司法審査」と対比し，「強い司法審査」を批判するものとして，横濱竜也「規範的法実証主義の立法理論」井上達夫編『立法学の哲学的再編（立法学のフロンティア1）』（ナカニシヤ出版，2014年）55-75頁も挙げておきたい。

[46] 憲法（基本法）により設置される憲法委員会は，委員会で審査中の法案等の憲法適合性等につき疑問が生じた場合に所管委員会からの請求を受けて，法案の憲法適合性審査を行い，法案が憲法に抵触すると判断すれば，抵触部分を取り除く修正の提案又は憲法制定と同じ手続による法案の成立を提案できることとされている。澤村典子「憲法を所管する議会常任委員会の組織と権限——米・仏・伊・フィンランドを例として」レファレンス686号（2008年3月号）109-112頁等を参照。

をもち党派的でない客観的な審査を行うことによりその機能を果たすこともある一方で、その限界などから外部専門家の活用・補佐機構の整備等が課題となることもある。

また、行政府や議会に法律専門機関が設置されることも少なくない。

その例として、フランスのコンセイユ・デタ (Conseil d'Etat)[47]、イギリスの内閣府の議会法律顧問（立法担当）局 (Office of Parliamentary Counsel)[48]、アメリカの連邦議会上下両院の立法顧問局 (Office of the Legislative Counsel) あるいは連邦司法省法律顧問局 (Office of Legal Counsel for United States department of Justice)[49]などを挙げることができ、また、そのような特別の機関を置かなくても、ドイツでは連邦司法省 (Bundesministerium der Justiz) と連邦内務省 (Bundesministerium des Innern) が法的な面での審査・助言を行うなどしている[50]。日本では、そのような機関として、内閣法制局のほか、衆参両議院に議院法制局が設けられている。

もっとも、それらの位置付け・組織・役割等については、それなりに違いがあり、また、実際に果たしている機能や政治との関係のほか、その限界につい

---

47) 最上級の行政裁判所と政府の法律顧問機関とされ、日本の内閣法制局のモデルともなったコンセイユ・デタについては、本書・井上論文のほか、奥村公輔「政府の法律案提出権の構造——政府提出法律案の起草におけるコンセイユ・デタ意見の位置付け(1)・(2)」法学論叢165巻4号 (2009年) 29–52頁, 166巻1号 (2009年) 27–49頁, 植野妙実子「コンセイユ・デタの特異性と先進性」日本比較法研究所編『Future of Comparative Study in Law』(中央大学出版会, 2011年) 561–585頁等を参照。

48) 担当省のリーガルチームから法案指示書を受けて条文の起草を行うイギリスの議会法律顧問局については、憲法調査研究会「Watch英国議会政治⑤——英国流『閣法』のつくり方」時の法令1865号 (2010年) 55–64頁参照。なお、イギリスで重大な法律問題について政府に法律上の助言を行うのは法務総裁とされている。

49) アメリカ連邦議会上下両院の立法顧問局は、委員会、議員の要求に応じて法案・修正案の起草、助言等を行うもので、橋本奈巳訳「立法顧問局に関する規定（抄）（アメリカの政策形成過程と政官関係(6)）」外国の立法213号 (2002年) 33–35頁等を参照。また、アメリカの連邦司法省法律顧問局 (OLC) については、横大道聡「執行府の憲法解釈機関としてのOLCと内閣法制局——動態的憲法秩序の一断面〔補訂版〕」研究論文集——教育系・文系の九州地区国立大学間連携論文集5巻1号 (2011年) 1–95頁参照。なお、本書・見平論文では、法部門として、アメリカ連邦司法省の訟務長官について検討している。

50) 連邦司法省と連邦内務省の審査については連邦省庁共通事務規則で規定されており、両省によって基本法との適合性が審査されるほか、連邦司法省により法体系的・形式的な観点から審査が行われる。これらについては、本書・片桐論文のほか、光田督良「法律案の憲法適合性審査に対する内閣法制局の機能と問題性」駒沢女子大学研究紀要17号 (2010年) 267–270頁参照。

ても見定める必要があるといえるだろう[51]。

4　専門家の役割

　法律専門機関に限らず，立法の質の確保（より良き立法）ということなどからは，専門家の役割が重視される。とりわけ，複雑化・高度化する現代社会において生ずる諸問題について法（立法）により対応していくためには，それぞれの分野における専門知を導入することが必要不可欠となっているといえるだろう。

　専門知の導入についても，多様な方法があるが，各国において，行政府における政策形成・法案準備のプロセスで活発に活用されているのが，審議会，諮問委員会，専門委員会などの諮問機関である。また，より広くガバナンスということからは，諮問機関だけでなく，専門性・中立性を有する独立行政委員会などの独立専門機関も重視される傾向がみられる。

　本書においては，これらについて正面から取り上げてはいないが，現実の法形成の過程では諮問機関や外部専門家が重要な役割を果たしており[52]，また，専門性も，「法」と同様に，政治や民主主義との相克が問題となることなどから，ここで少し言及しておくこととしたい。

　行政国家現象，社会の複雑化，政策形成や行政の高度化などが進む中で，諮問機関の数の増大と，立法や行政の過程における役割等の拡大といった状況を生じていることは各国共通の現象といわれ，日本においても，所管府省庁において政策形成・立案が行われる場合には，審議会[53]に諮問がなされ，その答申に基づいて進められるのが一般的である。

　その場合に，諮問機関に期待される機能としては，①民意の反映，②専門知

---

[51] 例えば，イギリスの議会法律顧問局やアメリカの連邦議会の立法顧問局は主に法案のドラフトを行うのに対し，上記に挙げたそのほかの機関では，憲法適合性や形式的合法性等の点から審査・助言を行っている。また，一般に，それらの審査・助言は拘束力をもたず，それがどれだけの重みをもつかは政治の側がその法律専門機関の権威等をどの程度認めるかなどにかかっているだけでなく，それらの機関については，政治との距離の近さなどから政治性を帯びることがあることも否めない。

[52] 専門分化するそれぞれの法分野における理念や原理・原則の形成，制度構築などにおいて，諮問機関が果たす役割には大きいものがある。なお，それぞれの法分野における理念・原理については，憲法との関係（憲法からの導出）が語られることもあるが，現実には，それよりも，それぞれの専門的な見地，問題状況，体系などから導出されることが多いとみるべきだろう。

[53] なお，日本では，法律又は政令に基づいて設置される審議会だけでなく，大臣等の私的諮問機関が審議会と同じような役割を果たしていることも少なくない。

序章　25

の導入，③利害の調整などが挙げられる。しかし，その一方で，例えば，日本では，府省庁や官僚の権威付け・カクレミノのための機関などといった批判が絶えず，また，政治，とりわけ議会や民主主義との関係が問題とされるような状況もみられ，先の統治機構改革（行政改革）では審議会も改革の対象とされることとなった[54]。各国でも，諮問機関の重要性がいわれる一方で，そのあり方や改革が問題となってきている。

しかしながら，複雑化・多様化・高度化の様相を強める現代において，法の形成について，専門知の導入は不可避となるとともに，それは官僚組織により確保することはますます困難となっている。諮問機関は，政策形成過程や行政の執行過程の民主性・透明性を高めることにつながりうるが，それよりも，政策の形成にあたり高度の専門的な知識や判断が要求されるようになっている中でこれを安価に導入し，合理性等を確保するための装置ともなりうるのであり，その意義は大きいとみるべきだろう。不確実性が増し，専門性に対する信頼が揺らいでいるところがあるとはいえ，専門知を導入することなく政策形成を進めることは実際上困難となっているといえる。

これに対しては，専門家の議論の場を外部の政治状況などから切り離して専門的・中立的なものとして設置するというのは幻想だとの批判もあるが，専門家の意見の一致や中立性の確保は容易ではないとしても，政策形成主体である政治や官僚から距離を置いた場での第三者性や専門性を伴った議論やそれを経た意見が示される意味はやはり小さくないとみるべきであろう[55]。

また，民意の反映（民主化）のあり方として，議会における民意の反映あるいは議会－内閣総理大臣（内閣）－各大臣といった民主的正統性の連鎖を唯一の民主化のルート（一元的な民主的正統性）とみるのか，それとも，行政過程における

54）政治との関係では，反対や議論を抑え込むために審議会が活用されるなどしたことが民主主義との関係等から審議会政治などとして批判された。また，審議会に関する改革ということでは，その人選や運営のあり方について見直しが行われたほか，政策提言型の審議会の原則廃止などが打ち出され，その数が大幅に削減されるに至った。

55）なお，ここでは専門知の導入ということに力点を置いて論じているが，諮問機関の役割・機能として何を重視するかは事柄・問題・場合などによって異なるのであり，民意の反映や利害調整に重きが置かれるものがあることを否定するものではない。ただし，それらの場合には，よりメンバーの選出方法や透明性の確保が重要となり，また，後述のように政治の民主的正統性との関係がより議論となりうることになる。

諮問機関，情報公開等による民主化のルート（多元的な民主的正統性）を認めるべきかどうかといったことが，ドイツでの論争を踏まえ，日本でも論じられるようになっていることも注目しておく必要がある[56]。

ただし，現実の状況や民意反映の実質化ということにかんがみると，選挙や議会を絶対視すべきではないといえる一方で，行政そのもの（執行）の場面や公私協働といったことはひとまず横に置き，法の形成ということに限るならば，諮問機関はあくまでも補佐的・補完的なものにとどまるべきであり，また，過去の経験に照らせば，個別の利害の過度の注入や権威付け・議論封じのための利用，独善化といったことへの警戒も必要だろう。その意味では，専門知の導入の場合でも，たとえその両立が難しいところはあるとしても，透明性や開かれた議論の確保ということが必要となる[57]。

なお，専門性の導入・確保は，行政府だけでなく，議会においても必要となり，特に，行政における判断のチェック・検証，監視，対抗といったことからもその必要性は高まっているといえる。欧米諸国の議会では，専門的な委員会や諮問機関の設置，補佐機構の整備など様々な対応がなされてきており，公聴会や参考人の活用にとどまっていた日本の国会でも，専門性の高い問題や党派的対立から離れて検討する必要性のある問題などにつき，議員以外の有識者によって構成する諮問調査機関[58]が設置されたり，専門評価機関の整備[59]の必要性

---

[56] ドイツにおける論争の状況の紹介も含め，この点について肯定的な議論を展開するものとして，毛利透「行政権開放の諸形態とその法理」法哲学年報2010（2011年）61-73頁。

[57] 日本では審議会に対する根強い不信・批判もみられるが，問題であったのは，その人選や審議・活用のあり方であり，その防止のためにも，その透明性を高めるとともに，幅広い意見の吸収や並行的な議論の活性化をはじめ情報や議論の多様性，検証の可能性，社会的議論などが確保されるようにすることが必要となってこよう。

[58] その初めての例となる東京電力福島原子力発電所事故調査委員会が2011年に東京電力福島原子力発電所事故調査委員会法等に基づいて国会に設置された。事故調査委員会は，形式的には両議院の議院運営委員会の合同協議会の下で活動を行うこととされたが，参考人の出頭や資料の提出を要求する権限をもち，さらに両院合同協議会に対して国政調査を要請することも認められていたほか，独立性・中立性の確保のため，利害関係者や国会議員の接触等の報告が規定され，民間の有識者を登用した事務局も設置された。もっとも，日本の国会などでは，合議体の議決機関である議会にそのような第三者機関を置くことにはなお懐疑的な見方が根強いともいわれる。党派性や政治的な力学・思惑が持ち込まれないようにする工夫や配慮が必要とはなるものの，議員や政党の側も自らが設置した以上はその報告・提案については尊重・対応せざるを得ないはずだけに，専門性の確保・活用のための仕組みとして選択肢の1つとなる可能性はある。

などが論じられたりするようになっている。

5　本書における政治部門と法部門（再構成の試み）

　以上のことを踏まえ，政治と法につき，法形成にかかわる機関（アクター）やその役割，関係といったことから，もう少し幅広くかつ柔軟にみていくならば，「議会・行政府」と「裁判所」ということにとどまらない多様な姿が浮かび上がってくるのではないかと思われる。

　そこで，本書では，法の形成のシステムやプロセスにおいて，民主主義の原理にのっとり価値・利害の調整・決定を行う機関等を「政治部門」，立憲主義や法の支配の要請に基づき憲法適合性や法的なものを確保する役割を担う機関を「法部門」と捉え，それぞれの役割，現状，相互の関係・作用，限界，課題などについて考察を加えることとしている[60]。その場合に，政治部門を特徴付けるものは，「民主的正統性」であり，民主性・応答性などの観点から主体的・戦略的に法形成にかかわることになる。これに対して，法部門に期待されるのは「正当性」であり，憲法適合性や法的な合理性・専門性などの観点から法形成にかかわることになる。そして，このような観点から，法の形成のシステムやプロセスをみていくならば，それぞれに属する機関などが多元的に設けられ，複合的な形でその役割を果たしているといえるのである。

　これに対して，政治と法の原理的な相違や司法・裁判所の意義・独自性を重

---

59) 議会における専門的な評価や多様な専門的意見の吸収の確保の仕組みとして，例えば，科学技術（テクノロジー・アセスメント）の関係では，補佐機構として，すでに廃止されたもののアメリカ連邦議会の技術評価局（Office of Technology Assessment），英国議会の科学技術局（Parliamentary Office of Science and Technology），ドイツ連邦議会の技術評価局（Büro für Technikfolgen-Abschätzung beim Deutschen Bundestag）などの例が，また，議員による議会組織として，フランスの議会科学技術政策局（L'Office parlementaire des choix scientifiques et Technologiques）などの例もあり，これらも参考にして，日本でも，科学技術の進展に対して政策的な対応を行っていくための専門的な技術評価機関を国会等に設置する構想などが従来から議論されてきている。

60) 一般的には，議会・行政府などの「政治部門」と裁判所の「司法部門」といった捉え方がなされることが多く，オーソドックスではあろう。しかし，繰り返しとはなるが，政治部門と一括りとした場合には，政治的プロセスにおいて法的・専門的観点から立法・行政にかかわる機関の姿や役割を見えにくくするところがある。本書では，政治と法の多様性・多面性を踏まえ，憲法適合性や法的なものの確保の役割を担う機関を横断的に捉えて「法部門」と呼び，その相対性も意識しつつ，政治と対置させ，それぞれのあり方や関係などについて考察を加えようとするものである。

視する立場からは，議会・行政府と裁判所との対置・対比こそ重要であり，そのような捉え方は法や司法の位置付け・役割を相対化させかねないとの批判もあり得るところだろう。確かに，政治と法ということでは，議会・行政府と裁判所との関係が中心となることや，裁判所の独自の役割，議会や行政府に置かれる機関の政治との距離の近さや政治的性格などを否定するものではないが，その一方で，法形成において憲法適合性や法的なものを確保する役割を担う機関には多様なものがあり，政治過程においてそのような機能を果たしている機関やその役割にも目を向けることが必要なのであって，そうでなければ，政治・法それぞれの観点から法の形成にかかわる機関が果たしている機能やそれらの間での牽制・補完・協働・対抗などといった相互の関係・作用を見失うことになりかねない。

　もっとも，そのような形で「政治部門」と「法部門」を捉えるといっても，政治と法の関係は多種多様で，その区分は，相対的であり，また，それぞれの機関が政治と法の2つの性質・側面をもつようなところもある。したがって，問題とされる場面や状況，あるいは論者によって，何が政治部門とされ，何が法部門とされるのかが異なるようなことも生じることは否めない。また，政治部門に属する機関と法部門に属する機関の関係だけでなく，政治部門に属する機関同士の関係，法部門に属する機関同士の関係も問題となってくるのであり，それをいかなる視点で捉えていくべきかについては論者によって見方は分かれうるところがある。

　例えば，政治部門における議会と行政府の関係では，法の面（法の支配ないし法治国家の原理）からも，議会制定法による行政府の統制（法律による行政）が重要なテーマの1つとなる。また，委任立法（行政立法）については，その限界付けとともに統制が重要となるが，これには議会による統制と，議会制定法が行う委任と行政立法に対する裁判所による法的な統制が問題となってくる[61]。そして，その関係では，法律の規律密度といったことも問題となり，法律で行

---

[61] 行政立法の議会による統制の仕組みが最も発達しているのはイギリスであるが，その仕組みと現状等については，本書・木下論文が述べるほか，アメリカにおける行政立法の法的な統制をめぐる揺れ動きについては，大林論文が論じる。また，大沢論文は，日本における行政立法の効果的なコントロールの欠如を指摘した上で，議会によるチェックよりも，裁判所の事後的な審査を重視する。

政府に広い裁量を認めることが，裁判所による行政の法的統制を困難とすることにもつながってくることにも目を配る必要がある。これらの場合において，議会と行政府の関係をどのように捉えていくのがよいかについては，いろいろと議論のありうるところだろう[62]。

ヨーロッパでは，EU法などをめぐって，ヨーロッパ理事会・EU理事会・ヨーロッパ委員会・ヨーロッパ議会などのEUの機関と構成国の行政府・議会との関係が，EU内と構成国内におけるそれぞれの機関の役割やそれらの関係も絡んで問題となっており，そこでは，EUに関し「補完性の原則」が強化されるとともに，国内議会の役割を拡大する動きがみられ，例えば，ドイツでは，連邦憲法裁判所が後押しする形で，国内においてEUに関する事項についての決定は基本的に議会が行うべきものとされ，それを通じて民主的コントロールや民主的正統性の確保を図る方向で法制度の整備が行われてきている[63]。

他方，法部門ということでも，憲法裁判所と司法裁判所，司法裁判所と法律専門機関，憲法裁判所と法律専門機関，法律専門機関と法律専門機関，さらにヨーロッパではヨーロッパ人権裁判所やEU司法裁判所と構成国内の憲法裁判所・司法裁判所[64]など，様々な「法」対「法」の関係が生じるのであり，それら

---

[62] この点，例えば，ドイツでは，重要な事柄については法律で決めるという本質性理論に基づく「議会留保」の考え方が，連邦憲法裁判所による憲法解釈を通じて展開されてきており，日本の行政法学などの議論にも影響を与えてきているが，これは，法律のあり方や行政府への委任ということにとどまらず，EU関係を含む外交・安全保障関係の事項まで射程とするものであり，また，法治国家の原理というよりも民主主義の原理の要請に基づいた議会による民主的コントロールの確保といった側面が強いといえる。日本において議会留保の考え方をどこまで取り入れることができるかといった問題はあるが，いずれにしても，法律による行政や行政のコントロールのあり方をめぐっては，法治国家と民主主義の2つの原理が交錯することになってくることに留意する必要があるだろう。

[63] 日本については，EUのような地域共同体への加盟といったことが近い将来に生じるような国際的な環境・状況にはないが，グローバル化などに伴い立法や国際的な問題に関する国会の機能の空洞化や低下といったことが進行してきており，EUというよりは，その構成国内における議会の権限や民主的コントロールの強化の動きなどからは，行政府による合理的・専門的な対応ということとのバランスのとり方や，民主主義の強化がもたらす様々な影響なども含めて，何らかの示唆などが得られるところもあるのではないかと思われる。

[64] 例えば，EU法と国内法をめぐっては，構成国では，EU法の問題は国内裁判所がその付託によるEU司法裁判所の先決判決も踏まえて解釈・適用等を行うことなどから，EU司法裁判所と国内憲法裁判所と国内司法裁判所の3者の関係を生じ，国内憲法裁判所による憲法適合性審査と，EU法適合性に関するEU司法裁判所への先決付託との関係なども問題となっている。

は法の確保のあり方などを考える上で非常に興味深いものであるが[65]，その分析の仕方や評価は，法と政治の捉え方，それぞれの機関が果たしている機能，裁判制度に対する信頼度，多層的システムに対する見方，問題状況などによって異なりうる。

　本書においては，政治部門と法部門の具体的な捉え方や政治と法の問題としてどのような事項・関係に着目するかについては，あえて統一することはせず，それぞれの稿者の判断に委ねることとしているが，それぞれ，上記のような政治部門と法部門といった視点を意識しつつ，法形成にかかわるシステム・プロセスにおける政治と法の多様な姿・関係やそのあり方について考察を試みるものとなっているといえるだろう。

V　より良き立法に向けた動き

　1990年代以降，ヨーロッパ諸国のほか，日本でも，「より良き立法」を目指した動きや議論が活発化している[66]。

　その背景の1つには，立法の質をめぐる問題がある。

　すなわち，法律の道具化の拡大や立法のインフレーションなどにより，立法の量の増大だけでなく質の低下を招いており，また，立法そのものが目的化・象徴化したり，法律で規定する事項に歯止めがかからなくなるような状況もみられる。その結果，意味や法としての性格が希薄な法律・規定の増加，法律の非完結性・不整合・一貫性欠如の拡大や短命化などを生じている。

　もう1つ見逃せないのが，新自由主義や，NPM (New Public Management) あるいはその背景ともなっているガバナンス論の影響であり[67]，そこでは，市場メカニズムや経営手法・マネジメントの発想のほか，アウトプットや効率性が重

---

[65] 本書において，アメリカにおける連邦最高裁判所と訟務長官との関係については見平論文，フランスにおける憲法院とコンセイユ・デタの関係については井上論文，ヨーロッパ人権裁判所と国内裁判所との関係については江島論文，日本における内閣法制局と最高裁判所との関係については川﨑論文が論じているが，そこでは目に見える形・見えない形での協調・補完・対抗などの関係が展開されることになる。

[66] もっとも，ヨーロッパ諸国とは異なり，日本では，「より良き立法」という言葉が政治的な課題として俎上に載せられることはなく，それに向けた取組はほとんど行われておらず，一部の研究者や実務家の議論にとどまっている。

視され,その確保のために評価,アカウンタビリティなどといったことに重きが置かれることになる。

　より良き立法に向けて積極的な取組を行ってきているのは,EUないしヨーロッパ諸国である。特に,EUにおける取組は,絶えず批判されてきた「民主主義の赤字」の問題に対する埋め合わせ策(機能や手続による正当化)としての側面があることについては,民主的正統性と機能的・手続的正当性の関係も含め,注意しておく必要があるだろう。

　より良き立法に向けた取組としては様々なものが考えられうるが,どこまで規範化が可能かといった問題はあるにしても,立法に関する基準・枠組み・指針・準則等の定立といったことも有効な方策の1つといえる。

　この点,EUのヨーロッパ議会・EU理事会・ヨーロッパ委員会の3機関は「より良き立法」に関する合意[68]を公表しており,そこでは,より良き立法の指標に関し,その一般原則として民主的正統性(democratic legitimacy),補完性(subsidiarity),比例性(proportionality),法的安定性(legal certainty)が挙げられるとともに,法文起草における簡潔性(simplicity),明確性(clarity),一貫性(consistency)と,立法過程における最大限の透明性(the utmost transparency)が掲げられ,そのための手法として,影響評価(impact assessment),公衆・利害関係者からの意見聴取とそのフィードバック,事後評価などが規定されている。

　ヨーロッパ諸国でも,その内容は様々であるが,このような立法に関する指針や手引等を政府内で策定し,公表しているところが少なくない。イギリスの『立法のための指針』(Guide to Making Legislation: 内閣府),フランスの『法文起草ガイド』(Guide de légistique: 政府官房およびコンセイユ・デタ),ドイツの連邦省庁共通事務規則(Gemeinsame Geschäftsordung der Bundesministerien: 内閣)の関係

---

67) NPMの発想による行財政改革は,1980年代後半以降,ニュージーランド,イギリスなどのアングロサクソン系の諸国を中心に行われていたが,徐々にヨーロッパ大陸諸国などにも波及し,欧米諸国を中心に世界的な潮流となっている。また,欧米諸国でガバナンス論が活発に言われるようになった背景には,政府の統治能力や,社会的な問題に関する処理能力の低下があり,様々なレベルでガバナンスが語られるとともに,政府レベルでは,NPMと結び付けられたり,合法性・透明性等に重きを置いたグッドガバナンスとして論じられたりしているほか,社会の多様なアクターとの公私協働も念頭に置いたものもみられるようになっている。

68) 2016年4月13日のInterinstitutional Agreement on Better Law-Makingが,それまでの2003年の合意等に代わるものとして,2016年5月12日付のEU官報に掲載されている。

規定などがその例であり，本書でも，木下論文，只野論文，片桐論文が，それぞれについて取り上げているほか，日本における対応の不十分さと取組の必要性については，川﨑論文が言及している。

また，NPMの普及に伴って，欧米諸国をはじめ各国で政策評価の制度が導入されるようになっているが，特に，より良き立法との関係で注目しておく必要があるのが事前の影響評価であろう[69]。その積極的・先進的な取組が行われているのもEUやヨーロッパ諸国である。

その体系的な影響評価制度を導入したEUのヨーロッパ委員会では，新たな関与により発生することが予測される事項にかかわる情報の体系的な収集・分析と，新たな関与により生じうる影響の評価によって，決定過程に寄与するものとされ，評価報告書については，ヨーロッパ委員会において，諮問機関である影響評価委員会による草案の検討・勧告を経て，取りまとめられ，他のEU機関に移送されるとともに，公表されることになっている。

ヨーロッパ諸国でも，EUに先導されつつ，システムの整備が進められてきている。イギリスの取組については本書・木下論文[70]，ドイツにおける影響評価については本書・片桐論文で紹介されているところであり，また，比較的整備が遅れていたフランスでも，2008年の憲法改正で，議会による行政統制に力点が置かれた政策評価に関するものではあるが，「議会は，政府の行為を監視し，公共政策について評価を行う」旨の規定が憲法に盛り込まれ，国民議会に公共政策・評価小委員会が設置されるとともに，政府提出法案の影響評価の詳細について定める「憲法34の1条，39条及び44条の適用に関する2009年4月15日組織法律」が制定されている。それによれば，影響評価の対象となる法案には

---

[69] 欧米諸国で行われている影響評価については，アメリカなどのアングロサクソン系諸国で導入されている各行政機関が経済的効率性の観点から行う評価につき中央行政機関が確認しコントロールを行うタイプ，ヨーロッパ諸国で導入されている中央行政機構によって評価が作成され立法の質の改善に利用するタイプ，イギリスで導入されている折衷タイプの3つの類型があるといわれる。この点及びフランスにおける影響評価制度については，糠塚康江「立法手続における『影響調査』手法の可能性——『より良き立法プロジェクト』への寄与のための試論」高見勝利先生古稀記念『憲法の基底と憲法論』(信山社，2015年) 499-525頁参照。
[70] もっとも，木下論文によれば，イギリスでは，立法評価基準の策定と両院合同の立法基準委員会の設置による立法評価の強化の要請について，政府は，質の高い立法に関する政府の責任を強調して，応じてはおらず，政府での検証にとどまるものとなっている。

影響評価報告書が添付されるが，報告書が組織法律上の要請を満たしているかどうかについて，コンセイユ・デタが審査を行うほか，それをめぐり先議議院の議事協議会（国民議会では公共政策・評価小委員会が審査）と政府との意見が一致しない場合には議長又は首相の付託により憲法院が審査を行うことになっており[71]，注目される。

　もっとも，影響評価については，立法の質の改善に役立つものではあるが，形式化しがちとなるだけでなく，政策の有効性や，費用対効果などの効率性に重きが置かれることになり，憲法適合性や法的合理性などの法的な評価とは，密接に関係してくるところもあるとはいえ，基本的に異なるものであって，時に両者が相対立し，トレードオフの関係に立つこともある。

　日本でも，政策評価の枠組みにおいて，規制の事前評価などが行われるようになっているが[72]，ここでは，それよりも，それとの関連で，憲法訴訟の場面だけでなく，より良き立法に資するものとして論じられている「立法事実」について触れておきたい。立法事実については，いずれにおいても，おおむね「立法の必要性・合理性を基礎付ける社会的・経済的・政治的・科学的な事実」などと定義されるが，両者はいろいろと関連するものではあるものの，立法の場面における「立法事実」と，憲法訴訟の場面における「立法事実」を区別することも必要だろう。

　前者は，立法に際しその必要性・合理性・実効性等を評価する場合の前提としてその基礎となる「事実」を問うものであり，いわば「合理的理由」や「根拠」に基づく立法を目指す取組としてその射程は広く，法的なものにとどまらない様々な要素を含みうるものであり，また，プロセスや情報開示・説明責任といったことにも結び付くものである。

　これに対し，後者は，あくまでも裁判所による憲法判断にかかわるものであり，憲法判断による法形成・政策形成といった側面を認めつつ，審査基準とも

---

[71] 以上の点については，糠塚・前掲注 69)，只野雅人「よりよき立法 (mieux légiférer)——フランスにおける社会・経済の変容と統治の正統性」季刊・企業と法創造 8 巻 3 号（特集・憲法と経済秩序）(2012年) 53頁参照。ただし，議会や憲法院において影響評価そのものを行うものではないようである。

[72] 日本では，2001年に政策評価法が制定され，2007年からは同法の枠組みの下でガイドラインにより規制の事前評価も行われるようになっているが，限定的なものにとどまり，また，国会を巻き込んだ取組とはなっていない。

結び付けられて，裁判所により行われるべき立法事実の審査・判断が，その範囲・あり方などとともに，問題とされるものである。そして，そこでは，裁判所が法律の憲法適合性あるいは政策的判断を含む法形成に関する事実について十分に審査・判断することができるのか，その判断は立法者の判断にどこまで優越しうるのかといった問いへの回答を求められることになるほか，裁判所による法形成についても客観的な事実に基づくべきことが恣意性の排除の観点から問題とされることにもなる[73]。

　いずれの場合においても，言葉の用い方を含め，「立法事実」の意味・射程・限界等を見定めつつ，それを論じることが必要であろう。裁判所における立法事実の審査の問題については，本書・大沢論文が論じるほか，立法の場面での問題については，川﨑論文が触れる。

Ⅵ　政治と法の相克と相互作用

1　政治と法の相克

　政治による立法に対する法的な枠付けや統制の強化，あるいはより良き立法に向けた取組などに対しては，常に民主主義の観点などからの批判が存在することも意識しておく必要があるだろう。

　この点，本書・只野論文では，マニュアルによる立法の形式の整序が官僚的合理性の所産であり，法律の質の強調がかえって政治のダイナミズムをそぐことになるのではないか，といったフランスにおける学説上の懸念などにも言及する。立法の評価が，経済的な効率性に重きを置くものとなれば，市場経済の論理の優越にもつながっていきかねない一方，法的なものの重視は，民意や機動的な対応を妨げるとの批判もあり，また，専門機関や外部専門家の役割の強調は，専門家支配につながるとの危惧も根強い。

　法律の質の確保・向上を図る必要があるとしても，民主的な方法によってこ

---

[73] 「法形成を支える事実」と「法律の合理性を支える事実」とを区別し，また，Kenneth C. Davis の提唱による legislative facts がアメリカでは「法形成を支える事実」と捉えられていることを指摘しつつ，合憲性推定原則との関係を含め，改めて憲法訴訟における立法事実論の意味を問うものとして，淺野博宣「立法事実論の可能性」高橋和之先生古稀記念『現代立憲主義の諸相・上巻』（有斐閣，2013年）419-442頁。

れを調達するのは困難な面があるだけに，悩ましい問題ではある。民主的正統性と機能・手続による正当性はトレードオフの関係に立つ面もあり，後者の重視が民主主義の減退に結び付きかねないところもあるが，そのような取組を非民主的だとして否定することも困難であろう。

そもそも，現実の政治は，法的なものにあまり重きを置かず，マニュアルや事前評価を軽視したり，無視することもあり，それらがどれだけ意味をもち，機能しうるかは，政治の側の姿勢にかかっているところもある。しかしながら，政治の側も，立法者として法の意義や立法の合理化の必要性等を認識する必要はあるのであり，政治や立法の実態を踏まえるならば，民主主義への配慮はもちろん必要だとしても，直ちにより良き立法のプロジェクトを抑制すべきことにはならないのではないだろうか。特に，プロセスの透明性を高め，情報の開示やアカウンタビリティを強化することは，民主主義の強化にもつながりうるといえる。

なお，本書・只野論文は，フランスの憲法院が，法律が備えるべき資質として様々なものを憲法上の要請として提示してきたことを「立法学の憲法化」として指摘し，そのうちの明確性，理解可能性，接近可能性，規範性を取り上げ，考察を加えているが，資質の問題に関し違憲審査による法的統制がどこまで可能かについては，その法的な位置付けやその多くが程度問題とならざるを得ないことなども考慮するならば，別途，検討が必要となるところだろう[74]。

他方，立法プロセスにおけるより良き立法の取組とは異なり，法的な効果・効力を伴う裁判所の違憲審査の場合には，民主主義との関係は原理的なものも含めより深刻なものとなりうるようにみえる。

アメリカにおいては，多数の意思で決定された議会制定法を，民主的基盤をもたない裁判所が違憲無効とすることが民主主義における正統性の面で問題があるとする「反多数決主義の困難」がビッケル[75]によって提起されて以降，「司

---

[74] この点については，法の一般原則や形式的合法性などの面から言及した前掲注28）も参照。また，本書・只野論文によれば，憲法院が資質として様々な判決で言及する明確性，接近可能性，理解可能性などについても，実際に，それらにより法律の規定が違憲とされた例は必ずしも多くはないとのことである。いずれにしても，法律が備えるべき資質については，憲法上の位置付けや憲法的な価値付けがなされない限り，いわば立法者の道徳といったものにとどまらざるを得ないところがあるといえよう。

[75] ALEXANDER M. BICKEL, THE LEAST DANGEROUS BRANCH: THE SUPREME COURT AT THE BAR OF POLITICS (1962).

法審査と民主主義」は,論争的な問題となり続けてきた。

　憲法裁判所が大きな成功を収めたとされるドイツでも,連邦憲法裁判所の正統性や政治化のほか,政治システムの脱政治化や司法化,政治の停滞,頻繁な基本法改正などの問題が指摘されてきた。

　この問題は,民主主義と立憲主義との関係をどう捉えるかということも絡み,違憲審査と民主主義を原理的に相容れないものとみるか,民主主義と違憲審査を融和的なものとみるかといったことを1つの分岐点として,様々な議論が展開されてきている。ただ,そのような中で確認しておく必要があるのは,アメリカの連邦最高裁判所,ドイツの連邦憲法裁判所ともに,国民の批判や反発が高まる大小の危機的な状況を経つつも,総じて国民の信頼と支持を得てきたということである。

　議会の決定を覆す場合に,裁判所はその法的な正当化だけでなく,国民の支持・受容といったことにもかなり神経を使っていることが多く,逆に,議会の決定の方が民意と乖離しているようなこともある。裁判所の違憲審査が反多数決主義的な性格をもつのは確かだとしても,常に反民主主義的といえるかどうかは微妙なところもあり,また,その評価はそれぞれの民主主義観もかかわってくることになる。

　日本の場合には,むしろ最高裁判所の消極主義的な姿勢に対する批判が強い。近年は,最高裁判所の役割に期待せざるを得ない状況が強まりつつあるようにみえるが,問題は,果たして,国民の司法に対する認識・理解や信頼が十分に存在するといえるのか,そして,そのような中で,最高裁判所がこれまでの司法像や役割観を変えたり,政治への警戒感を緩めることができるか,ということだろう。

　なお,政治と法の間での緊張関係は,「民主的なもの」・「政治的なもの」と,「法的なもの」・「専門性」との相克といった様相を呈することになり,これは,正統性 (legitimacy) vs. 正当性 (rightness/justness) の構図で語られることも少なくない。

　もっとも,現実の姿は,そのような構図で捉えることを躊躇させるものとなることもあるだけでなく,そのような捉え方は,逆にその問題性をみえにくくする可能性もないわけではない。民主的なものと政治,法的なものと専門性と正当性が常に一致するとは限らず,また,そこでの民主的なもの・政治的なもの,法的なもの・専門性それ自体が多義的かつ相対的で不確かな面があるだけ

序章　37

でなく，揺らぎなども散見され，それらが歪んだ形でぶつかり合っているところもあるようにみえる。

　このほか，政治と法の関係について検討する上で見逃すことができないのが，法部門に属する機関の人事と独立性・自律性の問題である。それらは，基本的に非選出勢力であり民主的正統性を欠くことから[76]，何らかの形で政治部門によって任命され，正統性が補塡されることになる。最高裁判所や憲法裁判所の裁判官については，議会や行政府，あるいはその協働行為，さらに場合によっては部分的に裁判所によって任命されることになるが，比較法的には議会が関与する例が多く，その意味では，日本の制度は少数派ともいえる。裁判官の要件，具体的な任命の仕組み・手続やその公開性の程度などについても国によって様々であり，また，それなりに専門性は確保されることが多いとはいえ，特定の政治的陣営や思想・信念の色彩を帯びた任命が行われることもあれば，特定の党派に偏らない中立的な人事が行われることもあり，それらが最高裁判所・憲法裁判所の違憲審査の機能のあり方にも影響を及ぼすことが少なくない[77]。

　これに対して，行政府等に置かれる法律専門機関の場合には，その長や幹部職員の政治による任命の際の要件・手続上の制約は少なく，ある意味では当然のことながら，裁判所と比べてその独立性は弱く，その専門性による権威や自律性がどこまで認められるかは，伝統や慣行，政治の側の意識・評価などに依存せざるを得ないところもある。

2　政治と法の対話？

　憲法秩序を含む法の形成のあり方を考える上で，議会・行政府・裁判所あ

---

76) アメリカの一部の州やスイスの一部のカントンでは裁判官を国民の選挙によって選出する例もみられるが，例外的なものにとどまっている。

77) 本書においては，アメリカ連邦最高裁判所の裁判官人事がもつ意味・影響について見平論文が，フランス憲法院の人事についてはコンセイユ・デタの人事も含め井上論文が検討を行っている。なお，アメリカ連邦最高裁判所と人事の面でもしばしば対比されるドイツ連邦憲法裁判所については，16人の憲法裁判官のうち，連邦裁判官から選ばれる6人以外は連邦議会（実際には選任委員会）と連邦参議院によって半数ずつ選任されるが，そこにおける3分の2以上の多数基準が党派的妥協を成立させ，政治的中立の確保につながっているといわれる。この点については，例えばルペルト・ショルツ（倉田原志訳）「憲法と政治の間における憲法裁判権――ドイツ連邦憲法裁判所を例として」市川正人＝大久保史郎＝斎藤浩＝渡辺千原編著『日本の最高裁判所――判決と人・制度の考察』（日本評論社，2015年）378－381頁参照。

いはこれらの機関のそれぞれの役割とそれらの間における相互作用に目を向けていく必要があることは、これまで述べてきたとおりである。

　この点については、裁判所（特に最高裁判所・憲法裁判所）による違憲判決を契機とした議会・行政府の対応、それに対する裁判所の判断といった動態的な秩序形成の意義やそのような視点の重要性を強調する議論が、日本でも、活発に展開されるようになっている。

　そして、その場合にキーワードとして用いられているのが「対話」である[78]。

　そこでは、政治部門と法部門の相克はむしろ肯定的な見方がなされることにもなり、また、本書・見平論文がアメリカの憲法秩序形成過程の分析を通じて描き出す市民社会の役割（国民の参加とそれも加わった相互作用）なども重視（期待）されることになる。

　最高裁判所による違憲判決等の踏み込んだ判断の後の対応や相互作用に目を向けることの必要性は大いに首肯できるところであるが、その一方で、「対話」という概念・言葉の用い方には注意も必要だろう。分野の垣根を超えて流行ともなっている「対話」というレトリックには、建設的・協調的な意味合いが含まれているようにも感じられるが、本書・上田論文でも指摘がなされているように、その概念の広範性・不明確性は否めず、論者によって含意するものが異なるような状況もみられる。「対話」は、分析概念や望ましさを込めたものとして用いるのであればともかく、規範概念[79]として用いることについては、その根拠も含めて不明確であるといわざるを得ないように思われる。

　これまで日本でみられたような、本音を隠したままでの駆け引き、違憲判決の議論を欠いた無批判の受容、違憲判決の長期間の放置といったものを無理に「対話」と位置付ける必要はなく、ましてや、人事まで絡めた政治による強烈なバックラッシュはとても「対話」と呼べるものではないだろう。

　「対話」においては、理由、説明、理解、議論などといったことも必要となるのであり、そうなってくると、問題は、「対話」がどこまで成り立ちうるのか、また、成り立つための条件は何かということであろう。

---

[78] その代表的なものとして、佐々木雅寿『対話的違憲審査の理論』（三省堂、2013年）など。

[79] 佐々木・前掲注78）のほか、日本国憲法研究座談会（「対話的違憲審査」論究ジュリスト12号〔2015年〕223頁）での佐々木の発言によれば、佐々木の対話理論は、日本国憲法の規範内容を示す理論であり、憲法上、対話が要請されていると捉えるものであるとする。

その点では，裁判所の側に力点が置かれたものとはなるものの，本書・見平論文を含む同氏の諸論稿において，アメリカの司法政治学の知見を踏まえ，違憲審査制の機能条件として提示されている「政治的資源」，「規範的資源」，「実務的資源」といった視点が，重要となってくるのではないかと思われる[80]。

また，本書・櫻井論文が示唆するように，違憲判決等の後の対応にもかかわる違憲判決の効力・効果，判決手法などの問題も重要であり，違憲・無効としただけでは解決できない問題などについては，議会や行政府の反応・対応をにらんだ裁判所の戦略的な対応や法創造といったことなども必要となってくる。

なお，最高裁判所の憲法判断が「最後の言葉」ではないとした上で，対話のために，最高裁判所による積極的・明確な違憲判決などを重視することになれば，最高裁判所が政治的な争いに巻き込まれたり，その権威を維持することが困難となったり，強烈な政治的バックラッシュを受けたりするようなことも出てくる可能性がある。最高裁判所の側がそれに対峙・対抗しうるためには，上記の資源をどれだけ持ち合わせているかといったことがまさにポイントとなるのであり，また，最終的には国民の信頼・支持にかける（頼らざるを得ない）ことにもなってくる。しかし，そのような基盤の有無は，国によって異なってくるのであり，現在の日本においてそれらがどれだけ存在するかについては慎重にみざるを得ないところがあることは，既に指摘してきたとおりである。

法の形成に関し機能的・動態的に捉え，それにかかわるアクターの役割や相互作用について考えていく上で，違憲判決等の後の「対話」は違憲審査制の反民主主義的な性格を緩和する論理としても魅力的ではあるが，その一方で，「対話」がどのような意味をもちどこまで成り立ちうるかは，それぞれの国の憲法や法の状況，政治や社会の状況などに依存せざるを得ないところもあるといえるだろう。

Ⅶ 本書の各論文について

以上，不十分ながら，本書で取り上げる国等における政治と法の状況などに

---

80) 見平典『違憲審査制をめぐるポリティクス——現代アメリカ連邦最高裁判所の積極化の背景』（成文堂，2012年），同「憲法学と司法政治学の対話——違憲審査制と憲法秩序形成のあり方をめぐって」法律時報86巻8号（2014年）93-101頁等参照。

も触れつつ，本書というよりは筆者の問題意識や基本的な視点などについて述べてきたが，最後に，国等ごとに，各論稿について簡単に紹介しておきたい。

【アメリカ】

　大林論文「『執行の帝国』」は，執行府による立法行為について，「法化」という側面から検討するものであり，そこにおける「法化」は，稿者によれば，大統領による立法に関しては大統領命令等による憲法価値の実現，行政機関による立法に関しては立法や司法による統制により，促進等がなされていくことになるとする。その上で，大統領による立法に関しては，大統領による議会法律制定過程への関与と大統領命令による法創造を取り上げ，大統領命令の活用の拡大の歴史を他権の対応も含め振り返るとともに，大統領命令に関する手続的要件をも回避するものとしてのメモランダムの活用といった近年の傾向にも触れる一方，行政立法に関しては，連邦最高裁判決における委任禁止の法理から行政裁量統制へのシフトの流れを，両者の関係も含め，考察を加える。執行府による立法の状況は，「執行の帝国」といった様相を醸し出すとしつつ，法に基づく統治の実践に寄与するといった見方も可能であるとするほか，立法府よりも，司法による事後的な統制が重要な意味をもつと説く。

　見平論文「現代アメリカにおける法部門の動態と展望——多元主義的な憲法秩序形成の担い手としての裁判所・訟務長官」は，アメリカの憲法秩序形成過程の動態的な把握ということから，法部門として，裁判所のほか，連邦司法省の訟務長官を取り上げ，前者については連邦最高裁の組織・運営が違憲審査制の積極的運用に必要な時間，情報，専門的能力・専門的正統性，民主的正統性等の諸資源を確保する形で構造化されていること，後者については連邦最高裁と司法長官・大統領の両方に仕えるという特殊な役割規範の下で高い専門能力と権威に依拠しつつ連邦最高裁の法形成を支えていることを確認した上で，アメリカの裁判所の積極性が政治部門によってしばしば形成されていることや，アメリカの法部門が多元主義的な憲法秩序形成過程の一部を構成していることを，中絶問題をめぐる憲法解釈の展開の事例も参照しつつ，指摘する。また，憲法秩序形成のあり方に関し日米を比較して相互作用の実質性・継続性の相違とその理由についても検討するほか，アメリカの憲法秩序形成の積極面と消極

面にも言及する。

【イギリス】

　木下論文「立法過程の改革及び変動と政治部門における権力の拡散」は，1997年に発足したTony Blair労働党政権期以降，権力の拡散と解しうる統治構造の変動が生じ，多数者支配型のウェストミンスター・モデルが変容しているとの基本的な評価を前提としつつ，法形式とその規律主体，立法の過程・現状を概観した上で，権力の拡散に対応する立法過程改革や立法活動の変化に関し，庶民院（下院）の現代化としての法案提出前審査・常設委員会改革・平議員議事の新設，貴族院（上院）改革とその憲法保障機能，委任立法統制などについて考察を加える。同論文は，立法改革としての議事手続改革では，①議会運営の能率化と②議会の政府監視能力の強化という緊張関係にある2つの側面があり，庶民院における議事手続改革は政府が受け入れることができるもののみが実行されているとみる一方，貴族院改革により「誰も完全にはコントロールできない議院」となった貴族院における政府提出法案の敗北にも言及する。イギリスの立法過程改革の動向も踏まえつつ，日本における立法過程に係る制度改革が急務であるとする。

　上田論文「人権法による『法』と『政治』の関係の変容──不適合宣言・適合解釈・対話理論」は，1998年人権法により裁判所に付与されたヨーロッパ人権条約上の権利に対する法令の適合性確保手段である「不適合宣言」と「適合解釈」に関し，その適用事例を概観した上で，人権法による裁判所の権限拡大を正当化する文脈で用いられている「対話理論」について，議会主権（民主主義）との接合や裁判所・議会での議論の相対性ということから「不適合宣言を重視する立場」，裁判所による基本的な原理の解釈・保障や具体的な事案の解決・救済に重きを置く「適合解釈を重視する立場」，「不適合宣言と適合解釈の使い分けを提唱する立場」に分類して，考察を加える。日本では裁判所の控え目な判断と目される傾向が強い，合憲限定解釈≒適合解釈につき，イギリスではその政治部門に与えるインパクトの強さに焦点が当たっているとして，その相違を指摘する。

【ドイツ】

片桐論文「ドイツにおける政府提出法案の起草過程とその規律」は，政府法案の準備過程における「立法のコントロール」として，規則・マニュアル等による規律，法案提出の理由書，目的・選択肢・費用等に関する説明書等の要求，外部専門家の関与，連邦司法省による審査，持続可能性審査を含む規制影響評価，国家法規管理委員会の審査などについて，検討する。これらは，ドイツにおいて従来から問題とされ，グローバル化・ヨーロッパ化の進展に伴いさらに問題化している「脱・議会化」を促進するものとして批判の対象ともなるが，憲法内在的な現象であり，基本法の統治システムからその問題に関する判断基準を導くのは困難なことなどもあって，直ちに基本法に反するものとは考えられていないという。ドイツにおけるそれらの仕組みの多くは日本でもそれなりに取り入れられているにもかかわらず，日独では何か本質的な違いがあるとし，その差を立法過程のアクター，ひいては国民の立法ないし政治に対する意識の差の表れであることを示唆する。

櫻井論文「代替立法者としての憲法裁判所」は，憲法裁判所を中心とする「法と政治」に関係する諸論点のうち，日本では従来あまり注目されてこなかった，連邦憲法裁判所法35条に基づき違憲判断に際して憲法裁判所が示す，立法者が新たな法律を制定するまでの間の暫定規律の問題に焦点を当て，連邦憲法裁判所の著名判決や，バイエルン憲法裁判所の元老院廃止判決における暫定規律を取り上げつつ，検討を加え，「立法権の簒奪」などとして学問的批判の十字砲火を受けてはいるものの，実際には穏健な内容の判断が慎重な考慮の上で下されており，違憲＝無効としただけでは解決できない困難な事案における憲法適合的な法状況を創設するための試みとして，肯定的に評価する。そして，違憲判決後の後始末の困難ということから違憲判決を出せない日本の最高裁につき多様な判決手法の可能性の探求の必要に言及しつつ，その機能不全からの脱却のための残された道は大胆な制度改革しかないとする。

【フランス】

只野論文「フランスにおける政治と法——法律の民主的正統性と合理性」は，立法のインフレーション，法律自体の変質などフランスにおける法律の質の問

題について概観し，範型とされてきた法律の資質の変化が社会の変化に伴い不可避的に生じてきたものであるとした上で，法律の質・合理性の保証人としての憲法院による憲法裁判の活況と憲法院が憲法上の要請として提示する法律の質のうち明確性・理解可能性・接近可能性・規範性のほか，立法の起草技法と実質の改善の取組として，立法マニュアル・影響評価等について，その根拠や正統性を問う学説の批判的応接にも触れつつ，それぞれ検討を加える。そして，それを通じて，法律・立法の質の問題に対する憲法院やコンセイユ・デタ，政府による法律・立法の合理化の試みにおける民主的正統性と合理性の緊張関係を指摘するとともに，両者の関係のあり方として，Flückigerの影響評価の位置付け・あり方をめぐる「鏡をさしのべる」という指摘も踏まえつつ，「議論と政治的対峙の特権的な場」の位置を見定めた上での複合的な視覚からの「実践的理性」の探求といった方向性を示す。

井上論文「フランスにおける合憲性統制機関——憲法院とコンセイユ・デタ」は，フランスにおいて，政策の形成過程，政府提出法案の決定，法律の制定後・公布前，法律の施行後という法の形成の各段階において合憲性統制の役割を担う，憲法院と，諮問機関としてのコンセイユ・デタについて，その組織・人事を中心に考察を加えるとともに，年齢・資格・経歴に関し何らの条件も要求されない憲法院裁判官の人事の変化や裁判官人事の判決への影響に言及するほか，憲法院事務総長へのコンセイユ・デタ出向者の任命が両者の関係だけでなく法の形成のあり方にも一定の影響を及ぼしていることを，ブルカ禁止法の例なども交えて，指摘する。そして，それらの考察を通じた日本への示唆として，最高裁裁判官の任命手続への議会関与の必要性と，内閣法制局をめぐる日本の議論の反省の必要を強調する。

【ヨーロッパ】

建石論文「EU法およびヨーロッパ人権裁判所判決による法形成における『補完性原則』強化と国内議会の役割」は，EUの発展とヨーロッパ人権裁判所の判例形成による，締約国議会の立法権の制約，民主主義の赤字といった状況を確認した上で，2007年のリスボン条約等による締約国議会の役割の強化として，締約国議会に対する情報提供，特別機関会議に関する正式な位置付けの付与，

締約国議会による補完性原則の監視などについて，また，2013年のヨーロッパ人権条約第15議定書による補完性原則の条約前文への挿入，同第16議定書に基づく国内裁判所によるヨーロッパ人権裁判所への「諮問的意見」制度の創設について，それぞれ検討を加える。前者による締約国議会の役割の強化は，EUの立法過程に締約国議会が加わることになり，「対話」の機会を提供するものの，なお実効的にEU機関の立法に関与しているとまではいえないとする一方，後者のヨーロッパ人権条約上の「補完性原則」の強化については，締約国の評価の余地の拡大と人権裁判所の解釈による統制（人権保障）の後退のおそれを指摘するとともに，諮問的意見の制度については，ヨーロッパ人権裁判所の将来的な憲法裁判所化の道を開く可能性を示唆する。

江島論文「ヨーロッパにおける多層的統治構造の動態——ヨーロッパ人権裁判所と締約国の統治機構の交錯」は，ヨーロッパにおける統治構造の多層的状況に着目しつつ，ヨーロッパ人権裁判所における判例法形成が締約国の国内法・国内判例に及ぼす影響と国内の政治部門・法部門の対応について，①受容，②新たな規範の可能性，③衝突・無視，④「対話」，⑤尊重に分類した上で，そこから「多層的人権保障システム」モデルを暫定的モデルとして抽出し，国内システムと国際システムの共働的な機能による人権の実効的保障として，「グローバル・モデル」としての成立の可能性を模索する。多層的人権保障システムのメリット・デメリットを踏まえ，システムの多層性は人権保障に貢献しているというのが稿者の評価であり，非ヨーロッパ地域において当該モデルが通用するかは今後の検討課題としつつ，国際人権条約機関が有する国家報告制度など多層的人権保障システムの要素は非ヨーロッパ地域でも見出しうるとし，日本での2013年の非嫡出子法定相続分差別規定違憲決定を生むに至った過程はそのモデルの一環として捉えうることを指摘する。

【日本】

川﨑論文「立法をめぐる政治と法の状況と課題——法部門による事前審査と事後審査の役割・あり方等を中心に」は，日本の立法に関するシステム，立法をめぐる政治と法それぞれの状況とその変化，問題点等について検討を行った上で，内閣法制局等による事前審査と裁判所による事後審査とを対比させなが

ら，その役割・あり方・限界などについて考察を加えるとともに，立法の憲法適合性や法的な質の確保にかかわる課題と対応のあり方についても論じている。政治の力が強まる一方，法的なものが後退を余儀なくされるような状況がみられる中で，法の側の対応として，法部門による重層的・競合的なチェックや協働・役割分担，法的な資源の蓄積・共有化，立法事実の検証も含めた説明責任の強化や議論の活性化などの必要性について言及する。

　大沢論文「立法の質と裁判所の役割」は，近年，日本でも重大な関心が向けられるようになっている立法の質の低下に関し，統治構造改革との関係，その中でも内閣の機能強化等による官邸主導の政治との関連について検討を行うとともに，立法実務家による立法のマニュアル化の提唱とその限界を指摘した上で，立法の質を高めるための裁判所の役割について考察を行う。そこにおいて，裁判所の役割として注目するのが立法事実の審査であり，法形成・政策形成を支える事実と法律の合理性を支える事実の区別や合憲性推定原則との関係などについて改めて確認し，立法の政策合理性に関する裁判所の違憲審査の可能性について懐疑論・慎重論にも触れながら探る。また，立法の手続的正当性と司法の役割ということから，判断過程統制の意義に触れつつ，立法プロセスにおける決定過程の公正性・中立性，決定過程の透明性，執行過程の実効性・効率性，決定過程の評価などの点から，検討を加える。

　以上の各論文を通じて浮かんでくるのは，政治と法，あるいはその関係をめぐる多様な姿や動態，取組などであり，日本における議論・取組等の不十分さも浮彫にしつつ，それらのあり方などについて様々な教訓や示唆を与えるものとなっているのではないかと思われる。本書の狙い・試みがどの程度実現することになったかについては，読者の判断に委ねたい。

　(最後に，この場を借りて，本書の刊行が大幅に遅れ，早々に原稿を提出された執筆者や出版社にご迷惑をお掛けしたことを〔あわせて，ほとんどの執筆者の脱稿から刊行までに1年前後の期間を要することになったことも含め〕お詫びするとともに，本書の企画・刊行に際しいろいろとご助力をいただいた尚学社の苧野圭太さんに感謝の念を表したい。)

1　アメリカ

1 アメリカ

「執行の帝国」

大林啓吾

　　　序
　　Ⅰ　大統領による法化
　　　　——大統領による憲法価値の実現
　　Ⅱ　行政立法の法化
　　　　——委任禁止の法理から行政裁量統制へ
　　　後序

「大統領による法創造を探究するための理論的ツールや法理論的分析を創り上げようとするのが……大統領法学である」(Robert F. Blomquist, *The Presidential Oath, the American National Interest and a Call for Presiprudence*, 73 UMKC L. Rev. 1, 50 (2004))

序

　本稿が担当するのは，「アメリカにおける政治の法化」の場面である。アメリカでは，テロなどの緊急事態対策に伴う大統領の権限の拡大，そして行政国家化の進展に伴う行政機関の権限の拡大が著しい。こうした状況を眼前にして，「政治の法化」を考えるのであれば，通常，政府の行為に法的統制をかけることが想起されよう。たとえば，法的根拠の不明確な行為に対して，法律の根拠がなければ無効であるという規範的要請をかけることなどが挙げられる。つまり，裸の権力行使に対して法という衣を着せることが最重要課題となるのである。
　しかしながら，本稿の考察手法はそれとは少し異なる。本稿では，執行府が事実上の立法を行う場面に光を当て，執行府自らが法の世界に入り込んでいく様相を描写する。執行府による事実上の立法行為は自ら法を纏うことによって

その正当性を高めるものであるがゆえに,他権はそれに法的統制をかけることが難しい。執行府による立法行為そのものを攻撃することはできるが,それによって法の網を取り除いてしまうと,執行府の裸の権力が残されてしまう。あらためて他権が法的統制をかけることはできるが,時代の変化のスピードに法的統制が追い付いていないのが現状であることを踏まえると,執行府の設けた法を取り除くことの方が,リスクが高いようにも思えてくる。

そのため,本稿では,執行府の事実上の立法行為を概観しながら,それに対して他権が無効にするのではなく,それをいかしながら憲法秩序の中に取り込んでいく場面を垣間見ることにしたい[1]。

さて,執行府による立法といった場合,大きく2つの場面に分けられる。1つは,大統領が立法に影響を与える場合および事実上立法作用を行っている場合であり,もう1つは行政機関が立法に影響を与える場合および事実上立法作用を行っている場合である。

まず,大統領による立法についてみてみよう。アメリカでは,大統領が演説や勧告を通して立法を促し,さらに同じ党派の議員を通して立法に影響を与えてきたことは周知のとおりである。このような間接的影響のみならず,大統領は,大統領命令によって事実上の立法を行ってきた。その際,大統領命令の根拠となる法律がない場合でも憲法上の権限に基づいて命令を制定する場合や,法律の内容が憲法に適合しないという理由で法律の内容に反するような立法を行うことがある。

次に,行政機関による立法をみてみよう。行政立法は法律の授権が必要である。ただし,法律では多様化するサービスの需要や複雑化した社会状況に十分対応できず,行政機関の判断に多くを委ねざるをえない。そのため,法律が広範な裁量を行政機関に付与し,行政機関が実質的な立法を行っている。

このように,アメリカでは,大統領や行政機関が事実上の立法を行っている状況にあるといえる。かかる状況を法化という側面から照射した場合,それぞれ異なる様相を呈していることがわかる。大統領による立法は,憲法に基づいて自ら法創造を行うものである。それは,法律に基づいて活動するというより

---

1) アメリカにおける行政国家の進展およびそこでの憲法秩序については,大林啓吾『憲法とリスク――行政国家における憲法秩序』(弘文堂,2015年)17-158頁を参照。

も，憲法に基づいて活動するという側面が強いことから，他権の統制になじみにくい。そのため，ここでいう法化は，大統領が命令等によって憲法価値を実現する状況（法創造）そのものを指すことになる。他方，行政機関による立法は，立法や司法による統制によって法化されていくことになる。

したがって，それぞれの領域で指す法化の意味は異なり，本来であれば，別々に検討すべき事柄のようにもみえる。しかしながら，統治構造の動態性を明らかにすることが本書の趣旨であることからすれば，大統領および行政機関がそれぞれどのように法化しているのかを考察しなければ，その動態性を十分把握することはできない。そのため，本稿では，法化の場面を2つに分け，それぞれ異なる分析視角から検討する。

I 大統領による法化
―――大統領による憲法価値の実現

1 大統領による立法への影響

大統領制を採用するアメリカの統治構造は，立法府と執行府がそれぞれ独立して行動するシステムになっている。たとえば，大統領（執行府）は連邦議会（立法府）に責任を負わず，連邦議会は大統領によって解散されない。

もっとも，法律の制定に関する憲法規定をみてみると，そこでは連邦議会のみならず，大統領が一部関わることが想定されている。法案の提出，議論，議決は連邦議会の専権事項であるが，法律として成立するためには大統領の署名が必要である。大統領には憲法によって拒否権が付与されており，連邦議会がこれを覆すためには両院の3分の2の承認が必要となる。このように，大統領も法律制定過程に一部関与しているのである。

とはいえ，法律制定の中心作業は，法案の提出，議論，議決にあることから，連邦議会が立法を行うことに変わりはない。大統領の関与は署名または拒否という限られた場面であり，抑制と均衡の一手段という側面が強い。そのため，一見すると，大統領は法律を制定する作業に積極的に関わる立場にはないようにみえる。

ところが，大統領は様々な場面で立法作業に大きな影響を与えている。まず，憲法2条3節1項は，「大統領は，随時，合衆国議会に対して，国の状況に関する

情報を提供し，必要かつ適当と判断する施策を審議するよう勧告する」[2]と規定している。これは，大統領に法案の提出を認めるものではないが，大統領の発言はきわめて大きな影響力を有するため，事実上，立法勧告をしているに等しい。とりわけ，大統領が具体的な立法の内容までをも提示している場合，その諾否は連邦議会に委ねられているものの，立法に与える影響は強いといえる。

　また，大統領は法案の提出権を有していないが，実際には，同じ政党の議員を通じて法案を提出することができる。アメリカでは，連邦議会の議員が1人でも法案を提出することができるため，大統領が政党全体をまとめなくても，少数の議員を通じて法案を提出することが可能である。また，大統領はホワイトハウスのスタッフや各行政機関の職員を活用することができるので，法案作成の資源もそろっている。加えて，法案を出す前に，関係する連邦議会の委員会や与野党の有力議員とも調整をはかり，法案を通す見込みをつけている。したがって，事実上，大統領は法案を提出できる状態にあるといえるだろう。

　また，大統領は法案提出に関与しているだけでなく，法案を承認する際にも影響力を行使することができる。憲法1条7節2項は，「下院及び上院で可決された法律案は，法律として成立する前に，すべて合衆国大統領に送付されなければならない。大統領は，法律案を承認するときは，これに署名する。承認しないときは，異議を付して，その法律案を再議に付す」[3]と定める。このとき，大統領は単に諾否の決定を行うだけでなく，メッセージをつけることで立法に影響を与えている。大統領が法案を拒否するとき，異議を付すことが憲法上認められていることから，大統領は連邦議会が大統領の意思に沿うような立法をするように促すメッセージを発することができる。拒否権を乗り越えるための要件である3分の2を両院で確保することはかなりハードルが高いため，連邦議会は大統領のメッセージを受け入れて，法案を修正して提出することもある。その結果，大統領の考えに近い内容の法案が作成されることになるわけである[4]。

---

[2] 高橋和之編『新版 世界憲法集〔第2版〕』(岩波書店，2012年) 67頁 [土井真一訳] (以下，『世界憲法集』とする)。

[3] 『世界憲法集』57-58頁。

[4] J. Richard Broughton, *Rethinking the Presidential Veto*, 42 HARV. J. ON LEGIS. 91, 112 (2005). 拒否権のメッセージ (veto message) は，大統領の憲法解釈を表明する場面でもあり，憲法解釈をめぐる対話の一断面とみなす見解もある。

2　大統領命令による法創造

　以上の方法は大統領が立法に対して影響力を与える場面といえるが，大統領はより直接的に事実上の立法を行うことができる。それが，「大統領命令（presidential order）」である[5]。大統領命令は，「大統領の執行命令（presidential executive order）」や「執行命令（executive order）」[6]という言葉で表されることもあるが，それらは必ずしも明確に区別されているわけではなく，ここでは大統領が行う命令という点を明らかにするためにも，大統領命令という言葉を用いることにする。

　大統領命令には，「宣言（proclamation）」，「指令（directive）」，「メモランダム（memorandum）」，「ガイドライン（guideline）」など，多様な用語がある。「執行命令や大統領宣言はよく知られている指令であるが，他の多くの文書にも似たような機能や効果を有するものがみられる」[7]と指摘されるように，これらの区別は判然としないことに加え，「指令」という言葉がこれらを総称することもある。あるいは，大統領命令の対象に着目して，2つに大別するアプローチもある。それによれば，大統領が執行府の職員に対して職務に関する指示を与える場合は「命令」を使うことが多く，大統領が執行府職員のみならず一般公衆や外国政府までをも射程に入れて広範な人々に対して大統領の決定を伝える場合には「宣言」を使うことが多いという[8]。もっとも，このような一般的傾向を指摘することはできるが，命令が宣言的要素を含んでいることもあり，またこの分類では命令と宣言以外の類型をどのように位置づけるかが定かではない[9]。大統領命令は上記のように使う言葉によっていくつかの種類に分けられるが，それらが整然と類型化されているわけではないのである。

　このように混沌とした状況になっているのは，大統領命令の手続や類型に関

---

[5] なお，大統領命令については，大林啓吾「アメリカ大統領の権限行使と憲法動態」比較憲法学研究25号（2013年）8-13頁も参照。

[6] BLACK'S LAW DICTIONARY 690 (10th ed. 2014). 執行命令とは，「大統領によって又は大統領のために発布される命令で，執行府の機関又は政府の公務員に行為を指令若しくは指示し，又は執行府が実行すべき政策を設定する」とされる。

[7] Todd F. Gaziano, *The Use and Abuse of Executive Orders and Other Presidential Directives*, 5 TEX. REV. L. & POL. 267, 273 (2001).

[8] *Id.* at 288.

[9] *Id.*

する法令がほとんど存在しないからである。まず，大統領命令は大統領の専権とみなされていることもあり，これを直接かつ包括的に規律する法律は存在しない。個別法が大統領に権限を委任する際に大統領命令の類型を指定することもあるが，それは一般的に大統領命令を規律するものではない[10]。

　また，大統領命令一般に関して規定する法規は，主に連邦規則集に掲載を要求する規則[11]と，行政管理予算局（Office of Management and Budge）の承認を受ける規則[12]があるだけである。その他には，司法長官や法律顧問局が命令の審査を行うことが慣習化している。

3　大統領命令の歴史的展開

　そもそも憲法は大統領命令について何も定めていない。だが，建国以来，歴代大統領によって連綿として行使されてきた。最初に大統領命令を用いたのはワシントン（George Washington）大統領であった。1789年6月8日，ワシントン大統領は大陸政府の留任者に対して，合衆国の一般的問題をまとめた報告書を準備するように指示書を送った[13]。また，ワシントン大統領はイギリスとフランスの対立に巻き込まれないように中立宣言を発し，各省庁の長官を解任する際にも大統領命令を発した[14]。このように，大統領は職務を行う際に何かを命じることが多いため，大統領には命令を発する権限があると理解された。ただし，その方法は様々であり，現在のように命令に番号が付されるようになったのは，1862年のルイジアナ占拠に伴う裁判所の設置に関する命令以降のこととされる[15]。ワシントン大統領の例にならい，以後の大統領も命令を出すようになり，大統領命令は頻繁に発せられるようになった。

　しかし，大統領命令が個人の権利義務に関する事項について発せられるようになると，命令の対象となった者が命令の違法性を裁判で主張するようになっ

---

10) *See, e.g.*, 19 U.S.C. § 2253(a)(3).

11) 1 C.F.R. 19. 1-2.

12) 3 C.F.R. 610.

13) Gaziano, *supra* note 7, at 273-274.

14) Alissa C. Wetzel, *Beyond the Zone of Twilight: How Congress and the Court Can Minimize the Dangers and Maximize the Benefits of Executive Orders*, 42 VAL. U. L. REV. 385, 388-389 (2007).

15) William D. Neighbors, *Presidential Legislation by Executive Order*, 37 U. COLO. L. REV. 105, 109 (1964).

た。その代表例が 1804 年の Little v. Barreme 連邦最高裁判決[16] である。この事件では，アメリカのフリゲート艦が船舶抑留法 (non-intercourse law)[17] に基づく大統領命令に従ってデンマークの船を拿捕したところ，大統領命令が同法に反していないかどうかが問題となった。船舶抑留法は大統領に臨検や拿捕等の権限を付与しており，大統領は敵対するフランスを往来する船の臨検や拿捕を認める命令を出していた。そのため，本件船舶はフランスに向かうアメリカの船という疑いをかけられて拿捕された。だが，実際にはフランスから来た外国船であり，拿捕することを認めた大統領命令は法律に反しているのではないかという点が問題となった。

連邦最高裁は，船舶抑留法がフランスからの外国船を拿捕する権限を大統領に与えていないとし，当該命令の内容が法律に反するとの判断を下した。マーシャル (John Marshall) 長官による法廷意見は，大統領が誠実な法の執行や軍事総司令の責務を果たすために非合法行為に従事している船舶を拿捕することを命じることができるかどうかは定かではないが，本法はフランス行きの船に限って拿捕を認めていることが明らかであり，フランスから来た外国船を拿捕した本件は違法であるとしたのである。本判決により，大統領命令にも限界があることが示されたといえる。ただし，命令の存在を前提として判断しているため，大統領側には命令の制定自体は合憲だという形で理解された。

そのため，その後の大統領も大統領命令を活用し続け，ジェファーソン (Thomas Jefferson) 大統領は命令によってルイジアナを購入し，タイラー (John Tyler) 大統領は命令によって独立した大統領委員会を創設した[18]。また，リンカーン (Abraham Lincoln) 大統領は南北戦争の際に大統領命令を頻繁に発した[19]。

南北戦争が終わっても，各大統領は憲法上の責務を遂行するために命令を出し続けた。そして，立法府や司法府も，憲法および法律の範囲内であれば，命令を発することが可能であるとの態度をとるようになった。各種法律には命令を前提とした内容が規定されるようになり，また 1892 年の Jenkins v. Collard

---

16) Little v. Barreme, 6 U.S. (2 Cranch) 170 (1804).
17) The non-intercourse law, the 9th of February 1799, Vol. 4. p. 244.
18) Wetzel, *supra* note 14, at 392-393.
19) *Id.* at 393.

連邦最高裁判決[20]では，憲法または法律を執行するために命令を出すことが認められた。

20世紀に入ると，産業の発達に対応したり，第1次世界大戦などの緊急事態に対応したりするため，多くの行政機関が必要となり，大統領命令によって設立されることが増えた[21]。

行政機関が大幅に増加すると，大統領がその詳細について監督することが難しくなり，ある程度行政機関の長に判断を委ねざるをえなくなった[22]。そのため，大統領の指示に基づいて，行政機関の長が具体的な指令を出していくようになる。また，大統領は政策実現のために命令を活用し始める。たとえば，T. ルーズベルト（Theodore Roosevelt）大統領は命令で行政サービスの拡充や国立公園のための土地収用などを実行していった[23]。タフト（William H. Taft）大統領も同様に命令によって土地収用を行っていったが，それに対しては訴訟が提起され，連邦最高裁でその合憲性が争われた。1915年のU.S. v. Midwest Oil Co. 連邦最高裁判決[24]では，法律の授権のない命令が問題となったが，連邦最高裁は法律の授権がなくても黙示の同意があったと考えられるとした。さらに，F. D. ルーズベルト（Franklin D. Roosevelt）大統領はニュー・ディール政策を実行するにあたり，様々な命令を出して実行に移した。

4　執行権の概念と法律の授権

大統領は，法律の明示的な授権がなくても命令を出すことができる以上，事実上，ほとんどの事項が命令の対象になる可能性がある。そのため，大統領によっては法律の特定の授権がなくても命令を出すことができると考えてその範囲を広げる者もいる一方で，法律の特定の授権がなければ命令を出すことを控えるべきと考える者もいる。

この裁量は，執行権の概念にも関係する。T. ルーズベルト大統領は，執行権

---

20) Jenkins v. Collard, 145 U.S. 546 (1892).
21) John A. Sterling, *Above the Law: Evolution of Executive Orders (Part One)*, 31 U. WEST. L.A. L. REV. 99 (2000).
22) Frank B. Cross, *Executive Orders 12,291 and 12,498: A Test Case in Presidential Control of Executive Agencies*, 4 J.L. & POL. 483, 489 (1988).
23) Wetzel, *supra* note 14, at 397.
24) U.S. v. Midwest Oil Co., 236 U.S. 459 (1915).

を包括的権限と捉えていた。T. ルーズベルト大統領によれば，憲法または法律によって特別に禁止されている場合にのみ執行権の行使に制限がかかるのであり，法律の特別な授権がなければ執行権を行使できないわけではないという。つまり，執行権は，明示的に禁止されている事項を除き，あらゆる事項に対して行使することができる包括的権限だというのである。そのため，執行権を統括する大統領は，憲法または法律の明示的授権がなくても様々な事項について命令を発することができることになる。

これに対して，タフト大統領は執行権を限定的に捉えている[25]。タフト大統領によれば，執行府は憲法または法律によって明示的に付与されている権限しか行使することができないという。タフト大統領の見解からすると，憲法または法律の明確な授権がなければ，命令を発することができないことになる。

このように，大統領命令を活用する際の裁量の広狭は，執行権をどのように捉えるかに関係している。とりわけ，黙示の授権があると考えられる場合に大統領命令を発することができるかどうかにつき，両者では見解が分かれる。T. ルーズベルト大統領は，明確な授権がなくても命令を発することができると考えることから，黙示の授権の場合も命令を発することができる[26]。一方，タフト大統領のような謙抑的なアプローチは，黙示の授権があると考えられるような場合でも，命令を発するべきではないということになる。

大統領命令の規範的根拠については，たとえば，つぎのような論理が提示されている[27]。憲法は大統領に執行権を付与し，法を誠実に執行し，軍事総司令や外交などについて責務を果たすように規定している[28]。そのため，大統領は憲法上の責務を果たすべく各機関や公務員に対して指令を出す必要がある。ゆえに，命令は憲法の要請に基づくものと考えるわけである。

---

25) Tara L. Branum, *President or King?: The Use and Abuse of Executive Orders in Modern-Day America*, 28 J. LEGIS. 1, 4-5 (2002).
26) もっとも，T. ルーズベルト大統領の見解からすれば，そもそも黙示の授権がなくても，命令を発することができるということになると思われる。
27) Gaziano, *supra* note 7, at 276-281.
28) 憲法2条1節が執行権を大統領に付与し，2条2節が軍事総司令や外交などの権限を大統領に与え，2条3節が誠実執行の責務を課している。

5 命令の限界

　大統領命令が憲法上認められるとしても，それは無制限に認められるわけではない。それが争われたのが，1952年のYoungstown Sheet & Tube Co. v. Sawyer連邦最高裁判決[29]である。朝鮮戦争時，トルーマン（Harry S. Truman）大統領は，法律の授権のないまま大統領命令のみで国内の鉄鋼所を収用した。そのため，大統領が命令だけで個人の財産を収用できるかが問題となった。連邦最高裁は当該命令について違憲の判断を下し，大統領命令の限界が示されたが，ジャクソン（Robert H. Jackson）判事の同意意見が示した3つの類型が重要である[30]。すなわち，第1に法律の授権に基づいて大統領が権限を行使する場合，大統領の権限行使の権威は最大化する，第2に法律の授権も法律による禁止もないときに大統領が権限を行使できるのは独立した憲法上の権限のみである，第3に法律と矛盾した行為を大統領が行った場合にはその権威はほとんど認められない，というものである[31]。

　この3基準は，大統領の権限行使一般に対して向けられたものであるが，それは大統領命令にも当てはまる。つまり，命令は原則として法律の授権に基づく必要があり，法律が黙示の場合には憲法上の責務を遂行するために発することができる。そして，命令が法律に反するような場合には，よほどの正当化事由がない限り認められることはないというわけである。

6　大統領命令の拡大と他権の対応

　しかし，Youngstown判決によって大統領命令の活用に十分な歯止めがかかったわけではなかった。その後，戦争などの緊急時以外の場面でも，行政国家の進展とともに命令はますます多用されていった。連邦政府と民間企業との契約が増加していく中で，各大統領は命令によって契約を締結するようになり，ケネディ（John F. Kennedy）大統領は命令違反の契約者に対して科す罰則を設けている[32]。

---

[29] Youngstown Sheet & Tube Co. v. Sawyer, 343 U.S. 579 (1952).
[30] *Id.* at 634-667 (Jackson, J., concurring). これについては，駒村圭吾「危機・憲法・政治の"Zone of Twilight"」奥平康弘＝樋口陽一編『危機の憲法学』（弘文堂，2013年）143頁の詳細な検討がある。関連して，蟻川恒正『憲法的思惟』（創文社，1994年）も参照。
[31] ただし，当該行為に立憲制度に適う均衡性があった場合のみ，優先されることがある。
[32] 26 Fed. Reg. 1977.

ただし，立法府も大統領命令の拡大にただ手をこまねいていたわけではなく，司法審査を援護することもあった。たとえば，1974年プライバシー法 (Privacy Act of 1974)[33] は，大統領命令によって分類された情報について司法審査が行われる余地を残した[34]。

ところが，司法はむしろ大統領命令の有効性を認める傾向にある。1979年のAFL-CIO v. Kahn連邦高裁判決[35] では，法律とは別の理由に基づく社会政策に関するカーター (Jimmy Carter) 大統領の命令を認めている。また，1981年のDames & Moore v. Regan連邦最高裁判決[36] では，イラン人質事件に際して出された大統領命令の合憲性を認めている。この事件では，アメリカ国内にあるイラン人の資産を凍結する大統領命令が出され，それが法律の授権に基づいていないのではないかとして問題となった。連邦最高裁は，当該命令は国際緊急経済権限法 (International Emergency Economic Powers Act)[37] によって黙示的に認められているとして，その合法性を認めた。

また，分割政府の状況が増えて，大統領と連邦議会の関係が悪化すると，大統領は政策実現のために大統領命令を活用し始めた。特にクリントン (William J. Clinton) 大統領は連邦議会に対抗するような内容の大統領命令を発することが多かった。たとえば，子供の環境保護法案 (Children's Environmental Protection Act)[38] が上院でストップしてしまったとき，クリントン大統領は大統領命令[39] の中に法案の内容を盛り込むことで対応した[40]。また，クリントン大統領は，雇用者がストライキを行う従業員の代わりに新たな者を正規で雇ってストライキ従事者の行き場をなくしてしまうことを禁止する労働立法を制定するように連邦議会に働きかけていたが，その法案は連邦議会で成立しなかったため，大統領命令によってその政策を実施した[41]。

---

33) The Privacy Act of 1974, 5 U.S.C. §552a.
34) もっとも，裁判所はそれに対する審査をほとんど行っていない。
35) AFL-CIO v. Kahn, 618 F.2d 784 (D.C. Cir. 1979).
36) Dames & Moore v. Regan, 453 U.S. 654 (1981).
37) The International Emergency Economic Powers Act, 50 U.S.C. §§1701-1706.
38) H.R. 1657, 106th Cong. (1999).
39) 62 FR 19885.
40) Branum, *supra* note 25, at 36.
41) 60 Fed. Reg. 13023.

こうした状況に対し，連邦議会も大統領命令の拡大に歯止めをかけようと試みたことがある。1990年代には，権力分立保持法案 (Separation of Powers Restoration Act)[42] や大統領命令統制法案 (Presidential Order Limitation Act)[43] が提出された。また，大統領権限の拡大を懸念したポール (Ronald E. Paul) 下院議員が提出した権力分立保持法案 (Separation of Powers Restoration Act)[44] は，執行命令，大統領宣言，大統領指令，その他の行為が大統領命令に含まれるとした上で，大統領命令を発する場合にはその根拠となる憲法または法律を特定するように求めた。また，大統領の憲法上の一定の権限行使や法律の授権がある場合などを除き，原則として，大統領命令は執行府の外では法的効力を持たないとした。以上の法案は成立には至っていないが，立法的統制の試みがなされようとしたことに留意しておく必要がある。

　また，1990年代頃から，下級審レベルでは大統領命令を統制する判断も出てきている。1996年の Chamber of Commerce of United States v. Reich 連邦高裁判決[45] は，既存の法律に合致しない命令が法律に反するとしている。さらに，2001年の Building and Construction Trades Department v. Allbaugh 連邦地裁判決[46] は，大統領命令の一部が憲法上の根拠に欠けるとの判断を下している。

7　近時の大統領命令

(1)　オバマ大統領の大統領命令

　オバマ (Barack Obama) 大統領もまた大統領命令をおおいに活用している。オバマ大統領は，就任直後に，グアンタナモ基地収容所閉鎖に向けて3つの命令を出した。これらは，いずれもG. W. ブッシュ (George W. Bush) 政権の拷問も辞さない強行的政策と訣別し，オバマ大統領の人権重視の政策を実現させるためのものであった。その意味では，政策実現のために執行命令を用いた例の1つであるが，法的側面からすればG. W. ブッシュ時代の専断的命令を廃して法律に準拠させようとするものであることから，命令の限界という点ではG.

---

42) H.R. 2655, 106th Cong. (1999).
43) H.R. 3131, 106th Cong. (1999).
44) H.R. 864, 107th Cong. (2001).
45) Chamber of Commerce of United States v. Reich, 316 U.S. App. D.C. 61 (D.C. Cir. 1996).
46) Building and Construction Trades Department v. Allbaugh, 172 F. Supp. 2d 138 (D.D.C. 2001).

W. ブッシュのときほど問題にはならない。

　ただし，それが政策実現にどこまで有益だったかというと，検討の余地がある。まず，大統領命令 13491 号では G. W. ブッシュ大統領が出した大統領命令 13440 号を廃止し，法律や条約に基づき，被拘禁者を人道的に扱わなければならないとした[47]。また，CIA が独自に設けた拘禁施設を速やかに廃止し，将来的にも使用してはならないとした上で，尋問に関する特別戦略部門を設けて尋問のあり方を調査させることにした[48]。つぎに，大統領命令 13492 号では，この命令が出てから 1 年以内に，速やかにグアンタナモ基地収容所を閉鎖し，なお残っている被拘禁者がいる場合には本国か第三国，またはアメリカの別の拘禁施設に移送するとした[49]。そして，大統領命令 13493 号では，拘禁等に関する特別戦略部門を設置し，拘禁が合法的に行われているかどうかをチェックすることになった[50]。

　これらの命令の主眼はグアンタナモ基地収容所の廃止であるが，期限を定めて廃止する方針を打ち出したにもかかわらず，結局閉鎖を実現できなかった。依然としてテロの脅威が残っていることや，移転先の確保が難しいことを考慮すると，閉鎖に踏み切るのは現実的ではなかったからである。

　とりわけ，連邦議会では，議員らが自らの選挙区の住民の意思を考慮して，収容所の国内移転に猛反対した。そのため，基地移転に必要な予算について，連邦議会の承認を得ることができなかった[51]。つまり，大統領命令によって閉鎖に向けて動き出そうとしたが，予算という壁を前に立ち往生してしまったわけである。2009 年，民主党が過半数を握る上院ですら，国内移転に連邦費用を支出することを禁じる決議[52]を採択し，2010 年には連邦議会が国内移転のため費用を用いてはならないことを明記して国防予算を成立させている[53]。

---

47) 74 Fed. Reg. 4893-4894, §§ 1-3.
48) 74 Fed. Reg. 4894-4896, §§ 4-5.
49) 74 Fed. Reg. 4898, §3.
50) 74 Fed. Reg. 4901-4902, §1.
51) Erin B. Corcoran, *Obama's Failed Attempt to Close Gitmo: Why Executive Orders Can't Bring About Systemic Change*, 9 U.N.H. L. REV. 207, 212 (2011).
52) 155 CONG. REC. S 5766 (daily ed. May 20, 2009).
53) Ike Skelton National Defense Authorization Act for Fiscal Year 2011, Pub. L. No. 111-383, 124 Stat. 4137 (2010).

(2) メモランダムの活用

 大統領は，自らの判断で自由に大統領命令を発することができるようにみえるが，これまでの慣行として，①憲法または法律上の根拠を提示すること，②行政管理予算局および司法長官の承認を受けること，③連邦規則集に掲載することが要件となっている[54]。これらの要件は形式面を整えることに重点が置かれているので，大統領にとってそれほど高いハードルではない。また，こうした手続を経て公布された大統領命令は，大統領の正式な命令として世に認識されることになるため，法令に近い外観を備えることとなる。しかしながら，場合によってはそれが大統領にとって都合の悪いこともある。適切な法的根拠が見つからないまま命令を発する場合にも連邦規則集に掲載するとなると，法的根拠が不十分であることが証拠として残ることとなり，批判されるおそれがあるからである。

 一方，メモランダムは，法的根拠を明示する必要がないことに加え，その効力は他の形式と変わらない。そこで，近時の大統領は，上記の手続を経ない宣言やメモランダムを活用する傾向にある。その典型例がオバマ大統領の移民政策である。

 オバマ大統領はかねてから公約として掲げていた不法移民の合法化について連邦議会と調整を重ねてきたが，2011年の中間選挙以降続く分割政府の状況下[55]では賛同を得ることが難しかった。そのため，オバマ大統領はやむをえず執行府の政策として事実上不法移民の一部の合法化措置を行うことにした。

 2012年6月15日，オバマ大統領の指示の下，ナポリターノ（Janet Napolitano）国土安全保障省長官は，一定の要件を満たした不法移民に対して，訴追を猶予することを指示するメモランダムを出した。それによれば，①16歳になる前に合衆国に入国し，②このメモランダムが出る前に少なくとも5年間合衆国に継続的に居住しており，③学校に通学しているかまたは高校を卒業しているか，GED（高卒認定）を取得しているか，または軍隊を除隊しており，④重罪，深刻な軽罪，複数の軽罪，その他国防の脅威になる犯罪を行ったことがなく，30歳を超えていない者が猶予の対象となっていた[56]。

---

[54] Jessica M. Stricklin, *The Most Dangerous Directive: The Rise of Presidential Memoranda in the Twenty-First Century as a Legislative Shortcut*, 88 TUL. L. REV. 397 (2013).

[55] 2011年以降，オバマ政権では，共和党が下院において多数派を形成した。

その後，2014年の中間選挙において上院の多数派の地位をも失ったオバマ政権は，政権が終わるまでに一部の不法移民の合法化を実現しようと考えた。そこで，2014年11月11日，オバマ大統領はDAPA (Deferred Action for Parents of Americans and Lawful Permanent Residents) の申請者が要件を満たした場合には合衆国内にとどまれるという声明を発表した[57]。2014年11月20日，オバマ大統領はテレビ演説で移民改革を実践することを宣言し[58]，それを受けてジョンソン (Jeh Johnson) 国土安全保障省長官は年齢要件を外すなど，起訴猶予の対象を拡大するメモランダムを出した[59]。これにより，たとえば，2012年のDACA (Deferred Action for Childhood Arrivals) では31歳以上の不法移民を救済の対象にしていなかったが，2007年から2010年に入国した者については31歳以上であっても救済対象に含まれることとなった[60]。このように，オバマ大統領の移民政策はメモランダム形式の大統領命令によって実践されていることが注目される。

　ただし，かかる不法移民救済策に対しては訴訟が提起されている。26の州はDAPAプログラムが憲法の誠実執行条項や行政手続法に反するとして，その無効を求めて提訴した。本稿執筆（2015年6月）時点で，連邦地裁が違法判断を下し[61]，連邦高裁が政府側の控訴を退けている[62]。

　以上のように，大統領命令は，大統領が憲法上の責務を果たしたり政策を実現したりするためのツールとなっている。大統領命令が法規の1つである以上，それは執行府の活動を法化するものとみなすことができる。だが，メモランダムの活用にみられるように，最近では法化と逆行するような向きもみられる。それはある意味生の権力行使であり，機動性や柔軟性に優れる反面，法の支配との緊張を高めることとなる。法化が命令の権威を高める可能性があるとすれ

---

56) Doc. No. 38, Def. Ex. 19 (June 15, 2012 DACA Memorandum issued by Secretary Napolitano).
57) *See* Press Release, Remarks by President Barack Obama in the President's Address to the Nation on Immigration (Nov. 11, 2014).
58) For a transcript of the President's address, <http://www.whitehouse.gov/issues/immigration/immigration-action#>.
59) Doc. No. 1, Pl. Ex. A (Nov. 20, 2014 DAPA Memorandum issued by Secretary Johnson).
60) DHS Secretary Jeh Charles Johnson, Memorandum, Southern Border and Approaches Campaign, Nov. 20, 2014, at 1.
61) Texas v. United States, 2015 U.S. Dist. LEXIS 18551 (S.D. Tex., Feb. 16, 2015).
62) Texas v. United States, 2015 U.S. App. LEXIS 8657 (5th Cir. Tex., May 26, 2015).

ば，メモランダムの活用はかえって執行府の自律的法秩序の領域を狭める結果となる可能性があろう。

Ⅱ 行政立法の法化
——委任禁止の法理から行政裁量統制へ

次に，行政機関の立法に光を当てながら，その法化のゆくえをみることにする。大統領と異なり，行政機関は民主的正当性を有するわけではない。したがって，行政機関の活動は法に服していることが要請されるが，現実には行政国家の進展により十分な法的統制が行われているとはいいがたい状況にある。そのため，行政機関の行為については他権による統制によって法化していく必要がある。以下では，委任立法の統制と行政裁量の統制を取り上げながら，行政立法の法化を考察する。

1 委任禁止の法理の盛衰

「委任禁止の法理（non delegation doctrine）」[63]の嚆矢をどの判決とするかについては争いがあり，それを断定することは難しい[64]。委任禁止の法理が権力分立観から派生していると考えるアプローチからすると，1825年のWayman v. Southard連邦最高裁判決[65]がその発端であるという[66]。この事件では，連邦最高裁に連邦裁判所の執行やプロセスに関する規則制定権を付与した法律の合憲性が争われた。連邦最高裁は，連邦議会が独占する立法権を委任することはできないが，本法はそのような法律に当たらないとして合憲性を認めた。ここ

---

63) 「委任禁止の法理」という言葉は，字義通り立法権の委任を認めないという意味で用いられることもあるが，実際の判例法理としては一定の条件をみたした委任のみ認めるという意味で使われており，本稿では後者の意味で用いることにする。なお，この言葉の区別については，駒村圭吾「アメリカ合衆国における『立法権委任法理』の展開(1)——合衆国最高裁判例の動向と法理の実態が意味するもの」法学研究67巻3号（1994年）27-28頁を参照。

64) David M. Wagner, *American Trucking: The "New Nondelegation Doctrine" Is Dead (Long Live the Old One?)*, 11 U. BALT. J. ENVTL. L. 25, 30 (2003).

65) Wayman v. Southard, 23 U.S. (10 Wheat.) 1 (1825).

66) Alex Forman, *A Call to Restore Limitations on Unbridled Congressional Delegations: American Trucking Ass'ns v. EPA*, 34 IND. L. REV. 1477, 1480-1481 (2001).

では，立法の本質を軸に委任の可否を検討していることから，権力分立論を中心に判断したものといえる。

 一方，委任の問題が顕在化し始めたロックナー期前後の判決に着目するアプローチがあり，こちらの方が一般的である。ただし，その場合でも，始まりを1892年の Field v. Clark 連邦最高裁判決[67]とみなす見解もあれば[68]，1928年の J. W. Hampton, Jr. & Co. v. United States 連邦最高裁判決[69]とみなす見解もある[70]。Field v. Clark 判決は，「連邦議会が大統領に立法権を委任できないことは憲法の定める統治制度の統合および保持に不可欠なものとして普遍的に認識されている原理である」[71]と述べており，委任禁止の法理を打ち出したと考えられている。ただし，この事件の重要な争点は，両院で可決された法案の一部が削除されていた状態で大統領が法案に署名したことの有効性であったため，委任禁止の法理の源泉といえるかどうかについては検討の余地がある。J. W. Hampton, Jr. & Co. 判決では，1922年関税法が大統領に関税率の調整権限を付与したことから，授権の広範性が問題となった。連邦最高裁は，本法が事実認定の域を超えて裁量的判断を創設していると判示した。ただし，本法は大統領の裁量行使に対して「明確な指針（intelligible principle）」を示しているので合憲であるとした。本件で登場した明確性の要求こそ，委任禁止の法理の基軸となるものであった。

 その後，本格的なニュー・ディール関連立法が制定されるようになると，連邦最高裁は違憲な授権を理由に違憲判決を下すようになった。1935年の Panama Refining Co. v. Ryan 連邦最高裁判決[72]は，全国産業復興法（National Industrial Recovery Act: NIRA）9条(c)が大統領に石油の州際輸送に関する規制権限を付与したことを違憲とした。NIRA 9条(c)は「大統領は州法又は有効な規則若しくはそれに基づいて州の委員会，コミッション，職員，又は正当に授権され

---

[67] Field v. Clark, 143 U.S. 649 (1892).

[68] Patrick M. Garry, *The Unannounced Revolution: How the Court Has Indirectly Effected a Shift in the Separation of Powers*, 57 ALA. L. REV. 689, 703 (2006).

[69] J. W. Hampton, Jr. & Co. v. United States, 276 U.S. 394 (1928).

[70] Lisa Schultz Bressman, *Schechter Poultry at the Millennium: A Delegation Doctrine for the Administrative State*, 109 YALE L. J. 1399, 1404 (2000).

[71] 143 U.S. at 692.

[72] Panama Refining Co. v. Ryan, 293 U.S. 388 (1935).

たその他の機関が規定した命令によって貯蔵庫から製造又は取り出すことが認められた量を超えて貯蔵庫から製造又は取り出されたものからなる石油及び石油製品について州際通商又は外国との通商のために輸送することを禁止することができる」[73]と規定していた。これについて連邦最高裁は，それには輸送の禁止に関して何ら政策や基準が示されておらず，輸送の可否に関する要件や条件も記載されていないため，そのような委任は立法権の委任の限界を超えているとして違憲の判断を下した。

　また，数か月後に下されたA.L.A. Schechter Poultry Corp. v. United States連邦最高裁判決[74]も，NIRA 3条が民間の公正競争規約の承認権を大統領に付与したことを違憲とした。NIRA 3条は，「1つ以上の産業団体又は産業連盟若しくは産業組合からの申請に基づき，大統領は申請者又は申請者等が代表する産業団体又は産業連盟若しくは産業部門に対して公正な競争に関する規則又は規則等を以下の場合に承認することができる。大統領が，(1)そのような連盟又は組合の構成員になるための要件を不当に制限しそのような産業団体又は産業組合又は産業部門を真に代表していないこと，(2)そのような規則又は規則等が独占を促進したり又は小企業を排除若しくは抑圧したりすることを意図しておらず，小企業に対して差別をすることなく，本章の政策を実行するつもりでいること，を認定した場合」[75]と定めていた。本規定に基づき，大統領は家禽規則（Live Poultry Code）を認め，その業種の最低賃金や最長労働時間が設定されたことから，それに違反した業者がNIRA 3条の違憲性を唱えて裁判となった。連邦最高裁は，同規定が事実上大統領の承認について何も歯止めをかけておらず，そのようなプロセスに基づく規則制定権を大統領に付与することは委任の限界を超えているとして違憲の判断を下した。

　両判決は，ニュー・ディール政策の目玉の1つであるNIRAを違憲としたことから政治過程に大きな影響を及ぼすものであったこともあり，いずれもヒューズ（Charles Evans Hughes）長官自らが法廷意見を執筆している。カードーゾ（Benjamin N. Cardozo）判事がPanama Refining Co.判決において反対意見を[76]，

---

73) §9(c) of Title I of the National Industrial Recovery Act of 1933, 15 U.S.C. §709(c).
74) A.L.A. Schechter Poultry Corp. v. United States, 295 U.S. 495 (1935).
75) §3 of the National Industrial Recovery Act of 1933, 15 U.S.C. §703.
76) 293 U.S. at 433-448 (Cardozo J., dissenting).

A.L.A. Schechter Poultry Corp.判決において同意意見を執筆しており[77]，委任の理解について自説を展開しているが，他の多くの判事はいきすぎた委任に歯止めをかけようと考えていたことがわかる。

ところが，その後ニュー・ディール期における司法の転回によって，委任禁止の法理は影をひそめることとなった。その典型例が，1944年のYakus v. United States連邦最高裁判決[78]である。この事件では，1942年緊急物価統制法（Emergency Price Control Act of 1942）[79]が物価管理局に商品の値段を決める権限を付与していたところ，その委任の合憲性が争われた。連邦最高裁は，連邦議会は政策を実行する際に委任の範囲を最小限にしなければならないわけではなく，柔軟に対応することができるとして，委任禁止の法理を大幅に緩和したのである。さらに，1948年のLichter v. United States連邦最高裁判決[80]は，連邦議会の政策の柔軟性が本質部分となっている場合，連邦議会は行政に対してその指針を必ずしも提示する必要はないとし，広範な委任を認める判断を行った。

この時期は，金融恐慌および第2次世界大戦という非常事態も重なり，大統領が政治を主導し，行政機関の役割も大きく拡大した。そのため，アメリカは行政国家へと大きく舵をきることとなった。

第2次世界大戦が終了すると，行政統制の必要性から，1946年には行政手続法（Administrative Procedure Act: APA）が制定された[81]。これは，行政統制のあり方を大きく変貌させるものであった。従来，権力分立原則に基づき，連邦議会は自らの立法権を行政に委ねることはできないと理解されており，それを明らかにしたのが委任禁止の法理であった。つまり，権力分立上，行政国家は容認し難いことを表していたといえる。これに対して，APAは法律の授権ではなく，行政裁量を統制する方向にシフトした。「誰が政策を決めるか」（議会か行政か＝授権の問題）という問題から，「どのように決めるか」（行政は議会の意図に従ったか＝裁量の問題）という問題となり，統制対象も法律から行政行為に移

---

77) 295 U.S. at 551-555 (Cardozo J., concurring).
78) Yakus v. United States, 321 U.S. 414 (1944).
79) The Emergency Price Control Act of 1942, Pub. L. No. 77-421, 56 Stat. 23.
80) Lichter v. United States, 334 U.S. 742 (1948).
81) The Administrative Procedure Act, Pub. L. No. 79-404, 60 Stat. 237.

ったのである。したがって，APAは，行政国家を前提とした上で，行政活動を統制していく方向性を打ち出したといえる。

そのため，ニュー・ディールを継承する形で，連邦最高裁は委任禁止の法理の適用を控えるようになり，部分的に言及するにとどまるようになった。そのため，1935年以降，連邦最高裁は委任禁止の法理に基づいて違憲判決を下していない。

しかし，これに対しては連邦議会の役割を軽視するものであるという批判があった。たとえば，イリー（John Hart Ely）は，難しい公共政策の判断を行政に委ねるべきではなく，連邦議会がその任務を果たすべきであると批判した[82]。同様に，ショーンブロッド（David Schoenbrod）は，連邦議会が難しい選択を避けるために行政に任せるようになっており，委任が責任回避の手段となっていると分析した[83]。

もっとも，連邦最高裁は委任禁止の法理やそれを取り上げた先例に言及しながら判断することがある。

たとえば，1958年のKent v. Dulles連邦最高裁判決[84]は，大統領が旅行制限に関する法律に基づき，旅券を発行しない権限を国務長官に付与したところ，国務長官が共産党員に旅券を発行しなかったことが問題となった。連邦最高裁はそのような権限があるものとして本法を解釈することは重大な憲法問題を惹起するとし，Panama Refining Co. v. Ryan判決を引用しながら，連邦議会が明確な言葉で規定していない場合，自由を縮減する委任権限は狭く解釈されなければならないとした。これは，憲法問題を惹起するような委任を避けるような解釈を行わなければならないとする裁量統制を行うと同時に，法律に明確な指針がなければならないことも示しており，「明確な指針のルール（clear-statement rule）」が暗に用いられているともいえる[85]。

ただし，これは委任禁止の法理に反しないように合憲限定解釈を施す手法であり，限定解釈すらできないほど広範な規定でなければ，委任禁止の法理に反

---

82) See JOHN HART ELY, DEMOCRACY AND DISTRUST: A THEORY OF JUDICIAL REVIEW 133-134 (1980).
83) David Schoenbrod, *Delegation and Democracy: A Reply to My Critics*, 20 CARDOZO L. REV. 731, 740 (1999).
84) Kent v. Dulles, 357 U.S. 116 (1958).
85) 明確な指針のルールについては，小林祐紀「法律制定における立法府に対する明確性の要求——明確叙述準則の議論を素材にして」法学政治学論究97号（2013年）269頁を参照。

することはないとしているようにも見える。このような判断は，1980 年の Industrial Union Department v. American Petroleum Institute 連邦最高裁判決[86] でも確認された。1970 年職業安全衛生法（Occupational Safety and Health Act of 1970）[87] は，労働長官に労働者の安全や衛生に関する基準を設定する権限を付与していた。ところが，労働長官の設定した基準の妥当性が裁判で問われ，さらには職業安全衛生法が委任禁止の法理に反しているのではないかも問題となった。連邦最高裁は，労働長官の設定権限につき，職業安全衛生法の授権規定を限定的に解釈しなければならないとし，法律自体は合憲としつつ，労働長官の行為が授権の範囲を逸脱しているとした。

2　シェブロン法理の登場

　行政裁量に関するリーディング・ケースとなったのが，1984 年の Chevron U.S.A. Inc. v. Natural Res. Def. Council, Inc. 連邦最高裁判決[88] であった。本件は，委任統制の観点ではなく，行政裁量統制の観点から判断するアプローチを提示した。

　この事件では，環境保護庁（Environmental Protection Agency）が行った大気浄化法（Clean Air Act）[89] の解釈が問題となった。1977 年の大気浄化法の改正により，環境保護庁は大気の質の全国的基準を満たしていない州に対し，大気汚染物質の発生源（固定発生源）の新設や変更の許可に厳しく対応することとなった。しかし，当時のレーガン（Ronald Reagan）政権は規制緩和政策をとっており，環境保護庁もそれに従って規制を見直すことになった。その結果，固定発生源の事業所の解釈につき，複数の事業所がある場合には全体として排出量を増加させない限り，新設や変更が認められるという規則を制定した[90]。そこで自然保護団体が当該規則の違法性を主張して訴えを提起したのが本件である。

　連邦最高裁は，行政機関の法解釈の合法性については 2 つの場合に分けて判断するとした。裁判所は，立法府の意思が明確に表されているかどうかの審査

---

86) Industrial Union Department v. American Petroleum Institute, 448 U.S. 607 (1980).
87) Occupational Safety and Health Act of 1970, Pub. L. No. 91-596, 84 Stat. 1590.
88) Chevron U.S.A. Inc. v. Natural Res. Def. Council, Inc., 467 U.S. 837 (1984).
89) The Clean Air Act Amendments of 1977, 42 U.S.C. §7502 (b)(6).
90) 46 FR 16280 (1981).

を行い，その意思が明らかであればそれに従って判断する。この場合は行政機関の判断に敬譲する必要はない。一方，立法府の意思が不明確なとき，裁判所は，行政機関の解釈が法に基づき許容可能であるかどうかを審査する。その場合，行政機関の法解釈が合理的であれば行政機関の判断を尊重される。このように，立法意図が不明確な場合は行政機関の判断に敬譲する可能性が高いことを示したのである[91]。

Chevron判決が登場するまで，行政機関の判断の合法性については，少なくとも法律の解釈が主な問題となっている場合，司法が法の意味を判断するとされてきた[92]。ところが，Chevron判決は法解釈において行政機関の判断を尊重するという選択肢を設けたため，1803年のMarbury v. Madison連邦最高裁判決[93]以来司法の役割であった法解釈が行政機関にも認められることになった。

また，本件で重要なのは，司法が行政機関の判断に敬譲する理由についても言及した点である。Chevron判決は，「おそらく連邦議会は専門性や当該法律の実施に関する責任を有する行政機関が適切な立場にあると考えて，行政機関がこのレベルのバランスをとることを意識的に望んでいる」[94]とし，行政機関の専門性と法実施の責任を敬譲の理由に挙げている。

もっとも，行政機関の専門性を理由に敬譲されるのであれば，裏返すと，行政機関が自律的に専門的判断を行うからこそ，その判断が尊重されるということになる。だが，Chevron判決は専門性だけを理由に敬譲しているわけではない。判決は続けて，「裁判官はこの分野の専門家ではなく，政治部門でもない。連邦最高裁は，一定の事件については，裁判官個人の政治的選好に基づかずに，競合する政治的利益を調整しなければならない。しかし，連邦議会から政策決定の責任を委任された行政機関は，その委任の範囲内で，その判断に反映させるべき現政権の内情に通じた政策に適切に依拠しなければならない。行政機関

---

91) なお，最近では，シェブロン法理に入るかどうかを決める判断（ステップゼロ）や第2段階においても行政機関の判断の合理性を認めないケースも出てきており，必ずしもシェブロン法理の登場によって敬譲型審査が根付いたわけではないことに注意する必要がある。大林・前掲注1）378-379頁，412-418頁参照。

92) E. Donald Elliott, *Chevron Matters: How the Chevron Doctrine Redefined the Roles of Congress, Courts and Agencies in Environmental Law*, 16 VILL. ENVTL. L. J. 1, 6 (2005).

93) Marbury v. Madison, 5 U.S. 137 (1803).

94) *Chevron*, 467 U.S. at 865.

は直接人民に責任を負っていないが，執行府の長は，連邦議会が何らかの事情で解決できなかった場合に，意図的に日々の現実に向かい合いながら法律の実施に携わっている行政機関が解決するようにしている競合的利益の問題を解決しており，この政治部門がそうした政策決定を行うことはまったく適切である」[95]と述べた。司法は環境問題の専門家ではなく，政治部門のひとつである執行府が政策決定を行うべきであり，行政機関は政権の指示に従って法律を実施すべきであるとしたのである[96]。

3 委任統制と裁量統制の折衷型

その後，連邦最高裁は，法律自体を合憲としながら，行政機関の判断を問うような判断を続けていく。1994年のMCI Telecommunications Corp. v. American Telephone & Telegraph Co. 連邦最高裁判決[97]では，通信法（Communications Act）[98]が電話産業のコモンキャリアに料金設定について連邦通信委員会（Federal Communications Commission: FCC）へリストを提出するように定め，FCCにその要件を修正する権限を与えていたところ，FCCが時代状況に合わせて競争促進のために従来の提出要件を修正したため，その修正決定の違法性が争われた。連邦最高裁は，通信法の「修正（modify）」の規定の意味は十分明らかであり，通信法の基本的部分を変えてしまうような修正は許されないとし，本件変更を違法とした。

また，2000年のFDA v. Brown & Williamson Tobacco Corp. 連邦最高裁判決[99]は，食品医薬品局(Food and Drug Administration: FDA)のタバコ規制が問題となった。食品・医薬品・化粧品法（Food, Drug, and Cosmetic Act）[100]はFDAに「医薬品（drug）」や「装置（device）」を規制する権限を与えており，「医薬品」は身体に影響を与える食品以外の物品，「装置」は身体に影響を与えることを意図したものと定義されていた。FDAは，ニコチンが医薬品に含まれるとし，タバ

---

95) *Id.* at 865-866.
96) ただし，最近では政権の判断に従ったかどうかではなく，法解釈のあり方として適切かどうかを判断するケースも出てきている。大林・前掲注1) 360-420頁参照。
97) MCI Telecommunications Corp. v. American Telephone & Telegraph Co., 512 U.S. 218 (1994).
98) The Communications Act, 47 U.S.C. §203(a) and §203(b)(2).
99) FDA v. Brown & Williamson Tobacco Corp., 529 U.S. 120 (2000).
100) The Federal Food, Drug, and Cosmetic Act, 21 U.S.C. §§301 et seq.

コが装置に含まれるとして表示規制の対象にしたため、当該規制の違法性が争われた。連邦最高裁は、法制度を考慮しながら判断する必要があるとし、連邦議会がFDAにタバコ規制の権限を与えていたかどうかにつき、もしFDAが規制権限を付与されていたとすれば、FDAはその任務上タバコを市場全体から完全に規制しなければならないが、他のタバコ規制の法律を見ればわかるように、連邦議会はそのような意図を持っていないとした。そして、MCI Telecommunications Corp.判決を引用しながら、連邦議会が行政機関に経済的・政治的政策を委任しようとしているかどうかを判断しなければならないとし、シェブロン法理を適用しても連邦議会はFDAにタバコ規制の権限を与えておらず、FDAの決定を違法とした。このケースでも、法律がタバコ規制権限を付与しているように解釈できてしまうことの問題ではなく、そのような解釈を行うことが問題であるとして、委任ではなく、行政機関の法解釈の問題で対応している。

そのため、委任禁止の法理は法律を違憲とするものではなく、事実上行政機関の裁量を統制する法理であるかのように機能する傾向にある。しかしながら、連邦最高裁は立法統制としての委任禁止の法理を放棄したわけではない。

4 委任禁止の法理のリバイバル？

たとえば、他の違憲判断の理由と委任禁止の法理とを近接させながら違憲判決を下すケースが散見される[101]。1998年のClinton v. City of New York連邦最高裁判決[102]は、項目別拒否権法（Line Item Veto Act）[103]が憲法の定める立法プロセスを歪めるとして違憲としたが、換言すれば、項目別拒否権法が大統領に立法内容を決定させる権限を委ねていることを違憲にしたともいえる。司法長官の決定を一院が拒否できる規定を移民法の中に設けたことの合憲性が争われたINS v. Chadha連邦最高裁判決[104]も、憲法の規定する両院制や立法プロセスを歪めるとして違憲判断を下したが、これも一院拒否権という委任のあり方が同時に問われている[105]。

このように、連邦最高裁は、委任禁止の法理を行政機関の裁量統制として用

---

101) Bressman, *supra* note 70, at 1408-1411.
102) Clinton v. City of New York, 524 U.S. 417 (1998).
103) The Line Item Veto Act, 2 U.S.C. §§691 et seq.
104) Immigration and Naturalization Service v. Chadha, 462 U.S. 919 (1983).

いることに限定しているわけではなく，委任禁止の法理を他の憲法原理と連動させて用いることもあり，立法統制の側面が消えているわけではない。

このことを明確にしたのが 2001 年の Whitman v. American Trucking Associations, Inc. 連邦最高裁判決[106]であった。この事件では，大気浄化法が環境保護庁に大気の質の基準を設定する権限を付与したことが問題となり，控訴審[107]が委任禁止の法理を用いて本法には明確な指針が設定されていないと判断したのに対し[108]，連邦最高裁は瑕疵ある委任を行政機関に治癒させるという先例はないとして原判決を破棄した。連邦最高裁は，あくまで「委任の問題において，憲法上の問題は当該法律が行政機関に立法権を委任したかどうかである」[109]とし，J. W. Hampton, Jr. & Co. 判決が示した明確な指針のルールを適用し，本法は環境保護庁の裁量を限定しているとして合憲の判断を下した。本件は，委任禁止の法理がまだ生存していることが確認されたことに加え，行政機関の対応によって委任の問題が解決することにはならないとしたことから委任の問題と裁量の問題とを分けたことが注目される。ただし，結果的には合憲となっていることから，委任禁止の法理がどこまで実効性があるのかという問題が残った。

5 委任統制から行政裁量統制への転換

このように，委任禁止の法理はシェブロン法理の登場により存在感が薄くなった感はあるものの，それでもなお生き残っている。これについては，「委任禁止の法理を明白に放棄することはアメリカの代表民主制の基礎の実質的部分を明白に放棄することに等しい」[110]がゆえに，不可欠な存在とみなす見解がある。

---

105) 一院拒否権と権力分立の関係については，川岸令和「現代立憲主義の一局面──項目別拒否権と権力分立制」早稲田政治経済学雑誌 341 号（2000 年）331 頁，御幸聖樹「議会拒否権の憲法学的考察──権力分立論の観点から(1)〜(5)」法学論叢 173 巻 2 号（2013 年）70 頁，173 巻 6 号（2013 年）102 頁，174 巻 1 号（2013 年）101 頁，174 巻 4 号（2014 年）173 頁，174 巻 5 号（2014 年）110 頁などを参照。
106) Whitman v. American Trucking Associations, Inc., 531 U.S. 457 (2001).
107) American Trucking Associations, Inc. v. EPA, 175 F. 3d 1027 (D.C. Cir. 1999), modified per curiam, 195 F.3d 4 (D.C. Cir. 1999).
108) ただし，控訴審は，環境保護庁が権限を限定する指針を設定すれば，本法を違憲にする必要はないとしている。
109) 531 U.S. at 472.
110) Gary Lawson, *Delegation and Original Meaning*, 88 Va L. Rev. 327, 332 (2002).

委任禁止の法理が不可欠とまでいえないとしても，そもそも両者は別の法理として存在することから，シェブロン法理の登場をもって委任禁止の法理を退場させる必要はないとみることもできよう。

これについてガリー（Patrick M. Garry）は，委任禁止の法理とシェブロン法理は接合的に捉えることができるという[111]。ガリーによれば，シェブロン法理は，行政国家における法的統制の姿として，委任禁止の法理の発展版として不可避的に登場した。委任禁止の法理は行政国家を統制するひとつの手法であるが，現実的に連邦議会が明確な指針を法律に盛り込むことは難しく，連邦最高裁は連邦議会の法律を尊重する形で委任禁止の法理を用いてきた。その結果，連邦最高裁は法律の中に明確な指針があるかどうかを審査するのではなく，いったん法律の委任を認めた上で，行政機関の判断を審査するようになったというのである。

しかしながら，委任禁止の法理を行政機関の解釈の問題につなげてしまうと委任禁止の法理による憲法的統制が弱まってしまうことを危惧する指摘もある[112]。マニング（John F. Manning）は，委任禁止の法理が過度な立法の委任を統制するのに対し，シェブロン法理は行政機関の裁量を認めやすい傾向にあるので，委任禁止の法理とは相いれないとしている[113]。また，1つの事件で委任禁止の法理とシェブロン法理の両方を適用することはできないことから，両者はまったく別問題と捉えるべきとする見解もある[114]。なぜなら，委任禁止の法理は法律に明確な指針がない場合に発動されるのに対し，シェブロン法理は行政機関に曖昧な形で授権されている場合に発動されるものだからである。つまり，委任禁止の法理は法律に明確な指針がなければ違憲とするが，シェブロン法理は曖昧な授権を許容しているので明確な指針がなくても法律を生存させ

---

111) Patrick M. Garry, *Accommodating the Administrative State: The Interrelationship Between the Chevron and Nondelegation Doctrines*, 38 ARIZ. ST. L.J. 921 (2006).

112) John F. Manning, *The Nondelegation Doctrine as a Canon of Avoidance*, 2000 SUP. CT. REV. 223, 228.

113) John F. Manning, *Lessons from a Nondelegation Canon*, 83 NOTRE DAME L. REV. 1541, 1564 (2008).

114) Thomas W. Merrill, *Rethinking Article I, Section I: From Nondelegation to Exclusive Delegation*, 104 COLUM. L. REV. 2097, 2172 (2004). *See also* Michael Herz, *The Rehnquist Court and Administrative Law*, 99 NW. U. L. REV. 297, 360 (2004); Douglas W. Kmiec, *Judicial Deference to Executive Agencies and the Decline of the Nondelegation Doctrine*, 2 ADMIN. L.J. 269, 286 (1988).

るものなのである。

　これに対してポラック（Michael C. Pollack）は，委任禁止の法理は明確な指針のルールと同義ではなく，むしろ権力分立の観点からチェックを行うものであり，委任禁止の法理とシェブロン法理を組み合わせることで，立法府が基本的な政策決定を行いつつ，行政機関の効率的な活動を維持することができると反論している[115]。

　また，この問題は委任禁止の法理をどのように理解するかによって変わりうる[116]。メリル（Thomas W. Merrill）は，委任禁止の法理につき，〈連邦議会は立法権を委任してはならない〉という命題ではなく，〈連邦議会のみが立法権を委任できる〉という命題として理解する[117]。つまり，連邦議会の委任（授権）がなければ，執行府は準立法的行為をすることができないものとして捉えるのである。したがって，委任禁止の法理は，立法府に対するものというよりも，行政機関に対して立法の委任がなければならないことを要請するものとなる。

　メリルによれば，連邦最高裁もこうしたアプローチをとっているという。その典型例がYoungstown判決におけるジャクソン判事の同意見であり，大統領の行為に対して憲法または法律の授権が必要であることを述べている。また，Chrysler Corp. v. Brown連邦最高裁判決[118]において，レーンキスト（William H. Rehnquist）判事の法廷意見が，「合衆国の立法権は連邦議会に付与されているのであって，政府の省庁や行政機関の準立法的権限の行使は連邦議会の授権に基づくものでなければならず，連邦議会が課した限界に服しなければならない」[119]とし，行政機関は連邦議会の委任がある場合のみ準立法的規則を制定することができるとしたこともその証左になるとする。

　メリルは，このように委任禁止の法理を理解することでシェブロン法理とある程度親和的になるという。なぜなら，委任禁止の法理は行政機関が法律に基づいて，あるいは法律に従って行動しているかどうかをチェックすることを意味することになり，行政行為の法律との整合性を審査するシェブロン法理に近

---

115) Michael C. Pollack, *Chevron's Regrets: The Persistent Vitality of the Nondelegation Doctrine*, 86 N.Y.U. L. REV. 316, 329 (2011).
116) Merrill, *supra* note 114, at 2172-2173.
117) *Id.* at 2109-2114.
118) Chrysler Corp. v. Brown, 441 U.S. 281 (1979).
119) *Id.* at 302.

づくからである[120]。

　ただし，メリルは，委任禁止の法理はシェブロン法理ほど行政機関に敬譲することにはならないことに留意すべきであるとする[121]。委任禁止の法理は法律が法的拘束力を伴う権限を授権したかどうかを重視するものであることから，法律が認めた所掌範囲を逸脱するような行為を許さない。司法は，行政機関の判断の合理性のみならず，委任の限界をチェックすることから，シェブロン法理ほど行政機関の判断に敬譲することにはならないというのである。

　メリルのアプローチは，委任禁止の法理の狙いを行政統制に変えることでシェブロン法理との接合をはかっているが，しかし，それはもはや委任禁止の法理ではないだろう。なぜなら，駒村圭吾が指摘するように，委任禁止の法理は立法行為の核心は何かを問うものであり，行政の裁量統制に還元できるものではないからである[122]。

　そうなると，シェブロン法理との接合はさておき，委任禁止の法理自体を放棄することができるかという問題が残るが，これについて駒村は立法府と執行府が分立している以上，それぞれの統制法理が不可避的に必要であるとする。

　たしかに，いずれも行政国家を統制する法理として必要であることからすれば，無理に両者を接合したり，片方を無用としたりすることはない。ただし，委任禁止の法理が使われなくなり，シェブロン法理のプレゼンスが高まる傾向にあることからすると，そうした状況が望ましいかどうかを検討しなければならない。

　そもそも委任統制と行政裁量統制のいずれかを選ぶとしても，一長一短がある[123]。委任統制は，行政に対する民主的統制を行うことができる反面，それは法律を違憲とするため，立法に対して大きな影響を与える。というのも，委任禁止の法理に違反するとして法律を違憲にすると，再立法化に時間がかかるからである。一方，行政裁量統制は適正な行政活動を要求できる反面，行政機関

---

[120] Merrill, *supra* note 114, at 2173.

[121] *Id.* at 2173-2175.

[122] 駒村圭吾「American Trucking Ass'ns Inc. v. EPA, 175 F. 3d 1027 (D.C. Cir. 1999), *modified*, 195 F.3d 4 (D.C. Cir. 1999)——環境保全庁による大気清浄法108・109条の解釈は立法権委任禁止法理に反するとの理由で，同庁に明瞭な基準の定立と当該法条の再解釈が命ぜられた事例」アメリカ法［2001-1］253頁．

[123] Bressman, *supra* note 70, at 1419-1422.

「執行の帝国」

は自ら基準を設定しなければならず，行政活動に負担がかかる。いずれにせよ，効用と影響がそれぞれ異なるとすれば，司法は個別の場面ごとに適切な統制方法を選ばなければならない。

この点につき，バロンとケイガン（David J. Barron & Elena Kagan）は，行政機関に対する司法の敬譲の度合いを委任の対象に応じて分けることで，委任の要素を残しながら場面に応じた判断ができるという[124]。かれらは，行政機関の決定権者に着目し，その主体によって敬譲するかどうかが分かれるとする。法律が決定する者を指定して委任している場合，その者の決定については敬譲が要請される。通常，法律が指定する決定権者は，省庁の長官レベルの上級職である。上級職の決定は説明責任を伴う政策決定が可能である。そのため，法律が指定した決定権者の判断に敬譲することは，法律の意図に従うことになるだけでなく，民主的責任を果たす者として適任なのである。これに対し，法律の委任を受けた決定権者がさらに下位の者に決定を委任した場合，その判断は敬譲に値しない。なぜなら，法律の意図から離れることに加え，長官レベルの上級職と違って説明責任の度合いも低くなる。そうした決定は敬譲に値しないというのである。

かれらのアプローチは，再委任のケースに対して具体的にどこまで踏み込むのかは必ずしも明らかではないが，委任統制と行政裁量統制の架橋を試みるものといえよう。

6 法の支配の担い手

このように，シェブロン法理を中心とする行政裁量統制法理への転換に対する懸念が高まりつつあるといえるが，1つ忘れてはならない点がある。それは，シェブロン法理が行政を法の世界に引き込んだという点である。

Chevron判決をあらためて見つめ直すと，環境保護庁が法律に基づいて環境保護規制を行っているかどうかを問うケースであった。環境規制を行うべきかどうかの判断に法解釈が絡む場合，それは純粋な法解釈の域を超えて，政策的要素が入らざるをえない。ゆえに，司法は法解釈の任を行政と分有することにした。これにより，司法のみならず，行政機関もまた法解釈の担い手という地

---

[124] David J. Barron & Elena Kagan, *Chevron's Nondelegation Doctrine*, 2001 SUP. CT. REV. 201, 234-265.

位が与えられたといえる。換言すれば，行政機関もまた法の支配の担い手として位置づけられることになったのである。

しかしながら，このことは，国家権力に法的統制をかけようとしてきた古典的立憲主義のプロジェクトになじみにくい。ハンバーガー（Philip Hamburger）によれば，もともと行政法規は法の外に存在してきたものであり，法の支配にそぐわないものであるという[125]。それにもかかわらず，法の世界に招き入れたとすれば，法的空間を内部から食い破られないようにしなければならない。

したがって，行政機関の法解釈を尊重するにしても，司法は引き続き行政機関の手綱を握っておかなければならない。たとえ司法が専門分野の判断において行政機関の判断に劣るとしても，司法審査の存在は行政機関が司法の法的判断を考慮した法解釈に導く可能性を秘める[126]。シェブロン法理が完全に行政機関の判断に敬譲するのではなく，一定の条件の下にその判断を尊重することにしたことには重要な意義があり，行政機関はそれを自覚しながら法解釈を行っていく必要がある。

後序

これまでみてきたように，アメリカでは，大統領の憲法解釈に基づく命令および行政機関の法解釈という両面において，政治の法化現象をうかがうことができる。執行府自ら法を形成しながら法と政治の領域を縦横無尽に往来する様相はさながら「執行の帝国」を醸し出しているかのようである。

それでは，憲法学の観点からすれば，この現象をどのように評価すべきだろうか。1つは，政治による法領域への進出とみなし，憲法的統制を模索すべきであるというアプローチが考えられる。大統領および行政機関による立法は，立法府の権限を侵害し，行政国家化を著しく促進するおそれがあることから，権力分立上の問題を生じさせると考えるのである。

しかしながら，他方で，立法権を簒奪するような立法でなければ，政治の法化はむしろ法に基づく統治を実践することに寄与するのではないかとみなすこと

---

[125] PHILIP HAMBURGER, IS ADMINISTRATIVE LAW UNLAWFUL? 1-19 (2014).
[126] Susan E. Dudley, *Improving Regulatory Accountability: Lessons from the Past and Prospects for the Future*, 65 CASE W. RES. L. REV. 1027, 1055 (2015).

も可能である。執行府の活動は，法に基づく画一的な活動よりも，政治状況に応じた活動が大半を占め，政治環境を取り巻く様々な慣行等が一種の規範的性質を帯びることが少なくない。そうした規範が野放しになってしまうと，外から見えにくい混沌とした統治構造となってしまう。そのため，法的文書（written documents of law）化を促進することによってその内容を明らかにすることで，法に基づく統治構造を形成していくことが望ましいと考えるのである[127]。

このとき，立法府による法的統制も法化のひとつの方法であるが，外部からうかがいにくい規範については執行府自らが法化していくしかなく，また行政国家における執行府の機能を確保していくためには内部から法化を進めていった方が適切であるともいえる。

ただし，大統領命令が他権の権限や人権を侵害する場合であったり，行政機関の法解釈が明らかに立法意図に反していたりする場合には，これを統制する必要がある。そのため，政治の法化を憲法秩序に適うように実践していくためには，司法による事後的統制が重要な意味を持つことになろう。

---

127) Peter L. Strauss, *The President and the Constitution*, 65 CASE W. RES. L. REV. 1151, 1173 (2015).

1 アメリカ

現代アメリカにおける法部門の動態と展望
―― 多元主義的な憲法秩序形成の担い手としての
　　裁判所・訟務長官

見平　典

　　　　　　　　I　はじめに
　　　　　　　　II　アメリカの法部門――裁判所と訟務長官
　　　　　　　　III　司法積極主義の政治的構築
　　　　　　　　IV　多元主義的憲法秩序形成
　　　　　　　　V　おわりに

I　はじめに

　アメリカ司法は，人種差別や人工妊娠中絶などの国論を二分する多くの問題について，法解釈という形を通して積極的に法創造・法形成を行ってきた。2015年には連邦最高裁判所（以下，連邦最高裁）が，同性間の婚姻を認めないことは合衆国憲法修正14条（デュー・プロセス条項および平等保護条項）に違反するとして，全米の同性カップルに法的婚姻の道をひらく歴史的な判決を下している[1]。そこでは，単なる法の適用機関というイメージでは捉えきれない，アメリカ司法の能動的な姿をみることができる。

　もっとも，アメリカ司法の法創造・法形成は決して最終的なものではなく，政治部門や市民社会との相互作用の中で不断の再検討に付されてきた。このことは，司法による法創造・法形成が憲法解釈の形をとって行われる場合も例外ではない。アメリカの憲法過程では，司法の憲法判断によって憲法価値が実現

---

[1] Obergefell v. Hodges, 576 U.S. __ (2015).

するという静態的なイメージでは捉えきれない動態性がみられるのである。

一体、アメリカの法形成過程、特に憲法秩序形成過程において、法部門はいかなる役割を果たしており、政治部門や市民社会といかなる相互作用を展開しているのであろうか。また、そのような法部門・政治部門・市民社会の三者が織りなすアメリカの法形成過程は、どのようにモデル化して捉えられるのであろうか。

本稿は、こうした関心から、現代アメリカの法部門による法秩序形成の動態——特にアメリカ連邦最高裁による憲法秩序形成の動態——を、政治部門ならびに市民社会との連関に留意しつつ描き出そうとするものである。近年、日本の憲法学では、憲法価値の実現を司法による違憲審査という1点の中に見出そうとする従来の「静止画」的な憲法秩序形成観を問い直し、憲法価値の実現を司法による違憲審査と他の諸機関との相互作用の中に見出そうとする重要な動きがみられる[2]。なかでも、佐々木雅寿『対話的違憲審査の理論』[3]は、このような視点から日本の憲法秩序形成過程を描き出した重要な業績であるが、本稿はこうした動きに呼応し、アメリカの憲法秩序形成過程を動態的に把握しようとするものである。

以下では、まず、アメリカの法部門として重要な裁判所と訟務長官の両機関について概観した後（Ⅱ）、アメリカの法部門による憲法秩序形成の特徴を、政治部門と市民社会との関係に留意しつつ描き出す。具体的には、アメリカの裁判所の積極性は政治部門によってしばしば形成されていること（Ⅲ）、アメリカの法部門は多元主義的な憲法秩序形成過程の一部を構成していること（Ⅳ）を論じる。なお、前者については既に別著で立ち入った検討を行っていることから[4]、本稿では特に後者について詳しく検討する。

---

2) 佐々木雅寿『対話的違憲審査の理論』（三省堂、2013年）。同様に、動態的な憲法秩序形成観に立つ近年の文献として、土井真一「憲法判例と憲法学説」公法研究66号（2004年）130頁、畑尻剛「憲法訴訟における立法府と裁判所との協働」日本法学72巻2号（2006年）427頁、大林啓吾「ディパートメンタリズムと司法優越主義——憲法解釈の最終的権威をめぐって」帝京法学25巻2号（2008年）103頁、見平典『違憲審査制をめぐるポリティクス——現代アメリカ連邦最高裁判所の積極化の背景』（成文堂、2012年）、駒村圭吾「熟議の担い手としての議会と裁判所」西原博史編『立法システムの再構築（立法学のフロンティア2）』（ナカニシヤ出版、2014年）、見平典「憲法学と司法政治学の対話——違憲審査制と憲法秩序の形成のあり方をめぐって」法律時報86巻8号（2014年）93頁等。
3) 佐々木・前掲注2)。
4) 見平・前掲注2)『違憲審査制をめぐるポリティクス』。

Ⅱ　アメリカの法部門──裁判所と訟務長官

　本節では，アメリカの法部門による憲法秩序形成の動態を描き出すという本稿の目的に照らし，まずアメリカの法部門の組織・運営等について概観する。アメリカの法部門としては，裁判所にくわえ，訟務長官を挙げることができる。

1　裁判所
(1)　概要

　アメリカの法部門として第1に挙げられるのは，裁判所である。アメリカでは連邦制度が採られていることの帰結として，連邦の裁判所機構と各州の裁判所機構が併存している。このうち連邦の裁判所は，地方裁判所・控訴裁判所・最高裁判所の3層構造をとっており，連邦法に関する事件や異なる州の市民間の事件等，合衆国憲法3条2節に列挙されている事項につき管轄権を有している。そして，それらは，法令が合衆国憲法に違反していないかどうかを審査する権限を有することが，判例の蓄積を通して確立している。

(2)　連邦最高裁判所

　アメリカの憲法秩序形成において特に重要な役割を果たしているのが，連邦最高裁である。連邦最高裁の組織・運営をめぐっては次のような特徴がみられるが，これらの特徴はいずれも，同裁判所が憲法判断を積極的に行っていくことを可能にしている。

　第1に，現在の連邦最高裁は，裁量上訴制度を通して法的に重要な少数の事件に絞って審理を行っている。連邦最高裁には，連邦控訴裁判決・州最高裁判決を受けて毎年8,000件から10,000件あまりの裁量上訴の申立がなされるが，そのうち連邦最高裁が口頭弁論を開いて審理するのは80件から100件程度にすぎない[5]。現状では申立のほとんどが不受理となっており，事実上二審制に

---

5) ジェフリー・P・ミネア（市川正人訳）「事件数の増加と法的複雑性の高まりへの対応──アメリカ合衆国最高裁判所の場合」市川正人ほか編『日本の最高裁判所──判決と人・制度の考察』（日本評論社，2015年）350頁。同稿は，連邦最高裁の裁量上訴制度の歴史的展開について詳しく説明している。

近い運用になっている。ただ，こうした裁量上訴制度の運用により，連邦最高裁は憲法事件をはじめとする重要事件に時間をかけて正面から臨むことが可能になっている。

第 2 に，現在の連邦最高裁は，比較的手厚い裁判官補佐制度を持っている。すなわち，現在各裁判官には，専従のロー・クラーク――裁判実務の補助者（調査官）――を 4 名持つことが認められている。ロー・クラークは，裁量上訴の申立の概要書を作成して，裁判官が申立の受理・不受理の判断を迅速に行えるようにしているほか，各裁判官の手足として本案審理のための調査を行ったり，各裁判官の討議の相手になったりして，裁判官の見解形成や個別意見執筆を補佐している[6]。これにより，裁判官は多角的な情報・視点に基づきながら，憲法事件に取り組むことが可能になっている。

第 3 に，現在の連邦最高裁は，公共に開かれた裁判手続をとっている。すなわち，アメリカには，事件の第三者であっても両当事者の同意または裁判所の許可を得られれば裁判に参加できるアミカス・キューリーの制度があるが，現在の連邦最高裁はこの制度を開放的に運用している。このため，現在では 9 割以上の審理事件において当事者以外のアクターから書面が提出されており，重要な憲法事件においては，社会の様々なセグメントに属する多数の団体・個人から書面が提出されている[7]。それらの書面は総体として豊かな討議空間を構成しており，その結果，裁判官は当事者の書面では触れられていない関連判例，代替的な法解釈，政策的含意，関連諸科学の知見なども考慮に入れながら，多角的に事件を考察することが可能になっている[8]。

このように，現在の連邦最高裁は，裁量上訴制度，ロー・クラーク制度，アミカス・キューリー制度の運用を通して，憲法事件等の重要事件に取り組むにあたり必要となる時間と情報の確保に努めている。アメリカの連邦最高裁裁判官は，多数の個別意見を執筆し，違憲審査権も積極的に行使しているが，その背

---

[6] *See* TODD C. PEPPERS, COURTIERS OF THE MARBLE PALACE: THE RISE AND INFLUENCE OF THE SUPREME COURT LAW CLERK (2006); Artemus Ward, *Sorcerers' Apprentices; U. S. Supreme Court Law Clerks*, in EXPLORING JUDICIAL POLITICS (Mark C. Miller ed., 2009).

[7] PAUL M. COLLINS, JR., FRIENDS OF THE SUPREME COURT: INTEREST GROUPS AND JUDICIAL DECISION MAKING 46-47 (2008); Susan Behuniak-Long, *Friendly Fire: Amici Curiae and Webster v. Reproductive Health Services*, 74 JUDICATURE 261 (1991).

[8] COLLINS, *supra* note 7, at 63-71.

景には，以上のような制度運用によって，各裁判官が必要な実務的資源（時間と情報）を確保できていることがある[9]。

　連邦最高裁の組織・運営に関する第4の特徴は，裁判官選任手続の透明性・開放性が高く，また，政治化していることである。連邦最高裁裁判官は大統領による指名と上院による承認を経て任命されるが，20世紀後期以降，大統領に指名された候補者は，上院の承認過程において国民的な審査を受けるようになっている。すなわち，上院司法委員会が候補者の資質や司法哲学を，公聴会を通じて精査するとともに，マス・メディアも承認手続の動向や候補者の経歴・憲法観・司法観等を詳報している。また，様々な利益団体が活発なロビイングや大規模なキャンペーンを通して，候補者の承認権を持つ上院に圧力活動を展開しているほか，一般市民も各上院議員に対する草の根の個別行動や各種世論調査を通して賛否の意思を表明し，上院の投票行動に影響を及ぼしている[10]。

　このように，現在の連邦最高裁の裁判官選任手続においては，候補者は厳しい精査にさらされることから，高度の専門的資質を有した者でなければこれをくぐり抜けることは難しく，選ばれた裁判官の専門的能力が担保されている[11]。また，候補者の資質や憲法観・司法観をめぐる国民的な論争の中で，その影響を受けつつ人事が進められることから，選ばれた裁判官の民主的正統性も強化されている。違憲審査制の運用にあたっては，裁判官の専門性や民主的正統性の水準が重要な意味を持つが，上記のような選任手続がとられている結果，現在の連邦最高裁裁判官は，日本の最高裁裁判官と比較して違憲審査権を行使しやすい立場にある[12]。

---

9) 裁判所の保有する実務的資源の量が違憲審査制の運用を規定することに関して，詳細は，見平・前掲注2)『違憲審査制をめぐるポリティクス』第1章第2節参照。

10) *See, e.g.,* RICHARD DAVIS, ELECTING JUSTICE: FIXING THE SUPREME COURT NOMINATION PROCESS (2005); LEE EPSTEIN & JEFFREY A. SEGAL, ADVICE AND CONSENT: THE POLITICS OF JUDICIAL APPOINTMENTS (2005).

11) 実際に候補者の資質が大統領の指名過程・上院の承認過程・市民の見解形成過程のいずれにおいても決定的な役割を果たしていることについては，EPSTEIN & SEGAL, *supra* note 10; JAMES L. GIBSON & GREGORY A. CALDEIRA, CITIZENS, COURTS, AND CONFIRMATIONS: POSITIVITY THEORY AND THE JUDGMENTS OF THE AMERICAN PEOPLE (2009).

12) 見平・前掲注2)『違憲審査制をめぐるポリティクス』第1章第2節，第5章第5節，同・前掲注2)「憲法学と司法政治学の対話」97-100頁，見平典ほか「［座談会］憲法学と司法政治学の対話（前篇）」法律時報86巻9号（2014年）103頁。

以上のように，現在の連邦最高裁の組織・運営は，違憲審査制を積極的に運用するにあたり必要となる諸資源（時間，情報，専門的能力・専門的正統性，民主的正統性等）を同裁判所が確保しうる形で構造化されている。

2　訟務長官
(1)　概要

　本書では，「民主主義の原理にのっとり価値・利害の調整・決定を行う機関」，「民主性・応答性などの観点から主体的・戦略的に法形成にかかわる」機関を「政治部門」，「立憲主義や法の支配の要請に基づき憲法適合性や法的なものを確保する役割を担う機関」，「憲法適合性や法的な合理性・専門性などの観点から法形成にかかわる」機関を「法部門」と呼んでいる。アメリカの場合，政治部門の中にありながらも，このような意味における法部門の性格を持つものとして，訟務長官を挙げることができるであろう[13]。

　訟務長官とは，連邦最高裁における連邦政府の訴訟活動に責任を負う，連邦司法省の高官である[14]。現代の訟務長官の主要な任務としては，第1に，下級裁判所において連邦政府が敗訴した事件の中から，連邦最高裁に裁量上訴の申立をすべき事件を選ぶこと，第2に，連邦最高裁において本案審理が行われる，連邦政府が当事者の事件において，書面を作成し口頭弁論を行うこと，第3に，連邦最高裁において本案審理が行われる，連邦政府が当事者ではないが重要な利害を有する事件において，アミカス・キューリーとして参加することが挙げられる[15]。

---

13) ただし，後述のように，連邦訟務長官は「法部門」としての性格を強く持ちつつも，「政治部門」の中にあり，政治的性格を本質的に併せ持っていることを看過すべきではない。

　なお，大統領等に対する法的助言の提供や法案の法的側面に関する審査等を行っている司法省法律顧問局も，このような両面的な性格を有している。詳細については，横大道聡「執行府の憲法解釈機関としてのOLCと内閣法制局――動態的憲法秩序の一断面」鹿児島大学法学論集45巻1号（2011年）1頁。本稿では，紙幅の制約から，連邦最高裁と深い関係を持ちつつ憲法秩序の形成にあたっている，訟務長官のみを取り上げる。また，訟務長官職は州政府の司法省にもみられるが，本稿では連邦の憲法秩序形成において特に重要な役割を果たしている，連邦訟務長官に焦点を当てることにする。

14) 訟務長官の職務・機能に関する詳細な邦語文献として，北見宏介「政府の訴訟活動における機関利益と公共の利益(4), (5)――司法省による『合衆国の利益』の実現をめぐって」北大法学論集59巻4号（2008年）1763頁，同6号（2009年）2949頁参照。

(2) 法部門としての訟務長官

このように，訟務長官は連邦最高裁における連邦政府の訴訟活動を指揮・監督する任にあるが，訟務長官を単なる連邦政府の訴訟代理人として捉えることは適切ではない。訟務長官職は次のような理由から，連邦最高裁による法形成を法的合理性・専門性の観点から支える役割を果たしており，上述の意味における「法部門」としての性格を有している。

第1に，訟務長官は，司法長官・大統領のみならず，連邦最高裁にも仕える存在であると一般に位置づけられている。訟務長官は「重要な法領域における判例の発展に関して，連邦最高裁を導く責任」（チャールズ・フリード元訟務長官）を負っているとみなされており，法の適正な発展という広範な利益に寄与することが役割として期待されている[16]。こうした訟務長官の役割は執行部内においても尊重されており，訟務長官には一定の独立性が認められている。たとえば，訟務長官は下級裁判所において連邦政府が敗訴した事件について，敗訴した機関の求めに応じて連邦最高裁に裁量上訴の申立を全て行うわけではない。むしろ訟務長官は，連邦最高裁の申立受理基準に照らしながら申立事件を厳しく絞り込んでおり，上訴を希望する連邦諸機関に対していわば門番の役割を果たしている[17]。それにより，訟務長官は連邦最高裁の事件スクリーニングの負担を大幅に軽減し，連邦最高裁の時間的資源の確保に寄与することを通して，重要事件における連邦最高裁の法形成を支えているのである[18]。

また，上記のような訟務長官職の位置づけ・独立性の結果，訟務長官は下級裁判所において連邦政府が勝訴判決を得ていても，それが法的に妥当ではないと判断する場合には，連邦最高裁に対して連邦政府側の過誤を認め，当該判決

---

15) PETER N. UBERTACCIO III, LEARNED IN THE LAW AND POLITICS: THE OFFICE OF THE SOLICITOR GENERAL 8 (2005).
16) CORNELL W. CLAYTON, THE POLITICS OF JUSTICE: THE ATTORNEY GENERAL AND THE MAKING OF LEGAL POLICY 56 (1992); REBECCA MAE SALOKAR, THE SOLICITOR GENERAL: THE POLITICS OF LAW 2 (1992).
17) SALOKAR, supra note 16, at 18. 北見・前掲注14）「(4)」1780-1784頁。このように訟務長官によって申立事件が厳しく絞り込まれている結果，申立が連邦最高裁に受理される割合は著しく高くなっている。たとえば，1959年から1989年までの期間，訟務長官の申立は69.78パーセント認められたのに対し，一般の当事者の申立は4.9パーセントしか認められなかったという。Salokar, at 25.
18) このように訟務長官が連邦最高裁の負担軽減に大きな寄与をなしていることは，連邦最高裁自身が認めている。北見・前掲注14）「(4)」1785-1791頁。

を覆すように求めることがある（「過誤の告白」）。さらに，書面作成・口頭弁論においても，訟務長官が法的な正確性・誠実性よりも党派性を優先することは不適切であると考えられており，訟務長官は通常の訴訟代理人とは異なる役割規範に支配されている[19]。このように，訟務長官は裁判の一方当事者（連邦政府）の代理人であるに止まらず，連邦最高裁に対する助言者としての地位にもあり[20]，連邦最高裁の法形成を支える役割にある。

第2に，訟務長官室は，全米でもっとも高い水準の法的専門性を備えている。訟務長官は，大統領によって任命される政治任用職であるが，連邦最高裁裁判官にも司法長官にも課されていない「法に精通している」ことが法令上の要件とされているうえ[21]，上述のように，連邦政府の代理人かつ連邦最高裁の助言者という特別な役割を果たすことが期待されている。このため，これまで訟務長官職には，連邦控訴裁裁判官やエリート・ロー・スクールの教授などのトップ・クラスの法律家が任命されてきた。歴代の訟務長官の中には，後に連邦最高裁裁判官に任命された者も少なくない[22]。このように，現代のアメリカでは，訟務長官は高度の専門能力を有した法律家が就任する，名誉ある地位と位置づけられている。

また，このような訟務長官の役割と地位ゆえに，訟務長官室には優れたスタッフ弁護士が集っており，「訟務長官室は卓越した法的思考を備えた人々から構成され，最良のスタッフ弁護士を惹きつけている小さなエリート法律事務所である」とも評されている[23]。くわえて，訟務長官室は連邦最高裁におけるいわゆる「リピート・プレーヤー」であることから，多様な法情報が蓄積されているとともに，元々優秀な法律スタッフは職務を通して一層の法的錬磨を受けている[24]。このため，訟務長官室は全米トップ・クラスの法的専門能力を備えている。

---

19) CLAYTON, *supra* note 16, at 56-58. 北見・前掲注14)「(4)」1795–1805頁，「(5)」2953–2978頁。
20) LAWRENCE BAUM, THE SUPREME COURT 84 (11th. ed., 2013); SALOKAR, *supra* note 17, at 1.
21) 28 U.S. Code §505.
22) エレナ・ケーガン（45代），サーグッド・マーシャル（33代），ロバート H. ジャクソン（24代），スタンリー・リード（23代），ウィリアム H. タフト（6代）。
23) RICHARD L. PACELLE, JR., BETWEEN LAW AND POLITICS: THE SOLICITOR GENERAL AND THE STRUCTURING OF RACE, GENDER, AND REPRODUCTIVE RIGHTS LITIGATION 5 (2003); CLAYTON, *supra* note 16, at 53.
24) SALOKAR, *supra* note 16, at 31.

以上のように，訟務長官は特別な役割規範に支配されており，高度の専門能力を有していることから，訟務長官が提出する法的議論は一般に高い法的水準にある。このため，訟務長官は法律家共同体・司法長官・連邦最高裁から敬意を払われており，重要事件において連邦最高裁からアミカスとしての参加を求められることも少なくない[25]。そして，司法政治学の諸研究によれば，連邦最高裁裁判官は判決形成にあたり実際に訟務長官の法的議論に大きな影響を受けており[26]，このことは連邦政府が当事者の事件，アミカスとして参加している事件のいずれにおいても訟務長官が高い勝訴率を収めていることにも表れている[27]。訟務長官はこのように連邦最高裁の法的判断に大きな影響力を持っており，さらに，連邦最高裁の正式審理事件の大半に関与していることに照らせば[28]，訟務長官はアメリカの法形成・憲法秩序形成における重要なアクターといえよう。

　このように，訟務長官はその高い専門能力と権威に依拠しながら，連邦最高裁の法形成・判例創造に重要な影響を及ぼし，これを支えている。その意味で，アメリカの訟務長官は，法的合理性・専門性の観点から法形成にかかわる「法部門」と位置づけることができよう。

(3)　訟務長官の政治性

　以上のような訟務長官の性格ゆえに，訟務長官は時に「10人目の最高裁裁判官」と形容されることもある[29]。ただ，訟務長官が法部門としての性格を有し

---

25) PACELLE, *supra* note 23, at 5.
26) 司法政治学の実証研究は，訟務長官がリベラル／保守な立場をとった場合，連邦最高裁裁判官がリベラル／保守な判決行動をとる可能性が統計的に有意に高まることを明らかにしている。COLLINS, *supra* note 7, at 113. また，別の実証研究も，訟務長官の影響力が，イデオロギー的に近い裁判官のみならず遠い裁判官にも及んでいることを明らかにしている。Stefanie A. Lindquist & David E. Klein, *The Influence of Jurisprudential Considerations on Supreme Court Decisionmaking: A Study of Conflict Cases*, 40 LAW & SOC'Y REV. 135, 155-156 (2006).
27) 連邦政府が当事者もしくはアミカスとして参加した事件のうち，訟務長官は，前者につき65パーセントを超える勝率（1946～2001年開廷期），後者につき75パーセントの勝率（1953～2000年）を収めている。COLLINS, *supra* note 7, at 105.
28) たとえば，2009年・2010年開廷期では，連邦政府が当事者もしくはアミカスとして参加した事件は，全口頭弁論実施事件の概ね4分の3を占めていた。BAUM, *supra* note 20, at 84.
29) LINCOLN CAPLAN, THE TENTH JUSTICE: THE SOLICITOR GENERAL AND THE RULE OF LAW (1987).

ているとしても，そのことによって，訟務長官職が以下でみるように本質的に政治的性格も併せ持っていることを見落としてはならないであろう。

すなわち，第1に，訟務長官は制定法上，司法長官・大統領に仕える立場にあり，最終的には両者の決定に服する立場にある。ここまで訟務長官と連邦最高裁との特別な関係をみてきたが，それらは伝統として慣行化されているものの，制定法上の根拠を有するわけではない。むしろ制定法上は，訟務長官の任務は「司法長官の職務遂行に際し，司法長官を補佐する」こととされており[30]，訟務長官は司法長官，そして大統領に服する立場にある。それゆえ，訟務長官の法的見解形成にあたっては，上でみたように通常その独立性が尊重されているものの，法的・政治的に重要な事件では，司法長官・大統領が訟務長官の法的分析を踏まえつつ，連邦政府のとるべき立場を最終的に決定することがある[31]。また，訟務長官も，法的にはいずれの立場もありうる場合や，行政機関間で見解の対立がある場合には，司法長官・大統領の政策を考慮に入れつつ判断を下している[32]。その意味で，訟務長官も応答性・民主性の連鎖の中にある。

第2に，訟務長官は大統領によって任命される，政治的任用職である。大統領は訟務長官の任命にあたり，司法長官等の助言を受けながら，卓越した法的専門能力を持つと同時に，自己の憲法観・司法観・政策的方向性を共有する者を選んでいる[33]。このため，訟務長官の事件処理には，司法長官や大統領による直接的な介入がなくても，両者の憲法構想や政策的方向性が自ら反映されることになる。

このように，訟務長官は，その独特の規範的伝統により，高度の法的合理性・専門性の観点から法形成にかかわっている点で「法部門」であると同時に，その法形成へのかかわりが応答性・民主性を最終的に基礎にしている点で本質的に政治的性格も併せ持っている。実際に，民主党政権の訟務長官は，共和党政権の訟務長官よりも，たとえば人種やジェンダーに関する事件において，よりリベラルな立場をとる傾向にあることが見出されている[34]。また，後述のよ

---

30) 28 U.S. Code §505.
31) CLAYTON, *supra* note 16, at 57-61; Drew S. Days Ⅲ, *In Search of the Solicitor General's Clients: A Drama with Many Characters*, 83 KY. L. J. 485, 489-493 (1994); PACELLE, *supra* note 23.
32) Days, *supra* note 31, at 494.
33) SALOKAR, *supra* note 16, at 35. 北見・前掲注14)「(5)」2988–2991頁。
34) PACELLE, *supra* note 23, at 59, 202.

うに，政権の憲法構想を実現するために，訟務長官が重要な役割を果たした例も少なくない。したがって，訟務長官の「法部門」としての性格を強調するあまり，その政治性を看過してはならないであろう。ただ，他方で，訟務長官は最終的に大統領の決定に服する立場にあるが，訟務長官が大統領の主張を法的合理性・専門性の観点からしばしば抑制する役割を果たしてきたことも見逃されるべきではない[35]。訟務長官の政治性を強調するあまり，その法部門としての機能を過小に評価することも，また一面的であろう。

以上のように，訟務長官は，連邦最高裁と司法長官・大統領の両方に仕えるという特殊な役割規範の下で，法部門としての性格と政治的性格を併せ持っている。訟務長官は，高度の法的合理性・専門性の観点から，事件をスクリーニングし，応答性・民主性に裏付けられた法的主張を連邦最高裁に届けることにより，連邦最高裁の法形成・憲法秩序形成を支えているといえる。

Ⅲ　司法積極主義の政治的構築

前節では，アメリカの法部門の組織・運営について概観した。次に，これら法部門による憲法秩序形成の動態について，その特徴を中心にみることにしたい。

アメリカの法部門による憲法秩序形成の特徴の1つは，「司法積極主義の政治的構築」がみられることである。アメリカ司法は違憲審査制を積極的に運用することを通して，憲法秩序形成において大きな役割を果たしてきたが，そうしたアメリカ司法の積極性は，以下でみるように，しばしば政治部門による意識的な支援のもとで形成されてきたことが注目される[36]。

1　概要

一般に，裁判所の積極的な違憲審査は政治的多数派の利益と衝突し，それゆ

---

35) Days, *supra* note 31, at 490-492; CAPLAN, *supra* note 29, at Chap. Ⅳ; CLAYTON, *supra* note 16, at 55. 訟務長官は，書面に署名することや自ら弁論に立つことを拒否することもある。CAPLAN, at 34-35; CLAYTON, at 55. この場合，法廷における政府の主張の権威は減じられるであろう。
36) 以下の本節の議論は紙幅上，注を最小限に止めている。本節の内容の詳細については，見平・前掲注2)『違憲審査制をめぐるポリティクス』を参照。

えに政治部門は違憲審査を抑制する方向で行動すると考えられている。実際に，アメリカではニュー・ディール憲法革命に代表されるように，政治部門は裁判所の違憲審査権の行使を度々抑制しようとし，行使された場合には敵対的な行動をとるなどしてきた。裁判所の積極的な違憲審査と政治部門とを対立的に捉えるのが一般的であり，これまでの日米の憲法学もそのような理解に立って規範的な議論を展開してきた。

しかし，近年の司法政治学の諸研究は，アメリカではしばしば連邦政治指導者（大統領・連邦議会指導者）が，次のような場合に，特定領域における連邦最高裁の積極主義の構築に従事することを明らかにしている[37]。

第1は，自己の重要政策を立法的に実現することが困難な場合である。政治指導者の地位にあっても，政治状況や政治制度上の制約から，立法過程を通して政策を実現することが難しい場合も少なくない。そのようなとき，政治指導者は司法の積極的判断を形成することを通して，自己の政策を実現しようとすることがある。

第2は，次期選挙において自党の敗北が予想される場合，あるいは，次期選挙の結果が不確実な場合である。このような場合，政治指導者は自己の重要な政策的成果が新政権によって立法的に変更されることへの懸念から，司法がそうした変更に対する砦となることを期待して，積極的司法を形成しようとすることがある。

第3は，政治的決定を回避する必要がある場合である。政治過程ではしばしば合意形成が難しく，しかも政治指導者自身は政策的関心を抱いていないような問題が争点化することがある。このようなとき，政治指導者は合意形成に必要なコスト負担や支持基盤の分裂を避けるため，司法に問題を転嫁しようとすることがある。これにより，司法は当該問題に関して自律的・積極的に判断することが可能になる。

このように，アメリカでは政治指導者が「政策実現」「政策定着」「決定回避」を目的として，積極的司法を形成しようとすることがある。それでは，政治指導者はどのようにしてそれを実現するのであろうか。政治指導者が利用可能な積極的司法形成の手段には，以下のものがある[38]。

---

[37] 詳細は，見平・前掲注2）『違憲審査制をめぐるポリティクス』第2章第1節参照。
[38] 詳細は，見平・前掲注2）『違憲審査制をめぐるポリティクス』第2章第2節参照。

第1に，裁判所に対して，特定の問題領域や個別事案における積極的違憲審査に必要な資源（規範的資源・政治的資源）を提供することである。具体的には，アミカス・キューリーとしての訴訟参加などを通して，裁判所に対して違憲判断を要求し，これに政治的正当性を付与したり，違憲判断を支える法理論を提供したりすることなどが挙げられる。そこでは，前記のように連邦最高裁と特別な関係にあり，高い法的能力を有する訟務長官の果たす役割が，非常に大きくなる。

　第2に，裁判所内の価値観の構成を組み替えることである。具体的には，政治指導者が望ましいと考える特定の司法積極主義のあり方を規範理論化し，これに繰り返し支持を与えて現在および将来の裁判官の価値観に影響を与えることや，指導者と法的・政治的価値観を共有する者を裁判官に選任することなどが挙げられる。

　第3に，開始された司法積極主義の受容と定着を促進することである。具体的には，違憲判決に対する支持を表明し，これに政治的正当性を付与すること，「司法権の優越」の観念を援用すること，反裁判所立法を阻止することなどが挙げられる。違憲判決は各種の政治的・社会的抵抗を呼び起こすことがあるが，そのようなとき，政治指導者が上記方法を通して判決の受容を促進することは，裁判所が積極主義を後退させることなく維持していく上で重要な意義を有することになる。

2　事例

　このような「司法積極主義の政治的構築」は，アメリカにおいては珍しいことではない。たとえば，連邦最高裁は1940年代末頃から人種差別問題に対して積極的に違憲審査権を行使するようになっていったが，これはハリー S. トルーマン，ドワイト D. アイゼンハワー両政権による働きかけと支援の成果であった[39]。すなわち，トルーマン政権は理念的な面や外交的な面から，人種差別問題を解決すべき重要な政策課題とみていたが，連邦議会における勢力関係や党内事情などから，これを立法的に解決することは難しかった。このため，政権は司法省（司法長官・訟務長官）を通して人種関連訴訟にアミカスとして参

---

39) 詳細は，見平・前掲注2)『違憲審査制をめぐるポリティクス』第3章第1節参照。

加し，違憲審査権の行使に政権の公認を与えるとともに，人種分離を正当化していた先例法理を突き崩す創造的・説得的な法理論を提供した。こうして，連邦最高裁は，公立大学院の人種分離等に対して違憲審査権を行使することが可能になったのである[40]。さらに，次のアイゼンハワー政権も前政権の訴訟戦略を継承し，公立学校の人種別学の合憲性が争われたブラウン事件[41]において，違憲審査権行使に政治的正当性を付与した。そして司法省は，違憲判決による政治的混乱を懸念する裁判官のためにプラグマティックな解決策（人種別学の違憲を宣言する一方で，別学解消を即時ではなく「適度な迅速さ」で行うように命令すること）を提示し，そうした懸念を持つ裁判官の票を動かすことで，人種別学を違憲とする歴史的なブラウン判決の誕生を可能にしたのである。さらに，判決後には，政権は「司法権の優越」の概念を援用して国民に判決の受容を促すとともに，判決の執行をめぐって騒乱が発生した際には，連邦軍を派遣して執行を確保し，司法の権威を護ったのであった。このように，連邦最高裁の金字塔とされる，人種問題をめぐる一連の積極主義は，時の政治指導者による積極的な支援の下で形成されていたのである。

同様に，1960年代前半の投票価値の格差に対する連邦最高裁の積極主義も，当時のジョン F. ケネディ政権による強力な支援によって生まれたものであった[42]。ケネディ政権は，都市部の過小代表と地方部の過剰代表を理念の面からも自己の政治的基盤の面からも問題視していたが，立法的解決は難しかったことから，アミカスとして訴訟に参加し，司法的解決を図ろうとしたのである。そして，原告が十分な法的議論を展開できていない中，政権は訟務長官が指揮した質の高い法理論を提供することによって，連邦最高裁の積極主義[43]を可能にしたのであった——この積極主義をめぐって訟務長官が果たした役割は非常に大きかったといわれる。このような「司法積極主義の政治的構築」の事例は，1990〜2000年代の連邦主義をめぐる連邦最高裁の一連の積極主義など，他にも少なくない。

---

40) Sweatt v. Painter, 339 U.S. 629 (1950); McLaurin v. Oklahoma State Regents for Higher Education, 339 U.S. 637 (1950).
41) Brown v. Board of Education of Topeka, 347 U.S. 483 (1954).
42) 詳細は，見平・前掲注2)『違憲審査制をめぐるポリティクス』第3章第2節参照。
43) Baker v. Carr, 369 U.S. 186 (1962); Gray v. Sanders, 372 U.S. 368 (1963); Wesberry v. Sanders, 376 U.S. 1 (1964); Reynolds v. Sims, 377 U.S. 533 (1964).

3 影響

 以上のように，アメリカでは，政治指導者がしばしば特定領域における連邦最高裁の積極主義を形成してきたが，このような「司法積極主義の政治的構築」は，連邦最高裁の資源強化の契機となることにより，政治指導者の意図しない領域における積極主義をも生み出してきた[44]。

 たとえば，人種問題をめぐる一連の積極主義は，平等保護条項に関する新たな判例法理を打ち立てたが，それらは，連邦最高裁が人種以外の差別の問題に違憲審査を拡げていく際の法的資源になりうるものであった。また，人種問題や投票価値をめぐる積極主義は，それまでの連邦最高裁の役割規範から正当化される範囲を大きく超えるものであったが，判決を支持する法学者やマス・メディアによって役割規範が再構成される中で，少数者の人権の保障や民主過程の監視のための積極的な違憲審査が，連邦最高裁の正当な役割として期待されるようになった。さらに，一連の判決に希望を見出した各種の人権団体や少数者集団が，連邦最高裁の政治的資源として行動するようになった。このように連邦最高裁は，人種問題や投票価値をめぐる積極主義を契機として，違憲審査を支える各種の規範的資源・政治的資源を新たに獲得することになった。その結果，連邦最高裁はそれらの資源を活用しながら，政治指導者の意図しない領域にも積極的な違憲審査を拡げてきたのである。

 このように，「司法積極主義の政治的構築」は，連邦最高裁の特定領域における積極主義のみならず，連邦最高裁の積極主義の広範化・自律化——政治指導者の意図しない積極主義，政治指導者の意向に反する積極主義——をも生み出してきた。「政治的構築」は，連邦最高裁の発展およびアメリカの憲法秩序形成のあり方に大きな影響を及ぼしてきたといえるであろう。

IV 多元主義的憲法秩序形成

 アメリカの法部門による憲法秩序形成のもう1つの重要な特徴は，それが多元主義的な憲法秩序形成過程の一部を構成しているという点である。次に，この点について詳しくみることにしたい。

---

[44] 詳細は，見平・前掲注2)『違憲審査制をめぐるポリティクス』第5章参照。

1 概要

　アメリカの憲法過程は，全体としてみると，多元主義的憲法秩序形成と呼びうるものである[45]。ここまで便宜上機関を単位として議論してきたが，実際には各機関（立法部・執行部・司法部）の内部には，憲法秩序構想の異なる複数のグループが存在している――たとえば，連邦最高裁の内部にも，裁判官を選任する政治的党派の定期的交代により，憲法観・司法観の異なる複数の裁判官グループが存在している。そして，アメリカでは，このような各統治過程（立法過程・執行過程・司法過程）内部に存在する諸グループが，他の統治過程内部や市民社会にある同じ憲法秩序構想を持ったグループと連携しながら，憲法秩序の形成をめぐって対話と競争を展開しているのである。

　上記の「政策実現」のための「司法積極主義の政治的構築」も，このような憲法過程の一断面といえよう。そこでは，政治過程の有力グループの指導者が，自己と同様の憲法秩序構想を持つ連邦最高裁裁判官に各種資源を供給し支援することを通して，自己の構想を実現しようとしている。そして，連邦最高裁内部では，政治指導者や訟務長官と憲法秩序構想を同じくする裁判官グループが，彼らから供給された資源に依拠しながら，他グループの裁判官に説得を試みつつ競い合っているのである。

　このようなアメリカの競争的な憲法過程においては，連邦最高裁の憲法解釈といえども安泰ではない。憲法秩序は上記のような機関横断的なグループ間の相互作用の中で継続的に形成されており，連邦最高裁の多数派の憲法解釈によって論争に終止符が打たれるわけではない。むしろ，それは新たな憲法論争を創出するのであり，そこでの議論が諸グループによる立法的・行政的対応，今後の裁判官指名，新たな訴訟提起とそれへのアミカスとしての参加などに反映され，連邦最高裁内の諸グループにも影響を及ぼし，これが繰り返されることを通して，時間軸の中で憲法解釈が形成されていくのである。その意味で，裁判所の解釈といえども不断の見直しに開かれており，また，判決以外の場――判決に対する立法・行政的対応，裁判官選任，裁判参加，市民運動等――も憲法秩序形成の重要な一場面を構成している。このように，アメリカの憲法過程は競争性，機関横断性，継続性，場の多様性を特色としており，法部門による

45）見平・前掲注2）『違憲審査制をめぐるポリティクス』170-171頁，同・前掲注2）「憲法学と司法政治学の対話」100-101頁。

憲法秩序形成は，そのような多元主義的な憲法秩序形成過程の一部——もっとも重要ではあるが唯一の場面ではない——を構成しているのである。

2　事例

このような多元主義的な憲法秩序形成の動態を具体的に理解するために，以下ではその典型的な例である中絶論争の展開を詳しくみることにしたい[46]。

(1) ロー対ウェード判決

アメリカでは，1960年代後半から家族計画や女性，市民的自由などをテーマとする諸団体によって厳格な中絶規制法の廃止を求める運動がみられるようになり，1970年前後にはこうした運動の組織化が進んだ（たとえば，「全米中絶法廃止協会」〔NARAL〕の設立）。これらの運動や組織は，法改正を求めて各州議会にロビイングを行うとともに，現行法の違憲性を主張して各種の訴訟支援・訴訟参加を行った[47]。同時に，これらに対抗して胎児の保護を求める運動も起きるようになり（たとえば，「生命のために団結するアメリカ人」〔AUL〕の設立），規制反対派ほど組織的ではなかったものの，規制支持派もロビイングや訴訟参加を行うようになった[48]。

こうした中，1973年に連邦最高裁はロー事件[49]において，母体の生命保護に必要な場合を除いて中絶を全面的に禁止するテキサス州法に対して，7対2で違憲判決を下した。法廷意見は，プライバシーの権利が合衆国憲法修正14条のデュー・プロセス条項によって保障される「基本的」な権利であること，女性が自己の妊娠の終了を決定する権利はこのプライバシーの権利の中に含ま

---

[46] アメリカの中絶をめぐる判例法理の展開に関する詳細な邦語文献として，根本猛「人工妊娠中絶とアメリカ合衆国最高裁判所(1), (2), (3)・完」静岡大学法政研究1巻1号（1996年）39頁，同2・3・4号（1997年）289頁，2巻2号（1997年）41頁，小竹聡「アメリカ合衆国における妊娠中絶をめぐる法理の展開」同志社アメリカ研究44号（2008年）27頁，同「アメリカ合衆国における妊娠中絶判決の形成——中絶法の廃止に向けた運動の展開」早稲田法学85巻3号（2010年）407頁，髙井裕之「レーンキスト・コートにおける実体的デュー・プロセス論の展開」宮川成雄編『アメリカ最高裁とレーンキスト・コート』（成文堂，2009年）等参照。

[47] LEE EPSTEIN & JOSEPH F. KOBYLKA, THE SUPREME COURT AND LEGAL CHANGE: ABORTION AND THE DEATH PENALTY 143-167 (1992).

[48] Id. at 152-154.

[49] Roe v. Wade, 410 U.S. 113 (1973).

れること，それゆえ，女性の中絶決定権に対する制限は「やむにやまれぬ州の利益」が存在する場合に初めて正当化されうることを判示した。そして，医学的知見に照らして，妊娠第1期には中絶規制を正当化する「やむにやまれぬ利益」は存在しないこと，妊娠第2期には母体保護に合理的に関連する限りで規制が正当化されること，そして，妊娠第3期には，胎児が独立生存可能性を持つに至ったことに照らして，胎児保護のために，母体の生命・健康を保護するために必要な場合を除いて中絶を全面的に禁止することも正当化されることを明らかにした（3期枠組み）。この法廷意見は，各種の専門家団体（特にアメリカ産婦人科学会）が規制反対の立場から提出したアミカス・ブリーフの情報に大きく依拠していた[50]。

本判決が下されると，中絶問題がもともと社会的・倫理的価値観に深くかかわる問題であったことにくわえ，本判決が一度に数十州もの州法を実質的に無効にするというインパクトを伴っていたことから，その妥当性をめぐって大きな社会的論争が発生した。また，法学界においても，プライバシーの権利やその一部とされた中絶の権利はいずれも憲法明文規定を欠くこと，それにもかかわらず厳格な合憲性判断の枠組み（3期枠組み）が設定されたことなどから，判決の法的妥当性をめぐって活発な論争が繰り広げられた。

(2) 政治部門・市民社会の対応と連邦最高裁

こうした中，判決に危機感を募らせた規制支持派が本格的な市民運動を展開するようになり，草の根の活動を通して市民の関心を喚起するとともに，同様の問題意識を持つ州議会議員と連携しながら，各州議会に精力的にロビイングを行った[51]。この結果，多くの州が判決を受けて中絶禁止を解きつつも，中絶を受けにくくする諸規制を新たに考案・導入した[52]。そして，以下でみるように，規制反対派がそれらの違憲性を主張して訴訟を提起し，両派がアミカスとして裁判参加する中で，裁判所はロー判決の射程を明らかにしながら――後に

---

50) SUZANNE U. SAMUELS, FIRST AMONG FRIENDS: INTEREST GROUPS, THE U.S. SUPREME COURT, AND THE RIGHT TO PRIVACY 54-64 (2004); EPSTEIN & KOBYLKA, *supra* note 47, at 193.

51) WILLIAM LASSER, THE LIMITS OF JUDICIAL POWER: THE SUPREME COURT IN AMERICAN POLITICS 215-218 (1988); NEAL DEVINS, SHAPING CONSTITUTIONAL VALUES: ELECTED GOVERNMENT, THE SUPREME COURT, AND THE ABORTION DEBATE 60-63 (1996); EPSTEIN & KOBYLKA, *supra* note 47, at 211.

52) DEVINS, *supra* note 51, at 60-63; EPSTEIN & KOBYLKA, *supra* note 47, at 211-212.

は，ロー判決そのものを再吟味しながら——判断を示し，それを受けて政治部門や市民団体が新たな対応を行うという循環が発生することになった。

連邦最高裁は当初この循環の過程において，一部の規制を合憲としつつも，大半の規制を違憲とした。たとえば，1976年のダンフォース事件では，連邦最高裁の多数派は，配偶者の同意を要求する規定（6対3），未成年者の中絶につき保護者の同意を要求する規定（5対4），広く利用されている特定の中絶方法を禁止する規定（6対3）について，ロー判決の枠組みに照らして違憲とした[53]。また，1983年のアクロン事件では，ダンフォース判決等を踏まえて新たに考案・導入された各種の中絶規制——中絶実施前に24時間の待機期間を課す規定，妊娠第2期以降の中絶実施を病院に限定する規定，妊婦に（中絶を思いとどまらせるような）一定の情報を告知することを医師に義務づける規定等——が争われたが，連邦最高裁の多数派はこれらについても同様に違憲とした（6対3）[54]。そして，1986年のソーンバーグ事件においても，連邦最高裁の多数派は，妊婦に（中絶を思いとどまらせるような）一定の情報を告知することを医師に義務づける規定や，中絶した女性に関する詳細な情報（氏名は含まれないが他の情報から特定されるおそれがある）を州に報告することを義務づける規定（当該情報は公開される）等を違憲とした（5対4）[55]。法廷意見はこれらの判断を下すにあたり，各規制が医療現場や女性に及ぼす影響等に関して，各種の団体が規制反対の立場からアミカスとして提出した書面の情報に大きく依拠していた[56]。

もっとも，前記のように，連邦最高裁は全ての中絶法制を違憲としたわけではない。たとえば，1977年の3事件では医学的必要性のない中絶を政府の医療給付プログラムから除外することが問題となったが，連邦最高裁は，政府による干渉の問題と給付の問題との区別を背景に，これを容認した（6対3）[57]。この問題をめぐっては，連邦最高裁の求めに応じてアミカスとして参加した訟務長官が，中絶の権利はそれを無料で受けられる憲法上の権利を含意するわけではないと主張しており，これが判決に大きな影響を及ぼしたことが指摘されて

---

[53] Planned Parenthood of Central Missouri v. Danforth, 428 U.S. 52 (1976).
[54] City of Akron v. Akron Center for Reproductive Health, 462 U.S. 416 (1983).
[55] Thornburgh v. American College of Obstetricians and Gynecologists, 476 U.S. 747 (1986).
[56] SAMUELS, *supra* note 50, at 69-81.
[57] Beal v. Doe, 432 U.S. 438 (1977); Maher v. Roe, 432 U.S. 464 (1977); Poelker v. Doe, 432 U.S. 519 (1977).

いる[58]。この判決を受けて，多くの州が中絶に関する医療給付制限を導入するに至った[59]。また，連邦最高裁は未成年者の中絶に関してダンフォース判決において保護者同意要件を違憲としたが，その後の判決において，保護者もしくは裁判所の同意を求める規制については，裁判所の同意を得る手続の設計の仕方によっては合憲になりうるとの判断を示しており，立法部との往復の中で，立法部による規制手段の工夫の余地を認めている[60]。

このように，ロー判決以降，各州が新たな中絶抑制策を考案し，それを裁判所が審査して判断を示し，さらにそれを受けて各州が新たな抑制策を考案するということが繰り返された。その際，立法部では議会多数派と規制支持派の諸団体との連携がみられ，連邦最高裁では裁判官多数派と規制反対派のアミカスとの連携がみられた。もっとも，連邦最高裁も全ての規制に違憲判断を下したわけではなく，一定の法的論理性・整合性を備えている主張については肯定したり，立法部との繰り返しのやりとりの中で，立法部の工夫を認めたりしていた。ただ，他方で，ロー判決から1980年代中頃までは，連邦最高裁の多数派は基本的に，ロー判決の枠組みを前提とした上でその射程を明らかにするという姿勢でこの循環に臨んでいた。

(3) ロー判決再検討の流れの形成

しかし，1980年代以降，連邦最高裁は次第に，ロー判決の枠組み自体を再検討することを迫られるようになっていった。その背景には，いくつかの要因がある。第1に，1970年代末頃から，リベラルな憲法秩序の進展に危惧を抱いた社会的・文化的保守の人々が結集するようになったことである。公立学校における祈禱の禁止，性表現規制の緩和，そして，中絶の合法化などにより，従来の社会的・文化的価値観，さらにはアメリカの基本的あり方が危殆にあると考えた人々が，この時期に「モラル・マジョリティ」などの社会的保守団体を結成し，活発な活動を展開するようになった[61]。彼らはリベラルな憲法秩序構想を退け，

---

58) EPSTEIN & KOBYLKA, *supra* note 47, at 221-223; PACELLE, *supra* note 23, at 226.
59) DEVINS, *supra* note 51, at 64-65.
60) Bellotti v. Baird, 443 U.S. 622 (1979); Planned Parenthood Association of Kansas City, Missouri v. Ashcroft, 462 U.S. 476 (1983).
61) Robert C. Post & Reva B. Siegel, *Roe Rage: Democratic Constitutionalism and Backlash*, 42 HARV. C.R.-C.L. L. REV. 373, 409-424 (2007); LEE EPSTEIN, CONSERVATIVES IN COURT Chap. 5 (1985).

保守的な憲法秩序構想の実現を目指して「新右派」と呼ばれる一大勢力を急速に形成したが，特に中絶の問題は象徴的な意義を有していたことから，中絶規制強化の運動，ロー判決の見直しを求める運動が一層高まることになった[62]。さらに，1980年代に入ると，保守系知識人を中心とした「フェデラリスト・ソサエティ」なども結成されるようになり，保守の側から法的により洗練された主張が提示されるようになった[63]。こうして，ロー判決の見直しを求める社会運動が強化されるに至ったのである。

　第2に，1980年代に入ると，連邦政府が中絶の問題に本格的に介入するようになったことが挙げられる。それまで二大政党の連邦政治指導者（リチャードM. ニクソン，ジェラルドR. フォード，ジェームズF. カーター・ジュニア）は，この問題が州や司法によって扱われるべき事項であることを強調して，この問題を州や司法に転嫁していた（自律的司法の政治的構築）[64]。彼らは全国にわたる多様な自己の支持基盤が分裂することをおそれて，この問題に深入りすることを回避していたのである。実際に，訟務長官もこうした政権の方針に沿って，中絶問題に関与することを避けていた[65]。前出の1977年の3事件は，訟務長官が連邦最高裁の中絶事件に初めてアミカスとして参加した事例であるが，これも訟務長官（ニクソン政権のロバートH. ボーク）が進んで決定したわけではなく，連邦最高裁による招請を受けてのことであった[66]。そして，ボーク訟務長官が提出した書面も，中絶の権利そのものを争うことはせず，前記のように，一般に確立した法的論理を軸としたものであった。

　このように，1970年代には連邦政治指導者は中絶問題への関与を回避していたが，1980年の選挙で大統領に当選したロナルドW. レーガンは，新右派と憲法秩序構想をともにしており，彼らを自己の有力な支持基盤としていたことから，連邦政治指導者として初めて本格的に中絶問題に介入するようになっ

---

62) Post & Siegel, *supra* note 61, at 420.
63) MICHAEL AVERY & DANIELLE MCLAUGHLIN, THE FEDERALIST SOCIETY: HOW CONSERVATIVES TOOK THE LAW BACK FROM LIBERALS Chap. 5 (2013).
64) Mark A. Graber, *The Nonmajoritarian Difficulty: Legislative Deference to the Judiciary*, 7 STUD. AM. POL. DEV. 35 (1993). 詳細は，見平・前掲注2)『違憲審査制をめぐるポリティクス』第3章第3節参照。
65) PACELLE, *supra* note 23, at 226.
66) *Id.* at 226.

た[67]。たとえば、政権は、同様の憲法秩序構想を有する議員と連携しながら、連邦議会において、ロー判決に直接対抗する憲法修正提案（「人命連邦主義修正」）や法案（「人命法」）、中絶を抑止する各種法案（「青年家族生活法」等）を推進した。彼らは青年家族生活法などの一部を除いて、これらの法案を成立まで持ち込むことはできなかったものの、一連の立法活動を通して、中絶をめぐる活発な憲法論議を連邦議会において巻き起こすことに成功した[68]。その際、連邦議会と連邦最高裁が各々独立した見地から憲法解釈を行い、「連邦議会と連邦最高裁との責任ある対話」を促進することの意義が主張されたことが注目される[69]。

また、レーガン政権は判例変更を実現するため、中絶問題に対する憲法観も考慮しつつ連邦最高裁裁判官を選任したほか、中絶訴訟にも積極的に関与するようになった[70]。前出のアクロン事件は、訟務長官がアミカスとして参加して規制支持を主張した、給付関係以外の初めての中絶訴訟であり[71]、本件においてレックス E. リー訟務長官は、ロー判決以降の諸判例を再解釈し、女性に「不当な負担」を課している規制のみが厳格審査に服すべきことを主張した（3期枠組みの否定）[72]。さらに、ソーンバーグ事件では、チャールズ・フリード訟務長官が初めてロー判決の変更を求めるに至った[73]。

このように、1980年代に入ると、連邦最高裁はロー判決自体の再検討を迫られるようになっていったが、こうした変化の影響を受けながら、次第に連邦最高裁内部においても再検討の流れが形成されることになった。すなわち、アク

---

67) Devins, *supra* note 51, at 100; Donald Grier Stephenson Jr., Campaigns and the Court: The U.S. Supreme Court in Presidential Elections Chap. 8 (1999).

68) Devins, *supra* note 51, at 125-127.

69) Subcommittee on Separation of Powers, Committee on the Judiciary, United States Senate, The Human Life Bill — S. 158: Report, Together with Additional and Minority Views 21-23 (1981), http://babel.hathitrust.org/cgi/pt?id=mdp.39015018597867;view=1up;seq=24 ［2015年12月1日閲覧］

70) Devins, *supra* note 51, at 105, 109-111; Pacelle, *supra* note 23, at 242-245.

71) Epstein & Kobylka, *supra* note 47, at 239.

72) *Akron*, Brief for the United States as Amicus Curiae in Support of Petitioners, 1981 U.S. Briefs 746.

73) *Thornburgh*, Brief for the Unites States as Amicus Curiae in Support of Appellant, 1984 U.S. Briefs 495.

ロン事件では，レーガン政権によって任命されたサンドラ D. オコナー裁判官が，これまでの少数派裁判官とともに反対意見を執筆し，3期枠組みを否定して，「不当な負担」の有無により違憲審査基準を選択すべきことを主張した[74]。そこでは，レーガン政権によって任命された裁判官，これまでの少数派裁判官，訟務長官との連携がみられた。さらに，こうした流れの中で，ソーンバーグ事件では，ロー事件やアクロン事件において法廷意見に与していたウォレン E. バーガー長官が反対意見にまわり，ロー判決を再検討すべきことを指摘するに至った[75]。そして，こうした情勢の変化を踏まえつつ，一部の州では，連邦最高裁にロー判決再検討の機会を提供することを狙った中絶反対派の後押しを受けながら，ロー判決に直接対抗する法律が制定された[76]。

(4) ロー判決の再検討

このように，1980年代に入るとロー判決を取り巻く状況は厳しくなっていったが，そのような中，1987年にロー判決の帰趨にかかわる重要な事件が発生した。レーガン政権によって連邦最高裁裁判官候補者に指名されたボークが，ロー判決の基礎でもあるプライバシー権を憲法上の権利として認めることに否定的であったことなどから，一大憲法論争を経たすえ，最終的に上院の承認を獲得できなかったのである。この結果，以降の裁判官候補者はプライバシー権を憲法上の権利として承認するようになり，プライバシー権は憲法秩序の中に確立した権利として組み込まれることになった[77]。裁判官選任手続が憲法秩序形成の場として機能した例といえよう。

このボーク論争により，国民がロー判決に対してアンビバレントな思いを抱きつつも，少なくともその土台部分——プライバシー権——については肯定していることが明らかにされた[78]。ロー判決再検討の流れが形成されてきてはいたものの，多くの国民はこの判決を根底から覆すことまでは望んでいなかったのである。

---

74) *Akron*, 462 U.S., at 452-475 (O'Connor, J., Dissenting).
75) *Thornburgh*, 476 U.S., at 782-785 (Burger, C.J., Dissenting).
76) EPSTEIN & KOBYLKA, *supra* note 47, at 265-266; DEVINS, *supra* note 51, at 65.
77) PAUL M. COLLINS, JR., & LORI A. RINGHAND, SUPREME COURT CONFIRMATION HEARINGS AND CONSTITUTIONAL CHANGE Chap. 7 (2013).
78) EPSTEIN & KOBYLKA, *supra* note 47, at 264.

このような中，1989年のウェブスター事件において，連邦最高裁はロー判決に対抗して制定されたミズーリ州法に向き合うことになった[79]。本件では，ロー判決の行方が注目され，膨大な数の団体・個人がアミカスとして訴訟参加した[80]。ウィリアム H. レーンキスト長官執筆の一部法廷意見・一部相対多数意見は，問題とされたミズーリ州法の規定――公務員や公的施設が医学的必要性のない中絶に関与することを禁止する規定や，妊娠20週以上（第2期の途中）の中絶前に所定の検査を義務づける規定――を合憲としたが，ロー判決の全面的な再検討については留保した。ただ，各意見のトーンから，過半数の裁判官（保守派・中道派）が，ロー判決の少なくとも一部については懐疑的であることが示された。

　そして，連邦最高裁は1992年のケイシー事件において，ついにロー判決を正面から再検討するに至った[81]。共和党政権によって任命された裁判官が多数を占めたことから，ロー判決が覆されるかどうかが注目されたが，3裁判官（オコナー，アンソニー M. ケネディ，デイビッド H. スーター）の共同意見は，先例拘束性原理を援用してロー判決の中心部分を是認し，中絶の権利が憲法修正14条によって保障される「自由」であることを認めた（法廷意見）。その上で，共同意見は，ロー判決の3期枠組みについては否定し，「不当な負担」の基準――アクロン事件においてリー訟務長官が提案し，オコナー裁判官が採用した基準を再構成したもの――を採用すべきことを主張して，各種の中絶規制――アクロン判決やソーンバーグ判決で違憲とされた24時間待機要件や情報告知要件――を合憲とする一方で（相対多数意見），配偶者通知要件については違憲とした（法廷意見）。こうしてロー判決は，中道派の裁判官により修正を加えられた一方で，その根本部分――中絶の権利が憲法上の自由であること――は維持されることになったのである。これは，中絶の権利自体は承認しつつ，一定の規制を必要と考える国民の一般的な憲法意識にも沿ったものであった[82]。

(5)　均衡点としてのケイシー判決

　その後，この「不当な負担」の基準は，2000年のカハートⅠ事件において法

---

79) Webster v. Reproductive Health Services, 492 U.S. 490 (1989).
80) Behuniak-Long, *supra* note 7, at 261-265.
81) Planned Parenthood of Southeastern Pennsylvania v. Casey, 505 U.S. 833 (1992).
82) DEVINS, *supra* note 51, at 74.

廷意見において採用されるに至った[83]。中道派とリベラル派からなる法廷意見は，1990年代に多くの州で成立した，特定の中絶方法（中絶反対派によって「一部出生中絶」と名付けられた方法）を禁止する州法を「不当な負担」の基準等に照らして違憲としたのである（5対4）。この事件は「司法積極主義の政治的構築」が試みられた事件でもあり，同様の連邦法案に拒否権を発動していた民主党のウィリアム J. クリントン政権がアミカスとして訴訟参加して，本州法が違憲であることを主張した[84]。

共和党のジョージ W. ブッシュ政権が誕生すると，2003年に連邦議会は独自の事実認定に基づき，カハートⅠ判決に対抗的に対応した連邦一部出生中絶禁止法を制定した。ブッシュ政権によって新たに任命された裁判官を含む保守派5名からなる法廷意見は，2007年のカハートⅡ事件において，同法を「不当な負担」を課していないとして合憲としている[85]。その際，中絶の権利が憲法上の自由であることを否定する個別意見を執筆した保守派は2名に止まっており，ケイシー判決後に任命された裁判官は保守派を含めて全員が同判決を受容していることが注目される。ケイシー判決の憲法解釈が現在のアメリカにおける1つの均衡点であるといえよう。

3　日本との比較

前項では，アメリカの多元主義的な憲法秩序形成の典型的な例として，中絶問題をめぐる憲法解釈の展開をみてきたが，このような憲法秩序形成のあり方は，日本の憲法秩序形成のあり方といくつかの重要な点で異なっている。

たとえば，佐々木雅寿は『対話的違憲審査の理論』の中で，過去の日本の最高裁の法令違憲判決後の政治部門の対応を具体的に分析することを通して，日本においても憲法秩序が最高裁と政治部門との相互作用を通して形成されていることを指摘する[86]。ただ，そこで描き出されている両者の「対話」は，政治部門が特段の憲法論議を行うことなく違憲判決をそのまま受容して法改正を行い

---

83) Stenberg v. Carhart, 530 U.S. 914 (2000).
84) *Carhart*, Brief for the Unites States as Amicus Curiae Supporting Respondent, 1999 U.S. Briefs 830．なお，同様の連邦法案に対するクリントン政権の対応については，小竹・前掲注46)「アメリカ合衆国における妊娠中絶をめぐる法理の展開」33頁。
85) Gonzales v. Carhart, 550 U.S. 124 (2007).
86) 佐々木・前掲注2)。

終了するという，1回的・形式的なものが大半を占めている――「対話」というよりは「相互作用」という水準に止まっているように思われる。国会が違憲判決に対して憲法的検討を加え，必要な場合には「拡張型」あるいは「対向型」の対応をとるという「実質的な対話」は，日本では（近年その萌芽がみられるものの）これまでほとんど行われてこなかった。また，こうした「実質的な対話」を欠いていることもあり，裁判所が改正法を違憲審査し，これにさらに政治部門が対応するという「継続的な対話」もほとんど行われてこなかった。

これに対して，アメリカの憲法過程においては様々な問題をめぐって，連邦最高裁と政治部門との間で「実質的な対話」「継続的な対話」がみられる。2で示したように，中絶問題をめぐっては，ロー判決を受けて政治部門が新たな規制手段を考案し，裁判所がそれに対する判断を示して，政治部門が新たな対応を行うということが繰り返されてきた。そして，その過程で，政治部門は判決の射程や妥当性に関する憲法的論議を行い，さらに，独自に関連事実の調査・認定や憲法解釈の提示を行って，連邦最高裁に「再検討を促す」こともあった[87]。また，連邦最高裁も上記の過程を通して，ロー判決の射程を明らかにし，後にはこれに再検討を加えて，法律家共同体や市民社会において（リベラル・保守を問わず）より広く受容される憲法解釈を形成するに至った。こうした実質的で継続的な相互作用は，中絶問題に限らず，アファーマティブ・アクションや同性愛者の権利など多様な問題でみられる[88]。

それでは，なぜ日米間では，このように相互作用の実質性・継続性に違いがみられるのであろうか。これにはいくつかの理由が考えられる。第1は，違憲とされてきた法律の政治的・社会的重要性の違いである。一般に，違憲とされた法律や問題が政治部門や市民社会の重要な関心事項であるほど，判決によって巻き起こされる論争もより大きなものになり，判決の妥当性もより厳しく問われるようになる。これまでの日本の最高裁の違憲判決は政治的・社会的関心を喚起するものが少なかったが，アメリカ連邦最高裁の違憲判決は政治的・社会的重要性の高いものも少なくなく，それゆえに，違憲判決が他機関との実質的で継続的な相互作用を多く生み出すことになってきたと考えられる。そして，

---

[87] *See* SUBCOMMITTEE ON SEPARATION OF POWERS, *supra* note 69. *See also* Partial-Birth Abortion Ban Act of 2003, PL 108-105, Sec. 2. Findings.

[88] *See, e.g.*, THOMAS M. KECK, JUDICIAL POLITICS IN POLARIZED TIMES (2014).

この点に関する両国の違いは,結局,裁判所が政治的・社会的に重要な問題に積極的に介入できるほどの資源をどの程度備えているかという違いに行き着くことになる[89]。

第2は,政治部門,特に立法部の力量の違いである。裁判所の違憲判決に対抗的な憲法論を展開することや,判決の射程を分析して,規制目的を達成するための別の規制手段を考案することには相当な力量が必要となる。この点,法曹の規模が大きいアメリカでは,議会にも法曹が広範に進出しており,多数の議員が実質的な憲法論を展開する上で必要な法的素養を有している[90]。

第3は,市民社会のありようの違いである。アメリカでは,様々な政治・社会問題について,専門家も巻き込んだ多様な立場の市民団体が存在している。そして,これらの団体は,各々の立場から,判決に対して肯定的・拡張的対応や対抗的対応をとるように議会に積極的に働きかけており,このことが,議会において判決に対する多様な対応が提案され審議されることにつながっている[91]。また,これらの団体は,判決の拡張や制限を求めて次の訴訟の準備も行い,当事者あるいはアミカスとして裁判所に法律論や各種の専門的知見を提供することを通して,裁判所内の議論の質の向上や活性化にも貢献している[92]。実際に,先にみた中絶問題をめぐる統治機関間の実質的で継続的な相互作用も,アメリカ家族計画連盟,アメリカ自由人権協会（ACLU）,全米女性機構（NOW）,全米生命の権利委員会（NRLC）などによる活発な活動があったからこそ生まれてきたといえよう。すなわち,中絶反対派のNRLCは,地方にまで張り巡らされた全国ネットワークを活かして草の根の活動を展開し,各州議会の中絶反対派の議員と連携しながら,判決への対抗的対応を促進・支援してきた[93]。他方で,規制反対派の家族計画連盟やACLU, NOWは,アメリカ産婦人科学会などの

---

[89] 司法の積極性と資源量との関係については,見平・前掲注2)『違憲審査制をめぐるポリティクス』,同・前掲注2)「憲法学と司法政治学の対話」参照。

[90] 特に,委員の多くが法律家である連邦議会の両司法委員会では,「法律家の委員会」という名声に相応しい実質的な法的議論が展開されていることが指摘されている。DEVINS, *supra* note 51, at 125-127.

[91] *See, e.g.*, MICHAEL J. KLARMAN, FROM THE CLOSET TO THE ALTAR: COURTS, BACKLASH, AND THE STRUGGLE FOR SAME-SEX MARRIAGE (2013).

[92] *See, e.g.*, SAMUELS, *supra* note 50; COLLINS, *supra* note 7; CHARLES R. EPP, THE RIGHTS REVOLUTION: LAWYERS, ACTIVISTS, AND SUPREME COURTS IN COMPARATIVE PERSPECTIVE (1998).

[93] EPSTEIN & KOBYLKA, *supra* note 47, Chap. 6.

専門学術団体と連携しながら，専門的知見の提供を通して，連邦最高裁によるロー判決の形成と維持を支えてきた[94]。日本をはるかに上回るおびただしい数の市民団体が，草の根から全国レベルまで相互に連携しながら活発な政治活動を展開していることが，アメリカ憲法過程における継続的で実質的な対話を支えているのである。

　第4は，憲法過程の制度構造の違いである。一般に，憲法論争を行うことのできる公式制度上のフォーラムが各種用意されていること，また，そうしたフォーラムが多様なアクターに開かれた構造をとっていることは，憲法コミュニケーションの活性化に寄与するであろう。この点，アメリカではⅡで指摘したように，議員や市民団体が憲法論争に加わることのできる公式制度上の場として，議会の法案審議手続のほかにも，連邦最高裁裁判官任命手続（上院の公聴会・審議手続）やアミカスとしての裁判参加手続が存在しており，これらが統治過程において持続的で実質的な憲法論争を生み出すことを可能にしている。実際に，先にみたように中絶問題では，各種中絶規制法案や憲法修正提案の審議と並んで，ボークの裁判官承認手続や多様な団体・個人によるアミカスとしての裁判参加が，統治過程における活発な憲法コミュニケーションを生み出していた。憲法論を展開できる議員や政治的に活発な市民や市民団体がどの程度存在するかということにくわえ，憲法論争を行うことのできる公式のフォーラムがどの程度制度化されているか，それらがどの程度開放性を有しているかということも，継続的で実質的な憲法コミュニケーションの形成にとって重要な意味を有するのである。

4　アメリカの憲法秩序形成の積極面と消極面

　本稿でみてきたアメリカの憲法過程のあり方には，どのような積極面と消極面が存在するであろうか。残された紙幅の都合上，ここでは各々数点のみ指摘しておきたい。

(1)　積極面

　まず積極面をみることにしよう。前記のように，アメリカでは憲法過程の制

---

94) *Id.* Chap. 6; SAMUELS, *supra* note 50, Chap. 3.

度構造が開放的・多元的なこともあって，重要な憲法問題に関する議論が法律家共同体のみならず市民社会においても活発かつ継続的に行われる傾向にある。このような社会においては，人々の憲法問題に対する感受性が磨かれることになるとともに，憲法を援用した異議申立も行いやすくなるであろう。

また，市民の参加に開かれた憲法論争の機会が司法過程の随所（裁判官選任手続の公聴会制度，アミカス制度）に用意されていることは，憲法のみならず司法（特に司法の役割）に対する市民の理解を深めることにも寄与するであろう[95]。司法の役割について市民が深い認識を抱いていることは，市民が司法の実効的な政治的資源になる上での不可欠の条件であることに照らせば，このことが持つ意義は決して小さくない。

さらに，継続的で実質的な憲法コミュニケーションの回路が多元的に用意されていることは，判決に批判的な勢力が，裁判所の制度的基盤を攻撃することによって判決に対向するのではなく，そうした憲法コミュニケーションを通して判決に対向することを可能にしている。このことが司法の独立性にとって持つ意義は大きいといえよう[96]。

また，前記のように，アメリカの憲法過程では諸勢力が機関横断的な対話と競争を展開しているが，このような憲法過程の多元主義的な性格が司法の積極性を可能にしてきた点も見逃すことはできない。連邦最高裁は重要な憲法問題をめぐってしばしば法形成的・権利創設的な役割を果たしてきたが，このような積極的行動は，2で具体的にみたように，裁判所の多数派が他の統治機関や市民社会に存在する同様の憲法観を持つ勢力によって，実効的な支援を受けられるがゆえに可能になってきたのである（「司法積極主義の政治的構築」もその一場面である）。

以上はプラクティカルな意義といえるが，これにくわえてアメリカの憲法過程は，いわゆる「違憲審査制と民主主義」の問題——違憲審査制の民主主義的正当性の問題——を和らげるという，規範的な意義も有しているといえよう[97]。

---

95) 裁判官選任手続の開放性と司法に対する市民の理解と信頼との関係について，*See, e.g.*, GIBSON & CALDEIRA, *supra* note 11.
96) 中絶問題では，裁判所に判決の再検討を促すため，対向的内容の法律の制定，アミカスとしての裁判参加，裁判所多数派と異なる憲法観の裁判官の任命などが行われたが，管轄権制限法のような裁判所の制度的基盤に対する攻撃が成立することはなかった。

中絶の事例が示すように，アメリカでは連邦最高裁の多数派が下す違憲判決によって，憲法解釈をめぐる論争に終止符が打たれるわけではない。むしろ，それは新たな憲法論争を創出するのであり，裁判所・政治部門・市民社会の間の横断的なコミュニケーションを通して時間軸の中で憲法解釈は形成されている。このように，1つの違憲判決が憲法論争に最終決着を付けているわけではないことから，「違憲審査制と民主主義」の問題は軽減されることになるであろう。

(2) 消極面

他方，アメリカの憲法過程には，いかなる消極的な側面が存在するであろうか。これについてはまず，憲法解釈が多様なアクターの参加を得ながら継続的に形成されていることの裏返しとして，法的安定性・予測可能性が低いことが挙げられる[98]。中絶の事例では，判決を受けて各州が新たな中絶抑制策を考案・導入し，裁判所がその審査を行うことが繰り返され，その過程で裁判所自らも憲法解釈に再検討を加えていった結果，州によっては中絶法制が度々改正されることになった。こうした法的安定性・予測可能性の大幅な低下は，多くの女性・カップルにネガティブな影響を及ぼした可能性がある。

また，「司法積極主義の政治的構築」は，各種責任の回避手段として政治指導者に用いられる可能性がある。たとえば，政治指導者は，国民に意識されにくい形で積極的司法を形成することにより，それを通して実現される政策に対するアカウンタビリティを回避することができる。実際に，1980年代の共和党政権による「司法積極主義の政治的構築」には，このような側面があったことが指摘されている[99]。また，政治指導者は，中絶問題をめぐる1970年代の連邦政治指導者の対応にもみられるように，政治的決定を下す責任から逃れるために自律的司法を形成しようとすることもあるであろう。

[97) 動態的な憲法秩序形成が「違憲審査制と民主主義」の問題を緩和することについて，佐々木・前掲注2) 213頁。

[98) アメリカ型の多元主義的な法秩序形成がもたらす法的安定性・予測可能性の低下について，ロバート・A・ケイガン（北村喜宣ほか訳）『アメリカ社会の法動態——多元社会アメリカと当事者対抗的リーガリズム』（慈学社出版，2007年）参照。

[99) Thomas M. Keck, The Most Activist Supreme Court in History: The Road to Modern Judicial Conservatism 291 (2004); Mark A. Graber, *Constructing Judicial Review*, 8 Annu. Rev. Polit. Sci. 425, 445-446 (2005).

さらに，司法が多元主義的な憲法過程の一部に組み込まれていることは，司法の伝統的な正統性調達のあり方を困難にする。連邦最高裁においては，リベラルな憲法観を持つ裁判官グループと保守的な憲法観を持つ裁判官グループによる対立が多くの場面でみられるが，このことは，裁判には価値判断が伴うこと，裁判官の価値観が判決行動の重要な規定要因であることを可視化し，「裁判＝法の価値中立的発見」という伝統的な裁判イメージから司法が正統性を調達することを不可能にする。さらに，重要な憲法問題をめぐって，裁判官をはじめとする法律専門家の間でも厳しい見解の対立がみられることは，専門性にのみ依拠して司法が正統性を確保していくことも難しくするであろう。アメリカ型憲法秩序形成は，従来の司法の正統性調達のあり方が潜在的に抱える問題を鮮明に浮かび上がらせることを通して，司法に正統性調達のあり方を検討し直すことを迫るといえる。

V　おわりに

　本稿では，アメリカの法部門の中でも特に重要な連邦最高裁と訟務長官の制度的特質を概観した上で，これらの法部門が多元主義的な憲法秩序形成過程の一部を構成していることを明らかにし，その特徴や背景について検討を加えた。また，このような憲法秩序形成のあり方には固有の積極的意義がある一方で，司法の従来の正統性調達のあり方を困難にすることを指摘した。最後に，アメリカ型の憲法秩序形成の下では，司法にはいかなる正統性調達の方法がありうるか，ごく簡単に指摘しておきたい。

　アメリカ型の憲法過程においても，司法の正統性の第 1 の源泉は，やはり専門性に求められるであろう。高度の法的専門性に基づいて行われる点に，政治部門による憲法判断とは区別される，司法による憲法判断の固有の意義と正統性を見出すことができる。

　ただ，アメリカのように，司法による憲法判断といえども価値判断を伴う法形成であることが可視化されており，さらに裁判官間・法律専門家間で鋭い見解の対立が常態化している場合，専門性にのみ依拠して，これを正統化することには限界がある。このような状況下では，司法は正統性をどこに補充的に求めることが可能であろうか。この点，アメリカの場合，憲法過程の制度構造を

活かすことのできる司法の正統性の潜在的源泉として，開放性や（多数者主義的な意味ではなく，ラディカル・デモクラシー的な意味での）民主性を挙げることができるであろう。司法による憲法秩序形成が，市民や他機関も含めた諸アクターとのラディカル・デモクラシー的意味での討議／闘技の中で行われていること——裁判官がそうした開かれた討議／闘技の中で自己の見解を形成していること——に司法の正統性を求めていくことが考えられよう[100]。

このような正統性調達戦略をとる場合，市民に開かれた豊かな憲法的討議／闘技過程を制度化・構造化することが，まずもって課題になる。この点，アメリカのアミカス制度や裁判官選任手続の公聴会制度は，そうした課題に応えるものといえよう[101]。さらに，裁判官には，そうした討議／闘技過程の参加者であり主導者であることを自覚しつつ憲法判断を行うことが求められる。具体的には，当事者や異なる立場からの説得に対して開かれた姿勢を維持すること，そして，当事者や様々なアミカス，下級裁判所，対立裁判官の意見に対して丁寧に応答することである。裁判官がこうした姿勢を持ってはじめて，リベラル派裁判官と保守派裁判官の対立も，単なる両派の人数差がものをいうイデオロギー的ブロック化ではなく，両派間の討議／闘技として意味づけられるのである。裁判官がアミカス制度や審級制度，少数意見制度に対していかに向き合うかは，アメリカ型憲法秩序形成における司法の正統性にとってきわめて重要な意義を有するといえよう。

　［附記］　本稿は，JSPS科学研究費（15K16915）の研究成果の一部である。

100）見平・前掲注2）「憲法学と司法政治学の対話」100-101頁。なお，ラディカル・デモクラシー論の中でも，討議民主主義論（熟議民主主義論）と闘技民主主義論の間には鋭い対立がみられ，両者を本来一括りに論じることはできないが，本稿の議論はいずれの立場をとった場合にも妥当することから，両者をさしあたり併記している。
101）見平・前掲注2）「憲法学と司法政治学の対話」98-101頁。

2　イギリス

2 イギリス

立法過程の改革及び変動と政治部門における権力の拡散

木下和朗

　序
　I　法の多元性と政治部門
　II　立法過程の概観——政府法案に即して
　III　立法過程の特色
　IV　政府立法の現状及び問題点
　V　立法改革と統治構造の変動
　VI　立法改革と下院の現代化
　VII　立法の質向上を目指して
　　　——立法評価導入をめぐる動向
　VIII　上院改革と立法
　IX　委任立法の統制
　結

序

　イギリスは伝統的に，判例法主義を採用する一方，議会主権原理の下，政治部門による自律的な法形成が占める比重が高い。その中心となるのが議会制定法（Act of Parliament）である。そして，二大政党制を基調とする多数者支配型民主政という意味でのウェストミンスター・モデルの下において，政府が議会制定法の立法過程を主導している。他方，Tony Blair 労働党（Labour）政権が発足した1997年以降，権力の拡散と解し得る統治構造の変動（constitutional change）が生じ，ウェストミンスター・モデルは変容しているとも解し得る。この変容

に対応して,議会制定法の制定権者を構成する議会[1]両院における立法活動に変化が見られるとともに,さまざまな立法過程改革が提案,実施されている点が注目される。

本稿は,これらの立法過程の改革及び変動に着目して,権力の拡散にともなう法形成の多元化に対応し得る立法過程の諸相を検討する。これにより,今後の日本の国会の立法手続改革を考察するための素材を得ることにしたい。本稿の構成は次の通りである。最初に,イギリスにおける法形成の一般的特徴として,憲法法源が規律する領域及び機能とその規律主体との関連性,政治的憲法という伝統的憲法モデルの存在,判例法主義における議会制定法の意義を指摘する(Ⅰ)。続いて,政府法案の立法過程を概観し,立法過程の特色及び問題点を検討する(Ⅱ~Ⅳ)。これらの総論的検討を踏まえて,権力の拡散に対応する立法過程改革や立法活動の変動のうち幾つかを取り上げて検討する(Ⅴ~Ⅸ)。

Ⅰ 法の多元性と政治部門[2]

1 法源と規律主体との関係

イギリスにおいて,憲法法源が規律する領域及び機能は,法源を形成・承認・執行する主体(以下,「規律主体」という)が憲法構造において果たすべき役割と密接に関係すると観念され,法源の間において分担されてきた。図式的に述べるならば,政治制度の領域を規律する主要な法源は,政治部門である議会及び政府が規律主体となる憲法習律(constitutional convention)及び議会制定法である。これに対して,コモン・ロー/判例法は,裁判所が規律主体となる法としての憲法(law of the constitution)の重要な部分を占める。特に,政府の重要な権能,首相を任命する,下院を解散する,立法を裁可するなどといった国王大権はコモン・ローを根拠としている。また,国王布令の件判決 Case of Proclamations, (1611) 12 Co Rep 74 において,コモン・ロー裁判所の裁判官は国王

---
1) 本稿は,連合王国(ウェストミンスター)議会(UK Parliament)を主な対象とする。
2) 本節1及び2の記述は,木下和朗「イギリスにおける憲法改革——ウェストミンスター・モデルと政治的憲法をめぐって」比較憲法学研究25号(2013年)57頁以下,特に61-63頁,66-68頁,77-78頁に基づく。

大権の限界を判断する権能を有することを主張し，名誉革命 (1688 年) 以降，国王はこの主張に異議を唱えていない。コモン・ローと他の法源との競合について，議会制定法及び憲法習律は，コモン・ローの例外又は代替ルールを定める関係にある。具体的には，議会制定法はコモン・ローを排除して適用される。憲法習律はコモン・ローを排除しないが，政治上の慣行を修正する。要するに，イギリスにおいては，制限統治 (limited government) という原則に服しつつも，議会及び政府という政治部門が自らの権能を行使する制度の形成を自律的に規律できるという憲法構造をとることが領会される。

2　政治的憲法と憲法秩序

規律主体と規範が密接に関連する憲法秩序形成の在り方は，規律主体となる議会，裁判所等といった統治部門が統治構造においてどのように配置されるかに規定されることになる。イギリス憲法の秩序と統治構造との関係を認識するモデルとして，政治的憲法 (political constitution) と法的憲法 (legal constitution) の区別を挙げることができる。

両モデルのうち伝統的に主流であった統治慣行に基づき認識するのが政治的憲法である。政治的憲法の下においては，議会の立法権及び議会制定法の至高性を第一義とする議会主権 (parliamentary sovereignty) が支配的な憲法原則となる。権力の配置は融合が基本である。大臣に広汎な裁量が認められる一方，大臣は議会に対して説明責任を負い，議会による統制に服する。国民の権利保障は，議会による市民的自由の保障によって実施される。国民の権利は権力関係の表明と解される。すなわち，「権利又は公益とは，その真の内容又は合意を得るどころかむしろ，［政治的］決定権を有する支配的団体又は官吏が有する見解に過ぎない」[3] という権利観を採る。司法裁判官は執行府によって任命され，司法府は議会主権と執行府の利益への敬譲を示す。議会以外に執行府を外部から監視，統制する制度は少ない。憲法は，執行府及び議会は公益に係る最良の判断者であるという，政治部門に対する高度の信託を基礎としている。

---

3) Richard Bellamy, *Political Constitutionalism: A Republican Defence of the Constitutionality of Democracy* 151 (2007).

したがって，政治的憲法を基礎とする憲法秩序においては，「多くの法的権能の行使が政治によって正当化又は制限され，統治システムのうち広範な領域が実定的意味における法によって統治されるのではなく，政治，政治過程，政治的価値，政治的習律，並びに政治家・政党・国民間の事実上の関係によって統治される」[4]。ただし，今日とりわけ1998年人権法（Human Rights Act 1998, c42）の制定を契機として，イギリスの憲法が政治的憲法を離れて法的憲法モデルにより親和する憲法に徐々に移行していると示唆することは決まり文句となっている。事実，人権領域を中心に法形成において裁判所が果たす役割の拡大が見出される（本編・上田論文，ヨーロッパ編・江島論文参照）。

3 判例法主義国における議会制定法の意義

イギリスが法域として属する英米法は，判例法主義を採用している。判例法主義とは，特定の法域における法の基幹部分が，法域全体の法秩序の基礎をなし，それ自体として自己完結的な体系をなしている判例法によって規律されていること，すなわち，法体系を構成する法形式のうち，判例法が第1次的法源としての地位を占めていることを意味する[5]。したがって従来，判例法国においては，判例法が一般法としての機能を果たす一方，成文法は特別法としての機能を果たしてきたと指摘される。特にイギリスにおいては，議会制定法は，コモン・ローの存在を前提として，判例法の追録乃至正誤表的な機能を有し，直接の対象とされる事項のみを規律しており，この結果，議会制定法は判例法を参照しなければ意味をなさないことが少なくないとされてきた[6]。しかしながら，イギリスにおける議会制定法の重要性を過小に評価することは正しくない。「今日，判例法国を統治する法は，そのほとんどが民主的な議会が制定した成文法の形式を以て存在し，コモン・ロー上の解釈原理によって媒介される」[7]。事実，議会制定法の量は増大している（Ⅳ1，2参照）。議会制定法の規律は公共領域に限らず，国内事項全般に及ぶ。統治構造改革（constitutional reform）も議

---

4) Dawn Oliver, "The United Kingdom", in Dawn Oliver & Carlo Fusaro (eds), *How Constitutions Change: A Comparative Study* 329, 332-333 (2011).
5) 伊藤正己＝木下毅『アメリカ法入門〔第5版〕』（日本評論社，2012年）90頁。
6) 伊藤＝木下・前掲注5）92頁。
7) Francis Bennion, *Understanding Common Law Legislation* 5 (2001).

会制定法を通じて行われるのである[8]。

II 立法過程の概観——政府法案に即して

1 制定法の種類

制定法には2つの主要形式が存する。第1に，国王，上院 (House of Lords) 及び下院 (House of Commons) が共同して活動する「議会中の国王 (Queen in Parliament)」が制定する議会制定法 (Act of Parliament) である。第1次立法乃至主位立法 (primary legislation) とも称される。第2に，従位立法 (subordinate legislation) 乃至第2次立法 (secondary legislation) である。従位立法は通常，議会制定法によって授権された大臣権限に基づき制定される委任立法である。委任立法は，制定法文書 (Statutory Instruments) という形式をとる (IX参照)。

2 議会制定法及び法案の種類

議会制定法は，一般性及び抽象性がある一般法律 (public Act) と特定の地域 (local Act) 又は特定の個人若しくは団体 (personal Act) のみを規律する個別法律[9] (private Act) とに区別される。この区別に応じて，法案も①一般法案 (public Bill) と②個別法案 (private Bill) に区別される。一般法案が特定の個人又は団体のみに適用される規定を含むときは，当該法案は③混合法案 (hybrid Bill) と取り扱われる。これら3種の法案毎に立法手続も異なる。一般法案はさらに，(i) 政府法案 (government Bill) と(ii)議員提出法案 (private members' Bill) に区別される。政府法案は大臣の地位にある議員が自らの名を以て提出する。イギリス議会の立法活動は政府法案を中心に行われる (III 1参照)。以下，政府法案の立法過程[10]を概観する。

3 法案提出前過程

(1) 立法の契機

①選挙綱領乃至連立合意の実行のほか，②新規政策の実施，政策の展開，③

---

[8] 木下・前掲注2) 64頁参照。

[9] 田中英夫「英米における Private Act (個別法律)——英米の立法権の観念に関する一考察」〔1983年〕同『英米法研究1 法形成過程』(東京大学出版会，1987年) 所収124頁以下参照。

国内法による国際公約の実施，④突発した事件・事故への対応，⑤王立委員会（Royal Commission），法律委員会（Law Commission）等の各種諮問委員会による勧告への対応が挙げられる。これらに加えて，⑥年次毎の財政立法や⑦内容を変更せずに条項を整理，更新するなどの技術的な法改正が存する。

(2) 立法の準備及び法案の起草

現在，政府は，政府法案立案者のための手引書として『立法のための指針』（Guide to Making Legislation）を公表している[11]。法案提出前から議会手続を経て国王の裁可に至る過程の政府内の作業は当該指針に基づき遂行される。

各省庁は，政策に係るアイディアが形成されると，法案毎に結成される法案チーム（Bill team）が主体となり，財務省をはじめとする政府内部において，内容によってはスコットランド等の地方政府と，協議（consultation）を行う。これと並行して，政策内容を公表し，政府外部の専門家，利害関係者等と協議を行う。政府の伝統的見解に拠ると，政府外との協議は法案提出前には通常行うべきでないとされていた。しかし，法案提出前の協議が1967年に導入されて以後，広く実施されるようになった[12]。協議過程において，法案草案（draft Bill）が公表され，法案提出前審査（pre-legislative scrutiny）も実施される（Ⅳ3参照）。通常，法案に含まれる政策内容については，起草指示の前に，所管する閣内委員会（Cabinet Committee）における関係大臣の合意が必要である。

---

10) *See generally* Michael Zander, *The Law-Making Process* (7th edn, 2015); Robert Rogers & Rhodri Walters, *How Parliament Works* 174-199, 206-212, 217-219 (7th edn, 2015). 邦語文献につき，中村泰男「イギリス議会における立法手続の概要」レファレンス334号（1978年）16頁以下，吉田善明「第1章 イギリス」比較立法過程研究会（代表・深瀬忠一）編『議会における立法過程の比較法的研究』（勁草書房，1980年）所収35頁以下，前田英昭『国会の立法活動』（信山社・1999年）112-123頁，衆議院調査局議会制度等研究グループ「日米英国議会における法案審議——本会議の法案審議における日米英国の比較」Research Bureau論究2号（2006年）120頁以下，吉田早樹人「英国下院・法案の審議手続について」議会政治研究85号（2008年）29頁以下，岩切大地「イギリス議会下院の現状について」別冊Research Bureau論究10号（2008年）46頁以下，長谷部恭男「第6章 各国の立法事情 第2節 イギリス」大森政輔＝鎌田薫編『立法学講義〔補遺〕』（商事法務，2011年）所収450頁以下等参照。

11) Cabinet Office, Guide to Making Legislation, (Updated: 31 July 2015), *available online at* <https://www.gov.uk/government/publications/guide-to-making-legislation> (accessed: 18 March 2016). 詳細につき，古賀豪「英国の政府提出法案の立案過程——英国内閣府の『立法の手引き』」レファレンス731号（2011年）79頁以下参照。

12) Zander, *supra* note 10, at 10-11.

法案の起草は，所管省庁の指示に基づき，政府立法担当局 (Office of Parliamentary Counsel) が行う。イギリスの場合，全ての議会制定法の条文起草を政府立法担当局が一元的に担う[13]のが特徴である。

(3) 立法計画
政府は，会期毎に成立を期す法案とその優先順位を決定する立法計画[14] (legislative programme) を作成している。立法計画の統制は閣内委員会である議事・立法委員会 (Parliamentary Business and Legislation Committee) の任務である。各省庁が議会に法案を提出するためには，議事・立法委員会の承認，すなわち当該法案が立法計画に登録されることが必須である。政府立法担当局への起草指示も登録後になる。会期毎の登録法案数は約30である。政府は，会期冒頭に実施される政府施政方針演説である女王演説 (Queen's Speech) において，立法計画に従い，会期中に提出予定の政府法案の概要を公表する。

4 立法に係る議事手続
読会制が採用されている。議会制定法として成立するためには，下院，上院の各議院において3読会を通過し，両院が議決した法案の内容が一致した後，国王の裁可を得る必要がある。

(1) 先議
法案は下院又は上院へ提出できる。政府法案の3分の2が下院先議である。以下，下院の議事手続を概観する。

(2) 第1読会
議院に提出された法案は第1読会 (first reading) に付される (HCSO[15] No 57(2))。

---

13) Rogers & Walters, *supra* note 10, at 176.
14) 各政権による会期毎の立法計画の内容につき，田中嘉彦「ブラウン政権初の立法計画」ジュリスト1347号 (2007年) 55頁，同「キャメロン連立政権の発足と立法計画」ジュリスト1404号 (2010年) 43頁，岡久慶「2008 - 2009年会期の立法計画」外国の立法 238 - 1号 (2009年) <http://www.ndl.go.jp/jp/diet/publication/legis/23801/02380103.pdf> (accessed: 18 March 2016) など参照。
15) 下院規則に関しては，2015年3月26日印刷の規則に拠る。*See* HC 1154 (2014-15), Standing Orders of the House of Commons: Public Business 2015.

第1読会は，法案の名前を読み上げ，第2読会の日時を指定する形式的手続であり，審議は行わない。

(3) 第2読会

第2読会 (second reading) においては，法案の原則及び射程に関する一般的かつ広汎な審議が行われる。通常，1日 (約6時間) が割り当てられる。ただし，複雑な法案又は賛否が対立している法案の場合，2日乃至3日が割り当てられることもある。大臣及び影の大臣が冒頭と締めくくりの発言を行い，それらの間は，与野党の平議員 (backbenchers) からの質疑が行われる。対立的な法案については，分列表決 (division) が行われる。

下院先議の政府法案に関しては，第2読会が終了する前に大臣からプログラム動議 (programme motion) が提出される[16]。当該動議は，下院における法案の審議日程を予め計画する内容である。プログラム動議は，法案が第2読会を通過した後，討論を経ることなく，表決に付される (可決されると，プログラム議決 programme order となる)。以降の段階の審議日程は，プログラム議決の定めに従う。1998年1月18日，この審議のプログラム化が試験的に導入され，2002年10月から下院規則に規定された (HCSO Nos 83A-I)。従前，政府による審議日程の統制手段として審議を打ち切る時間配分動議 (ギロチン動議) が用いられていた。プログラム化は，当該動議と同様の機能を営む一方，審議日程を事前に計画化するものである。

(4) 委員会段階

第2読会を通過した法案は，議院がこれと異なる議決を行わない限り，一般法案委員会 (public bill committee) に付託される (HCSO No 63(1))。一般法案委員会は，従前の常設委員会 (standing committee) に代えて，2007年に導入された (Ⅵ 4参照)。ただし例外的に，全院委員会 (committee of the whole House)，特別委員会 (select committee)，両院合同委員会 (joint committee) に付託される場合もある。対立が無い法案，緊急性のある法案，第一級の憲法上の重要性を有する法案は，

---

[16] 吉田・前掲注10) 35-36頁，上田健介「議院の議事運営に対する内閣の関与について」大石眞先生還暦記念『憲法改革の理念と展開・上巻』(信山社，2012年) 所収551頁以下，556頁参照。

全院委員会に付託される。委員会段階（committee stage）においては，詳細な逐条審議が行われる。法案に対する修正はこの段階で初めて審議される。

　一般法案委員会は，法案毎に設置される（HCSO No 84A）。委員長のほか，16人以上50人以下の下院議員から任命された委員から構成される。委員は政党の勢力比に従い任命され，与党議員が委員会の多数派を占める。委員会における審議方法は議院における審議とほぼ同じである。ただし，一般法案委員会は，特別委員会と同様，証人喚問権と文書提出要求権を有する。

(5) 報告段階

　報告段階（report stage）においては，委員会がその結論と下院がなすべき修正案について議院へ報告する。委員会修正を含む法案が改めて印刷される。全院において，新たな修正案を含めて詳細にわたる審議が行われ，修正に係る表決が行われる。新たな修正の多くは大臣から提出される。ただし，委員会段階で否決された修正案は審議されない。報告段階は数分で終わる場合もあれば，数日を要する場合もある。

(6) 第3読会

　報告段階終了後，ごく短期間をおいて，しばしば直ちに，修正を経た法案全体の内容について最後の審議が行われる。ただし，審議時間は通常1時間以内である。また，法案に対する修正は字句の修正に限られる（HCSO No 77(1)）。下院においては，第3読会（third reading）の終了と法案の可決とを同時に議決する（なお，上院は別個に議決する）。第3読会を終了すると，法案はメッセージ（message. 議院から他院への公式の伝達）とともに上院へ送付される。

(7) 両院の審議手続の違い

　上院においても，下院と同様の審議手続が繰り返される。ただし，下院と上院の間には次の点で違いがある[17]。①第2読会後の審議は通常，全院委員会において行われる。②法案に関する限り，全ての修正案が原則として審議される。③時間配分動議は提出できず，修正案の審議に時間制限がない。④第3読会に

---

17) Rogers & Walters, *supra* note 10, at 206-208. 吉田・前掲注10）52頁も参照。

おいても，修正案を提出できる。

(8) 両院関係[18]

(a) 法案について両院の不一致が生じた場合の手続は，「ピンポン（ping-pong）」と俗称される。下院が可決した法案を上院が修正議決した場合（上院が可決した法案を下院が修正議決した場合も同様である），修正された法案は下院へ回付される。下院が，審議を経て上院修正に同意する場合，下院は同意のメッセージを上院へ送付する。当該法案は国王の裁可を得て，議会制定法として成立する。他方，下院が上院修正に同意しない場合，下院は，不同意の理由又は修正の対案を含む不同意のメッセージを上院へ送付する。この後，メッセージの交換を通じて，両院の合意が得られるときは，当該法案は国王の裁可にかけられる。しかし，両院の合意が得られないときは，廃案となる。法案の修正について両院——実質的に見るならば，政府と上院——が対立する場合，対立は「多様な非公式手続を通じて」解決される傾向がある。

(b) 1911年及び1949年議会法（Parliament Act 1911, 1 & 2 Geo 5 c 13; Parliament Act 1949, 12, 13 & 14 Geo 6 c 103）は，両院の不一致を解決する最終の法的手段であり，次のように規定する。第1に，下院議長が認定する金銭法案（Money Bill）は，下院によって可決され，遅くとも会期終了1箇月前までに上院へ送付され，送付後1箇月以内に修正なく上院よって可決されないときは，上院が当該法案に同意しないにもかかわらず，下院が別段の議決をしない限り，国王に提出され，国王の裁可を得た議会制定法となる（1911 Act, s 1）。第2に，金銭法案及び議会の存続期間を5年以上に延長する法案を除く一般法案は，同一の議会期中かにかかわらず2会期連続して下院によって可決され，遅くとも会期終了1箇月前までに上院に送付され，当該2会期のたびに上院によって拒否される（reject）とき，かつ，最初の会期における下院第2読会の日から次の会期における下院可決の日までの間に1年が経過しているときは，上院が当該法案に同意しないにもかかわらず，下院が別段の議決をしない限り，国王に提出され，国王の裁可を得た議会制定法となる（1911 Act, s 2(1)）。2会期1年という要件は，

---

[18] 本項の記述は，木下和朗「イギリス憲法における両院制」比較憲法学研究18 = 19号（2007年）1頁以下，15-16頁に基づく。

49年法により，3会期2年という11年法の要件が短縮されたものである。議会法は，下院の財政特権を確認する[19]とともに，上院の権能を，拒否権に代えて，遅延権（delaying power）に制限している。

(9) 国王の裁可

両院を可決した法案は，おおよそ月毎にまとめて，国王の裁可（Royal Assent）のため奏上される。裁可は完全に形式的手続である。国王は大臣の助言に従い裁可する。なお，国王による裁可の拒否は，1708年にQueen Anneがスコットランド民兵法案（Scottish Militia Bill）を拒否したのが最後である。裁可されると，各議院において議長がその旨を宣言し，当該法案は議会制定法として成立する。

Ⅲ 立法過程の特色

イギリスにおける立法過程の特色として次の3点を挙げ得る。第1に，政府が議会の議事手続を含めて立法過程を主導している。第2に，法案審議手続に関して，全院伝統の下，議院全体が法案審議の主体となり，近時まで委員会の活用が限定されていた。したがって第3に，立法における議会の主な機能は，正統化であり，政府法案に対する監視が中心的活動になる。

1 政府主導

政府は下院多数派を基礎に組織される。これにともない，政府が，下院内における権力及びイニシアティブを留保し，下院の議事を統制する。下院の議事日程の調整権は，政府，野党第1党である反対党（Opposition）と野党第2党，平議員議事委員会（Ⅵ5参照）などに配分される（HCSO No 14）。ただし，議事日程の大部分について，政府議事（government business）として，政府に議事日程を直接設定する権限が付与される。政府議事は全ての会議において優先し（HCSO No 14(1)），政府法案の審議を優先的に行うことが担保されている。

政府議事の運営は院内総務の責任である。下院院内総務（Leader of the House of Commons）は他の国務大臣（無任所大臣），近時は枢密院総裁（Lord President of

---

[19] ただし，財政特権と議会法の射程は必ずしも一致しない。

the Council）と兼職するのが通例である。院内総務は，政府議事の調整に関する責任を負い，会議が開かれる木曜日，議事に関する質問（business question）に対する答弁という形式で，翌週及び翌々週の議事日程（主な議事の内容）を発表している。また，政府の立法計画の策定及び監督に関する責任を負う。議事手続に係る変更の動議も発議する[20]。

この結果，政府法案の審議が立法活動の大部分を占め，議員提出法案の審議は低調である。2012–13年会期と13–14年会期の合計データに拠ると，下院の全審議時間のうち政府法案審議の割合は25.9％である一方，議員提出法案審議の割合は5.1％にとどまる[21]。

2　全院伝統[22]

イギリス議会における議事手続の特徴として，全院における議事進行を原則とする「全院伝統」に基づき，小人数から構成される委員会に対する不信が長らく存在してきた。委員会は，常に議院に従属して活動しなければならず，議院は，多くの権限を委員会に授権することに同意しない。この結果，委員会中心主義の下で委員会が有する「審査（debate）」と「調査（inquiry）」という2つの任務が委員会に同時に授権されることは原則としてなく，特別委員会が「調査のための委員会」（調査を任務とする委員会）であり，全院委員会と常設委員会（一般法案委員会の前身）が「審査のための委員会」（審査を任務とする委員会）と特徴づけられてきた。法案審議手続においては伝統的に，全院委員会と常設委員会が一般法案の審査に関係し，特別委員会が一般法案の審査に関与することは滅多に無かった。特別委員会は，後に制定され得る法案に関する資料を揃え，法案に関する議員の意見を明らかにするといった限りで，立法に貢献するとされてきたのである。

3　立法における議会の正統化機能

このような政府主導と全院伝統を基礎とする立法過程は，比較議会制度の観

20）上田・前掲注16）554–555頁。
21）Rogers & Walters, *supra* note 10, at 144 [Table 5.2].
22）本節の記述は，木下和朗「イギリス庶民院における調査委員会制度(1)――国政調査権に関する制度考察」北大法学論集44巻5号（1994年）1229頁以下，1240–1241頁に基づく。

点から対決型乃至アリーナ型と類型化される[23]。与野党の論戦を通じた，国民に対する争点提示と態度表明が重視される。アリーナ型の議会過程を経る立法においては，政府が議会制定法及びその前提となる政策の内容を形成する原動力となる一方，議会の主要な機能は正統化（legitimation）に存する[24]。正統化とは，国家の立法活動に対する国民の受容と服従の確保である。議会の審議及び議決を経ることにより，議会制定法は，合法性を獲得するとともに，国民の理解と納得を得られたものと擬制される。立法における議会の活動は，法案自体を起草することでなく，法案に対する受動的監視が中心となる。この点で，議会の立法機能が政府統制機能と相互に関連するのである。

Ⅳ　政府立法の現状及び問題点

これまでに述べてきた政府法案の立法活動（政府立法）に関する現状及び問題点は以下の通りまとめられる。

1　審議時間[25]

2013-14年会期（2013年5月8日～14年5月14日）において，下院（全院）の全審議時間1,273時間24分のうち政府法案の審議時間は337時間27分（全審議時間に占める割合26.5％）である。26件の政府法案が一般法案委員会などの委員会に付託され，当該委員会は総計，195回の審査と34回の証人尋問を実施し，383の文書証拠を受領している[26]。2014-15年会期（2014年6月4日～15年3月26日）に関しては，下院の全審議時間989時間25分，政府法案の審議時間193時間54分（19.6％），24件の政府法案の委員会付託（23件が一般法案委員会へ付託。1

---

23) See Nelson W Polsby, "Legislatures", in Fred I Greenstein & Nelson W Polsby (eds), *Handbook of Political Science*, vol 5, 257 (1975). ［邦訳，ネルソン・W・ポルスビー（加藤秀治郎＝和田修一訳）「立法府」加藤秀治郎＝水野克典編『議会政治』（慈学社，2009年）所収67頁以下。］

24) Gavin Drewry, "Legislation", in Michael Ryle & Peter G Richards (eds), *The Commons under Scrutiny* 120, 126 (1988). 前田英昭「内閣の立法責任と国会の役割」中村睦男＝前田英昭編『立法過程の研究──立法における政府の役割』（信山社，1997年）所収26頁以下も参照。

25) 1974年会期から2006-07年会期までのデータにつき，see Department of Information Services, Time Spent on Government Bills (Parliamentary Information List), House of Commons Library Standard Note, SN/PC/02284 (Updated: 29 January 2009).

26) HC 1 (2014-15), House of Commons Sessional Returns, Session 2013-14, at 42-44, 75.

件が第2読会委員会へ付託），96回の審査と18回の証人尋問の実施，252の文書証拠受領となる[27]。

2　議会制定法の制定数及び頁数[28]

1980年代以降，議会制定法の数は減少傾向にある（2010年41件，11年25件，12年23件，13年33件，14年30件）。これに対して，議会制定法は長大化している。1制定法あたりの頁数（印刷局Stationary Office発行の法令集の登載頁数）の平均は，1950年代19頁，80年代37頁，90年代47頁，2000年代85頁[29]と著しく増加している。1年あたりの議会制定法の総頁数の平均は2,600頁前後である（2010年2,722頁，11年2,630頁，12年2,761頁，13年2,426頁，14年2,640頁）。

3　政府立法をめぐる問題点

(1)　背景——莫大な量の立法

政府立法をめぐる問題点は立法の「過程」と「質」に関わる。この背景となるのが前述した莫大な量の立法（sheer volume of legislation）である。制定法の長大化によって，法案の準備及び起草が不十分になり，議会における審議時間，審議に任ずる議員といった資源を圧迫し，議会が法案を十分に審議できないことが問題となっている。

(2)　立法過程

政府主導の立法過程における問題点は夙に指摘されてきた。1990年代以降の立法過程改革論を主導したものとして，1992年のハンサード協会立法過程委員会報告書『立法』[30]が挙げられる。当該報告書は，以下のように指摘している（報告書内の該当箇所のパラグラフ番号を括弧内に示す）。

---

27) HC 1 (2015-16), House of Commons Sessional Returns, Session 2014-15, at 31-32, 55.
28) *See* Ross Turner, Acts and Statutory Instruments: Volume of UK legislation 1950 to 2015, House of Commons Library Briefing Paper, CBP-7438 (21 December 2015).
29) HC 85 (2013-14), First Report from Political and Constitutional Reform Committee, Ensuring Standards in the Quality of Legislation, Volume I: Report, Together with Formal Minutes, Oral and Written Evidence, para 9.
30) The Report of the Hansard Society Commission on the Legislative Process, Making the Law (1992).

準備段階に関しては，外部との協議が「遅過ぎる，急ぎ過ぎる，[範囲が]狭過ぎる，十分になされていない」。この段階では，どのように立法を実施乃至執行するかに関する実務上の問題に十分な注意が及んでいない。結果として，細部の多くが十分に検討されていない「生焼け (half-baked)」の法案がしばしば議会に提出される (paras 56-57)。

　起草段階に関しては，条文の明確性が問題視される。具体的には，制定法の中に目的及び原則が規定されていないこと，裁判所が「議会の意思」を解釈することが困難となり得ることが指摘されている。準備段階に対する批判と同じく，条文の起草が遅過ぎ，急ぎ過ぎるとも批判される (para 59)。

　議会の立法手続に関しては，「総じて，今日の議会が運営する立法の方法に対する支持は少ない」。議会の立法過程がより良い立法の成立を保証する制度として適切に設計されていない。共通して指摘される問題点として，①下院及び委員会における審議において，法案の現実性及び細部の審査というよりはむしろ政党間の対立が強調されること，②審議の時期が予測不能であること，③議会と情報を有する国民とがより直接的に接触する必要があること，④外部から専門的な証拠を収集する権能をもつ特別委員会が法案の審査において十分に活用されていないこと，⑤委任立法の監視が不十分であることが挙げられる (para 60)。加えて，⑥上院議員の専門性をより活用すべきである，⑦議会制定法の運用に対する監視という意識が欠如しているなどの意見も存する (para 61)。

(3)　立法の質

　議会制定法及びその原案たる法案の「質」という場合，その前提となる政策内容の当否の問題を別にするならば，制定法として一般に備えるべき性質及び内容が問題となる。

　立法過程の問題点と法案の質の低下が相俟って，議会制定法の質の低下という悪循環が生ずることが懸念される。準備段階における不十分な協議，明確性を欠く条文起草により，不完全な法案が議会に提出される結果，議会における法案の内容に対する重大な修正がしばしば，議会内外からの有効な批判ではなく，政府自体が見解を変更したことを理由に行われる[31]。2005年2月，政府が

---

31) Rogers & Walters, *supra* note 10, at 178.

統治構造改革及び統治法案 (Constitutional Reform and Governance Bill) に 92 頁にも及ぶ修正案を提出したことは，この例として疑われる[32]。このような立法過程の在り方は議会による適切な立法の監視及び改善の機会を奪いかねない。

2010 年のハンサード協会報告書[33]は，立法の質の問題は「量 (volume)，態度 (attitude)，準備 (preparation)，及び審議 (deliberation)」に関わる要素が複合しているとする。このうち量及び準備の問題，すなわち，莫大な量の立法と不十分な法案準備は前述した。政府の立法に対する「態度」も議会制定法の質低下を招く一因となる[34]。すなわち，内閣改造の頻度が上がる，換言すると大臣の在任期間が短くなるという政治状況の下，大臣が自らの政治力量を示す手段として新たな法制定を図ろうとする傾向が見られる。他方，政府の立法計画に登録される法案数については，議会における審議資源（時間，議員）が限られる以上，増加は見込まれない。この結果，膨大な数の雑多な規定を含む「クリスマスツリー法案」や複数の制定法に分け得る内容を一括した「オムニバス法案」がしばしば議会に提出される。また，歴代の政府は，一定の政策事項に対するアピール手段として，不必要な法案又は従前の議会制定法と重複しかねない法案を提出してきた。さらに，政府の日程と議会の日程がかみ合っていないという「審議」の問題が，欠陥のある法案を議会が十分に統制できないという状況をもたらしている。

V 立法改革と統治構造の変動

本節以下においては，権力の拡散という統治構造の変動のなかでイギリス議会が政府立法の問題点（IV参照）にどのように対応しているかを検討する。この際，議事手続改革の特徴に留意することが重要である。

---

32) Fox & Korris, *infra* note 33, at 21.
33) Ruth Fox & Matt Korris, *Making Better Law: Reform of the Legislative Process from Policy to Act* 21 (2010). 2013 年政治及び統治構造改革委員会第 1 次報告書（*infra* note 65）も，当該報告書と同じ認識を示す。「貧弱な質の立法の大部分は，不適切な政策準備，若しくは起草過程に許された時間の不足の結果であるか，又は 2 つの要因が複合した結果である」(para 53)。
34) *Id*. at 27-33.

1 下院における議事手続改革の特徴

下院の議事手続改革には，政治部門による自律的な法形成という特質（Ⅰ1参照）が強く現れる。議事手続の形成運用は，議院自律権事項である一方，下院のみが関心を寄せるものでない。それは，政府にとっても，重大な関心事項である。確かに，議事手続は，準則乃至規範であるが故に，政府に対する抑制として機能する[35]。他方，議院内閣制においては，議事手続は政府の側からも，自らの政策を遂行し，議院に対する政治責任を果たす「インフラストラクチャー」と位置づけられる。また，議事手続には，議会政治というゲームにおけるルールの側面もある。

したがって，議事手続改革においては，議会を構造化する制度的文脈が，議会内のアクターに非常に重要な影響を及ぼし，実現し得る改革の選択の幅を制約する[36]。つまり，政府が受け入れることができる議事手続改革の方が実行される可能性が高い。これまで，議事手続委員会（Procedure Committee）など下院の特別委員会が数多くの改革を勧告してきた。しかし実際には，下院多数派を占める政府が明示的に支持しない限り，勧告の内容は実現しないのである[37]。

この観点から，議事手続改革の内容を2つの面に区別することが有益である[38]。第1に，政府の立法計画を能率的に実施し，審議時間などの議会資源を最大限に活用するために，議会運営の能率化を図る改革である。第2に，議会による政府の説明責任を追及する能力の強化を図る改革である。政府が受け入れやすい議事手続改革は当然前者であり，後者の実現はより困難となる。

2 立法改革の2つの目的と相克

このような議事手続改革の特徴は立法過程及び法案審議に係る議事手続の改革，すなわち立法改革に関しても例外なく反映する。立法改革の究極の目的は議会制定法の質の改善にある。ただし，その実現にアプローチする改革には，議事手続改革の2つの面に対応して，①政府立法の可決を促進する，②下院による立法の監視を改善するという2つの目的がある。これらの目的は通常，緊

---

[35] Philip Norton, *Parliament in British Politics* 86-87 (2nd edn, 2013).
[36] Alexandra Kelso, *Parliamentary Reform at Westminster* 25 (2009).
[37] Andrew Kennon, *The Commons: Reform or Modernisation* 2-3 (2001).
[38] Kelso, *supra* note 36, at 4.

張関係にある[39]。後述する立法改革（Ⅳ～Ⅸ参照）は，権力の拡散を背景とする政府と下院及び上院内の政治勢力との微妙な均衡の変動を反映し，2つの目的の相克として展開することになる。

3　統治構造改革と権力の拡散

イギリスにおいてはTony Blair労働党政権（1997年5月～2007年6月）以降，大規模な統治構造改革（constitutional reform）が実施されている[40]。David Cameron保守党（Conservative）・自由民主党（Liberal Democrats）連立政権（2010年5月～2015年5月）の下においても，国王大権だった下院解散権を制約する2011年議会期固定法（Fixed-term Parliaments Act 2011, c 14）をはじめとする統治構造改革が実施された。一連の統治構造改革立法によってもたらされた憲法の変動は権力の拡散[41]（dispersal of power）の現れと解される。この権力の拡散により，立法過程におけるアクター間，具体的には，議会内において，政党間，政党指導部対平議員，両院間，さらに議会外でも，議会・政府間，連合王国・EU間，連合王国とスコットランドなどの各地域間，国民と統治部門間の関係に変動が生じている。

権力の拡散にともなう立法アクター関係の変動は，議会制定法の立法過程と内容にも多様な影響を及ぼす。ただし，本稿は，政府・下院・上院という政治部門の変動が影響する政府立法の改革及び変動に限定して検討したい（なお，連合王国とEU関係の変動，地域への権限移譲が立法にもたらす影響も重要であるが，その検討は他日を期したい）。政府と下院との関係については，議員立法の活性化ではなく，下院の政府統制機能の強化と結合する形で立法過程改革が行われている。立法における上院の影響力の増大という現象や国民による立法参画の拡大もこれと軌を一にする。

---

39) Dawn Oliver, "Reforming the United Kingdom Parliament", in Jeffrey Jowell & Dawn Oliver (eds), *The Changing Constitution* 167, 173 (7th edn, 2011).
40) 邦語文献につき差し当たり，木下・前掲注2）のほか，松井幸夫編著『変化するイギリス憲法――ニュー・レイバーとイギリス「憲法改革」』（敬文堂，2005年），小堀眞裕『ウェストミンスター・モデルの変容――日本政治の「英国化」を問い直す』（法律文化社，2012年），倉持孝司＝松井幸夫＝元山健編著『憲法の「現代化」――ウェストミンスター型憲法の変動』（敬文堂，2016年）等参照。
41) Mark Glover & Robert Hazell, "Introduction: Forecasting Constitutional Futures", in Robert Hazell (ed), *Constitutional Futures Revisited: Britain's Constitution to 2020* 13-14 (2008).

そこで次節以降においては、①下院における立法改革、及び、立法の質向上をめぐる下院の動向、②上院の憲法保障機能と立法における影響力の増大、③委任立法に対する議会の統制を取り上げ、権力の拡散にともなう政府立法の改革及び変動を具体的に検討する。

Ⅵ　立法改革と下院の現代化

1　下院現代化委員会による立法改革

　Blair 政権は、統治構造改革の一環として、下院の現代化を標榜した。1997 年 6 月 4 日、下院は、「本議院［下院］の慣行及び手続をどのように現代化するべきかを検討し、当該事項に関して勧告する」ことを任務とする下院現代化委員会 (Select Committee on Modernisation of the House of Commons) の設置を、下院規則によらず、議会期限りの時限規則 (temporary standing order) として議決した[42]。当該委員会委員長には下院院内総務である Ann Taylor が就任した。閣内大臣である院内総務が下院の特別委員会委員長に就任することは、前例がなく、政府による下院の現代化への傾倒を象徴していた。現代化委員会は、立法過程改革を最初の調査事項に選択し、7 月 23 日には早くも、『立法過程』と題する 1997 年下院現代化委員第 1 次報告書を下院へ提出した[43]。当該報告書における現状認識及び勧告内容は、歴代の下院議事手続委員会報告書や 1992 年ハンサード協会立法過程委員会報告書 (Ⅳ 3 (2) 参照) など、下院内外においてこれまでに提唱されてきたものと同様である。ただし、現代化委員会が主導する立法改革の力点は、政府法案審議日程のプログラム化 (Ⅱ 4 (3) 参照) や法案の継続審査 (carry-over) を導入すること、会議時間 (sitting hours) を変更することなど、下院における政府立法通過の能率化に置かれていた[44]。なぜなら、Blair 政権が、

---

[42] 2001-05 年議会期においても、2001 年 7 月 16 日、委員会設置が同様の形式を以て議決された。

[43] HC 190 (1997-98), First Report from the Select Committee on the Modernisation of the House of Commons, Legislative Process. なお、大山礼子『比較議会政治論——ウェストミンスターモデルと欧州大陸型モデル』(岩波書店、2003 年) 190-193 頁参照。

[44] *See* Kelso, *supra* note 36, at 49, 71; Louise Thompson, *Making British Law: Committees in Action* 38 (2015). 邦語文献につき、梅津實「イギリス下院における法案審議手続き改革とその問題点——現代化委員会の提言 (1997～2008 年) をめぐって」同志社法学 63 巻 5 号 (2011 年) 17 頁以下参照。

下院における圧倒的多数派の支持を背景に統治構造改革を推進するためのインフラとして議事手続を整備するという意図を有していたからである。

2　政府統制の実効性強化と立法改革

したがって，Blair 政権下の立法改革は当初，あくまで政府が立法過程を主導することを前提とし，議会と政府間の権力の均衡を変更することを視野に入れていなかった。しかし，2000 年代に入ると，平議員が主体となる政府統制制度である特別委員会改革が進展した[45]。これにより，与野党を超えた政党指導部対平議員という対立軸において平議員の政治勢力が増大した。また，主要政党間の合意に基づくプログラム動議の運用が 2000-01 年会期から崩れ，政府法案審議のプログラム化が与野党間の問題になった[46]。この結果，政府の政策及び活動に加えて立法に対しても下院による監視の実効性を改善すること，立法過程において国民の関与を拡大することが，立法改革の課題として重視されるようになった。

2006 年 7 月議院に提出された下院現代化委員会第 1 次報告書[47]は，その題名こそ『立法過程』と 1997 年報告書と同じである。ただし，当該報告書は次のように述べ，議院による立法監視，特に議会過程への国民の関与増大を図ることによって，立法の質を改善するというアプローチを，先行する報告書に比べてより重視した[48]。「民主的な立法過程は可能な限り開かれていなければならない。このことは，公衆が立法過程の全ての局面を観察すべきであることのみならず，公衆が能動的参加者として立法過程に関与できるようになる機会を可能な限りもつべきであることを意味する。議員は見識を独占しない。政府は実効

---

45) 詳細につき，木下和朗「イギリス議会下院における国政調査制度(1)——Tony Blair 政権期における改革動向」熊本ロージャーナル 1 号（2007 年）3 頁以下，17-28 頁のほか，奥村牧人「英国下院の省別特別委員会」レファレンス 718 号（2010 年）191 頁以下，梅津實＝キース・オールダーマン「イギリス下院における省庁別特別委員会制度の再検討」同志社法学 52 巻 5 号（2001 年）1 頁以下，梅津實「イギリス下院特別委員会の改革——1979 年以降の軌跡をたどって」同志社法学 66 巻 6 号（2015 年）1 頁以下等参照。

46) Thompson, *supra* note 44, at 39.

47) HC 1097 (2005-06), First Report from the Select Committee on the Modernisation of the House of Commons, Legislative Process.

48) Kelso, *supra* note 36, at 130-131.

的な協議を独占しない。立法のどの部分がどのように影響を及ぼし得るかを明確にできる個人又は組織が当該立法に容易に注意を向ける制度によって，瑕疵のある若しくは重複する法，又は予期しない（予測さえしない）結果に至る法を作り出さないようになる」(para 2)。このような状況において，①法案提出前審査と②常設委員会改革が実施されてきたのである。

3　法案提出前審査
(1)　意義

法案提出前審査[49] (pre-legislative scrutiny) とは，政府が議会に法案を提出する前に，法案草案 (draft Bill) を公表し，下院の特別委員会が当該法案草案を調査する慣行をいう。この4半世紀，下院の委員会を活用した法案提出前審査が立法過程改革として議会内外から多くの支持を集めてきた。例えば，1992年ハンサード協会立法過程委員会報告書（IV 3(2)参照）は，「議会は，法案提出前審査によって，法案の起案においてより大きな役割を果たし得る」(para 316) とし，当該審査に省庁別委員会を活用すべきことを勧告した (para 322)。当該審査の利点として，①討議と調査を同時に遂行することにより，より多くの人々が公式の協議過程に関与でき，議会外の人々が立法過程によりアクセスできること，②法案及びその修正（条文）のみを議院に報告する一般法案委員会と異なり，法案草案に対する委員会の見解や理由も議院に報告できること，③特別委員会は，委員が平議員に限られることから，高度に対立的な問題についても合意的に運用できる歴史を積み重ねてきたことが挙げられる[50]。これらの利点を活かした審査により，立法の質の向上が期待される。

(2)　法案提出前審査の公式化

John Major 保守党政権（1990年11月〜1997年5月）は，1992年から18件の法案草案を公表し，外部との協議に付すことを実験的に行った。ただし，これら

---

[49] *See generally* Andrew Kennon, "Pre-legislative Scrutiny of Draft Bills", [2004] PL 477; Richard Kelly, Pre-legislative Scrutiny, House of Commons Library Standard Note SN/PC/02822 (Updated: 14 August 2009); Richard Kelly, Pre-legislative Scrutiny under the Coalition Government: 2010-2015, House of Commons Library Briefing Paper Number 05859 (13 August 2015).

[50] Rogers & Walters, *supra* note 10, at 181; Zander, *supra* note 10, at 87.

の法案草案に議会は関与しなかった[51]。1997年下院現代化委員会第1次報告書は、「全て又はほとんどの主要法案が草案として公表されることを期待することは非現実的であるけれども、適切な場合には必ず法案草案が公表されるという慣行が発展することは正当に期待できる」と述べ、法案草案の日常的・体系的活用を勧告した（paras 19-20）。また、2000年連絡委員会[52]（Liaison Committee）第1次報告書は、法案草案の利用は「第1次立法の審議において懸案となっている主要な改善」であると述べた[53]。以降、連絡委員会は法案提出前審査の実施を支持し続けた。さらに2002年、連絡委員会は、省庁別委員会（select committees related to government departments. HCSO No 152）の主要任務（core task）の一覧に法案草案の監視を入れている[54]。

2003年、政府は議会内外の勧告[55]に応えて、下院議員の書面質問に対して「公表しない正当な理由が無い限り、法案を提出前審査のために草案段階で公表するという前提を推進する」と回答した[56]。2003-04年会期中、下院院内総務は、会期中に法案草案の予定数に係る書簡を連絡委員会委員長に送付した。特定の法案草案をどの委員会に付託し、どのように調査するかの決定は、「通常の経路（usual channels）」すなわち与野党間の協議に委ねられる。当該会期においては、12件の法案草案が公表され、このうち10件の法案草案が特別委員会の調査対象となった。

(3) 運用

その内容に関して政党間に対立、争いのある法案は法案草案として公表されることがない。一般に、制定法が執行された場合に影響を受ける当事者が存在し、当事者が当該制定法の内容に確固とした見解を持っているタイプの重要法

---

51) Jennifer Smookler, "Making a Difference?: The Effectiveness of Pre-legislative Scrutiny", (2006) 59 Parl Aff 522.
52) 特別委員会の運用に関する一般事項を検証することを任務の1つとする特別委員会（HCSO No 145）。特別委員会委員長等から構成される。詳細につき、木下・前掲注45）11頁参照。
53) HC 300 (1999-2000), First Report from the Liaison Committee, Shifting the Balance: Select Committees and the Executive, para 61.
54) 木下・前掲注45）25頁参照。
55) Greg Power, *Parliamentary Scrutiny of Draft Legislation 1997-1999* (2001).
56) 399 HC Deb, col 134w (4 February 2003).

案が公表されてきた。この例として,1998 – 99年会期財務サービス及び市場法案(Financial Services and Markets Bill),2001 – 02年会期コミュニケーション法案(Communications Bill),2003 – 04年会期ギャンブル法案(Gambling Bill)が挙げられる。また,政治的に重要であっても,ほぼ毎年法案が提出されている領域については,法案草案の公表は少ない[57]。

法案提出前審査は,そのための特別の下院規則は存在せず,特別委員会による通常の調査と同様に運用される。ただし,法案提出前審査は,一般法案委員会と異なり,政府(院内総務)の統制が及ばない。

公表される法案草案数は一定していない。しかも,公表された法案草案の全てが委員会によって審査されるわけでない。Blair政権下においては,法案提出前審査の推進を発表した2003 – 04年会期の実績((2)参照)が最多であった。Cameron連立政権下においては,2012 – 13年会期中に15件の法案草案が公表され,前会期中に公表されたものも含めて17件が特別委員会の調査に付されたのが最多である。

(4) 評価

Blair政権以降,政府,下院の何れも,特別委員会による法案提出前審査自体は有益であるとし,その必要性を認めている。Cameron連立政権においても,連立合意は法案提出前審査を確約していなかったが,同様の立場である。ただし,政府は当初から,全ての法案草案を公表することは困難であると主張している。

2012年連絡委員会第2次報告書は,公表される法案草案の数が少ないこと,法案草案の審査に当てられる時間が短いことを懸念している[58]。2013年政治及び統治構造改革委員会第1次報告書[59]は,「法案提出前審査は立法の質を改善する……最良の方法の1つと考えられる」(para 114)ので,「法案草案が事前に公表されていなかった法案が議会に提出されたときは,政府は,当該草案が

---

[57] Kennon, *supra* note 49, at 479.
[58] HC 697 (2012-13), Second Report from the Liaison Committee, Select Committee Effectiveness, Resources and Powers, para 38.
[59] HC 85 (2013-14), First Report from Political and Constitutional Reform Committee, Ensuring Standards in the Quality of Legislation, Volume I: Report, Together with Formal Minutes, Oral and Written Evidence.

公表されず，したがって法案提出前審査に供されなかった理由を述べる声明を添付するべきである」(para 149e))と勧告している。

4 常設委員会改革[60]
(1) 常設委員会の問題と特別常設委員会の停滞[61]

2006年改革以前，法案審議の委員会段階（Ⅱ4(4)参照）において逐条審議を遂行する常設委員会（standing committees. HCSO No 91）が設置されていた。全院伝統の下，少数の委員から構成される特別委員会に，省庁別委員会を含めて，法案を付託することが無い。他方，法案が付託される常設委員会には，証人喚問権及び文書提出要求権という調査権が付与されていなかった（Ⅲ2参照）。しかも，常設委員会は，常設（standing）という名称に違えて，付託案件毎に委員長及び委員が任命されるなど，全院の「ミニチュア」，本会議の特殊な討議形式と捉えられてきた。常設委員会は，逐条審議にもかかわらず党派対立から特定条項の審議に集中し，他の大部分の条項を審議せずに法案を通過させることも多く，その機能が不明確であるという問題点が指摘されてきた。

このような問題点の解決策の1つとして，1980年，特別常設委員会（special standing committee）制度が創設された。特別常設委員会は，全院伝統の例外として，証人喚問権及び文書提出要求権が授権され，法案に関する審査と調査両方の任務を遂行することが最大の特色である。しかし，特別常設委員会は，その有用性が評価されながらも，ほとんど活用されてこなかった。

(2) 2006年改革

2006年下院現代化委員会第1次報告書（Ⅵ2参照）における主要な勧告の1つが委員会段階の改革である。当該報告書は，「より協力的で，証拠を基礎とする[審議]アプローチを立法過程に導入する強い大義がある。しかし，それにより，

---

60) *See generally* Thompson, *supra* note 44, at 39-43; Jessica Levy, *Strengthening Parliament's Powers of Scrutiny?: An Assessment of the Introduction of Public Bill Committees* (2007); Jessica Levy, "Public Bill Committees: An Assessment Scrutiny Sought; Scrutiny Gained", (2010) 63 Parl Aff 534.
61) 詳細につき，木下和朗「イギリス庶民院における調査委員会制度(3)・完——国政調査権に関する制度考察」北大法学論集45巻1=2号（1994年）151頁以下，202-208頁参照。

伝統的な常設委員会の審議を放逐するのではなく，むしろ補完すべきである」(para 51) という立場を明らかにした。その上で，①下院先議法案については，常設委員会に代えて，特別常設委員会への付託を原則とすること (para 58)，②法案の付託を受け，法案に係る審査及び調査を任務とする常設委員会乃至特別常設委員会の総称を「一般法案委員会 (public bill committees)」とし，個々の委員会は法案に因む名称 (○○法案委員会 [..... Bill Committee]) に変更すること (para 65) を勧告した。現代化委員会は，このように下院による法案審議の実効性強化を図った。他方，当該報告書は，政府立法の能率性を維持する観点から，審議日程のプログラム化（Ⅱ4(3)参照）を一般法案委員会への法案付託の前提にする。すなわち，プログラム動議により法案を付託する場合，一般法案委員会は証人喚問権及び文書提出要求権を有することを義務付ける下院規則改正も勧告している (para 63)。2006年11月1日，下院は，当該勧告の内容を認める下院規則改正を議決した (HCSO No 84A)。

(3) 委員会段階の活性化

2006年改革により，委員会段階において，逐条審議とともに証人喚問権と文書提出要求権に裏付けられる調査も遂行できることが原則となった。このことは，法案審議における全院伝統から離脱の現れであり，日本の国会両院と同じく，委員会審査の重視への移行を示す。この結果，法案に対する下院の監視の実効性が向上したと評価されている[62]。

5 平議員議事の新設

2009年の下院議員経費スキャンダルを契機として，Gordon Brown労働党政権（2007年6月～2010年5月）からCameron連立政権への政権交替を跨いで，議会による政府の政治責任確保機能の強化につながる下院改革が実施された[63]。

---

[62] Thompson, *supra* note 44, at 122-125.
[63] 大山礼子「変革期の英国議会」駒澤法学9巻3号（2010年）61頁以下，高見勝利「日本の逆を行くイギリスの議会改革——ウエストミンスター・モデルのゆくえ」世界807号（2010年）152頁以下，小松由季「英国議会下院改革及び選挙制度改革等の動き」立法と調査321号（2011年）76頁以下，奥村牧人「英国下院の議事日程改革——バックベンチ議事委員会の設置を中心に」レファレンス731号（2011年）103頁以下等参照。

当該改革の特徴は与野党の平議員の活動の活性化を図っていることである。立法過程にも影響し得る改革としては，2010年6月，平議員議事（backbench business）の新設が注目される。これは，2009年下院改革委員会第1次報告書[64]による勧告（paras 176-181）に基づく。議事日程に係る決定権が政府に過剰に付与されているという認識から，会期中35日相当の議事日程を平議員議事に配当するものである。このうち27日以上を議院における議事に配当する。平議員議事においては，平議員議事委員会（backbench business committee）が決定する議事日程が政府議事日程に原則として優先する（HCSO No 14(4)）。平議員議事は，討議を行うものであり，法案審議に直接関係しない。しかし，立法過程における政府主導の基盤である議事日程決定権に変更を加えたこと，平議員の意見が下院決議の形式で表明できる可能性を保障することにより，下院と政府の間に新たな均衡を創出する意義が認められる。

6 小括

Blair政権期以降，権力の拡散にともない平議員の政治勢力が増大している。これを背景に，平議員を主体とした特別委員会の実績を活用して下院による立法監視の実効性を強化する形で，法案提出前審査や一般法案委員会などの改革が進展した。確かに，これらの改革は，政府主導の立法過程を根本的に変更するには至っていない。そうであるとはいえ，政府主導の立法過程における下院の機能を再興するための現実的取組みとして参考になるものであり，今後の動向が注目される。

Ⅶ 立法の質向上を目指して
—— 立法評価導入をめぐる動向

1 依然として残る立法の質をめぐる問題

イギリスにおいては，Blair政権以降の立法過程改革にもかかわらず，立法の質をめぐる問題（Ⅳ3(3)参照）が依然として指摘され，議論が続いている。2013

---

[64] HC 1117 (2008-09), First Report from the House of Commons Reform Committee, Rebuilding the House, Report, Together with Formal Minutes and Written Evidence.

年政治及び統治構造改革委員会第1次報告書[65]に拠ると、「近年、立法の量及び質に関する……批判が繰り返されている。下院における立法過程が変更され（一般法案委員会），正式な提出前に規定の草案を協議することが発議され（法案提出前審査），制定後の立法の実効性を評価するための過程が開始された（立法後審査）にもかかわらず，そして，議会提出前に法案を入念に準備することを保証する任務を負う閣内委員会，すなわち議事・立法委員会が存在するにもかかわらず，批判される」(para 1) のである。

2 立法評価の必要性

立法の質をめぐる問題の中心に、立法の必要性を評価し、法案が議会に提出される前に法案の起草に一定の水準の質を義務付けるメカニズムが立法過程に中に存在しないことが挙げられる[66]。2012年1月、政治及び統治構造改革委員会は、連絡委員会からの依頼を受けて、「立法の基準改善を保証する新たなメカニズムを設計する」(para 2) 必要性に関して調査を開始した。当該委員会は調査の結果、次のように述べ、立法の質改善策の1つとして、政府立法に対する手続的統制から踏み込んで、立法評価の必要性を主張した。「総じて、立法の基準を改善する解決法の一部として立法が適合すべき基準の定立を挙げることについては、証人間で合意が存する。我々は、議会と政府との間で合意され、法案と制定法とを比較、判断できる質に関わる客観的基準無くして、立法の質が改善するとは考えない。このような基準のリストがないならば、立法の質が低いか否かの決定は主観的なままである。このような合意を達成するための第一歩として、我々は、立法評価基準 (Code of Legislative Standards) 草案を作成し、当該草案を政府に検討することを求める」(para 55)。

3 下院政治及び統治構造改革委員会の勧告

2013年政治及び統治構造改革委員会第1次報告書において公表された立法評

---

[65] HC 85 (2013-14), First Report from the Political and Constitutional Reform Committee, Ensuring Standards in the Quality of Legislation, Volume I: Report, Together with Formal Minutes, Oral and Written Evidence.

[66] Matt Korris, "Standing up for Scrutiny: How and Why Parliament Should Make Better Law", (2011) 64 Parl Aff 564, 567.

価基準草案の主な内容は次のようにまとめられる（Annex A）。第1に，法案を議会に提出する，又は法案草案を公表するときは，政府はどの省庁と大臣が主任かを明らかにすべきである。第2に，立法を監視する目的のために，下記の情報が提供されるべきである。①制定法の目的。②適用範囲及び領域分権との関係。③立法の必要を明らかにするための背景。④政策の背景。具体的には，法案の政策目標，どのような変更が政治的若しくは法的に重要か，求める成果，選挙綱領を実行する法案であるか否か。⑤法案提出前審査乃至協議過程の要約。

その上で，当該基準に照らした審査体制を次の通り勧告した（paras 99-100）。①閣内委員会が新たな立法が当該基準に適合しているかをチェックする。②当該基準の適用に必要な情報は法案の説明文書に含めて，議会に送付される。③両院合同の立法基準委員会（Legislative Standard Committee）が設置される。立法基準委員会は法案が当該基準に適合しているかを審査することを任務とする。審査結果の報告は議員の質疑のために提供される。④立法基準委員会は，(i)審議時間が許すときは，第2読会に法案の基準適合性に係る審査結果を報告でき，(ii)法案の質の問題が明らかになったときは，以後の審議手続においても当該審査結果を報告できる。ただし，何れも例外的な取扱いである。

4　政府の否定的応答

しかしながら，政府は，当該報告書の勧告に対して，「立法評価基準が必要である，又は当該基準が立法の質を保証するために実効的であるとは考えていない」と応答した[67]。当然ながら，立法基準委員会の設置にも応じなかった。その理由は，「高い水準の立法を遂行することは政府の責任であり，政府には，この目的に適合する包括的かつ常時更新されている指針が存在する」ということである（para 12）。もっとも，政府が現在の立法の質に問題が無いと考えているわけではない。政府自体も立法の質に関して検証を行っている[68]。

---

[67] HC 611 (2013-14), First Special Report from the Political and Constitutional Reform Committee, Ensuring Standards in the Quality of Legislation: Government Response to the Committee's First Report of Session 2013-14, para 12.

[68] Cabinet Office & Office of the Parliamentary Counsel, When Laws Become Too Complex: A Review into the Causes of Complex Legislation (March 2013), *available online at* <https://www.gov.uk/government/publications/when-laws-become-too-complex> (accessed: 25 November 2015).

5　立法における対等なパートナーとしての議会と立法評価

　政府の応答は，政府主導の立法過程を前提するならば，予測がつく内容であった。しかし，立法は政府のみの責任でなく，議会は立法過程において政府とより対等なパートナーになるべきである。議会が政府と対等に法案の審議を実効的に遂行するためには，議会が立法の質に係る自前の監視システムを有することが必要であると指摘される[69]。政府主導の立法過程を特徴とするイギリスにおいても，議会による立法評価の導入が議論されていることは，政府立法における議会の監視のあり方として示唆的であると解される。

Ⅷ　上院改革と立法[70]

1　1999年上院法以降の上院の構成変化

　Blair政権による上院改革[71]（Lords Reform）の第1段階として1999年上院法（House of Lords Act 1999, c 34）が制定された。当該法に基づき，大多数の世襲貴族が上院議員としての資格を喪失した。1999年以降，上院議員の大部分を一代貴族（Life Peers）が占めることになった。一代貴族とは，1958年一代貴族法（Life Peerages Act 1958, 6 & 7 Eliz 2 c 21）に基づき，1代限りの爵位を授与された者である。このことは，イギリス議会における両院制の性格が最早「立憲君主制下の貴族団体を基礎に第二院を構成し，貴族的要素を代表するとともに，民選の第一院に対して抑制を加える」[72]上院型でなくなったことを意味する。したがって，現在の上院は選出方法において任命制を事実上採用する第二院であるという理解に基づき分析することが有益である。

　さらに，1999年以前「保守党の牙城」だった上院は，今や多数派不在となり，保守党と労働党という二大政党の勢力が拮抗するとともに，第3党たる自由民

---

69) *See* Korris, *supra* note 66, at 569-570.

70) 本節の記述は，木下・前掲注18）1頁以下，同「第二院の憲法保障機能――比較法概観とイギリス貴族院における制度運用」憲法理論研究会編『憲法学の未来（憲法理論叢書18）』（敬文堂，2010年）所収135頁以下，同「イギリス貴族院の現況――Meg Russell両院制に関する解説とコメント」岡田信弘編『二院制の比較研究』（日本評論社，2014年）所収87頁以下に基づく。

71) Blair政権期からCameron連立政権期までの上院改革を詳細に検討する邦語文献として，田中嘉彦『英国の貴族院改革』（成文堂，2015年）参照。

72) 野中俊彦＝中村睦男＝高橋和之＝高見勝利『憲法Ⅱ〔第5版〕』（有斐閣，2012年）83頁［高見］。

主党や中立議員団（Crossbench）も採決結果を左右し得る一定の勢力を有する「誰も完全にはコントロールできない（no overall control）」議院となった。政府及び下院と上院との関係は，政府与党が上院の多数派でないという意味で「ねじれ」議会と言える。

　上院は従来，政府との関係においては副次的役割を受け入れて，原則として政府に譲歩してきた。下院とその多数派を基盤とする政府が選挙からもたらされる民主的正統性を有する一方，上院にはこのような正統性が欠けており，立法における下院の優越性が確立されている（Ⅱ4(8)参照）からである。しかし，前述した上院の構成に関する2つの大きな変化により，上院法に続く主要な改革が頓挫し，立法に係る上院の権能に変更が無いにもかかわらず，上院における立法活動は活性化することになる。

2　憲法保障機能と上院

　今日，上院の立法及び政府統制機能は，憲法保障機能と結びつけて理解される。2000年上院改革に関する王立委員会報告書[73]は，1999年上院法以後の上院改革のたたき台とするべく，憲法構造における上院の現状を踏まえた将来の第二院の在り方を包括的に検討したものである。報告書は，「改革後の第二院の最も重要な機能の1つは，完全かつ公開の議論，及び，帰結に係る自覚なくして，憲法が決して変更されないようにする，『憲法の番人（constitutional long-stop）』として活動すること」，すなわち憲法保障機能，であるとする（para 5.4, 勧告15）。当該機能は，「第二院の古典的機能の1つであり，上院が折に触れて果たしてきた機能」あると指摘するのである。さらに，不文憲法及び議会主権という憲法の特質に鑑みて，憲法保障機能を第二院に求める見解は学説にも存する[74]。確かに，硬性の憲法典が存在せず，議会主権の下で違憲審査制も存在しないイギリスにおいて憲法保障を制度化する場合，憲法改正における抑制均衡や憲法裁判所への提訴は不可能である。議会が司法権を行使する議会高等法

---

73) Cm 4534 (2000), Royal Commission on the Reform of the House of Lords, A House for the Future. 邦訳として，『明日の議院——英国上院改革のための王立委員会報告書（調査資料2002-1）』（国立国会図書館調査及び立法考査局，2002年）がある。

74) Dawn Oliver, "The 'Modernization' of the United Kingdom Parliament?", in Jeffrey Jowell & Dawn Oliver (eds), *The Changing Constitution* 161, 176-77 (6th edn, 2007).

院 (High Court of Parliament) 伝統の下，2009年まで長期にわたり上院 (上訴委員会) が最高裁判所として司法機能を担い，常任上訴貴族 (Lords of Appeals of Ordinary) が上院議員に叙せられてきたことが，上院の審議過程に憲法保障機能を組み込む背景となる。

3　上院における政府法案の敗北

　上院の権能は，国際比較の観点からは比較的強い。ただし，上院は，ソールズベリー慣行[75] (Salisbury Convention) に代表されるように，その権能行使を控える習律を確立しており，1999年以前，権能を積極的に行使することは少なかった。しかし1999年改革以降，上院が授権された権能を積極的に行使して，政府の政策形成に対する上院の影響力は増大したと評価されている[76]。このような立法における影響力を示す代表的現象が上院における政府の「敗北」[77] (defeat) である。政府の敗北とは，分列表決の結果が政府院内幹事長による登院命令の内容とは異なること，すなわち，政府与党の党議拘束に反する表決を意味する。ただし，上院における法案審議は局所的な論点が主であり，法案全体の否決といった事態は極めて稀である。したがって，政府の敗北は主に，第2読会後の委員会段階・報告段階・第3読会における政府が意図しない修正案の可決，又は下院修正案に対する不同意という形態をとる。上院における政府の敗北は，労働党政権下では，保守，労働両党に共通する又は互いに反対しない大義を見出し得る問題において生ずるので，政策の穏健化効果 (moderating effect) を有する傾向がある。当該効果が特に生じやすい政策領域として，①市民的自由，及び，②政府の透明性，良き統治，政府監視という憲法上の妥当性 (constitutional propriety) に係る領域がある。憲法上の妥当性を追及する審議形態は，上院は「ガバナンス，利害の対立，自由，ヘンリー8世条項［IX 1参照］といった，制約の無い権力，不適切な監視・審査・見直しをめぐる問題に影響力があり得て，不釣り合いなぐらい影響を及ぼしてきた」と上院議員の1人が述

---

75) 上院は，第2読会及び第3読会において選挙綱領に言及された政府法案を否決しないとする慣行。
76) *See* Meg Russell, *The Contemporary House of Lords: Westminster Bicameralism Revived* (2013).
77) 会期毎の敗北数の統計につき，*see* <http://www.parliament.uk/about/faqs/house-of-lords-faqs/lords-govtdefeats/> (accessed: 18 March 2016).

べるように，独立して類型化する程に重要かつ普通の形態である[78]。

4 上院憲法委員会

　抽象的違憲審査制を採用しない国において，議院が，憲法乃至人権事項を所管する委員会（憲法委員会）を設置して，憲法委員会が審議・調査し，さらに，法令の合憲性をはじめとする憲法問題について見解を示す例が見られる。第二院が憲法委員会を設置することについて歴史を有するのがオーストラリアである。加えて，イギリス議会上院においても，憲法委員会の設置という注目すべき動向が見出される。

　憲法委員会の任務は，上院に提出又は送付される全ての一般法案の憲法に関わる含意を検証し，憲法の運営を継続して審査することである。したがって，憲法委員会は，①法案に含まれる重要な憲法問題の調査，及び，②憲法に関する一般調査を任務とする，調査委員会である。①の調査について，委員会自体は，会期活動報告書において，「これまで間の委員会による法案調査報告書は，上院における審議に重要な影響力（significant impact）があった」とする[79]。②の調査については，憲法委員会の報告書を契機として，憲法問題に関する上院と政府との討議空間が制度化されている。

　憲法委員会に限らず，専門性を有する上院の特別委員会による調査は，有能な法律家等の専門家である上院議員によって遂行されるので，上院は見識のある公的討論の場になっているとの評価がある[80]。憲法委員会は，上院にとどまらず，議会内外，国民に対して憲法に関わる問題提起と情報提供を行うことを通じて，憲法保障に資する機能を果たしていると言える。

IX　委任立法の統制[81]

1　委任立法をめぐる問題

　制定法文書の制定数は，1980年代まで2,000前後で推移していた。それ以降，

---

78) 上院議員の発言を含めて see Russell, *supra* note 76, at 142-143, 187-189.
79) HL 79 (2009-10), Ninth Report from the Select Committee on the Constitution, Annual Report 2008-09, Appendix 1: Legislative Scrutiny Function, p 16.
80) Vernon Bogdanor, *The New British Constitution* 166 (2009).

急激な増加傾向を示し，2001年に4,150件に達したのち，3,100件から3,600件余で推移している（2010年3,117件，11年3,136件，12年3,329件，13年3,314件，14年3,563件）[82]。

　委任立法，より広く行政府による法制定は，現代国家における法形成の多元化の中心現象である。イギリスにおいても，政府による規制権限や社会保障の拡大，科学技術の急速な変化，EU立法の拡大といった統治をめぐる多様な状況変化に迅速に対応する必要性から，委任立法が正当化されてきた。しかし，委任立法の運用は，行政手続及び権限行使の技術的事項に係る規律というよりはむしろ，原則及び政策の領域にますます及ぶことが問題になっている[83]。現在，議会及び裁判所内部においては，歴代の政府による委任立法権限の定立及び運用が合理的行使の限界を超えようとしつつあるという懸念が拡大している。具体的には，①刑事法のように市民的自由に明らかな影響を及ぼす領域においても委任立法が用いられる，②委任された権限が時の経過とともに，制定法が当初は意図していない方法で行使される，③法の制定時には特段の予定は無いものの，将来自由に活動できるように権能を「予約」できる権限の委任を受けようとする，④委任命令により議会制定法を改正する権限を大臣に授権する[84]条項（ヘンリー8世条項 Henry VIII clause）を用いて，政府外からの監視に服さず，又は若干の監視のみに服して，議会制定法の内容を改正又は無効にしようとするという現象が挙げられる。

---

81) *See generally* Richard Kelly, House of Commons Background Paper: Statutory Instruments, House of Commons Library Standard Note SN/PC/6509 (Updated: 18 December 2012). 近時の邦語文献につき，田中祥貴『委任立法と議会』（日本評論社，2012年）203-252頁（第4章 英国議会と委任立法），同「議会政のResurrection――議会による委任立法の監督・統制」憲法問題26号（2015年）22頁以下，河島太朗「イギリス議会における行政監視」外国の立法255号（2013年）42頁以下，59-65頁等参照。

82) Turner, *supra* note 28, at 7-8.

83) *See* Ruth Fox & Joel Blackwell, *The Devil Is in the Detail: Parliament and Delegated Legislation* 27-30 (2014).

84) 例えば，①「立法を改革するための規定を制定する」，②「実務上最早使用されていない」と認められる立法を廃止する，③議会制定法における「規定の効果を適用しない又は変更する」，④「必要又は妥当と認めるとき」は遡及効を有する規定を制定するといった権限を指す。

2 議会による統制手続

 政治的憲法を基礎とする憲法構造（Ⅰ2参照）の下において，議会制定法により大臣又は省庁に付与された権能からその正統性を獲得する委任立法を議会自らが統制するというメカニズムを採用することには理由がある。議会主権においては憲法上，立法権の委任に限界は無い。ただし，委任立法を受容するにあたり，議会による監視制度に対する信頼とともに，大臣による委任権限の合理的な行使及び運用が前提になってきた。1946年制定法文書法（Statutory Instruments Act 1946, 9 & 10 Geo 6 c 36）に拠ると，制定法文書に対する議会による主な統制は，①提出手続，②否認議決手続，③承認議決手続に区別でき（ss 4-6），③に行くに連れて統制が強くなる。諸手続の内容は次の通りまとめられる。

(1) 提出手続

 制定法文書が発効するために，当該制定法文書を上下両院に提出する（laid）こと（HCSO No 159, HLSO No 70）のみを要する。当該手続が採用される場合は事実上，制定法文書は議会の統制に服さないことになる。

(2) 否認議決手続（negative resolution procedure）

 2つの手続に区別できる。第1に，制定法文書の草案を両院に提出して40日以内に議院による否認議決がなされたときは，当該制定法文書は制定できないという手続である。第2に，制定後，制定法文書を両院に提出して40日以内に議院による否認議決が無い限り，当該制定法文書は発効するという手続である。特定の制定法文書又は草案に対する否認議決を求める動議は通常，後日審議動議[85]（Early Day Motion）として提起される。

(3) 承認議決手続（affirmative resolution procedure）

 3つの手続に区別できる。第1に，制定法文書制定前，当該文書の草案を両院へ提出の上，両院による承認議決を要するという手続である。この場合，承認議決が無い限り，当該文書を制定できない。第2に，制定法文書制定後，当

---

85) 特定されない後日の（for an early day）審議を求める動議。「時期尚早動議」と訳されることもある。

該文書が発効するために，当該文書を両院へ提出の上，両院による承認議決を要するという手続である。第 3 に，制定法文書の制定を以て直ちに発効するが，委任法（parent Act）が定める期間（28日又は40日が通例）内に両院による承認議決が無いときは，当該文書は失効するという手続である。

(4) 統制の選択

個々の制定法文書が何れの手続により統制されるかは，委任法の定めによる。議会による統制に服する制定法文書のうち承認議決手続を経るのは約10%であり[86]，80％以上の制定法文書は否認議決手続を採る。また重要な点として，否認議決手続及び承認議決手続の何れにおいても，議院は制定法文書に対する修正権を有しない。このほか，2006年立法及び規制改革法[87]（Legislative and Regulatory Reform Act 2006, c 51）に基づく立法改革命令（Legislative Reform Order）及び規制改革命令（Regulatory Reform Order）のように，個別の議会制定法等が統制手続及び主体を定める場合もある。

3 審査主体

議院が否認議決又は承認議決手続を採るときは，委員会が制定法文書の形式及び実体に関して審査して，議院へ報告する。現在，この任務のために下記の委員会が設置されている。何れも調査を任務とする特別委員会である。

(1) 制定法文書合同委員会（Joint Committee on Statutory Instruments）

各議院7人ずつ任命した14人の両院議員により構成される合同委員会である（HCSO No 151, HLSO No 73）。下院のみに提出された制定法文書（財政事項に関わる文書）については，当該合同委員である下院議員のみが，下院制定法文書特別委員会（Select Committee on Statutory Instruments）として委員会を開催して審査する。

任務は，制定法文書又はその草案の形式，すなわち合法性（legality）の審査である。具体的には，制定法文書等が下記の列挙事由に該当する場合，議院に対

---

[86] Kelly, *supra* note 81, at 7, footnote 3.
[87] 岡久慶「英国2006年立法及び規制に関する改革法——規制緩和と行政権限の拡大」外国の立法232号（2007年）102頁以下。当該法の邦訳につき，同「英国2006年立法及び規制に関する改革法」外国の立法233号（2007年）16頁以下参照。

して注意を喚起する。①公的歳入に負担を課している。又は政府若しくは地方当局に債務負担を義務付ける規定を含む。②裁判所の審査に服さない規定を制定している。③委任法が明示的に授権していない遡及効を有する趣旨を含む。④制定法文書の公表又は議会への提出が不当に遅延していると思われる。⑤制定法文書が議会に提出される前に発効する場合において，1946年法4条1項但書に基づく通知が不当に遅延していると思われる。⑥委任された権限内であることに疑問がある。又は委任法によって付与された権能の異常な行使であると思われる。⑦その形式又は趣旨について説明を要する特定の理由がある。⑧その起草に欠陥があると思われる。原則として当該委員会は，議会の統制に服する制定法文書を審査する。

(2) 上院第2次立法審査委員会 (Secondary Legislation Scrutiny Committee)

制定法文書の実体 (merits)，すなわち政策的妥当性 (policy implication) の審査が任務である。この任務を有する委員会の設置は上院が先行した[88]。当該委員会は，会期中存続する特別委員会である (HLSO No 64)。付託事項に拠ると，制定法文書等が下記の列挙事由に該当する場合，議院に対して注意を喚起する。①政治的若しくは法的に重要 (な内容) である。又は議院の関心を喚起する政策問題を提起する。②委任法の制定以降に変化した状況に照らして不適切である。③EU立法を不適切に実施している。④制定法文書の政策目標を完全には達成できない可能性がある。⑤提出された説明文書の情報が制定法文書の政策目標と実行の意図を明確に理解するためには不十分である。⑥制定法文書に係る協議過程が不適切と思われる。当該委員会の報告により，議院が制定法文書を期間内に統制する機会が保障される。

(3) 下院委任立法委員会 (Delegated Legislation Committees)

承認議決手続を採るときは必ず，否認議決手続を採るときは大臣が動議を提出する場合，制定法文書毎に設置され，当該文書が付託される (HCSO No 118)。第2次立法審査委員会と同じく，付託された制定法文書の実体を審査すること

---

[88] 2003年12月17日設置。2010-12年会期までは制定法文書の実体に関する特別委員会 (Committee on the Merits of Statutory Instruments) という名称だった。

が任務となる。委員が通常18人任命される一方，委員以外の下院議員も当該委員会の審査に出席，発言できる。ただし，審査時間に関して原則1時間30分という限界がある。

(4) 上院による統制

制定法文書については，1911年及び49年議会法が適用されず，上下両院の権能は対等である。以前は，下院において承認された制定法文書を上院が否認できるかに関して議論があった[89]（保守党と労働党間ではその旨の合意があったとの発言はある）。2011年議院運営の慣行に関する上院院内総務の諮問委員会報告書[90]は，「委任立法に関して表決する本院の自由を主張し，本院の表決は，委任立法を最終的に否決するというよりはむしろ遅延させる意図であることを確認する旨を本院が決議すること」を勧告している。その上で，「当該決議は，第1次立法と同様，委任立法に関しても，修正の議院としての本院の役割を確立させることにつながるだろう」とする (para 155)。ただし，①上院が承認を否決した後，政府が実質的に同じ内容の制定法文書草案を提出し，下院が当該文書を承認したとき，又は②上院が否決した後，政府が実質的に同じ内容の制定法文書を提出したときは，上院は制定法文書を再び拒否しないことも勧告している (para 156)。

委任立法の統制については，下院は関心が薄い一方，上院は，憲法保障という自らの機能強化と軌を一にして制度充実を図ってきた。このことは，制定法文書の実体を審査する第2次立法審査委員会の設置が2000年上院改革に関する王立委員会報告書（Ⅷ2参照）の勧告に基づくことからも領会できる。しかし，上院は，委任立法を否決する又は承認しない議決をなすことに慎重である。命令自体に係る表決における政府の敗北は2015年までに5件にとどまる[91]。上院による委任立法の統制は，委任立法を排斥することよりも，その問題点を析出，審議，公開し，政府に再考を促す点に特徴がある。

4 議会による統制の問題点

イギリスにおける委任立法の統制はこれまで，明らかに政治的・手続的統制

---

89) 田中・前掲注81)『委任立法と議会』239-240頁参照。
90) HL 136 (2010-12), Report of the Leader's Group on Working Practices.
91) Rogers & Walters, *supra* note 10, at 228.

に傾斜していた。1980年代初めの時点でアメリカと比較した論者は、「アメリカ合衆国においては、規則の実体及び制定手続が政治、司法及び学界において大きな対立を生ずる問題を呈している。[これに対して]イギリスにおいては、ほぼ全ての者が委任立法の手続及び実体面に満足しているように思われる（そして、誰も関心が無いように思われる）」とさえ指摘していた[92]。しかしながら、今日、議会による統制メカニズムに問題があることは認識されている。すなわち、議会制定法における委任の文言が抽象的であり、統制に費やす時間が制約されているので、議会において法の委任の意図が十分に議論されず、明らかにされない。したがって、広汎な権限の存在が隠れてしまい、議会による統制手続を経た後、委任法が制定された時点では意図されていなかった権能が実現してしまう現実の危険が存する[93]。議会による統制手続の基本構造は、1946年制定法文書法の制定以降変更されておらず、複雑である一方、体系的でなく、また委任事項と統制手続と対応に明確かつ一貫したパターンがないので、制定法文書の内容を十分に統制していない[94]。さらに、議員自身が、制定法文書の内容を理解できない、自身の関心や選挙区に関係するごく一部の場合を除いて、制定法文書の統制に関心をもたないことも問題である。

これらの問題点を改善するため、多くの改革案が提案されてきた[95]。ただし、実施された改革は、上院第2次立法審査委員会など一部にとどまる。しかし、問題点があるといえども、イギリスにおける議会による委任立法統制には先導性が認められる。「議会の統制については……ほとんど手つかずの状況にある」日本において「国会による統制の制度が検討されるべき」[96]ならば、参考に値すると言えよう。

他方、イギリスにおいても制定法文書の実質的内容に対する監視に係る関心は高まっている。この点、制定法文書に対する司法審査[97]は可能であり、裁判

---

[92] Michael Asimow, "Delegated Legislation: the United States and the United Kingdom", (1983) 3 OJLS 253, 253.

[93] Fox & Korris, *supra* note 33, at 162.

[94] Fox & Blackwell, *supra* note 83, at 30, 33.

[95] 例えば、1992年ハンサード協会立法過程委員会報告書（Ⅳ3参照）及び下院議事手続委員会による勧告につき、田中・前掲注81)『委任立法と議会』231－235頁参照。

[96] 川﨑・後掲注100)「立法の多元化と国会の役割・あり方」208頁、210頁。

所は，制定法文書を無効と宣言できる[98]。ただし，委任立法の統制を司法審査に委ねるべきかは別の問題である。

結

　日本においては1990年代以降，選挙制度，行政，司法及び地方分権において大規模な統治構造の変容が進展した。これに対して，一定の国会改革（政府委員の廃止，党首討論制の導入）は実施されたものの，立法過程に関しては，与党との関係や政官関係を別にして，法案審議及び政府統制に係る有意の制度上の変化は見られず，与野党会派間の交渉を基礎とする議院先例上の議事運営も固定化している。また，両院内における制度改革の機運も必ずしも十分とは言えない[99]。しかしながら，このような状況に至っているのは，立法過程に問題がないからでない[100]。むしろ，立法過程に係る制度改革は急務であると言えよう。そして，日本における改革を考察する際，イギリスにおける立法過程の改革及び変動からも有益な示唆を得られるのである。

　［附記］　本稿は，科研費基盤研究（A）（課題番号 25245005），科研費基盤研究（C）（課題番号 25380040）及び平成27年度北海学園学術研究助成（一般研究）による研究成果の一部である。

---

[97] *See generally* Anthony W Bradley, Keith D Ewing & Christopher J S Knight, *Constitutional and Administrative Law* 593-97 (16th edn, 2015); Edward C Page, *Governing by Numbers: Delegated Legislation and Everyday Policy-Making* 27-31 (2001).

[98] *Eg* Minister of Health v R, *ex parte* Yaffé, [1931] All ER 343, *etc.*

[99] 衆議院議院運営委員会が2012年に国会改革・機能強化小委員会を設置したものの，翌13年1月には，十分に活動していないと判断して当該小委員会を廃止し，国会法改正等に関する小委員会と統合して国会法改正・国会改革小委員会に改組したという小さな出来事は，このような停滞を例証している。「国会改革小委を廃止」日本経済新聞2013年1月29日朝刊参照。

[100] 川﨑政司「立法の多元化と国会の役割・あり方」浦田一郎＝只野雅人編『議会の役割と憲法原理』（信山社，2008年）所収195頁以下，同「立法をめぐる昨今の問題状況と立法の質・あり方——法と政治の相克による従来の法的な枠組みの揺らぎと，それらへの対応」慶應法学12号（2009年）43頁以下，同「『唯一の立法機関』の法的な意味・射程——意味することとしないことの再考」法学研究87巻2号（2014年）283頁以下，同「立法における法・政策・政治の交錯とその『質』をめぐる対応のあり方」井田良＝松原芳博編『立法実践の変革（立法学のフロンティア3）』（ナカニシヤ出版，2014年）所収42頁以下などを参照。

2 イギリス

人権法による「法」と「政治」の関係の変容
―― 不適合宣言・適合解釈・対話理論

上田健介

はじめに
I 人権法の制定とその運用
II 人権法の運用と「対話理論」
おわりに

はじめに

　イギリスで，近時，「法」と「政治」の関係に大きな変化をもたらしたと考えられるのは，なんといっても1998年人権法の制定である。議会主権のこの国では，アメリカやドイツのような違憲審査制は存在しない。しかし，1973年のEC加盟に伴い，国内で直接執行されるEC法との関係で，裁判所が法律の適合解釈や適合しない法律の効力の「排除」を行うようになり（1972年欧州共同体法〔European Community Act 1972〕2条4項参照）[1]，また同時期から――国内法に編入されていなかったのにもかかわらず――ヨーロッパ人権条約を参照する判例が登場して1990年代にはその数が急増しており[2]，見方によるが，法律に対する裁判所の審査が行われるようになってきていた。1998年人権法は，抽象的な人権カタログを国内法として認めるものであり，この動向を加速させる――あるいは，新たな段階に引き上げる――ものであった。本稿では，はじめに，人権法の概要に触れた上で，人権法が裁判所に与えた，人権条約上の権利に対する法令の適合性確保手段である不適合宣言と適合解釈が用いられた例

---

1) R v Secretary of State for Transport, ex p Factortame Ltd (No. 2), [1991] 1 AC 603.
2) 参照，江島晶子『人権保障の新局面』（日本評論社，2002年）第III章。

151

をみる（Ⅰ）。そのうえで，不適合宣言と適合解釈の使い方の説明または正当化のために学説上しばしば持ち出される「対話」のメタファー（以下「対話理論」）について検討したい（Ⅱ）。

Ⅰ　人権法の制定とその運用

1　1998年人権法の概要

　人権法は，ヨーロッパ人権条約が保障する人権をイギリス国内法に編入して，国内裁判所で実施可能なものとするものである[3]。それは，ヨーロッパ人権条約2条から12条，14条と，第1議定書の1条から3条，第6議定書の1条，2条[4]を「人権条約上の権利（Convention rights）」として国内法に編入する（1条1項）。そして，①「第1次立法および従位立法は，可能な限り，人権条約上の権利に適合的に，解釈され効力を付与されなければならない」（3条1項）として，法律および命令の「人権条約上の権利」適合解釈を要請するとともに，②「裁判所は，[第1次立法の] 規定が人権条約上の権利に不適合であると確証するときには，不適合宣言を行うことができる」（4条2項）として，法律に対する不適合宣言を制度化した。

　不適合宣言は，当該規定の効力に影響を与えるものではなく，当該訴訟の当事者に対する拘束力もない（4条6項）。それゆえ，法的には純粋に宣言としての意味しかない。不適合宣言を受けた条項の取扱いは原則として議会に委ねられるが，大臣にも，やむにやまれざる理由があると判断する場合に，不適合とされた部分を除去するために必要な法律改正を命令――「救済命令（remedial order）」と呼ばれる――によって行うことが認められた（10条2項，第2附則）[5]。不適合だとされた条項を制定法による改正に要する時間よりも早く法令集から除去するためである。救済命令には，遡及効を付与することが認められるが，もちろん，遡及処罰は認められない（第2附則1条2項，4項）。

---

[3] 人権法については，参照，江島・前掲注2），深澤龍一郎『裁量統制の法理と展開』（信山社，2013年）第5章など。

[4] 「第6議定書の1条，2条」は，2004年人権法（改正）令（The Human Rights Act 1998 (Amendment) Order 2004）2条1項によって，「第13議定書の1条」に置き換えられている。いずれも，その内容は死刑の禁止である。

[5] 救済命令は，ヨーロッパ人権裁判所の判決を受けて，大臣又は枢密院が，法律の規定が人権条約に基づくイギリスの義務に適合しないと判断する場合にも発することができる（10条1項b号）。

また，人権法は，政府提出法案について，法案を所管する大臣に，第2読会までに，当該法案の諸規定が人権条約上の権利に適合している旨の声明（「適合声明（statement of compatibility）」か，適合声明を発することはできないにもかかわらず政府は議院に法案の審理を進めることを望む旨の声明を行うことを義務づける（19条1項）。これらの声明は書面で提出し，大臣が適切だと考える方法で公表しなければならない（19条2項）。つまり，政府提出法案について，政府は人権法に適合しないと判断する法案を提出することも許されるものの，その旨を声明のかたちで明らかにすることが義務づけられることとなる。そしてまた，議会では，両院合同人権委員会（Joint Committee on Human Rights）が設置されて2001年10月から活動を行っている。同委員会は，大臣声明や救済命令に対する監督を行い，また人権に関して一般的に調査を行うが，最も多くの時間を割いているのは，法案の人権条約適合性の審理である[6]。

　このように，人権法は広範な事項を定め，政治過程に対しても様々な影響を与えているものと思われる。両院合同人権委員会の活動を含めて，当初の立法過程そのものの変化も注目されるが[7]，以下では，裁判所による不適合宣言と適合解釈と，これらに対する議会の対応に絞って考察を行う。

2　不適合宣言の例

　不適合宣言は，2014年7月までで，下級審判決も含めて全部で29件出されている。このうち，1件が2014年7月時点でなお係争中，8件が上訴で覆されており，最上級審（貴族院，最高裁判所）と下級審とを問わず，確定したものが20件となっている[8]。この20件のうち，不適合とされた法律は，12件が法律により，3件が救済命令により，判決後に改正された。また4件は，判決時点まですでに法律改正がなされていた。この20件は，以下の通りである。

---

[6] See Anthony W Bradley, Keith D Ewing & Christopher J S Knight, *Constitutional and Administrative Law* 384 (16th edn, 2015).

[7] 人権委員会の活動の一例として，江島晶子「イギリス『憲法改革』における1998年人権法」松井幸夫編『変化するイギリス憲法』（敬文堂，2005年）163頁，178－183頁。また，貴族院憲法委員会の活動も重要である。その活動の例として，参照，上田健介「民事・行政訴訟における機密情報の取扱いをめぐるイギリス法の展開」近畿大学法科大学院論集10号（2014年）69頁。

[8] See Ministry of Justice, *Responding to human rights judgments* (Cm 8962, 2014), p. 32.

①*R (on the application of H) v Mental Health Review Tribunal for the North and East London Region & Secretary of State for Health* [2001] EWCA Civ 415 ……1983年精神保健法（Mental Health Act 1983）に基づき病院に収容された者が退院を求めて争った訴訟である。同法の，精神保健審判所に，強制収容を根拠づける精神障害が認められない場合に患者の退院措置を義務づけていない規定が，ヨーロッパ人権条約5条1項，5条4項に違反するとされた。この判決を受けて，同法は，2001年精神保健法（救済）命令（Mental Health Act 1983 (Remedial) Order 2001）により改正された。

②*McR's Application for Judicial Review* [2002] NIQB 58 ……女性に対するソドミー行為の未遂罪（attempted buggery）で起訴された男性が，ソドミー行為の未遂罪を定める，1861年人身侵害犯罪法（Offences Against the Person Act 1861）62条——北アイルランドでは当時も有効であった——がヨーロッパ人権条約8条に違反すると主張した事案である。北アイルランド女王座部は，同条が，合意に基づく性行為を制限する限りで，ヨーロッパ人権条約8条に違反することを認めた。この判決を受けて，2003年性犯罪法（Sexual Offences Act 2003）によって同条は廃止された。

③*International Transport Roth GmbH v Secretary of State for the Home Department* [2002] EWCA Civ 158 ……1999年入国管理および難民法（Immigration and Asylum Act 1999）第2部が定める，不法入国者を善意で運送した運送者に対して一定の制裁を科す枠組みに基づく制裁を受けた会社が，当該枠組みの適法性を争った事案である。控訴院は，当該枠組みが，固定額の制裁金を科す点で独立の裁判所による刑罰の決定を受ける権利を保障したヨーロッパ人権条約6条，運送者に過剰な負担を課している点で同条約第1附則1条に違反すると判断した。この判決を受け，2002年国籍・入国管理および難民法（Nationality, Immigration and Asylum Act 2002）によって同法は改正された。

④*R (on the application of Anderson) v Secretary of State for the Home Department* [2002] UKHL 46 ……強制的終身刑の受刑者に対する最低受刑期間を定める権限を内務大臣に与えた1997年犯罪（量刑）法（Crime (Sentences) Act 1997）29条の適法性が争われた事案である。貴族院は，同条が，独立，中立の裁判所による科刑の決定を受ける権利を保障したヨーロッパ人権条約6条に不適合であると判断した。この判決を受け，同条は，2003年刑事訴訟法（Criminal Justice Act 2003）によって廃止された。

⑤*R (on the application of D) v Secretary of State for the Home Department* [2002] EWHC 2805 (Admin) ……刑罰部分の服役を終えた裁量的終身刑の受刑者の延長収容

を当該受刑者が裁判所で争うことの可否を内務省の裁量に委ねている1983年精神保健法74条の適法性が争われた事案で，行政裁判所は，同条がヨーロッパ人権条約5条4項に違反すると判断した。この判決を受け，同条は2003年刑事訴訟法によって改正された。

⑥*Blood and Tarbuck v Secretary of State for Health* (unreported) ⋯⋯ 死亡した父親の氏名を子どもの出産証明書に記載することを許していなかった1990年受胎胎生法（Human Fertilisation and Embryology Act 1990）28条6項b号の適法性が争われた事案で，同条項が，ヨーロッパ人権条約8条，14条に違反するとされた。この判決を受け，同条項は，2003年受胎胎生（父親死別）法（Human Fertilisation and Embryology (Deceased Fathers) Act 2003）によって改正された。

⑦*Bellinger v Bellinger* [2003] UKHL 21 ⋯⋯ 性転換手術を受け男性から女性になった者が，法律上は男性であることを理由に夫との結婚の有効性が認められなかったために，1973年婚姻事由法（Matrimonial Causes Act 1973）11条c項の適合性が争われた事案である。貴族院は，同条項がヨーロッパ人権条約8条および12条に違反すると判断した。この判決を受けて，2004年性別承認法（Gender Recognition Act 2004）が制定され，性転換を行った者が法律上の性別を変更するための制度が整備された。

本件では，控訴審判決の後に出されたヨーロッパ人権裁判所の判決（*Goodwin v United Kingdom* (2002) 25 E.H.R.R. 387）が，イギリス国内法において性転換を法的に承認する制度が存在しないことがヨーロッパ人権条約8条および12条に違反すると判断していたことが決定的であった。

⑧*R (on the application of M) v Secretary of State for Health* [2003] EWHC 1094 (Admin) ⋯⋯ 1983年精神保健法に基づき病院に収容されていた女性が，父親から虐待を受けていたにもかかわらず，その父親が同法上の「近親者（nearest relative）」に指定されるのはおかしいとして，同法26条および29条の適合性が争われた事案である。行政裁判所は，原告が「近親者」を選択できず，またその指定を争う法的手段がない点で，これらの条項がヨーロッパ人権条約8条に違反すると判断した。この判決を受けて，政府は，これらの条項を置き換える精神保健制度改革を提案する法案を提出したが，議会で反対されたため，いったんこの法案は撤回し，再度，新たな法案を提出した。これが成立して2007年精神保健法となり，不適合とされた条項は同法によって改正された。

⑨*R (on the application of Wilkinson) v Inland Revenue Commissioners* [2003] EWCA Civ 814 ⋯⋯ 寡婦手当（Widow's Bereavement Allowance）が女性にだけ支給されていることの適合性が争われた事案である。控訴院は，1988年所得税および法人税法（Income and Corporation Taxes Act 1988) 262条がヨーロッパ人権条約14条, 第1附則1条に違反すると判断した。もっとも, 同条項は, 当該判決時までに, 1999年財政法によって廃止されていた。

⑩ *R (on the application of Hooper and others) v Secretary of State for Work and Pensions* [2003] EWCA Civ 875 ……寡婦児童手当（Windowed Mother's Allowance）が女性にだけ支給されていることの適合性が争われた事案である。控訴院は, 1992年社会保障保険給付法（Social Security Contributions and Benefit Act 1992）36条, 37条が, ヨーロッパ人権条約14条, 第1附則1条に違反すると判断した。もっとも, 同条項もまた, 当該判決時までに, 1999年福祉改革年金法（Welfare Reform and Pension Act 1999）によって改正されていた。

⑪ *A v Secretary of State for the Home Department* [2004] UKHL 56 [9] ……2001年反テロリズム・犯罪・安全法（Anti-terrorism, Crime and Security Act 2001）に基づく, 外国籍の国際テロリスト容疑者を審理なしに無期限拘束する条項の適合性が争われた事案である。貴族院は, 無期限拘束は, 目的達成の手段として比例性を欠き, 国籍, 移民の地位に基づく差別であるとして, ヨーロッパ人権条約5条, 14条に違反すると判断した。この判決を受けて, 2005年テロリズム防止法（Prevention of Terrorism Act 2005）が制定され, 審理なしの無期限拘束に代えて, 国籍を問わない管理命令（control order）制度が導入された。

⑫ *R (on the application of Sylviane Pierrette Morris) v Westminster City Council & First Secretary of State (No. 3)* [2005] EWCA Civ 1184, ⑬ *R (Gabaj) v First Secretary of State* (unreported) ……⑫は, 出入国管理に服する子どもをもつ英国籍のシングルマザーによる地方公営住宅の利用申請をめぐり, 公営住宅の申請の際に英国市民が住宅を優先的に必要としているかを決定する際に, 住宅扶助を受ける資格をもたない外国人の存在は考慮に入れてはいけないとする1996年住宅法（Housing Act 1996）185条4項の適合性が争われた事案である。同条項は, 本人が扶養する, 出入国管理に服している子どもの存在を考慮に入れてはいけないとする限りで, ヨーロッパ人権条約14条に違反するとされた。⑬は, 地方公営住宅の利用申請者の妻——妊婦である——が外国人であった事案で, ⑫事件と同様に, 1996年住宅法185条4項が, 妊婦の存在を考慮に入れてはいけないとする限りで, ヨーロッパ人権条約14条に違反すると

---

9) 参照, 岩切大地「イギリス貴族院のA判決に関する一考察」東北学園大学総合政策論集6巻1号（2007年）169頁以下, 江島晶子「テロリズムと人権」社会科学研究（東京大学社会科学研究所）59巻1号（2007年）35頁以下の48-52頁。

された。これらの判決を受けて，同条項は，2008年住宅再生法（Housing and Regeneration Act 2008）により改正された。

⑭ *R (on the application of Baiai and others) v Secretary of State for the Home Department and another* [2006] EWHC 823 (Admin) ……偽装結婚防止のため，特に入国管理に服する者について，監督記録官（superintendant registrar）が婚姻を記録するには，結婚目的を明示した入国許可証と，国務大臣による結婚の許可証の保持等を求めた2004年難民および出入国管理（申請者取扱い等）法（Asylum and Immigration (Treatment of Claimants, etc.) Act 2004）19条3項の適合性が争われた事案である。行政裁判所は，同条項が，国籍および宗教に基づく不当な差別となる効果をもち，またこの条項が比例原則に反するとして，ヨーロッパ人権条約12条，14条に違反する判断した。

この判決に対して上訴がなされたが，貴族院（[2008] UKHL 53）は，民事婚（civil marriages）と教会婚（Church of England marriages）とを差別している限りで，同法19条1項がヨーロッパ人権条約14条に違反するとし，12条との関係では適合解釈が可能であるとした。これを受けて，2011年難民および出入国管理（申請者取扱い等）法（救済命令）（Asylum and Immigration (Treatment of Claimants, etc.) Act 2004 (Remedial Order) 2011）により認証の枠組みが廃止された。これにより，出入国管理に服する者で英国内での婚姻を希望する者は，事前に国務大臣の許可を求めることなく，自由に婚姻の通知を提出することができることとなった。

⑮ *R (on the application of (1) June Wright (2) Khemraj Jummun (3) Mary Quinn (4) Barbara Gambier) v (1) Secretary of State for Health (2) Secretary of State for Education & Skills* [2006] EWHC 2886 (Admin) ……脆弱成人（vulnerable adult）のケア労働に従事していた者のうち一定の要件を充たす者について，国務大臣は同業の不適合者として判断することとされていたが，その判断を行う間，該当者を暫定リストに載せるという2000年ケア基準法（Care Standards Act 2000）82条4項b号の適合性が争われた事案である。行政裁判所は，同条項がヨーロッパ人権条約6条，8条に違反すると判断した。この判断は控訴院でいったん覆されたが，貴族院（[2009] UKHL 3）で再び不適合宣言が出された。

貴族院判決時までに，2006年脆弱成人保護法（Safeguarding Vulnerable Groups Act 2006）で新しい枠組みが導入され，この事件で問題とされた暫定リストの枠組みはなくなったが，同法の適合性が再び訴訟で争われることになった（→⑲事件）。

⑯ *R (Clift) v Secretary of State for the Home Department, Secretary of State for the Home Department Hindawi and another* [2006] UKHL 54 ……長期受刑者の早期釈放

に関して，イギリスからの退去強制に服する者について取扱いを区別する1991年刑事訴訟法（Criminal Justice Act 1991）46条1項，50条2項の適合性が争われた事案である。貴族院は，同条項が国家的出自に基づく差別に当たるとして，ヨーロッパ人権条約14条に不適合と判断した。この判決までに，同条は2003年刑事訴訟法によって改正されていたが，経過措置として，2005年4月4日までに犯された犯罪については引き続き適用されるとされていたところ，2008年刑事訴訟および入国管理法（Criminal Justice and Immigration Act 2008）によってこの経過措置についても改正された。

⑰ *Smith v Scott* [2007] CSIH 9 ……受刑者に選挙権を制限している1983年国民代表法3条1項の適合性が争われた事案で，スコットランド上級民事裁判所が，受刑者に対する包括的な制限である点を理由として，同条項がヨーロッパ人権条約第1議定書3条に違反すると判断した。

なお，この判決の前に，ヨーロッパ人権裁判所は，*Hirst v United Kingdom (No. 2)* で同条項の不適合を宣言しており，本件のスコットランド上級民事裁判所の判断の内容は，このヨーロッパ人権裁判所の判決と類似するものであった。

政府は，この判決の前から，受刑者の選挙権について検討を行っていたが，ようやく2012年11月22日に，投票資格（受刑者）法案（Voting Eligibility (Prisoners) Bill）を公表し，議会の合同委員会において立法前審査に付した[10]。合同委員会は，懲役12か月以下の者および残りの服役期間が6か月以下の者に選挙権を付与すべきだとの勧告を行った。しかし，政府はこれに公式に応答せず，2015年の総選挙までに法改正は行われなかった[11]。

⑱ *R (on the application of (1) F (2) Angus Aubrey Thompson) v Secretary of State for the Home Department* [2009] EWCA Civ 792 ……2003年性犯罪法（Sex Offences Act 2003）82条は，性犯罪により一定の長さ以上の刑に処せられた者について期間を定めず公示（notification）を行うことを定めていたが，これに対しては不服申立ての制度が存在していなかった。同条の適合性が争われた事案である。控訴院は，同条が，期間の定めを置かず不服申立ての仕組みも置かない限りでヨーロッパ人権条約8条に

---

10) この後，最高裁が，2013年10月16日に，*Chester v Secretary of State for Justice* および *McGeoch v Lord President of the Council* で，ヨーロッパ議会選挙の選挙権に関して（片方の事案は，地方議会選挙とスコットランド議会選挙に関するものを含む）判決を下している。ここで，最高裁は，Hirst (No. 2) 等の判断を踏襲するものの，結論として不適合宣言は行わなかった。その理由としては，この論点についてはすでにSmith v Scottで不適合宣言が行われており，また現在議会で検討されていることから，このような事情のもとでさらなる不適合宣言を行う意味がないというものである。

11) See Joint Committee on Human Rights, *Human Rights Judgments* (2014-15, HL 130, HC 1088) 12-15.

違反すると判断した。上訴されたが，最高裁でもこの判断が維持された（[2010] UKSC 17）。この判決を受けて，2012年性犯罪法（救済）命令（Sex Offences Act 2003 (Remedial) Order 2012）が定められ，不定期の公示を受けた者に対し不服申立ての制度が設けられた。

⑲ *R (on the application of Royal College of Nursing and others) v Secretary of State for the Home Department* [2010] EWHC 2761 ……2006年脆弱成人保護法（Safeguarding Vulnerable Groups Act 2006）第1部は，一定の犯罪を犯した者について，子どもや脆弱成人（vulnerable adult）に接する任務を禁止するべくその氏名をリストに掲載する仕組みを定めていたところ，ここでは相手方に対し禁止リストに掲載すべきでない理由を主張する権利が否定されているとして，その適合性が争われた事案である。行政裁判所は，相手方に主張の機会を与えていないことがヨーロッパ人権条約6条に違反し，また潜在的に8条に違反すると判断した。この判決を受けて，2012年自由保護法（Protection of Freedom Act 2012）で，相手方に対し禁止リストに掲載すべきでない理由を主張する機会を与える旨の規定が設けられた。

⑳ *R (on the application of T, JB, and AW) v Chief Constable of Great Manchester, Secretary of State for the Home Department and Secretary of State for Justice* [2013] EWCA Civ 25 ……有罪判決や警告（cautions）の内容を包括的に公開することを定める1997年警察法（Police Act 1997）および1975年犯罪者更生法（適用除外）命令（Rehabilitation of Offenders Act 1974 (Exceptions) Order 1975）の適合性が争われた事案である。控訴院は，公開が包括的である点で比例原則に反するとして，これらの規定がヨーロッパ人権条約8条に違反すると判断したが，比例原則の要請を充たす具体的制度のあり方については何も示さず，また本判決の効力は最高裁判所の判決が出されるまで停止されるとした。本判決に対して，政府は最高裁に上訴を行ったが，最高裁も不適合宣言を維持した。他方で，本判決を受けて救済命令による改正がなされ，この改正は2013年5月29日に発効している。

また，2014年7月時点で係争中の1件は，次の事案である。

㉑ *R (on the application of Reilly (No. 2) and Hewstone) v Secretary of State for Work and Pensions* [2014] EWHC 2182 ……2013年失業者法（Jobseekers (Back to Work Schemes) Act 2013）の人権条約適合性が争われた事案である。2011年失業手当規則は，失業者に，無給の就職支援業務への参加を義務づけ，違反した者には失業手当を支給しない制裁を課していたところ，原告は適切な告知を受けなかったために，就職支援業務へ参加するために美術館のボランティアを辞めざるを得なくなったとし

て，規則の適法性を求めて訴訟を起こした。最高裁は，規則が授権の範囲を超えること，原告が受けた告知が規則に適合していないことを認めた（Reilly (No. 1) 事件）。しかし，最高裁の審理の前に，この規則並びにすべての告知および制裁が遡って有効である旨の 2013 年失業者法が制定された。原告は，同様に審判所で係争中で同法の制定により影響を受けるもう 1 人の原告とともに，2013 年失業者法が，遡及的に違法な規則，行為を適法とすることで係争中の事案において被告を有利に働かせる効果をもつとして，ヨーロッパ人権条約 6 条および第 1 議定書 1 条に違反するとして別訴を提起したところ，高等法院は，6 条との不適合のみを宣言した。これに対し，政府，原告双方が上訴をしている（2016 年 4 月 29 日，控訴院は不適合宣言を維持する判断を下しているようである）。

日本との比較の観点から興味深いのは，下級審の不適合宣言に対して，政府が上訴せずに法律改正等で応じている事案が多いことである（①，②，③，⑤，⑧，⑨，⑩，⑫，⑬，⑲）。上訴はしながらも，法律改正等を行っている事案もある（⑮，⑯，⑳）。その理由は定かではないが，不適合判断そのものがもつ妥当性に加え，ヨーロッパ人権裁判所の存在があると思われる。とくに当該論点についてヨーロッパ人権裁判所の判決が既に下されている場合，不適合宣言にイギリス政府・議会が従わないならば，当該原告又は当該法律が適用される他の者がヨーロッパ人権裁判所に訴訟を提起して，結局，ヨーロッパ人権裁判所によって当該条項が不適合であるとの判断を受ける可能性が極めて高いゆえに，政府・議会は早々に当該条項の改正を行うのだと推測される。この点，⑦事件が示唆的である。性転換者の法的取扱いという社会的影響の大きな論点で，貴族院が不適合宣言を行い，それに直ちに政府・議会が応えた背景に，ヨーロッパ人権裁判所の判決の存在があるのは明らかである。イギリス国内裁判所が，ヨーロッパ人権裁判所という国際的な人権保障体制と結合して実効的に機能する「多層的人権保障システム」[12]を確認することができる。

もっとも，不適合宣言には法的な効力がない以上，政府・議会がこれに納得できない場合，不適合な状態を放置しているとの批判にさらされる政治的リスク[13]を覚悟すれば，これに従わないこともありえる。この点，受刑者の選挙権制限（⑰）について，2007 年の不適合宣言以来の政府の対応は極めて緩慢であ

---

[12] 江島・前掲注 9) 45 頁，同「イギリスにおける『公正な裁判』——多層的人権保障システム下における，イギリス・コモン・ローおよびヨーロッパ人権条約による『公正な裁判を受ける権利』の彫琢」比較法研究 74 号（2012 年）70 頁。

[13] Aileen Kavanagh, *Constitutional Review under the UK Human Rights Act* 283 (2009).

って，今に至るまで不適合の状態は解消されていないことが注目される。

3　適合解釈

これに対し，人権法3条の適合解釈の例については，網羅的なリストは存在せず，その件数も明らかではないが[14]，著名な事件として次のようなものが知られる。

　①*R v A (No. 2)* [2002] 1 AC 45[15]……1999年青少年裁判および刑事証拠法（Youth Justice and Criminal Evidence Act 1999）41条が，性犯罪の審理の際には告発人（complainant）の以前の性行為に関する証拠が原則として排除される旨を定めていたことについて，貴族院は，本条を通常の方法で解釈すればヨーロッパ人権条約6条に違反するが，人権法3条1項に基づく解釈を行うならば，公正な審理を確保するために必要な証拠は排除できないという黙示の条項を読み込むことが可能であるとした。

　② *Ghaidan v Godin-Mendoza* [2004] UKHL 30[16]……この事件は，結婚生活と同様の生活を送ってきた同性愛者のカップルの1人が死亡し，残された者が，2人が居住していた，亡くなった者が賃借権を有していた住居の権利の継承を求めた訴訟である。1977年家賃法（Rent Act 1977）第1附則2条2項が，居住用住宅の賃借人が死亡したときに，「当初の賃借人とともに彼又は彼女の妻又は夫として（as his or her wife or husband）住んでいた者」を当初の賃借人の「配偶者（spouse）」として取り扱う旨を規定していた——そこでは事実婚でよく，法律婚までは要求されないというのが立法過程からも明らかであった——ところ，人権法施行以前の事件であった *Fitzpatrick v Sterling Housing Association* [2001] 1 AC 27 で，貴族院は，「配偶者」には同性婚の関係にある者を含まないとの解釈を示していたため，この解釈が人権法施行以後も維持されるのか否か，ヨーロッパ人権条約8条（私生活の尊重）と結合した14条（差別の禁止）に違反しないかが争点となった。

　貴族院は，全員一致で，当該規定の従来の解釈が原告の人権条約上の権利を侵害することを認めたが，そのうえで，適合解釈を行うか不適合宣言を行うかについては意見が分かれ，多数意見は適合解釈を可能だとした。Lord Nichollsは，文言の意味が明

---

14) 2006年7月に憲法問題担当省が公表した報告書によれば，人権法3条が適用された例は，2000年以降12件にすぎないといわれる。Department for Constitutional Affairs, *Review of the Interpretation of the Human Rights Act* 17 (2006).

15) 参照，江島晶子「ヨーロッパ人権条約とイギリス1998年人権法」芹田健太郎ほか編『国際人権法と憲法』（信山社，2006年）203頁，216頁。

16) 参照，江島・前掲注7) 176-177頁。

確である場合でも，3条による人権法の適合解釈が可能であること，すなわち，文言の意味の変更が可能であることを明らかにして，さらに，変更の可能性の限界として，第1に，当該法律の「根本的な性格」と合わない意味を採用することはできないこと，第2に，「立法者による熟議 (legislative deliberation)」を要する決定を裁判所が行うことはできないこと，という2つを挙げた。そのうえで，多数意見は，本件で，2条2項の適用対象を拡大しても1977年法の基本原則には矛盾せず，また貴族院が評価し決定すべき立場にない広範な実務上の影響も生じないとして，上記の文言を，「当初の賃借人とともに彼又は彼女の妻又は夫であるかのように (as if they were his or her wife or husband) 住んでいた者」という意味に適合解釈することは可能であると結論づけた。

③ *Secretary of State for the Home Department v JJ* [2007] UKHL 45, ④ *Secretary of State for the Home Department v MB* [2007] UKHL 46 ……2005年テロリズム防止法 (Prevention of Terrorism Act 2005) によって，国務大臣に認められた管理命令 (control order) ——外出禁止など各種の人権制限を伴う——の人権法適合性が争われた訴訟である。前者は最大18時間 (午後4時から午前10時まで) の外出禁止を含むものであったのに対し，後者の命令は出国や飛行場，港への立入りの禁止にとどまり，外出禁止や他人との接触の禁止は含まれていないものであった。ここで，管理命令の根拠となる資料には機密情報が多く含まれるとされ，かかる情報の保護のために，裁判所が，要旨も含め相手方当事者に開示されない資料に基づき審理を行うことが，人権条約6条に違反しないかが争われた。貴族院は，個別の管理命令に含まれる制約が比例原則に違反しない限り2005年法の枠組み自体はヨーロッパ人権条約6条に違反しないというかたちで，適合解釈を行った。

これらの判決に対してはすべて，判決後に問題となった条項の改正が行われていない。判決が示した適合解釈を政治部門が受け入れたものの，裁判所の解釈を法文上明確にする必要まではないと判断したためであると推測される[17]。

---

17) ③④について，2005年法は2011年テロリズム防止調査措置法の制定により廃止された。参考文献も含めて，参照，上田健介「テロ対策立法と公正な裁判を受ける権利」榊原秀訓編『行政法システムの構造転換』(日本評論社，2015年) 48頁，55頁。

II 人権法の運用と「対話理論」

1 不適合宣言に親和的な「対話理論」

(1) はじめに

Iでみたように，不適合宣言があれば必ずといってよいほど政府・議会がこれに対応して不適合とされた法律を改廃している状況に鑑みれば，「実質的には，[人権を] 侵害している立法を無効とすることと，これを不適合と宣言することとの間の違いは，一見するほど大きなものではない」[18]といえる。このことを強調するならば，不適合宣言は，実質的に法律の違憲判決と同視できるもので，イギリスの伝統的な議会主権の原則と衝突し，より一般的にいえば，司法審査と民主主義との関係如何という問題を惹起するもののように思われる。しかし，イギリスでは，その種の議論は見られない。それどころか，議会主権（そして民主主義）を活性化するものとして不適合宣言を好意的に捉える見解が有力に主張されている。

この背後には，不適合宣言は，法的にはあくまで裁判所が法律の不適合を宣言するだけで，これを無効とするものではなく，また事件当事者との関係でも当該法律の効力に何も影響を与えないものなので——議会の意思を裁判所が歪曲する可能性がある適合解釈と異なり——議会主権の原理に全く抵触しないとの理解が存在するのであろう。しかし，不適合宣言を肯定的に捉える見解は，かかる消極的な理由のみに基づくものではない。裁判所と政府・議会，法と政治との関係に関する一定の構想に依拠して，不適合宣言を積極的に評価しようとするのである。ここで論者が依拠するのが，いわゆる「憲法的対話（Constitutional Dialogue）」である。これは，近時，日本でもカナダの例が紹介され耳目を集めているが[19]，イギリスにおいても，人権法をめぐる議論で用いられるようになってきている[20]。以下では，まずこの立場を瞥見してみよう。

---

18) Mark Elliott, "Parliamentary Sovereignty and the New Constitutional Order: Legislative Freedom, Political Reality and Convention", [2002] 22 LS 340, 348.

19) 佐々木雅寿「カナダにおける裁判所と立法府の対話」法学雑誌54巻1号（2007年）15頁，同『対話的違憲審査の理論』（三省堂，2013年）5-8頁。

20) イギリスにおける対話理論を紹介する先行業績として，江島・前掲注15) 215-220頁，岩切大地「イギリス人権法における議会と裁判所との憲法的対話」法政論叢44巻2号（2008年）112頁以下。

(2) Marshallらの見解

　Marshallは，条約上の権利の適合解釈を要請する3条に関して，裁判所は対象法律の文言やその立法者意思を捻じ曲げてまで適合解釈を行うべきだとする見解[21]を批判し，4条の不適合宣言をより積極的に用いるべきだという主張の中で，対話に言及する[22]。すなわち，無理に適合解釈を行うのは不適合宣言を避けるためであるが，それは人権法の論理にも制定者意思にも合致しない。議会が人権条約上の権利に適合的な立法を行うものだとの前提は，議会が裁判所からみて人権を侵害する立法を行った場合にそれが議会の不注意や誤りによるものだとの帰結を直ちには導かない。実際には，議会は人権侵害か否かに自覚的であり，人権侵害には当たらないとの判断に基づき立法を行っている可能性が高いのである。それは，人権法19条が大臣声明を要求していることからも裏付けられる。また，人権法の制定過程で，政府が，人権法の構造は立法部と司法部との対話を目指すものである旨を述べていたところである[23]。結局，彼は，不適合宣言は，当該法律の権利適合性に関する司法部の熟慮された見解を立法部に提供し，立法部にその判断を再考させた上で，救済措置を執るか，引き続き自らの判断を是認し維持するかを決定させることに繋がるとして，「不適合宣言を行うか行わないかの手続は，立憲民主的な過程の，尊敬に値する，正統な一部分である」[24]と評価する。不適合宣言は，民主主義に敵対するものではなくむしろ整合するものと理解するのである。

　Marshallの，適合解釈ではなく不適合宣言を重視すべきとする見解は，「議会意思という要(かなめ)」という論文の表題が示すとおり，裁判所が法解釈を行う際には文言と立法者意思を離れることは許されないことに主な根拠があると思われる。不適合宣言を契機とする裁判所と政府・議会とのやり取りを「対話」とする彼

---

21) 文言が曖昧または多義的な場合に限らず，その意味が明確である場合にも，法文にない文言を追加したり（read in），法文の文言を削除したりする（read down）かたちで，条約上の権利に適合的な解釈を行うべきであるとの見解である。
22) Geoffrey Marshall, "The Lynchpin of Parliamentary Intention: Lost, Stolen, or Strained？", [2003] PL 236.
23) Marshallは明記しないが，人権法の議会での審議における，Jack Straw内務大臣の次の発言などを念頭に置いているとみられる。「議会と司法部とは，この法案の中の諸権利の運用および展開に関する真剣な対話に従事しなければならない」，「この対話は，法律が，私たち市民を支える，生き生きとした発展を遂げることが確保される唯一の方法である」。314 H.C. col. 1141, June 24, 1998.
24) Marshall, *supra* note 22, at 244.

の整理は，対話理論に基づく初期の標準的な説明であると思われる。

　かかる理解に立つ論者は多いが[25]，もう一人，Francesca Klug の見解を紹介したい。Klug も，人権法は，裁判所による権利保護を可能としながら議会の権威を保持する構造をもっているとする。「3条，4条の構造の背後には，すべての政策領域を司法の決定に委ねることなく，議会の説明責任と透明性の原則を司法手続に嵌め込もうとする，注意深く考え抜かれた憲法上の工夫が存在する」[26]。そして彼女は，かかる工夫を，「立法府の『誤った』決定を監督し訂正するのが司法府の役割であるとするのではなく，国家の［立法府と司法府という］諸制度が相互に影響を与え合う」「対話アプローチ」として理解する（131頁）。この表現からは，彼女も，裁判所が人権条約上の権利の唯一の解釈権者であるとは考えておらず，少なくとも議会を裁判所と対等な地位に置いていることが窺われる。

　そして，彼女は，かかるアプローチから，不適合宣言を高く評価する。「対話モデルに適切な効果を与えるためには，4条の復権が必要となる。それゆえ，裁判官は，3条を適用することが『不可能』で，当該立法——いかなる立法であれ——が人権条約上の権利に不適合であると判断するときにはいつでも不適合宣言を発する自信を持たなければならない」（131頁）。しかし，不適合宣言を受けて，人権侵害とされた法律を改正するのか否か，どのように改正するのかを決定するのは議会に委ねられていることに注意を促す。不適合宣言は司法の役割を拡大したものであると考えられるようになってきているが，これは，議会が不適合宣言に従わなければならないという誤った前提に基づくものであるとも述べる。Klug も，裁判所の不適合宣言とそれに対する議会の対応（そしてこれらの反復）を対話モデルで把握している。

　もっとも，Klug のいう対話はこれらの国家機関間のものに限られないようである。別稿で彼女は，人権理論の発展を，啓蒙思想に基づきフランス人権宣言やアメリカ合衆国憲法が作られた18世紀末——そこでは自由，自律，正義とい

---

25) *See* Tom Campbell, "Incorporation through Interpretation", in Tom Campbell, Keith Ewing & Adam Tomkins (eds.), *Sceptical Essays on Human Rights* 79-101 (2001); Conor A Gearty, "Reconciling Parliamentary Democracy and Human Rights", [2002] 118 LQR 248.

26) Francesca Klug, "Judicial Deference under the Human Rights Act 1998", [2003] EHRLR 125, at 130. 以下の本文中の頁数は同論文のものである。

った概念が重要であった——を第一波，ファシズムの経験を踏まえて世界人権宣言が作られた第2次世界大戦直後——そこでは尊厳，平等，共同体といった概念が鍵だとされる——を第二波とし，今日は，参加や相互性といった概念に特徴づけられる第三波だとする枠組みを示すが，その上で彼女は，1998年人権法の意義について，同法は裁判所，議会そして政府の対話を確立するのみならず，「より重要なことは，この三者鼎立のアプローチによって，私たちが誰でも，権利衝突の際にどこに線が引かれるべきかに関する議論に参加することができる空間が作られることである」と述べる[27]。この叙述からは対話の主体として一般市民をも射程に入れていることが窺われる。さらに彼女は，人権をめぐる対話は「永続的な生成の過程に置かれなければならない」（372頁）とも述べており，永遠の，動態的な過程としてみていることも注目される。

(3) Nicolの見解

Nicolは，EU法およびヨーロッパ人権条約の影響により，裁判所の判断のあり方と憲法上の役割が変化したのだという認識に立つ[28]。その上で，裁判所が個別の事件の文脈を超えた一般的な法形成を志向しているとして，人権法4条の不適合宣言を引き合いに出す。彼によれば，不適合宣言は，個別的救済よりも法の一般的変革に重きを置く制度であり，「司法的なものと政治的なものとの間の明瞭な線引きがもはや存在しえないのではないかとの疑いを惹起する」ものである（728頁）。

また，裁判所の判断のあり方も，かつては，裁判所の判断が制定法の文言に強く拘束され，「議会による法律の制定−裁判所による法律の適用」という伝統的な権限分配に対応するものであったが，人権法の施行によって権利志向的解釈が増えてきているという[29]。権利志向的解釈とは，人権法に込められた議会の意思に従い「人権条約上の権利」適合解釈を行うものであるが，権利の抽象性，多義性ゆえに裁判官に広範な解釈上の自由が与えられる結果，裁判所は「立法

---

27) Francesca Klug, "The Human Rights Act: a 'Third Way' or 'Third Wave' Bill of Rights". [2001] EHRLR 361, at 370. 以下の本文中の頁数は同論文のものである。

28) Danny Nicol, "Law and Politics after the Human Rights Act", [2006] PL 722, at 725. 以下の本文中の頁は同論文のものである。

29) See Campbell, supra note 25, at 84-86.

的な自由 (legislative freedom)」をもつに至る (729頁)。

さらに，人権法の下では，裁判所は，かつてはもっぱら政治部門に委ねられていた広範な社会紛争の解決に関与するようになるとともに，その審査の範囲について，人権をめぐる紛争の核心は哲学的，政治的なものであって権利の制限が民主的な社会に必要であるかに関しては合理的な人々の間でも意見が相違するものなので，適法性の問題と当不当 (merit) の問題との区別が曖昧になってきているという。

先例に基づく判断という司法の特徴についても，人権法の下で，裁判所は，社会の進展に伴い人権条約の意味が更新される——人権条約はその時々の視点で解釈される「生きた道具」であると解される——ことを受け入れているため，先例が裁判所の結論において主要な役割を果たすことが稀になっているという (730-731頁)。裁判所は，法的論理から唯一の「正解」が得られない場合に自らの道徳的な地図，倫理コードを適用するが，彼によればこの判断のあり方は政治家と同様である。

そこで，裁判所の役割の正統化が強く求められることになる。しかし，彼は次のように典型的な正統化論に批判を加える。第1は，裁判所は，政治家の「便宜 (expediency)」に対して，正義や公正といった「原理」の守護者であるとの正統化[30]に対して，政治的イデオロギーも原理から構成されるものであるし，また政治家の立法活動を権利から説明することもできるので，政治家を「便宜的」とするのは適切ではないと述べる。彼によれば，むしろ，政治家も裁判官も両方が原理を持っているがそれらは絶対的ではないという理解が正しい。

第2に，政治家は情動によって行動し，有権者との近さゆえ多数主義的な本性を植え付けられて弱者を抑圧する傾向があるため，賢明で穏健な司法による監督が矯正策として機能するとの主張[31]に対して，彼は，情動が法廷を支配するという分析も妥当しうるとして，裁判所と政治家には類似性があると反駁する。

第3に，裁判所の領域・権限と政治家の領域・権限とを画定することができ

---

30) ここではDworkinとともに，Allanをはじめとするコモン・ロー立憲主義の論者 (2(2)参照) が挙げられている。
31) ここでは，第3の主張と合わせて，Lawsの議論を引用している。*See* John Laws, "Law and Democracy", [1995] PL 72.

るのは裁判官だけであるとの主張に対しても，彼は，「デモクラシーの適切な観念の問題」には明白な解答は無く，これは政治的な問題であり，「裁判官と政治家との間の権限の『正しい』分配は，客観的に抽出されるものではない」のであり，「それは，公選の制度と司法制度の相対的な長所に関する各人の個人的な意見に依存する」として批判する（740頁）。

結局，彼によれば，「権利に関する争いは，競争する道徳的な地図の間の選択，競争する共通善の概念の間の争いに関わる。判断を『正解』『不正解』，『正しく決定された』『誤って決定された』として分類する伝統的な法の言説は，権利の解釈のような，論争的で，価値の負荷がかかる実践には適切ではない」（742頁）。

もちろん，彼も，裁判官と政治家に権利解釈のやり方の違いがあることを承認する。第1に，目的の違いである。政治は，様々な善き生活の理想を実現するための争いに起因する活動であるが，政治家は異なる理想をもつものであり，人権の実現はそのひとつにすぎないのに対して，裁判官は権利の保護を共通の目的としている。第2に，裁判官は，制度的な独立性を有しており，率直に，権利の観念を語ることができる。しかし，立法者も，権利に関して貴重な，また独特な見方を提供することに加えて，場合によっては，権利保障を最低限の水準に限定されたり制度的な能力ゆえの制限を受けたりすることがない点で裁判官より優れた保障を提供しうる地位にある。それゆえ，彼は，立法者にも権利の解釈を行う正統性を認める。

そこで，Nicolは，裁判官と立法者がともに権利の解釈を遠慮なく示すべきであると主張する。まず，裁判官が権利の理解を示すことによって，熟慮された洞察が政治過程に提供され，議論が活性化される。「いったん，権利の裁定が本質的に政治的な営みであり，私たちは合理的な人々が人権の『真の』解釈について一致しない世界に住んでおり，［裁判所の］独立性や目的が，政治を超越する次元に法を担ぎ上げる不可思議な法と政治の区別を示すものではなく，ただ司法部の主要な特徴であるにすぎないのだということを受け入れるならば，裁判所は，その独立性や目的を最大限に活用して，その見解によれば基本的な権利を侵害している制定法を腹蔵なく非難するべきである，と主張することができる」（745頁）。しかし，これに対して，立法者もまた，裁判所に敬譲すべきでない。「人権条約上の権利の意味は，議会の立ち入り禁止区域 (off-limits) ではな

い」(同頁)からである[32]。もっとも、立法者が裁判所の見解に従えないならば、立法者は、その理由を述べるべきであり、さらに、なぜ裁判所ではなく議会が主権者であるのかに関する原理的な理由をも明らかにすべきであるとも述べる。「もし立法者による批判が、耳障りで、下品な表現で述べられるならば、それは政治家とその選挙民との間の問題となる」(747頁)。ここからは、政治家に対する選挙民の判断を通じて、一般市民も人権をめぐる議論に参加することが示唆されている。

このようなモデルに基づき、Nicolは、3条の適合解釈ではなく、4条の不適合宣言を高く評価する。適合解釈を多用して無理な解釈を行うことは議会における権利の議論を迂回することとなるし、議会が制定しようとした当該法律の核心を裁判所が排除してしまうことにもなりかねないのに対し、不適合宣言は、権利に関する議会の議論を阻害することなく、裁判所がそれに影響を与えることを可能とするからである。「4条に大きく依存することは、『誤った方向転換』ではなく、人権法のより民主主義的な把握であり、法の規範性と実証性——法は通常の立法過程によって変更できる人間の創造物であるとする——との均衡を図るアプローチであると考えるべきである」(748頁)。

Nicolの描く対話理論は、人権の解釈は人々によって意見が分かれうるという意味で政治的な問題であるとの前提に基づき、裁判所と政治部門との間の人権の解釈をめぐる対立、衝突について、「騒音や不和は、健全なデモクラシーの表れのみならず、人権の積極的な保護の徴でもある」とし、「創造的な力」(749頁)をもつものだとして好意的に捉えるものである。

2 適合解釈を重視する「対話理論」

(1) はじめに

しかし、対話理論は、不適合宣言とのみ親和的だというわけではない。また、対話理論を用いなければ人権法に基づく裁判所の権限を説明、正当化できないわけでもない。以下では、1におけるような、対話理論から不適合宣言を説明し正当化する立場とは異なる見解をみてみたい。

---

[32]「立ち入り禁止区域」という表現は、Id. at 90 が用いたものである。

(2) Allanの見解

　Allanは，1998年人権法制定以前から，議会が制定する法律は，コモン・ロー上の重要な諸権利を侵害することが許されず，その意味で議会主権には制約が存在し，裁判所はコモン・ロー上の重要な諸権利を侵害する法律の個別事件に対する適用を否定することが可能であると主張する，いわゆるコモン・ロー立憲主義の代表的論者として知られる[33]。彼もまた，「想像上の対話」という語を用いて議論を組み立てるが，そこでの「対話」の内実は 1 の諸論者とは異なるものである。

　Allanによれば，「法」と呼べるものには法の支配に照らして内在的な限界が存在する以上，議会主権にも制限が存在する[34]。法の支配の内実として，法の一般性と手続的デュー・プロセスの要請が含まれるので，議会もこれらの基本原理に拘束されるのが，自由で民主的な憲法秩序の基本的な前提条件である。また，法を個別具体的な事例に適用して問題を解決するにあたっては，裁判所による法解釈が不可欠であり，その際，裁判所には，統治権力の独裁的な行使を法の支配に照らして限界づける役割を果たすことが認められる[35]。このような見方に基づき，Allanは，法の支配こそが，議会主権を含めた法秩序の基礎をなすものだとして，裁判所による法の解釈に，議会による法の制定と並ぶ主権性を承認する。1998年人権法は，かかる主権の二重性を強調する意味があったというのである。

　Allanは，かかる理論に基づいて，裁判所と立法府との間の対話の存在を重視する。いわく，「コモン・ローの法秩序には，裁判所と立法府との間の対話がなければならない。憲法上の権威の問題は，法の支配が提供する理性（reason）の制約の中で，公正に解釈された，立法者意思に忠実な判決によって解決される」[36]。

---

[33] Allanの所説については，参照，松井幸夫「『人権』の憲法的保障とイギリス憲法学」島大法学33巻 1 号（1989年）1 頁，27-32頁，愛敬浩二「立憲主義，法の支配，コモン・ロー」浦田賢治古稀記念『現代立憲主義の認識と実践』（日本評論社，2005年）9 頁以下，同『立憲主義の復権と憲法理論』（日本評論社，2012年）50-54頁，57-61頁。

[34] この段落の内容については，*See* Trevor R S Allan, *Constitutional Justice* Ch. 7 (2001).

[35] この背景には，法実証主義が裁判所によるルールの解釈を機械的な過程であるとみることに反対し，ルールの解釈は共通，共有の経験，理解に関わる事項であるとするフラー流の捉え方が存在する。

[36] Trevor R S Allan, "Constitutional Dialogue and the Justification of Judicial Review" [2003] 23 OJLS 563, at 565. 以下，本文中の頁数は同論文のものである。

この「対話」が「想像上の対話 (Imaginary dialogue)」である。

　「『文言通りの (literal)』読み方に基づけば，立法者意思が［表現，思想，良心の自由と同様に手続的公正や平等の原理といった］基本的なコミットメントを脅かすリスクが重大になればなるほど，解釈者が別の読み方を見出すのは大変になるだろう。しかし，解釈者の最大の努力にもかかわらず頑強な条項にぶつかって停止してしまう過程を想定すべきではない。というのは，われわれの想像上の対話においては，より語るべきものが常に存在するからである。われわれは，手元にある事案に震撼させるような帰結を齎す条項を，より忠実に，かかる帰結を避けられる限定的な方法で読むことができないかを，ほとんど常に，完全に適切なかたちで問うことができるのである」（571頁，圏点引用者）

　このような用法からすれば，「想像上の対話」とは，「想像上の」という語が示唆するように，裁判所が個別事案の解決の際に法律を適用するため，これを解釈する際に，裁判官の頭の中で行われる作業であるように見える。

　Allanは，上述のとおり，一般的な法の制定と，特定の事案における法の適用とを区別し，裁判官による法の解釈を重視する。裁判官は立法者意思を尊重すべきであるが，制定法は一般的なルールであり，複雑で特異性をもつ特定の事案に関わる立法者意思は存在しない――存在するのはせいぜい一定の範疇の事案に関係した立法者意思である――ために，具体的な文脈に即した立法者意思は裁判所が理解し適用するものと考える。その際，立法者は法の支配の基本原理を尊重しているものとの推定が働き，解釈者たる裁判官は立法者との間で憲法的な価値を共有しているとみなせるので，裁判所による立法者意思の理解と適用の中で「最も深くに位置する憲法上の価値が知らしてくれる，理性 (reason)」が反映されるというのである（569頁）。このようにして，立法者意思の尊重と裁判所のコモン・ローに基づく判断との両立，ひいては議会主権と法の支配との両立が図られるが，Allanは，この，個別事案における法の適用の際に，裁判官の中で，立法者意思とコモン・ロー上の憲法的な価値とが絡み合いながらなされる法解釈のありようを指して，「想像上の対話」と呼んでいるように思われる。ここでは，目の前の個別事案を適切に解決するために，不適合宣言ではなく適合解釈を行うことこそが重要だということになるだろう。

　もっとも，Allanは，上記の論文で，裁判所が憲法上の権利に適合的な解釈を行うことは「立法者をかかる権利の内容と限界に関する動態的な公共の議論に

巻き込む」(580頁),「文言の正確性と明確性の要請によって,政府の目的と憲法上の権利に関する議論に参加すること」が促される(581頁),「法の制定者［議会］と解釈者［裁判所］との間の対話は［憲法上の規範を深刻に脅かす執行行為を授権する議会の意図が存在しうるという］非常識な推論を排除することによって生き生きとしたものになる」(584頁),などとも述べることから,裁判所の権利適合解釈によって,議会における憲法上の権利をめぐる議論を促すことを期待しているようにも解される。このことを合わせみれば,Allanの対話理論は,裁判所の適合解釈と,それを契機とした議会の議論を重視する考えにも親和的である。

(3) Hickmanの見解

Hickmanも,対話理論を取りながら,4条に基づく不適合宣言ではなく3条に基づく適合解釈を重視すべきだとする。

Hickmanは,対話という概念が広範に過ぎて,意味が明確でないという批判を踏まえ,「『強い型』の対話」という概念に基づく議論を行う[37]。彼によれば,憲法的対話の概念は,もともと,公民共和主義や参加民主主義を背景に,人権は,人々の議論から取り上げて裁判官に委ねるにはあまりに論争的で重要であるとして,人権法を「特定の事項を政治的な討論から排除する制度的な根拠としてではなく,むしろ裁判所が政治的な討論の中に参加することを可能とするもの」(58頁。圏点原文イタリック)として理解するべきである立場が提唱したものである。ここでの憲法的対話の枠組みからは,人権法において4条の不適合宣言が「政府の諸部門間の対話のエンジン」であり,中心的な地位を占めることとなる(60頁)。裁判所による不適合宣言はあくまで暫定的な決定であり,他部門に原理に関する議論を提案するものである。そこで,Hickmanは,このような対話の理解を「原理提案的対話(Principle-Proposing Dialogue)」と呼ぶ(69頁)。彼によれば,原理提案的対話理論は,裁判所を,「原告の利益が尊重されるべき理由を提示する……特権的な圧力団体」に転換して通常政治の中に放り込むものである(61頁)。裁判所の見解にはなんら特別な重みが認められないのである[38]。

---

[37] Tom Hickman, *Public Law after the Human Rights Act* 71 (2010). 以下,本文・注内のカッコ中の頁数は同書のものである。

[38] Hickmanはこの理論の代表的論者としてTushnetを挙げる(70頁)。

Hickmanは，これに対し，権利の実体的な問題について決定を行い，長期的な価値や原理を人々の感情から保護する，裁判所の独特で貴重な憲法上の役割を認め，裁判所が，他の諸部門と協働しながらかかる価値や原理を発展させまた受容させていく関係——そこでは，政治的な便宜との関係をにらみながら，原理の高潔性（integrity）を保持することが求められる——を「強い型の対話」として捉える（71頁）[39]。

　Hickmanは，人権法をこのような「強い型の対話」から捉えれば，4条の不適合宣言のみを対話理論と整合するものとして理解するのは誤りであり，3条の適合解釈も異なる形式の対話の一種として把握するべきだという。個別の権利を画定するという司法作用の概念に忠実なのは，むしろ適合解釈であり，これに対し不適合宣言はただ立法の規定が不適合だと宣言するため，裁判所を勧告者の地位に置くものであり，また，権利と救済とを切り離すものであって，むしろ司法の固有の役割から逸脱しているというのである。もっとも，適合解釈には3条の文言上「可能な限り」という限界があり，他部門による法原理の形成に対する裁判所の寄与を認める，強い型の対話理論の特徴からも，適合解釈を最大限用いるべきだということにはならない。結局，適合解釈と不適合宣言の使い分け方は，一般的には定まらず，文脈に基づき，司法による法創造の限界と賢慮に照らして定まるものであるという。

　彼によれば，裁判所が3条の適合解釈を行うとき，強い型の対話理論からは次のようなかたちで対話が可能となる。すなわち，適合解釈に対する議会の対応としては，①当該規定を廃止し，同じ文言の新たな規定を制定する，②明示的に裁判所の決定を覆す条項を制定する，③当該規定を廃止し，修正した条項を制定する，という3つがあり得る。原理提案型対話理論によれば，いずれの場合でも，立法部は，裁判所の提案を拒否したことになるので，当該新規定は妥当すべきであり，裁判所はこれに対して適合解釈も不適合宣言も出せないことになる。しかし，強い型の対話理論からは，このような裁判所の応対は妥当でない。①の場合，裁判所は，何も変わっていないとみて再び適合解釈を行うことができる。②の場合は，規定の明確性による。裁判所は，新規定が人権条

---

[39] 彼は，この理論の代表的論者としてBickelを挙げる（72頁）。*See* Alexander Bickel, *The Least Dangerous Branch* (1962). また，Hickmanは，Allanをはじめとするコモン・ロー立憲主義者の理解に依拠して，Diceyの理論もこの「強い型の対話」で理解できると主張する（76-81頁）。

約上の人権を侵害しているのが明確であるならば不適合宣言を行うべきであり，そうでなければ適合解釈を行って，議会に，より明確な文言への改正を——政府に，人権法19条1項b号が定める権利不適合の声明を出させることも含めて——促すべきである。③の場合，裁判所は，人権条約上のコアの要請を特定して，それを新規定が充たしている限りは，立法府の行う利益衡量等を尊重してよい。

　彼は，具体的な例として，*Bellinger v Bellinger*事件（Ⅰ2⑦事件）を挙げる。この事件では，文言を適合解釈することは可能であったにもかかわらず，裁判所は不適合宣言を行った。その理由は，Lord Nichollsによれば，適合解釈による影響は大きく，裁判所が決められない社会政策等に踏み込むことになることと，性別の線引きは複雑すぎて裁判所には不向きであることであった。しかし，Hickmanはこれに対して，射程を狭めて適合解釈を行うべきであったと批判する。適合解釈をする場合でも，裁判所が決めなければならないのは原告が女性であるとすることだけであって，性転換をした者の新しい性の承認を受ける権利が問題となる他の法領域に立ち入ったり，一般的な性別の線引きの問題に答えたりする必要はなかったというのである。「3条に訴えることによって，貴族院は，立法者のプロジェクトを縮減させることはないし，政治のフォーラムから争点を除去することで議会を侵害することもなかっただろう。それどころか，これによって，より強力に原理を保護する形の，裁判所，執行部，議会の間の対話を作動させただろう」（93頁）。適合解釈を行えば，議会による立法を誘導する一方で，原告を救済し，将来もその原理の問題について判断を行う究極的な可能性を裁判所に留保することができたからである。他方，不適合宣言を行う場合，これに政府が従わなければ，裁判所は，将来の判決において性転換者を適合解釈により救済することができなくなるうえ，この問題について議会に新たな対話をはたらきかけることができなくなるというのである。

　これに対し，Hickmanは，*Re S*事件[40]を高く評価する。この事件は，1989年子ども法（Children Act 1989）が脆弱子ども（vulnerable child）を保護するため，裁判所が保護命令を出した後に地方公共団体が保護計画を策定しこれを実施するという枠組みを定めていたところ，地方公共団体の保護計画が不十分であっ

---

40) Re S (Minors) (Care Order: Implementation of Care Plan) [2002] UKHL 10. 参照，江島・前掲注15）216頁。

たために，ヨーロッパ人権条約 8 条への適合性が争われた事件である。控訴院は，裁判所は保護命令を出した後も，地方自治体が策定すべき保護計画が一定の要件を充たさない場合に子どもに対する監督権限を保持し，再度，司法手続に入ることができるとの適合（拡張）解釈を示したが，貴族院は，この判断を覆した。しかし，彼は，貴族院が，不適合宣言を用いず，傍論で立法での対応を強く要請するなどして議会の判決後の迅速な立法を促進した点を評価する。

Hickman は，個別具体的な事案の文脈によることを強調しつつ，3 条の適合解釈を活用して，裁判所が，権利の問題を決定する役割を確保しながら，議会に共同作業として立法による原理の展開を要請する対話のあり方を主張するのである。

3　不適合宣言と適合解釈を使い分ける「対話理論」

これらに対して，不適合宣言と適合解釈の使い分けを洗練させる学説もある。Young は，議会と裁判所の違い——裁判所は議会より政治的な圧力から独立しており，人権保障を主要な目的としている——をより重視し，議会は表明される様々な見解の相対的な長所を比較して，有権者の現時点での見方を反映した，新たな決定がなされるフォーラム，裁判所は，文言と先例に含まれる確立した諸原理を反映した決定を行うのにふさわしい場であると特徴づけた上で，不適合宣言と適合解釈のいずれをとるべきかについて，権利をめぐる争いが論争的なものか否かで分けて考えるべきであると主張した[41]。ここで，「論争的」とは，「法的な意味」であり，すなわち，基本的には「法的な決定又は一貫した判例法のラインと一致しているか」によって決められるものである[42]。彼女によれば，裁判所と議会の対話が要請されるのは，この意味で論争的な問題についてであって，裁判所が不適合宣言を行った上で，議会が入念な議論を行い，当該論点を解決するために，新たな立法または改正を行うべきである。これに対し，論争的でない問題——従来の判例法理に従えば結論が明確である問題——については，裁判所は適合解釈というかたちで判断を下すべきである。なぜなら，論争的でない問題については，適合解釈の際に裁判所は確立した法原理を適用

---

[41] Alison L Young, "Is Dialogue Working under the Human Rights Act 1998?", [2011] PL 773, at 774-775.
[42] *Id*, at 775.

するため，議会が新たに立法を行いこの判断を覆すことは少ないからである。また，このときには議会が裁判所の判断について議論を行わなくても問題とはならない。

しかし，Youngによれば，この原則に対する例外として，論争的でない問題であっても，(i)適合解釈を行えば当該法律の基本的な性格を侵害する場合，(ii)他の分野への影響を伴う複雑な手続的措置の制定など，法律を人権に適合的なものにするには広範に亘る立法が必要となるため，不適合の解消を議会が行うのがふさわしい場合，(iii)権利の個別問題への適用に関しては論争的でなくても，権利の正確な定義の仕方について論争的である場合など，不適合の解消の方法にありうべき立法の改正に一定の幅がある場合には，不適合宣言を行うべきであるとする。

このように精緻な分類を行うことで，対話理論への批判を反駁することができるというのがYoungの主張である。

まず，対話理論に対しては，実際には裁判所による強力な権利保障になっているとの批判があるが，彼女は次のように反論する。たしかに，ほとんどすべての不適合宣言に対して議会・政府はこれに従う立法で応じている。しかし，今までの不適合宣言のほとんどは論争的でない問題でありかつ上記の例外に該当する場合に該当する。具体的には，彼女は2010年までの判例を分析しているが，上記の例外(i)に該当する判例として，①，②，④，⑤，⑧，⑨，⑩，⑭，⑮，⑯，⑱を，上記の例外(ii)に該当する判例として，⑧，⑮を，上記の例外(iii)に該当する判例として，⑦，⑨，⑩，⑭，⑯，⑰を挙げる（番号は2の判例番号である）。論争的な問題についての不適合宣言は，③，⑪，⑫に限られるとするのである[43]。Youngによれば，論争的でない問題，すなわち確立した法原理に基づき不適合の結論が導かれる問題について，議会が特段の議論なしに不適合宣言に従った立法を行うことは，対話の失敗を意味するわけではない[44]。

次に，逆の方向からの批判，すなわち，イギリスの人権保障制度はなお裁判所による保障が弱いという主張に対しても，彼女は，イギリスの裁判所が部分

---

43) ⑥，⑬事件については，判例集未掲載の事件ゆえか，Youngの論考での言及はない。
44) Youngは，論争的でない問題で不適合宣言が行われ，これに対応する立法に様々な可能性がある場合（例外の(ii)や(iii)の場合）に，議会で詳細な検討が行われ，その中で権利に関する議論が行われている例があるという。

的にヨーロッパ人権裁判所よりも強い人権保障を行おうとする傾向があること[45]，また，コモン・ローの解釈においてもヨーロッパ人権裁判所の判例の水準を超える人権保障を展開すること[46]を挙げて反論する。また裁判所の議会に対する敬譲についても，法律の人権条約上の権利適合性判断を行うのは裁判所であり，その際に議会の意見に適切な重みを与えることを要請するものである限りで，対話を損なうものではないとする。それゆえ，論争的な問題で，例えば人権法19条1項b号に基づく，法案が権利適合的であるとはいえない旨の政府声明を受けて，議会が権利適合的か否かを精査した上で可決したことを理由として，その議会の判断を尊重する旨の裁判所の敬譲については，対話の結果であると評価する[47]。

このように，Youngは，人権法を「民主的対話モデル」で捉える理解に対する，裁判所による強力な権利保障となっているとの批判，逆に従来と変わらない議会による権利保障にすぎないとの批判の，双方に反駁しつつ，これら双方からの批判の存在は，「民主的対話モデル」によって促される中間的な人権保障制度が機能していることを示していると主張するものである。彼女の議論は，不適合宣言と適合解釈の使い分けという問題についても，法律の権利適合性判断を行うのは裁判所であることを前提として，従来の判例法理を基準に問題を論争

---

[45] *P (A Child) (Adoption: Unmarried Coulples), Re* [2008] UKHL 38 が例として挙げられる。同判決は，婚姻していないカップルに養子縁組を認めていない北アイルランドの規則の人権条約適合性が争われた事案で，貴族院は，ヨーロッパ人権条約8条，14条に違反する差別であると判断した。Youngによれば，ヨーロッパ人権裁判所の判例上，この点は明確でないという。Young, *supra* note 41, at 790-791

[46] *Campbell v Mirror Group Newspapers Ltd (Costs)* [2005] UKHL 61 が例として挙げられる。同判決は，ナオミ・キャンベルが，タブロイド新聞が麻薬中毒者の自主治療団体の会合に参加している事実や，治療の頻度等を掲載したことに対して，新聞社を被告に損害賠償を請求した事案において，貴族院が，ヨーロッパ人権条約8条のプライバシー権について，「水平的適用」（私人間適用）を認めた判決である。同判決については，参照，内藤るり「私生活上の事実の保護における秘密保持の法理の活用」国家学会雑誌122巻1=2号（2009年）221頁，257–269頁。ヨーロッパ人権裁判所も，*Von Hannover v Germany* (2005) 40 EHRR 1 でこれを認めたが，貴族院判決の判断が先行したものであった。

[47] これに対し，当該法律の規律対象の抽象的な性質や立法そのものの性質——一般的な線引きを行うものであるという——を理由として敬譲を行うことは，特定事案への適用において権利を侵害するおそれがある法律をそのまま残すとともに，論争的な問題の取扱いを不透明にして，ひいては人権の文化の発展を阻害することとなるため，民主的対話モデルの目的を損ない問題であるとする（795–797頁）。

的か否かで分けて、一定の整理を行ったものとみることができる。

4 若干の分析

(1) 不適合宣言を重視する立場

イギリスにおける対話理論は、その意味、内実が多様であることは否めない。対話理論に対して、対話という概念が広範に過ぎて意味が明確でないという批判が向けられるのも、もっともである[48]。とはいえ、本稿の構成のとおり、人権法の適用に関して、不適合宣言を重視する立場と、適合解釈を重視する立場に大きく分けられる。

不適合宣言を重視する立場は、裁判所の役割を、議会の制定した法律を覆すことではなく議会に再考を促すことにあるとみるMarshallの所説に、その典型をみることができよう (1(2)参照)。ここでは、対話理論を、裁判所の審査を民主主義的決定の一環として組み込むモデルとして捉えている。議論の参加者に国民を加え、そして議論は永続的に続くと構想するKlugの所説も、この延長で捉えられる (1(2)参照)。これらは、伝統的な議会主権に接合しやすい議論である。議会主権とは、理念的にいえば、議会は人権に関する問題についても議論を行い適切な保障のあり方を法律の制定を通じて決定し、裁判所は法律の解釈適用を通じて――行政府との関係で個別に――人権保障を実現・確保するというものである。この点、不適合宣言は、ただ裁判所による認識を示すものにすぎず、これを受けて法の内容を変更するか否かは（法の内容を変更するとしてどのように変更するかも含めて）議会の判断に完全に委ねられるとするものであり、議会が「最終決定権 (last word)」をもつとの発想に馴染むものである。これらの議論は、裁判所に、上記の伝統的な機能に加え、不適合宣言によって議会の更なる人権論議を促す機能を与えるものだということになるだろう。

この点、Nicolの所説の背景にはもう少し強い含意がある (1(3)参照)。彼は、人権をめぐる議論を、その内容について様々な理解が対立しあうという意味で、政治的であると捉える。また、裁判所には独立性が担保され、人権の観点に特化して検討を加えるという点で、裁判所と議会の判断のあり方に違いを認める

---

[48] *See* Janet L Hiebert, "Parliamentary Bills of Rights: An Alternative Model?", [2006] 69(1) MLR 7; Tom Hickman, "Constitutional Dialogue, Constitutional Theories and the Human Rights Act 1998", [2005] PL 306, at 307.

一方で，裁判所の人権に関する判断は，伝統的な法律解釈の仕方を超えるもので，政治部門のあり方に類似してきていること，他方で，議会での人権をめぐる議論が理性的になってきていることを強調し，裁判所と議会での議論のあり方の違いを小さなものと捉えている。彼は，「われわれは権利に関する真実が自明のものであることを誰も信じていない世界に住んでいるのだという認識」[49]に基づくことを正面から打ち出し，裁判所の特性を無視しているきらいがある点で，かなり強い主張であるように思われる。

このNicolの所説に典型的であるが，不適合宣言を重視する立場は，人権に関する決定も人々によって意見が分かれうるものである以上，その決定が直接自らに関係する市民の参加によって民主的に決定すべきであるとして，議会主権を規範理論から正当化するWaldronをしばしば参照する[50]。Waldronの議論の特徴は，立法を私益の間の取引の結果だと見る多元主義的な見方を否定し，立法を正義に関する諸観念（や立場によっては正義ではなく共同体に共有されてきた諸価値）の衝突の調整の結果だと捉えようとする点にある[51]。この点，多元主義や批判的法学のように，裁判所の党派的中立性をシニカルに見る——いわば裁判の地位を落とす——かたちではなく，逆に，議会でも理性的な議論が行われる——いわば立法の地位を引き上げる——かたちで，裁判と立法を並べて扱おうとする見方だといえよう[52]。このように見れば，この立場は，「政治的憲法」論（民主主義派）[53]が，人権法の制定を踏まえ，バージョンアップされた型の議論であるとも整理できる。

(2) 適合解釈を重視する立場

これに対し，適合解釈を重視する立場は，Hickmanが「強い型の対話」として整理したものである。これによれば，「対話」を，ただ裁判所が議会に提案を行うにとどまるのではなく，裁判所の原理に関する判断を適合解釈と具体的事件に対する適用というかたちで高権的に表す——当該事件は裁判所の判断に

---

49) Nicol, *supra* note 28, at 748-749.
50) *See* Danny Nicol, "The Human Rights Act and the politicians", [2005] LS 451, at 454, 477.
51) Jeremy Waldron, *Law and Disagreement* Ch. 2 (1999).
52) *See id*, at 32.
53) 「政治的憲法」「民主主義派」と「法的憲法」「立憲主義派」という語の意味について，愛敬・前掲注33）『立憲主義の復権と憲法理論』50頁，56-57頁参照。

基づき処理される——ことで議会の対応を促し，これに議会が政治的な便宜の要請に揉まれながらも応答を示すことによって，原理が保障され展開するものと捉えている[54]。これに対し，Allanは，「想像上の対話」という語を用い，裁判官が，具体的事件に法律を適用する際に，法律の意味に関して——立法者も法の支配にコミットしているという前提に基づいて——立法者意思を裁判官が忖度する行為を「対話」と捉えることで，ここから，裁判官による法律の権利適合的な解釈の正統性を導く（2(2)参照）。彼の「対話」の理解は特殊であり，人権法以前からの主張であるコモン・ロー立憲主義の説明に「対話」の語を用いただけのようにも思われる。もっとも，彼も，判決後の議会の対応にも若干であるが言及しており，この場面まで含めて裁判所のあり方をみれば，「強い型の対話」に位置づけることが可能となる。

AllanもHickmanも，裁判所による具体的な事案の解決，救済を重視する点で一致する。裁判所は，あくまで，基本的な原理や権利を解釈し保障するとともに，具体的な事案の解決，救済を行う役割を果たす存在であるとみるのである。それゆえ，この立場によれば，不適合宣言は，議会に対する単なる勧告であるので，司法の本来の役割からの「逸脱」であるということになる[55]。

他方，この立場は，法の領域と政治の領域を截然と区別するべきであるとする立場[56]や，基本的な原理や権利に高次の法の地位を与えて通常政治や立法権からの保護を唱える立場[57]とも一線を画そうとする。議会も——政治部門

---

54)「対話」が裁判所と立法部との間の相互作用の比喩であるなら，4条の不適合宣言に限らず，3条の適合解釈や人権法以前の裁判所の伝統的な法文解釈においても，議会による法律の制定→裁判所による意味の画定→議会による応答（裁判所による解釈の追認又は新たな立法）→（とくに新たな立法があった場合には）再び裁判所による意味の画定→議会による応答……といったかたちで，「対話」は成立しているといえるのではないか，そうであるならば人権法の意義の根底に「対話」理論を認めるとしても3条の適合解釈も「対話」のひとつの方法として位置付けられるのではないか，というKavanaghの捉え方も，同様であると思われる（Kavanagh, *supra* note 13, at 129-130）。彼女は，「対話」のメタファーを用いることを否定するが，その理由は，このメタファーが解釈のインタラクティブな意義を減殺し，不適合宣言を重視することに繋がるからである（*Id*, at 409-410）。彼女も，「政府諸部門間の建設的な協働」を提唱しており（*Id*, at 363, 406-408），その主張の内容は適合解釈を重視する立場の議論と類似しているように思われる。

55) Hickman, *supra* note 37, at 82.
56) Hickmanは，Austinの法実証主義や，Learned Handの議論を挙げる（*Id*, at 64-66）。
57) Hickmanは，BorkやDworkinの議論を挙げる（*Id*, at 66-68）。

として，各種の便宜（expediency）にも応えなければならず，それゆえ一要素にとどまるものではあるが——原理や権利の保障にコミットしていることを，それゆえ，裁判所と議会との間に原理や権利をめぐる対話が成立しうることを前提としているからであろう。他方で，裁判所は，独立した地位のもと，原理や権利の解釈と保障，それに基づく個別具体的な救済を主たる役割をもっているものの，それらの保障が実効性をもつためには，政治部門ひいては社会での受容可能性に考慮を払わなければならないことをも視野に入れている。前者の立場，すなわち厳格な権力分立を主張するdepartmentalismとの違いはともかく，後者の基本的な原理や権利に高次の法の地位を与えようとする立場との違いは微妙なものがあるようにも思えるが[58]，この適合解釈を重視する立場は，「最終決定権」を議会と裁判所のどちらがもつのかという点については拘らず，両者の間の協調に重心を置いたものといえる[59]。

(3) 不適合宣言と適合解釈の使い分けを提唱する立場

もっとも，適合解釈を重視する論者は，これをどの程度使用すべきかについて，条文上は明確でなく，幅のある理解が可能であると述べる程度にとどまる[60]。この点，Youngの議論は，不適合宣言と適合解釈の使い分けを論じており興味をひく（3参照）。彼女は，「法的な決定又は一貫した判例法のライン」が何かに争いがある場合には不適合宣言を行い，それに争いがない場合には適合解釈を行うべきとの基本的な線引きを主張する。この主張は，権利の射程や適用に関して意見が異なることが合理的な場合とそうでない場合との区別を裁判所ができることを前提としている[61]。この発想に対しては，上級審で争われる事案で意見が異ならないことがあり得るのか，意見が異なるということを道徳的または社会政策的に議論の余地があるとの意味だと解するならば裁判所で争われる事案の多くがこれに当てはまるのではないか，との批判が向けられる[62]。こ

---

58) Hikcmanは，Dworkinの立場を発展させた論者の一人として，Allanを挙げている（*Id*, at 17）。
59) Hickmanによれば，「BickelとDiceyは，最終的決定権を異なる部門に与えているようにみえる憲法に関心を有していたが，彼らのアプローチは中間を行くものであった」。*Id*, at 81. *See* Kavanagh, *supra* note 13, at 405.
60) Hickman, *supra* note 37, at 83, *see also* Kavanagh, *supra* note 13, at 332.
61) Alison L Young, *Parliamentary Sovereignty and the Human Rights Act* 140 (2009).
62) Hickman, *supra* note 37, at 85.

の批判は，彼女の議論を結局は不適合宣言重視派だとみているわけである[63]。実際，彼女は，上の区別を提唱する際にWaldronの議論を参照しており[64]，この批判にも一定の説得力があるところがあるが，彼女自身は，「結果」について異論があり得るか否かという表現や，「イージーケース」「ハードケース」という言葉も用いており[65]，これらの用語法からは適合解釈すべき場合が多いようにも思われる。いずれにしろ，この区分は，不適合宣言には当該規定を——当該事案との関係ですら——無効とする力がないという意味で弱い効力しか認められていないイギリスに特有の制度を前提にしたものであることに注意が必要であろう。

この点，むしろ，Youngが，上記の原則からは適合解釈をすべきであっても，一定の場合には適合解釈をすべきではないとして，(i)適合解釈を行えば当該法律の基本的な性格を侵害する場合，(ii)不適合の解消には広範に亘る立法が必要となる場合，(iii)不適合の解消のためにありうる立法に一定の幅がある場合を挙げることが示唆的である。(i)は解釈そのものの限界を，(ii)(iii)は，裁判所は個別事案について解決，救済を与えるのに向いているが，仕組みの広範な修正や複雑な手続の制定等には向かず，これらはむしろ議会が得意とするものであるという，いわば機関適性からの限界を表しているように思われる。

おわりに

イギリスでは，日本における議論と異なり，適合解釈——合憲限定解釈に相当する——が政治部門に与えるインパクトの強さに焦点が当たっている点が興味深い。これは，不適合宣言が，それによって，日本の違憲判決のように違憲とされた法律が——当該事案との関係に限られるが——無効とされることや，当該事案の当事者が救済されたりすることがないのに対して，適合解釈には，当事者を救済する際に法律の意味を人権適合的に画定するという意味で強い効力が認められるからであろう。違憲判断との対比で合憲限定解釈を国会に

---

63) *See id*, at 70.
64) Young, *supra* note 41, at 775 は，Jeremy Waldron, Judges as Moral Reasoners, [2009] International Journal of Constitutional law 2 を引用する。
65) Young, *supra* note 61, at 142.

対する裁判所の控え目な判断を示したものとみる傾向が強い日本のあり方に馴染んだ立場からは新鮮に映る。

　不適合宣言や適合解釈を説明，正当化するための議論として，「対話理論」が広く用いられている。その多くは，不適合宣言を中心に据え，制定法の内容を決定するのはあくまで議会であって，裁判所は議会に提案を行うにすぎないというものである。この議論は，あくまで議会が最終決定権をもつことを前提としており，伝統的な議会主権に親和的である。これに対し，適合解釈の場合でも，議会がこれに同意しないならば新たな制定法によって対抗することができる点に着目して，適合解釈を対話のメタファーで説明，正当化しようとする議論も存在する。この議論は，最終決定権を議会と裁判所のどちらがもつかには拘らず，またアメリカ合衆国憲法の理解に関する学説を参照していることからも，潜在的にはアメリカ合衆国型の違憲審査をも正当化しうる——その論証が適切かは別に検討する必要があるが——ものであろう。いずれにしろ，「対話理論」が人権法による裁判所の権限拡大を説明，正当化する文脈で用いられている点は興味深い。

　人権法の発効後，実際にも，裁判所において不適合宣言と適合解釈の例が積み上げられてきている。不適合宣言について，議会が，法的にはこれに従う義務がないにもかかわらず，実際にはほとんどの事案でこれを受け入れ，法改正を行っている点は注目される。適合解釈に対しても，この解釈を覆す法改正が行われているようにはみえず，これも政治部門が裁判所の解釈を受け入れたものとみられる。かかる実情を重視すれば，従来の議会主権の伝統的な「ウエストミンスター・モデル」から，このモデルとアメリカ合衆国型の「制限議会主義モデル」との間の「中間モデル」へと移行したとの評価も可能であろう[66]。いずれにしろ，人権法の制度はよく機能しているとみられる。しかし，Bill of Rightsを制定して，裁判所に制定法を無効にする権限を与える——アメリカ合衆国型の違憲審査制度を導入する——主張を行う論者もおり[67]，議会でも議論がくすぶり続けている。今後の展開が注目される。

---

66) Mark V Tushnet, "New Forms of Judicial Review and the Persistence of Rights: And Democracy-Based Worries", [2003] 38 Wake Forest Law Review 813.

67) Anthony Lester, "The Utility of the Human Rights Act: a reply to Keith Ewing", [2005] PL 249, at 258.

3　ドイツ

3 ドイツ

ドイツにおける政府提出法案の起草過程とその規律

片桐直人

I　はじめに
II　ドイツにおける政府提出法案
III　政府提出法案準備過程とその規律
IV　原案の起草とその規律
V　法案の閣議決定まで
VI　おわりにかえて

I　はじめに

1　立法の質の問題

　川﨑政司は，かねて，「現在の日本においては，立法の『質』が問われるような状況が様々な形で顕在化している」との問題意識を表明している[1]。川﨑によれば，そのような立法の「質」の問題が議論されざるを得なくなった背景には，①立法のインフレーション，②法律の道具化，③立法の目的化・象徴化，④規律対象の拡散とそれに伴う制度や規範のパッチワーク化などがあるとされる。川﨑が慎重に留保を付すように，これらの現象は，複雑化した現代社会を法によって制御し形成しようとする現代の立法に避けがたく付随するものであるといえよう。だとすれば，そのような状況を嘆くより，それを前提として新たな展望を切り拓く方が生産的ともいえるのかもしれない。しかしながら，このような現象によって，従来，「法（律）」を「法（律）」たらしめていた暗黙の諸前提

---

1) 川﨑政司「立法における法・政策・政治の交錯とその『質』をめぐる対応のあり方」井田良＝松原芳博編『立法実践の変革（立法学のフロンティア3）』（ナカニシヤ出版，2014年）42-72頁。

が蚕食され,「法的なもの」が失われていくことにつながらないか,という懸念自体は,真剣に受け止める必要がある。

そして,よく知られているように,ヨーロッパの各国でもまた,同様の懸念から,より良き立法を模索する動きがみられる[2]。立法学に早くから注目してきたドイツでも,近年あらたに立法学に関する書籍がいくつか公刊され[3],実務レベルでもEUとともに「より良き立法」を模索するなどの動きがみられるところである。そこで,本稿では,まさに,「法」と「政治」との交錯する領域における大きなテーマである「立法のコントロール」について,ドイツを比較素材としつつ検討してみたい。

2 立法の統制

ところで,ドイツの文脈で,「立法」ないし「法律」のコントロールというとすぐに思い浮かぶのは,強大な権限を持つ連邦憲法裁判所による基本法(憲法)に基づく規範統制であろう[4]。本稿も,そのような評価に異論を差し挟むものではない。しかしながら,ドイツでは,連邦憲法裁判所以外にも法律をコントロールする(しうる)アクターがいることは見逃されてはならない。ここには,立法者としての議会も当然に含まれるわけだが,それ以外にも,たとえば大統領のほか[5],官僚や州政府,メディアなども法律の制定に影響を与えその内容等をコントロールする主体として観念しうる。また,後に簡単に触れるように,ドイツでは,連邦司法省が政府提出法案の合憲性審査も含めた審査を行っており,その意味では,連邦司法省もまた,立法を統制するアクターである。さらに,立法の妥当性は,その必要性を担保する社会的事実やその実効性を担保する専

---

[2] フランスの例として,只野雅人「『饒舌な立法』と『一般意思』——フランスにおける立法と政治」山内敏弘先生古稀記念『立憲平和主義と憲法理論』(法律文化社,2010年) 254–271頁ほか参照。

[3] たとえば,本稿でも頻回参照する, Winfried Kluth/Günter Krings (Hrsg.), Gesetzgebung, 2014 のほか, Ortlieb Fliedner, Rechtsetzung in Deutschland, 2013; Ulrich Karpen, Gesetzgebungslehre, 2. Aufl. 2008 などがある。

[4] ドイツ連邦憲法裁判所については,我が国でも膨大な研究の蓄積があり,ここでは,畑尻剛=工藤達朗編『ドイツの憲法裁判〔第2版〕』(中央大学出版部,2013年)およびドイツ憲法判例研究会『ドイツの憲法判例〔第2版〕』(信山社,2003年),同『II〔第2版〕』(信山社, 2006年),同『III』(信山社, 2008年)をあげるにとどめる。

[5] 大統領の連邦法律認証権(基本法 82 条 1 項)とそれに基づく法律の「審査」については,加藤一彦「ドイツ連邦大統領の法律審査権」現代法学 14 号 (2007年) 73–91頁を参照。

門的な知見にも依存するのであるから，それらに関する情報を提供する専門家も重要なアクターとなる。

一方，立法のコントロールにあたっては，立法を評価するための基準（Maßstab）が必要となる[6]。このような立法をコントロールする基準については，憲法や行政法をはじめとした各法領域から抽出された法原則を用いるという方向性ももちろんありうる[7]。ただ，立法を制御するためには，法形式の選択にかかわるもの，文言の平明性や正確性にかかわるもの，法令文書の構造にかかわるもの，制定過程における実質的な審議や制定後の事後的な見直しを担保するための説明資料のあり方にかかわるもの，規制によって発生するコストの算出と検証などに関するものなど，必ずしも各法領域から抽出された法原則のみから設定できるわけではない評価基準が必要となる。

この点，ドイツでは，我が国同様，立法のうちで大きな比重を占める政府提出法案について，憲法や法律のほか，規則やマニュアル類などによって，その起草過程が規律されている。そこで，本稿では，主に政府提出法案の準備過程とそれを実質的に規律する連邦省庁共通業務規則（Gemeinsame Geschäftsordnung der Bundesministerien [GGO]）に焦点を当て検討してみたい。

II　ドイツにおける政府提出法案

1　連邦法律における政府提出法案

基本法76条1項は，連邦議会に対する法案提出権を，連邦政府，連邦議会議員のグループ[8]，連邦参議院に認めている。このうち，連邦政府提出法案については，連邦参議院に先に送付したうえで，連邦議会に提出される（同条2項）。他方，連邦参議院提出法案は，連邦政府を通じて連邦議会に提出されることとされる（同条3項）[9]。

---

[6] この点につき，主として行政法の観点からドイツと日本の議論状況を俯瞰しつつ検討するものとして，原田大樹「立法者制御の法理論」新世代法政策学研究 Vol. 7 (2010年) 109-147頁。

[7] 原田・前掲注6) は，このような方向での検討を行ったものといえよう。

[8] 連邦議会の会派または連邦議会議員の構成員のうち5％以上の賛同者。

[9] ドイツの立法手続の概観として，櫻井智章「ドイツ」初宿正典編『レクチャー比較憲法』（法律文化社，2014年）117-188頁のほか，古賀豪「ドイツ」古賀豪ほか編『主要国の議会制度』（国立国会図書館調査及び立法考査局調査資料 2009-1-b, 2010年) 29-32頁を参照。

ところで，ドイツでは，立法期制（Wahlperiode）が採用されているが，連邦議会は，立法期ごとの統計データを整理・公表している。1990年から始まる第12立法期以降の統計をみてみると[10]，連邦議会に提出された法律案は，多いときで923件（第13立法期〔1994-1998年〕），少ない時で643件（第15立法期〔2002-2005年〕）ある。法案提出主体別にみると，各立法期を通じて最も多いのが政府提出法案で，約48～60％となっている。次いで多いのは，連邦議会会派など，連邦議会の議員グループによる法案提出で約30～38％，連邦参議院による提案は約10～17％となっている。このうち，連邦議会議員提案では，野党会派による法案提出が多い。法案提出主体別に法案の成立件数をみてみると，やはり政府提出法案が最も多く，成立法案全体の70～80％前後を占める。他方で，野党会派が提出した法案や連邦参議院提出法案はほとんど成立しないのが通常である。

　ちなみに，ドイツでは，連邦政府と与党会派がそれぞれ別に同内容の法案を提出することもあれば（Paralleleinbringungと呼ばれる），与党会派の法案提出権を利用して，政府による法案提出そのものが見送られる場合もある（Unechte Bundestagsinitiativeなどと呼ばれる）[11]。そうすると，与党会派提出法案の中にも，実質的には，政府提出法案と同視すべきものが含まれることになる。結局，連邦議会に提出されている法案のうち，80～90％は，何らかの形で政府が関わったものと考えることができよう。

　ドイツでは，連邦政府が立法過程で主導権を担っていると指摘されるが[12]，このことは，以上の統計からも確認されよう。それは，連邦政府が議会与党会派と一体となって，連邦レベルの政策について実効的な形成を担っているからでもあり，同時に，連邦政府には，連邦議会と異なって，官僚組織など，専門性や人材の面で，資源が豊富にあるからである[13]。

---

10) *Deutscher Bundestag* (Hrsg.), Datenhandbuchs zur Geschichte des Deutschen Bundestages 1990 bis 2010, 2011, Kap. 10.1. available at https://www.bundestag.de/blob/196202/3aa6ee34b546e9ee58d0759a0cd71338/kapitel_10_01_statistik_zur_gesetzgebung-data.pdf (last access 01. 11. 2015).

11) このようなParalleleinbringungやUnechte Bundestagsinitiativeが用いられる背景には，様々な政策的・実務的理由があるとされるが，その一つには，基本法76条2項が，政府提出法案につき，提出前に連邦参議院に送付することを義務付けていることがあげられる。Vgl. *Hans-Georg Maaßen*, Gesetzesinitiativen der Bundesregierung, in: Kluth/Krings, a.a.O. (Anm. 3), S. 191 ff. (Rn. 75 ff.).

12) *Armin von Bogdandy*, Gubernative Rechtsetzung, 2000, S. 57 ff.

2　関連法令

つぎに，このような立法過程を規律する各種の法令に目を転じてみよう。立法過程は，いうまでもなく，憲法以下の様々な法律や規則によって規律されている。たとえば，連邦議会議事規則（Geschäftsordnung des Bundestages [GOBT]），連邦参議院議事規則（Geschäftsordnung des Bundesrates [GOBR]），法案合同協議会議事規則（Geschäftsordnung des Vermittlungsausschusses von Bundestag und Bundesrat [GOVA]）といった議院の自律的規則のほか，連邦政府執務規則（Geschäftsordnung der Bundesregierung [GOBReg]）にも関連する規定がある[14]。また，近年では，いわゆる「より良い立法（Bessere Rechtsetzung）」との関連で，国家法規管理院設置法（Gesetz zur Einsetzung eines Nationalen Normenkontrollrates [NKRG]）が2006年に制定され，後述のように，立法の統制に大きな影響を与えている。

これに加えて，政府提出法案の準備過程や政府提出法案の形式，それに添付すべき文書などは，連邦省庁共通業務規則（Gemeinsame Geschäftsordnung der Bundesministerien [GGO]）がかなり詳細な規律を設けており，また，GGOの規定を受けて，「法律・行政規則の準備に関するハンドブック（Handbuch zur Vorbereitung von Rechts- und Verwaltungsvorschriften）」[15]（連邦内務省作成。GGO42条3項）や，「法形式ハンドブック（Handbuch des Rechtsförmlichkeit）」[16]（連邦司法省作成。同4項）が作成され，GGOで規律されていない詳細を補充している。このほか，各省庁によって，様々な手引書が作成されている[17]。

以上のことからも，政府提出法案については，議会における審議過程のみならず，その準備段階から，一定の規律が行われていることがうかがわれよう。

そこで，つぎに，とくに政府提出法案の準備過程に沿いつつ，そこにどのよ

---

13) 服部高宏「ドイツの立法過程にみる政党と官僚」議会政治研究34号（1995年）50–58頁，53頁以下も参照。

14) なお，連邦政府執務規則の規定も踏まえてドイツの連邦政府のあり方を分析するものとして，上田健介『首相権限と憲法』（成文堂，2013年）71–160頁。

15) *Bundesministerium des Innern* (Hrsg.), Handbuch zur Vorbereitung von Rechts- und Verwaltungsvorschriften, 2. Aufl. 2012, S. 49 ff.

16) *Bundesministerium der Justiz* (Hrsg.), Handbuch des Rechtsförmlichkeit, 3. Aufl. 2008.

17) たとえば，法令の用語や規定の仕方によっては，一定のジェンダー・バイアスが発生する可能性があるが，この点につき，連邦家族・高齢者・夫人・青少年省では，Gender Mainstreaming bei der Vorbereitung von Rechtsvorschriftenという手引書を作成している。

うな規律が存在するのか，いささか踏み込んで観察する。

Ⅲ　政府提出法案準備過程とその規律

1　政府提出法案の準備過程

おおまかに，政府提出法案の準備過程は，①法案を具体化する前の準備を行う過程と②草案を起草する過程とに分けられる。論理的には，①を経たのち，②へと進むことになるわけだが，実際には，これらの過程が截然と分けられるわけではなく，また，しばしば①と②が平行して行われたり，①と②を往復しながら法案が準備されたりすることも多いといわれる。

政府提出法案の準備過程においては，担当する省庁（Ressort）がすべての責任を負う。担当省庁が法案を準備するのは，政権の政策プログラムや政党間の連立協定が動機となることもあれば，EU法上や法律の事後評価による見直しによって必要性が生じることもある。また，法律の適用対象となる業界や，州，学界からの要望によって法案が準備されることもある[18]。このことは，各省庁の部局は，政権の指示はもとより，必要性があれば一定程度独自に法案の準備作業に入ることを示している[19]。

2　法案具体化前の準備作業

(1) 規制の必要性の検討

政府提出法案を具体化する前の準備作業には，規制そのものの必要性や，それが法律という形式で行われることの必要性の検討，規制影響評価への対応，その基礎となる専門的知見の収集，関連省庁や連立与党への根回し，法律を成立させるために必要な政治的・時期的な環境が整っているかの検討などがある。ここでは，とくに，法律の必要性の検討について概観しておこう。

政府提出法案の準備過程では，法案の準備作業に入る前に，そもそも法律が必要であるかが検討される。GGO 42条によれば，政府提出法案（Gesetzesvorlagen）は，法律案（Gesetzentwurf）本体のほか，法案提出の理由書（Begründung），法律案が解決しようとしている問題や立法目的，解決策，他の選択肢，必要な

---

18) *BMI*, a.a.O. (Anm. 15), Rn. 82; *Maaßen*, a.a.O. (Anm. 11), Rn. 8ff.
19) なお，服部・前掲注13) 53頁以下も参照。

支出，法律の施行に伴う費用，その他の費用などを記した説明書（Vorblatt）[20]，国家規範統制委員会による意見書によって構成される。このうち，説明書については，2頁程度で作成されるものとされ，簡潔なものであるが（GGO 42条1項別表3参照），理由書は，GGO 43条1項で，法律案及びその個別規定の目的及び必要性，法律案が必要とされる事情およびその認識の基礎，私人による自主規制の可能性を含む他の解決方法の存否，法律によって発生する直接・間接の効果など，12の項目を列挙し，法案提出理由中に記さなければならないと定められており，法律案全体の理由や各条文の解説などを詳細に説明するかなり大部のものとなっている[21]。

(2) 必要性の検討の方法

このことからしても，担当部局は，法案準備に当たって，そもそも法律が本当に必要なのかを念入りに検討しておくことが重要になる。もっとも，「法律の必要性」とひとくちで言っても，様々な観点からの検討が可能である。そこで，「法律・行政規則の準備に関するハンドブック」では，つぎのような一定のプロセスに基づき，それをチェックするよう示されている[22]。

第1段階として，それが法律という形式を採るかはともかく，一定の規制の必要性があるかが検討されなければならない。そのために，新しい規制が必要とされる事実的基礎（Tatsachengrundlage）が多数あげられるか，私人などによる自主規制や既存の法的規制の解釈や適用を通じて新しい規制の目的やそれが目指している問題解決が達成できないかが検討される。この点に関連して，GGO43条1項3号別表5は，自主規制の可能性の有無を検討する際に，問題解決にとって自主規制によることが適当か，政府が自主規制を促すことが可能か，

---

20) 多くの政府提出法案のVorblattでは，「他の選択肢は存在しない」と書かれているのが通常である。この点につき，他の手段をはじめから締め出していると指摘されることもある。しかし，政府提出法案の準備過程で一定以上の検討がなされていることに鑑みると，このように書くことにもそれなりの意味があり，そのような検討が一定程度なされている以上，それを超えて他の手段があることを証明するのは，野党会派の責任だとも考えることができる。*Hans Schneider*, Gesetzgebung, 3. Aufl. 2002, Rn. 113.

21) なお，立法における理由の意義・機能と憲法上の根拠等について，Vgl. *Winfried Kluth*, Die Begründung von Gesetzen, in: Kluth/Krings, a.a.O. (Anm. 3), S. 333 ff. (Rn. 1).

22) *BMI*, a.a.O. (Anm. 15), Rn. 83.

自主規制が可能だとしてそれが公共の福祉にかなうような形で行われることが担保されるか、自主規制が不十分な場合にどのような措置が採られるべきか、自主規制による解決に基づかない場合でも私人との協調によって問題解決が可能か、そのための法的な仕組みをどのように設けるかなどの、複数の項目からなる観点 (Hilfestellung) を示している。

以上の検討を行ったうえで、新しい規制の必要性が肯定されれば、第2段階として、憲法上の規定や、変更が加えられることになる既存の法令との関係といった観点から、規制が法律の形式で行われるべきかが検討される。さらに、新しい規制について、法律の形式をとることが要請されなくても、実際上の、あるいは、政治的な観点から、法律の形式が必要となるかが別途検討され、また、法律の形式を採ることが法的に必要とされていない限り、私人の自己規制によって目的を達成することができるかも検討される[23]。

このような法律の必要性の検討には、当然、検討の基礎となる各種の情報が必要になる[24]。かかる情報は、担当部局や担当部局の所属する省庁が保有しているものもあるが、他の省庁や州政府が保有している場合もある。また、業界団体やNGO、規制対象となる名宛人の意向、裁判所の判例の動向や学術的な知見も重要な情報源である。とくに新規立法や法律の全部改正など、大規模な立法を予定する場合には、専門家の意見書を徴したり、専門家や実務家から構成される専門委員会を立ち上げ、委員会報告書の作成を求めたりすることが有効であると考えられている。

3 立法過程における外部専門家の関与

(1) 立法過程と外部専門家

ところで、立法過程において、外部の専門家の関与を要請し、その意見を求

---

[23] 法律の必要性について、担当の部局が政府提出法案の準備の際に検討し、その結果も含めて議会に提出するというやり方は、政府提出法案について、その内容や必要性と法律の個々の条文を、議会で同時に議論し、審議するということに他ならない。ある論者は、このようなやり方は、現行法制の問題点を緑書や白書の形であらかじめ議会に示すというイギリスの方式と大きく異なっていると指摘する。この点、ドイツでも、法律の必要性や方向性と個別の条文のあり方を分けて議論することが検討されても良いという指摘がある。Vgl. *Fliedner Ortlieb*, Gute Gesetzgebung, FES-Analyse: Verwaltungspolitik, 2001, S. 17; *Maaßen*, a.a.O. (Anm. 11), Rn. 27.

[24] *BMI*, a.a.O. (Anm. 15), Rn. 85 ff.

めることは，我が国同様，ドイツでも頻繁に行われている。このような外部専門家の関与は，政府提出法案の準備過程だけでなく，連邦議会や連邦参議院等における審議過程でも公聴会の開催が認められているなど（GOBT 70条，GOBR 40条3項参照），立法過程全体に見られる現象だが，ここで，この点についても若干の検討を加えておこう。

立法過程において，各種の専門的な知見を徴することは，たとえば連邦憲法裁判所における憲法判断の際に，適切な予測の基礎が求められることがあることを踏まえれば[25]，否定的にとらえられるべきものではない。しかし，ここから直ちに，立法者に立法過程において専門的知見を参照することが義務付けられるわけでもない。立法者には，どのような方法で立法の基礎となる事実を確かめるかなどについても，基本的には一定の選択の余地があると考えられる。

他方，立法過程における外部専門家の関与は，立法過程における専門知の不足を埋め合わせる反面，立法過程において過大な影響を与え，法律の民主的正統性に疑念を生じさせるとも思われる[26]。しかしながら，この点については，外部専門家の関与は，政治的には立法過程に影響を与えてはいるが，法的に法律の制定と外部専門家の見解が結びついているわけではなく，民主的正統性の問題は生じないという見解も有力である[27]。

(2) 脱・議会化？

これとは少し異なる問題として，いわゆる脱・議会化の問題がある。民主制原理に立脚する憲法構造の下で，とりわけ重要な位置づけを有するのが議会であることには疑いがない。理念的には，議会は，国民によって直接選出された代表者で構成され，政治的意思決定過程の中心に位置づけられる。しかしなが

---

25) この点に関連して，宍戸常寿「立法の『質』と議会による将来予測」西原博史編『立法システムの再構築（立法学のフロンティア2）』(ナカニシヤ出版，2014年) 60-82頁，67頁以下。

26) 関連して，外部専門家の関与一般については，透明性を高めることや，法律に根拠づけることが必要なのではないか，という議論もなされている。この点も含め，さしあたり，*Andreas Voßkuhle*, Sachverständige Beratung des Staaets, in: Isensee/Kirchhof (Hrsg.), Handbuch des Staatsrechts, Bd. 3., 3. Aufl. 2005, S. 425 ff. (§43). また，外部専門家へ諮問する際には平等原則との関係も問題になるが，この点につき，連邦憲法裁判所は，立法府の裁量の問題だと判断したことがある。BVerfGE 36, 321.

27) *Markus Heintzen*, Externe Beratung in der Gesetzgebung, in: Kluth/Krings, a.a.O. (Anm. 3), S. 240 (Rn. 24).

ら，ドイツでは，長らくこの議会の位置づけが相対的に低下していることが指摘され，脱・議会化（Entparlamentarisierung）[28]という標語のもと，議論されている。

　このような状況は，近年ではとくにグローバル化，ヨーロッパ化の進展とともに生じるドイツ議会の影響力の喪失という文脈で議論されることが多いが，脱・議会化傾向そのものはかなり以前から観察されている。たとえば，財政領域において，財政赤字や減税措置が，予算編成に対する制約となっていること，法案合同審査委員会の閉ざされたドアの向こう側で実質的な決定が行われていること[29]，メディア・デモクラシーの進展とともに，公論が形成される場が，議会の外へと拡散していること，政党国家化とともに政党内や政党間の意思決定が比重を増していることなどが，脱・議会化の問題として議論されている。

　もっとも，このような脱・議会化が直ちに憲法違反だと考えられているわけではないことには注意が必要である。ドイツでは，我が国同様，一元型の議院内閣制が採用されており，連邦議会の多数を握る与党会派から首相が選出され，基本的には，政府と議会とは一体的に活動するのが常である。したがって，このような脱・議会化は，ある種，憲法内在的に発生する現象だともいえる[30]。さらに，権力分立や，議院内閣制など基本法における統治システムの基本的な考え方から，この問題に対する具体的な判断基準を導くのは困難だともいわれている[31]。

　他方，行政官僚が立法過程で大きな意味を持っていること[32]，さらに，その立法過程に外部専門家が関与していることも，脱・議会化の一環として語られ

---

28) 脱・議会化について，*Thomas Puhl*, Entparlamentarisierung und Auslagerung staatlicher Entscheidungsverantwortung, in: Isensee/Kirchhof (Hrsg.), a.a.O. (Anm. 26), S. 639 ff. (§48).
29) 法案審議合同委員会（基本法 77 条 2 項参照）は，連邦議会と連邦参議院の意思の不一致を調整する機関である。その問題点も含めて，詳細は，加藤一彦「ドイツ基本法における『法案審議合同協議会（VA）』の憲法的地位と権能」現代法学 21 号 15−30 頁を参照。
30) もっとも，脱・議会化傾向に対しては，連邦憲法裁判所が，それを防ぐべく積極的に議会の権限を促進するような判断を下しているといわれている。Vgl. *Sigrid Emmenegger*, Die Stärkung des Parlaments in der neueren Rechtsprechung des Bundesverfassungsgerichts, in: Emmenegger/Wiedmann (Hrsg.), Linien der Rechtsprechung des Bundesverfassungsgerichts, Bd. 2., 2011, S. 447 ff.
31) *Heintzen*, a.a.O. (Anm. 27), Rn. 25.

ることがあり[33]，本稿との関連でも，興味深い問題を提起している。

　ドイツでは，規制対象との協調や合意を必要とし，そのような協調や合意を非公式制度によって形成しようとする政治慣行のもと，議会は，そのような協調や合意に対して形式的な最終決定を与えることしかできなくなってしまっていると指摘される。たとえば，ドイツでは，2000年に，脱原子力に向けた合意（Atomkonsens）が，連邦政府と電力会社によって行われ，これに基づいて，原子力法の改正が行われた[34]。このようなやり方は，すでに合意の段階で，実質的な内容が決定されており，議会には最終的かつ形式的な決定権しかもはや残されていないというのである。

(3) 法案起草過程のアウト・ソーシング

　脱・議会化傾向の関連としてとらえることが可能なものとして，法案起草過程への大手ロー・ファームの関与（起草過程のアウト・ソーシング）の問題がある[35]。これがとくに議論されたのは，サブプライム危機に関連した金融危機への対応として2009年に制定された[36]，不動産金融会社であるヒポ・レアル・エステートの国有化にかかわる「金融市場安定化のための企業の救済に関する法律」とドイツの銀行法である「信用制度法」の改正に際してであった。

　このうち後者の法律について，連邦議会において複数の議員及び会派から連

---

32) 服部高宏は，ドイツの立法過程の問題状況について，1995年の段階ですでに，「60年代以降の福祉国家化の進展とともに数多くの特殊かつ細分化された法規制が必要となり，それが議会への過重負担をもたらすにつれ，議会は各種大綱法・計画法など政策の大枠のみを定める法律を制定し，その具体的運用を行政機関の裁量に委ねる傾向が顕著になってきた」ことに加えて，各省庁の行政機関が，「立法の基礎となる知識・データの供給源として」重要な役割を担っていることを指摘しているが，このような傾向もまた，政治的決定が，立法府から政府・行政へと比重を移しつつあることの証左であり，脱・議会化の文脈の下で把握される。服部・前掲注13) 51頁。

33) *Hans H. Klein*, GG Art. 38, in: Maunz/Dürig, Grundgesetz-Kommentar, 74. EL Mai 2015, Rn. 57.

34) 2002年原子力法改正とその経緯は，山口和人「ドイツの脱原発政策のゆくえ」外国の立法244号 (2010年) 71-102頁を参照。

35) *Heintzen*, a.a.O. (Anm. 27), Rn. 26f. なお，連邦政府によれば，このような形での外部専門家の関与は，2000年以後活発化し，2000年から2009年までの間で，連邦省庁全体で61件あったとされる。Vgl. Bundestag Drucksache 16/14133.

36) この時期のドイツにおける金融危機については，多くの文献があるが，さしあたり，藤澤利治「国際金融危機とドイツの銀行制度改革」証券経済研究82号 (2013年) 123-142頁を参照。

邦政府に対して質問がなされている[37]。そこでは，連邦経済技術省は，当該改正法の草案を大手法律事務所であるリンクレーターズに起草させているが，リンクレーターズはその顧客に当該法律によって直接影響を受ける企業を抱えているか，将来そのような顧客を抱える可能性があるのであって，利益相反となるのではないかと指摘された。これに対して，連邦政府は，たしかに法案起草段階では，大手法律事務所から意見を徴し，その中には法律案も含まれていたが，金融危機という非常時にその後の危機の進行を予見しつつ複雑な法的問題を処理する知見を備えた人材や経験を持ち合わせた人材が，管轄省庁内に不足していたこと，最終的には，管轄省庁で専門的に検討したことから問題はないと反論した。

この点について，ある学説はつぎのように説明する[38]。たしかに，ある規制が規制の名宛人と実質的に同視できる者によって制定されているとすれば，お手盛りとなる可能性もあって，ひいては政府の中立性や規制の平等性に疑義を生じさせかねないとも思われる。しかしながら，連邦政府が言うように，金融危機のような何よりも迅速な対応が求められる場面で，行政側に専門知を有する経験豊富な人材が必ず存在するとは限らないのであって，外部専門家を活用するひとつの意義はそこにある。また，大手法律事務所が法案の起草をすべて請け負うとまではいかなくとも，各省庁では，人材交流などで弁護士が協力者としてかかわっている場合もあるだろう。そうすると，起草過程のアウト・ソーシングといっても，過剰に問題視すべきではないとも考えられる。他方で，このようなアウト・ソーシングについて，どこまでも無限定に行いうるとなれば，何のために官僚を雇用しているのかということにもなって，経済性や倹約性といった予算法上の原則に抵触する。その意味で，アウト・ソーシングを行う場合であっても，そこには実質的な理由が必要となる。また，そもそも法案は，行政内部で審査されなければ法案とはならないし，GGO 3条1項で法案の準備が管轄省庁の任務とされていることから，起草準備を外部に委ねるときは，その範囲を明確にしておくなどの限界を導くことも考えられる。

---

37) Bundestag Drucksache 16/13899.
38) *Heintzen*, a.a.O. (Anm. 27), Rn. 26 ff.

Ⅳ 原案の起草とその規律

1 原案の起草と連邦司法省による審査

(1) GGOによる枠づけ

原案の起草は,担当者にとって,「全立法過程の中でも最も輝かしい場面」だとも言われる[39]。というのも,起草担当者は,その能力や経験のすべてを動員して,目的を効果的に達成できる,わかりやすく,論理的・体系的な整合性と均整のとれた原案を用意しようと努力するからである。しかしながら,そのような起草担当者の努力の賜物である原案も,法案を巡る各省庁との調整[40],それを取り巻く政治的環境,その後の議会審議の過程で姿を変えてしまうのが常である。

同時に,GGO 42条は,法案が満たすべき形式や内容を規律しており,起草者はその点も無視することはできない[41]。たとえば,GGO 42条は,法律案を,表題,前文,章別や条文別に編成された個別の規定によって構成されるものとする(2項)ほか,法律案は,正確かつ,何人にも理解しやすい明晰な言葉を用いるものとする(5項)など,法律案が形式面で満たさなければならない条件を定めている[42]。

(2) 連邦司法省による法令審査

これらの点も含めて,GGO 46条は,政府提出法案について,その閣議決定前に,連邦司法省による法体系と法形式の観点からの審査(Rechtsprüfung)を受けることを求めている[43]。連邦司法省においては,法令の形式やその文言の正確性,明晰性に関する審査や,規制目的を達成するための当該規制の必要性の審

---

39) *Maaßen*, a.a.O. (Anm. 11), Rn. 33.
40) 残念ながら本稿で触れる余地がないが,GGOは,法案起草から法案の閣議決定に至るまでの様々な段階における各省庁,各州,連邦参議院との調整や連絡の方法を規定している。
41) また,GGOでは,法案に付属する理由書,説明書等に盛り込むべき内容についても規定している。
42) 前掲注10)も参照。
43) *BMJ*, a.a.O. (Anm. 16), Rn. 5 ff. なお,連邦司法大臣は,閣議において,法律案や命令案,その他の連邦政府の措置に対して,既存の法令に反することを理由として,異議を申し立てる権限を有する(GOBReg 26条2項)。参照,上田・前掲注14)121頁以下。

査のほか，高次の法令への適合性（垂直的審査），既存の法令との無矛盾性（水平的審査）などが審査される[44]。審査の結果は，法案を決定する閣議の際に，あわせて閣議に提出されることとなっている（GGO 51条2号参照）。このような連邦司法省による審査が，法令の体系性，一覧性，明晰性の確保のほか，その必要性の検証に役立っていることはいうまでもない[45]。

ところで，垂直的審査には，国際法やEU法との適合性はもちろんのこと，基本法適合性の審査も含まれる。基本法適合性審査では[46]，①連邦の立法管轄事項か，②連邦参議院の同意が必要となるか，③委任法律の場合には，基本法80条との関連で問題がないかといった点が審査される。さらに，④基本権や基本権と同視しうる権利（基本法93条1項4a号参照）にかかわるものである場合には，(i)自由権にかかわる場合には，介入が許されるか，比例原則を満たしているか，(ii)平等権にかかわる場合には，特別の平等権を侵害するものではないか，一般平等原則に反するものではないか，(iii)制度保障及び制度的保障に反するものではないかといった点が審査されるほか，⑤基本権に表出されている客観的な価値決定に反するものではないかといった点も審査される。また，⑥基本法20条が定める基本原則や，憲法上の一般原則（たとえば，明確性の原則，法的安定性の原則，遡及立法の禁止，本質性理論）を適切に考慮したものであるかといった点も審査される。

(3) 連邦司法省による審査と法案の起草

すでに述べたように，以上のような連邦司法省による審査は，閣議決定前に行われることが予定されている。しかし，実際には，閣議決定直前の法案が固まった段階で，連邦司法省から修正を要求されると，修正に大きな労力がかかってしまう。したがって，法案を担当している各部局は，原案作成の段階から連邦司法省に関与を求めている（なお，GGO 46条3項も参照）。

原案作成の早い段階から，連邦司法省の審査を意識し，あるいは連邦司法省

---

[44] 連邦司法省による審査の対象となるのは，政府提出法案を構成する法律案，理由書，説明書のうち，法律案である。その他については，法律案の審査に必要な限りで審査が行われる。
[45] *BMJ*, a.a.O. (Anm. 16), Rn. 4. また，ドイツにおいてこのような法令の形式面についての審査がプロイセン以来の伝統であることにつき，*Dorothee Weckerling-Wilhelm*, Zu den Anforderungen der Rechtsförmlichkeit, in: Kluth/Krings, a.a.O. (Anm. 3), S. 247 ff. (Rn. 4 ff.).
[46] *BMJ*, a.a.O. (Anm. 16), Rn. 51 ff.

の関与を求めることは，原案作成に際して，司法省によって行われる審査の各項目について留意しながら作業を進めることにつながる。おそらく，連邦司法省によってなんらかの所見が述べられた法案は修正されることになるから，このような審査が，法令の体系性，一覧性，明晰性や，その必要性も含めて担保しているものと考えられよう。

2 　規制影響評価（Gesetzesfolgeabschätzung［GFA］）

(1) 　政府提出法案と規制影響評価

近年，各国において，規制影響評価（Regulation Impact Assessment［RIA］）が実施されており，我が国でも導入されている[47]。ドイツでも，規制影響評価は，一般に，政策判断に当たって，様々な情報を獲得・評価し，規制を制定する過程を合理化することに意義があり，規制の必要性や効率性，影響に関する情報が手に入れば，簡素で効率的なより良い立法へとつながるものとして肯定的に受け入れられている[48]。

ドイツでは，1970年代から規制影響評価の制度化が試みられてきたが[49]，とくに，2000年のGGO改正によって，法案提出理由書と説明書において，規制の影響を記載することが義務付けられることとなった（43条1項5号，44条参照）[50]。

GGO 44条1項によれば，規制の影響とは，規制によってもたらされる効果（wesentlich Auswirkungen）をいい，そこには，規制の意図する効果（beabsichtigten Wirkung）と規制によって生じる意図されざる間接的な効果（unbeabsichtigten Nebenwirkungen）とが含まれ，これらの効果は金銭的に把握または推計される。併せて，規制の効果がどの程度の期間にわたって持続するかも把握される。

---

[47] 行政機関が行う政策の評価に関する法律施行令3条6号。なお，総務省『規制の政策評価に関する研究会──最終報告』（2007年），農林水産政策情報センター『規制影響評価に関する調査研究最終報告書』（2008年），京都大学経済研究所附属先端政策分析研究センター『規制評価に関する経済学的分析に関する研究報告書』（2010年）を参照。

[48] *Wolfgang Kahl*, Gesetzesfolgenabschätzung und Nachhaltigkeitprüfung, in: Kluth/Krings, a.a.O. (Anm. 3), S. 309 ff. (Rn. 2ff.). ただし，それは，立法者が「理性的に」決定する義務があるということではなく，議員の判断の基礎となる知見を広げ，政治的な決定過程を支えるという意味があるのだと強調される。

[49] *Kahl*, a.a.O. (Anm. 48), Rn. 13.

[50] なお，ドイツの規制影響評価を紹介したものとして，農林水産政策情報センター・前掲注47）55頁以下。

さらに，GGO 44条2項は，法案が歳入歳出予算の総額に与える効果も規制の影響として，理由書や説明書中に示すことを求めている。これについては，連邦財務省が連邦内務省と協議のうえ，一般的な基準を定めるものとされている。

このほか，GGOは，各州や各地方自治体の予算への影響（44条3項），国家法規監理委員会設置法2条[51]にいう市民，経済，行政の規制履行コスト（GGO 44条4項），中小企業を中心とした経済活動が負担することとなるコストや物価への影響[52]及び消費者への影響（同5項）なども示すよう求めている。

すでにみたように，これらは政府提出法案の理由書や説明書中に記載される必要があるが，その算定についても法案がほぼ出来上がってから行うのでは遅きに失する。そこで，起草準備段階から並行して作業が進められている[53]。

以上のGGOの規定は，当然のことながら，政府提出法案のみを規律対象としており，したがって，連邦議会議員のグループや連邦参議院の提出法案は対象にならない。しかしながら，すでにみたように，連邦議会に提出される法律案の多くが連邦政府提出法案であることに鑑みれば，その意義は少なくないと考えられる。

また，適切なGFAが行われないまま，規制の影響が理由書や説明書に記載されたからといって，法的な制裁が予定されているわけでもないが，GFAを実施しなかった法案が議会に提出されれば，そのことにつき，一定以上の説明責任が発生することにつながるものと思われる[54]。

(2) GFAの手続きと基準

ところで，GGOの規定にも関わらず，GFAに関して，各省庁が従わなければならない義務化された一定の手続きは存在しない[55]。もっとも，各省庁のGFAに際して，その手法を提案する（zur Ermittlung von Gesetzesfolgen Empfehlung geben）立場にある連邦内務省は，これまでGFAの方法についていくつか

---

51) 後述Vを参照。
52) この算定のために，連邦経済技術省（Bundesministerium für Wirtschaft und Technologie [BMWi]）は，Kosten für die Wirtschaft und Auswirkungen auf die Priseという手引書を作成している。
53) *BMI,* a.a.O. (Anm. 15), Rn. 87 u. 99.
54) もっとも，*Kahl,* a.a.O. (Anm. 48), Rn. 14は，これらの点をGFAの不足と指摘している。
55) *Kahl,* a.a.O. (Anm. 48), Rn. 24.

の手引書を出している[56]。

　それによると，GFAは，講学上ないし実務上，事前規制影響評価（Prospective GFA），補完的規制影響評価（Begleitende GFA），事後規制影響評価（Retrospective GFA）に区別される[57]。名称からうかがえるように，事前規制影響評価は法案作成前にその必要性等を検討するために行われるものであるのに対して，補完的規制影響評価は，出来上がった法案についてその実効性を検証するもの，事後規制影響評価は法律施行後の影響をモニタリングするものであるといえる[58]。

　このうち，最も一般的な事前規制影響評価についてみてみると，規制影響評価は，構想（Konzeptionsphase），実施（Durchführungsphase），評価（Auswertungsphase）の3つのフェーズに大別される[59]。このうち，構想フェーズは，問題分析（Problemanalyse）と構造分析（Systemanalyse）からなる規制分野分析（Analyse von Regelungsfeldes）[60]，規制目的の評価可能な形での確定や規制によって生じさせようとする効果を分析する目的記述（Zielbeschreibung），現状維持を含む代替手段とその場合のシナリオの検討（Entwicklung von Regelungsalternativen）[61]の3段階にさらに細分化される。実施フェーズでは，構想フェーズで準備した代替手段も含めて，それらの評価が行われ（Prüfung und Bewertung der Regelungsalternativen），部局内部でのシミュレーション，第三者の意見聴取を経て，それぞれの手段が検討される。この段階で，規制によって，社会面や経済面，環境面でどのような結果が出るか，政府予算，消費者，経済，物価などにどのような影響が及ぶか，規制が経済的で効率的か，といった点が検証される。最後の評価フェーズでは，以上の段階を通じて得られた結果が文書化される。

---

56) *BMI* (Hrsg.), Leitfaden zur Gesetzesfolgenabschätzung, 2000; *ders.*, Arbeitshilfe zur Gesetzesfolgenabschätzung, 2009.
57) *BMI*, a.a.O. (Anm. 56), Leitfaden, S. 7 ff.
58) なお，農林水産政策情報センター・前掲注47）も参照。
59) *BMI*, a.a.O. (Anm. 56), Leitfaden, S. 11 ff.
60) 規制分野分析においては，規制によって解決される問題が特定される一方で，規制分野の構造的な作用連関（Wirkungszusammenhang）が分析される。これによって，規制の必要性が基礎づけられる。*BMI*, a.a.O. (Anm. 56), Arbeitshilfe, S. 6 f.
61) 文献調査や専門家に対するヒアリング，ブレイン・ストーミングやグループ・ディスカッションなどのテクニックが用いられることが推奨されている。*BMI*, a.a.O. (Anm. 56), Arbeitshilfe, S. 8 ff.

(3) 持続可能性審査（Nachhaltigkeitsprüfung）

　GGO 44条1項は、「法案の効果が、持続可能な発展に対応しているか、とりわけ、法案がどの程度長期にわたって効果を有するか」についても規制の影響のひとつとして記載することを求めている（第4文）。この第4文は、2009年のGGO改正によって設けられたものであるが、ここにいう持続可能な発展とは、いわゆるサステイナビリティのことを意味する。持続可能性への配慮は、規制の評価の面では、規制によって将来世代に与える影響を測定・評価するとともに、それを通じて、現在の立法者に対して将来世代の利益をも考えさせるという点に意義があるとされる[62]。

　規制を持続可能性の観点から審査することは、規制によって生じる将来世代への影響を評価することを意味し、GFAを補完するものとして位置づけることができる。それゆえ、2009年以前でも、GFAの一環として行うことも可能であった。しかしながら、実務上は、将来世代の利益が顧みられることはほとんどなかったといわれる[63]。2009年にGGO 44条1項4文が挿入された意義は、持続可能性への配慮を明文で示した点にある[64]。

　このような持続可能性の観点からの審査は、GFAとは独立に行うことも考えられるが[65]、現在のドイツでは、2009年のGGO改正後も、GFAの一環として行われている。他方、連邦議会においては、持続可能な発展に関する議会委員会（Parlamentarischer Beirat für nachhaltige Entwicklung）が第15立法期の途中から（2004年）設置されて以後、現在の第18立法期に至るまですべての立法期で設置されているが、第17立法期（2009年～）以後、「連邦政府の持続可能性審査を評価すること」が追加されている[66]。

---

[62] *Kahl*, a.a.O. (Anm. 48), Rn. 35 ff.

[63] *Klaus Jacob/Sylvia Veit/Julia Hertin*, Gestaltung einer Nachhaltigkeitsprüfung im Rahmen der Gesetzesfolgenabschätzung, 2009, S. 11.

[64] *Kahl*, a.a.O. (Anm. 48), Rn. 41 u. 44.

[65] *Jacob/Veit/Hertin*, a.a.O. (Anm. 63), S. 58 ff.

[66] 現在の第18立法期について、Bundestag Drucksache 18/559. また、その手続きについては、Verfahrensordnung für die parlamentarische Bewertung der Nachhaltigkeitsprüfung im Rahmen der Gesetzesfolgenabschätzung (available at https://www.bundestag.de/blob/379288/8c8a539bfa39c441ede69999a74c4dd4/verfahrensordnung-data.pdf).

V 法案の閣議決定まで

1 原案起草後の手続き

Ⅳで見たような審査や評価を意識しながら,起草担当者は,法律案のほか,理由書,説明書など政府提出法案に含まれる文書を用意することになる。それらが整うと,連邦首相府に報告したうえで,各州,各地方公共団体の連合体の意見聴取,関連省庁との調整や国家法規管理委員会による審査などを経て,閣議決定され,連邦議会に提出される。

紙幅の都合上,ここでは,近年導入された国家法規管理委員会による審査についてのみ概観する。

2 国家法規監理委員会

(1) 国家法規監理委員会の任務

国家法規管理員委員会 (Nationaler Normenkontrollrat [NKR]) は,2006年に制定された国家法規監理委員会設置法[67]に基づき,連邦首相府に設置された独立の機関である[68]。当初は,「連邦政府が標準費用モデルに基づく標準化された行政手続費用算定法の適用,監視及び継続的開発によって法律に起因する行政手続費用を減少させる際に,これを援助すること」が任務とされたが(旧1条2項),2011年の改正[69]によって,連邦政府による「形式主義的行政手続の撤廃 (Bürokratieabbau)」のための措置を実行すること,および,より良き立法 (bessere Rechtsetzung) に資することをその任務とすると改められた(改正後の1条2項)。以上の経過からも理解されるように,NKRはそもそも既存の法令によって官民に発生している行政コストの縮減をその任務としていたが,2011年以後は,新規の規制が行われる際の影響評価へと,その重点を移すことになった。

2011年の改正では,新設された1条3項によって,NKRは,とくに,新規規

---

[67] BGBl. I, S. 1866
[68] 2006年の設置法制定までの経緯につき,齋藤純子「ドイツの国家法規監理委員会法」外国の立法 231号 (2007年) 99–109頁を参照。Vgl. *Meinhard Schröder*, Unabhängigkeit des Normenkontrollrat, DÖV 2007, S. 45 ff; *Norbert Röttgen*, Normenkontrollrat, ZRP 2006, S. 47 ff.
[69] BGBl. I, S. 420. Vgl. *Markus Peifer*, Die Reform des Normenkontrollrats, GewArch 2010, S. 479 ff.

制によって，市民，経済，公行政に発生する履行コスト（Erfüllungsaufwand）や，中小企業を中心とするその他のコストの把握について，追跡しうるか，手法が適切かといった観点から検証することが求められるようになった。ここにいう履行コストとは，連邦の規制を遵守するために，市民や経済，公行政に生じるすべての時間的・金銭的コスト（2条1項）のことを言い，そこには，法令の課す情報提供義務（Informationspfliten）[70]によって生じる官僚制コスト（Bürokratiekosten）を含むものとされる（2項）[71]。

さらに，設置法4条2項は，NKRに，新しい規制の目的や必要性がわかりやすく記述されているか（1号），他の解決方法が適切な方法で検討されているか（2号），法律の発効の時期，効力のある期間や評価のタイミングが適切に検討されているか（3号），法令の簡素化が適切に行われているか（4号）などについても審査することができると定めている。

興味深いのは，設置法は，NKRに，連邦政府の法案だけでなく，連邦参議院提出法案や連邦議会議員のグループが提出する法案についても，一定の範囲で審査を行うことを認めている点である（4条3項）。すなわち，前者については，連邦参議院が法案を送付したとき，後者については，法案を提出したグループが要請したときに，NKRは法案を審査することができるとされている。この点は，GFAが基本的に政府提出法案についてのみ行われているのとは大きく異なる点である。

(2) 国家法規管理委員会の組織

NKRの組織は，設置法3条に規定されている。NKRは，2011年改正前は8名の委員によって構成されていたが，改正後は10名に増員された。委員は，連邦首相が連邦政府の他の閣僚の了解を得て推薦し，連邦大統領が5年の任期（再任可）で任命され，自ら大統領に申し出ることによってのみ辞任が認められる（3条1項）。委員は，国又は社会の機関において立法に関する経験を重ねており，

---

[70] 法令に基づいて，行政や第三者にデータその他の情報を入手し，利用可能な状態で保持し，または，伝達する義務（2条2項）。

[71] これらの官僚制コストは，スタンダード・コスト・モデルで把握され，これとは異なる方法でコストを計測する場合には，委員会構成員の過半数の賛成と連邦政府の同意が必要とされる（2条3項）。スタンダード・コスト・モデルについては，齋藤・前掲注68）103頁以下参照。

かつ，経済的事項についても知識を有する者でなければならないものとされ（2項），委員は，任期中，立法機関や連邦や州の官庁に所属してはならず，就任前1年の間にこれらのポストにあった者も委員となることができない（3項）。委員は名誉職であるが（5項），定額の手当と旅費が支弁される（10項）。

委員長は，委員の中から連邦首相によって指名される（4項）。委員会の議決は多数決によって行われ，可否同数の場合は，審査をした法案への異議はないものとみなされる（6項）。その他，委員会の手続きは，連邦首相が連邦政府の他の閣僚の了解を得て承認する事務規則によって定められることとなっている。委員会の事務局は，連邦首相府に設置される。

これらの規定をみればわかるように，NKRの委員については，かなり厚い身分保障が行われていると同時に，兼職の禁止が定められている。これは，NKRが独立して任務を行うこととされていることに由来する。また，議事手続等についても，政治的中立性の確保の工夫がみられる。

(3) 国家法規管理委員会の審査と手続き

NKRの審査は，①政府が定める履行コストの算定基準[72]に基づいて適切に規制の影響等が測られているかのチェック[73]，②審査結果と第三者の検証結果との比較[74]，③審査結果と担当省庁とのディスカッション[75]，④NKRの所見の作成[76]というステップで行われる。作成された所見は，政府提出法案に添付され法案の一部として，連邦議会に送られる。

ところで，NKRの任務は，新規の規制について，それによって生じるとされるコストが正しく算定されているかを検証するものである。そうすると，かなりの程度，GFAとその役割が重なるものと思われる。また，NKRの審査については，それによって，立法過程において，規制の影響がより良く把握され，透明性が高まるといわれる。また，より負担が少なく，効率的な形で政策目的が達成することを支援するものだとも説明される[77]。しかし，同様のことは，

---

[72] Vgl. *Statistisches Bundesamt* (Hrsg.), Leitfaden zur Ermittlung und Darstellung des Erfüllungsaufwands in Regelungsvorhaben der Bundesregierung, 2012.
[73] *Nationaler Normenkontrollrat*, Bessere Gesetzgebung, Jahresbericht 2012, 2012, S. 32 ff.
[74] *Nationaler Normenkontrollrat*, a.a.O. (Anm. 73). S. 35.
[75] *Nationaler Normenkontrollrat*, a.a.O. (Anm. 73). S. 36.
[76] *Nationaler Normenkontrollrat*, a.a.O. (Anm. 73). S. 36.

GFAについてもいわれていたのであり，やはり，両者はよく似た性格を有するものとも思われる。

　もっとも，GFAは，法案を準備する担当省庁自らが行うものであり，また，それが適切に行われなくても，法的な制裁がなされることはなかった[78]。NKRの審査は，その意味で，GFAとは異なって，準備された法案を外部的に評価するという点に特徴がある。NKRに独立性が強く保障されているのも，そのような第三者的な客観性を担保するためだと理解される。

Ⅵ　おわりにかえて

　以上，ドイツにおける政府提出法案の起草過程とそこにおける規律を概観してきた。以上の過程を経て閣議決定された法案は，連邦議会に提出され，審議されたのち，成立・公布される。これらの手続きについてもみるべきポイントはたくさんあるが，ここでひとまず概観を終えたい。

　本稿でみたドイツにおける政府法案提出段階を規律しているものは，その多くが，部分的には我が国でも取り入れられている。たとえば，連邦司法省による法令審査は，内閣法制局の審査事務にひきつけて考えることができるだろうし，GFAについても，すでに指摘したように，我が国でも事前の規制評価としてすでに導入済みである。また，規制準備段階での外部専門家の関与等も少なからず行われている。

　しかしながら，それでもなお，筆者には，日独のあいだには，何か本質的な違いがあるように思われてならない。

　川﨑政司は，本稿冒頭で引用した論考で，日本における立法の質の改善には，立法事実を説明する資料の充実，それを活用する形での国会審議のあり方の改善，専門的知見の活用，そして，なによりも，立法へ参加する各アクターの「対話」が重要であると指摘する[79]。

　政府提出法案が，立法のうちで大きな意味を占めるのは日独共通である。し

---

77) Bundestag Drucksache 17/1954.
78) *Hans Hofmann/Philipp Birkenmaier*, Die Aufgaben des Normenkontrollrates im Gesetzgebungsverfahren, in: Kluth/Krings, a.a.O. (Anm. 3), S. 295 (Rn. 8ff.).
79) 川﨑・前掲注1) 59頁以下。

かしながら,議会に提出されている法案を比較してみると,ドイツの方が圧倒的な情報量を持っていることに気づかされる。ドイツでは,複数の法律をひとつの改正法律によって改正することが通常だが,2015年10月21日に連邦議会に提出されたある政府提出法案は,3つの法律にまたがって,併せて10か条ほどを改正するというものであった[80]。そこでは,A4サイズで3頁ほどの法律案に対して,4頁の説明書と15頁の理由書,さらにNKRの所見(5頁)とそれに対する政府の所見(3頁),さらには,連邦参議院の意見書も付されている。連邦議会では,これらの資料を前提に様々な観点からの審議が行われている。これらの資料の準備過程は,GGOによって規律され,そうすることによってこれだけ充実した資料が法案審議に供されるのである。

　もっとも,このような差は,ドイツでは,規制影響評価をはじめとする様々な手法が,「立法の質」の改善のために行われるものと意識され,したがってその成果を法案の説明資料にも活用しようとするのに対して,我が国ではそのような意識に薄いという,立法過程のアクター——ひいては国民——の立法ないしは政治に対する意識の差の表れかもしれない。そうだとすると,ドイツ(やそれにとどまらず諸外国)の仕組みを参考にするといっても,それを支える民意が凝集してこなければ制度を大きく変えることはむずかしいのかもしれない[81]。

---

80) Bundestag Drucksache 18/6446.
81) もちろん,最高裁の憲法判断のあり方を見直すことによって,このような方向での改革を促す可能性はある。宍戸・前掲注25)。関連して,合原理映「立法者に対する法改正の義務づけ——改善義務に関するドイツの学説の考察」阪大法学53巻6号(2004年)1541-1567頁も参照。

3 ドイツ

代替立法者としての憲法裁判所

櫻井智章

I　はじめに
II　著名な憲法判例
III　若干の検討
IV　おわりに

I　はじめに

　ドイツにおける「法」と「政治」の関係を考察する際に、逸することのできないアクターが連邦憲法裁判所であることを否定する者はいないであろう。しかし、憲法裁判所を中心に「法」と「政治」の関係を考察すると言っても、いろいろな観点からの考察が可能である。例えば、政治部門である連邦議会および連邦参議院による連邦憲法裁判所裁判官の選任（基本法94条1項2文、連邦憲法裁判所法5条〜7条）のあり方の観点からの考察、日本とは異なり政治に深く関わる機関争訟や抽象的規範統制という権限（基本法93条1項1号・2号、連邦憲法裁判所法13条5号・6号、63条以下・76条以下）の観点からの考察、統治行為論や司法の自己抑制といった権限の具体的な行使のあり方の観点からの考察、連邦憲法裁判所の判決（特に違憲確認判決や違憲警告判決）の政治部門による受容・実現の観点からの考察、逆に連邦憲法裁判所の判決に対する政治部門による批判の観点からの考察、等々が考えられる。しかしここでは、日本では従来あまり注目されてこなかった連邦憲法裁判所法35条に焦点を当てて、法と政治の相互関係の中から法が形成されていく過程を考察してみることとする。

　連邦憲法裁判所法35条は「連邦憲法裁判所は、その裁判において、裁判を執行する者を定めることができ、事案によっては執行の方法を規律することもで

きる」と規定する。ワイマール憲法 19 条 2 項（「大統領は国事裁判所の判決を執行する」）との対比では，大統領にではなく連邦憲法裁判所に執行の権限を与えたという点において重要な意味を有すると言うこともできるが，それ自体としては裁判の執行について規定する何気ない条文である。しかも，憲法裁判所の重要な判決は──給付判決ではなく──確認判決または形成判決と考えられていたため，あまり重要な意味があるとは考えられていなかった規定である[1]。しかし，連邦憲法裁判所は，この規定に基づいて，違憲判断に際して立法者が新たな法律を制定するまでの間，暫定的な規律を定めることがある[2]。そのため，「彗星の如き出世（kometenhafte Karriere）[3]」を遂げた条文と称されることもある。法（連邦憲法裁判所）と政治（連邦議会や連邦政府）の相互関係から法が形成されていく過程を考察するにあたって最適の素材であると考えられる。まずは，いくつかの著名な憲法判例を概観しつつ，その具体例を見てみることとする。

II 著名な憲法判例

1 第 1 次堕胎判決

この問題において逸することのできない最重要判例は，第 1 次堕胎判決（1975 年 2 月 25 日）[4]である。胎児の基本権享有主体性や国家の基本権保護義務という実体的基本権論においても重要判例である第 1 次堕胎判決は，憲法訴訟法上も重要判例である。もっとも，エルフェス判決（BVerfGE 6, 32）やリュート判決（BVerfGE 7, 198）が基本権論において重要判例であるとともに，基本権侵害を要件とする憲法異議手続（基本法 93 条 1 項 4 a 号，連邦憲法裁判所法 13 条 8 a 号・

---

1) Vgl. *Willi Geiger*, Gesetz über Bundesverfassungsgericht, 1952, S. 130 f.; *Hans Lechner*, Die Verfassungsgerichtsbarkeit, in: Bettermann/Nipperdey/Scheuner (Hrsg.), Die Grundrechte III/2, 1959, S. 711.

2) 例えば *Klaus Schlaich/Stefan Korioth*, Das Bundesverfassungsgericht, 9. Aufl. 2012, S. 322 ff. (Rn. 474); 高見勝利「西ドイツの憲法裁判」芦部信喜編『講座・憲法訴訟 第 1 巻』（有斐閣，1987 年）115 頁を参照。

3) *Hans Hugo Klein*, Gedanken zur Verfassungsgerichtsbarkeit, in: Verfassungsstaatlichkeit, Festschrift für Klaus Stern zum 65. Geburtstag, 1997, S. 1150 Fn. 86.

4) BVerfGE 39, 1〔宮沢浩一「西ドイツ連邦憲法裁判所の堕胎罪規定違憲判決について」ジュリスト 587 号（1975 年）83 頁以下，嶋崎健太郎「胎児の生命と妊婦の自己決定」ドイツ憲法判例研究会編『ドイツの憲法判例 I〔第 2 版〕』（信山社，2003 年）67 頁以下〕。

90条以下）においても重要判例であるという理解しやすい対応関係が見られるわけではなく，仮命令（連邦憲法裁判所法32条）と執行（同35条）というメインの訴訟からすれば前後の付随的手続に関する問題であるため，日本で注目されることは多くない[5]。しかし，連邦憲法裁判所32条および35条の解釈論にとっても重要な意義を有する判例である。実体的基本権論の観点からだけでなく憲法訴訟法の観点からも，立法者（議会）と憲法裁判所の間の権限分配という問題を考察する際の最重要判例の一つであることは疑いがない。

本判決は非常に有名であり日本でも既に広く知られているので，本稿に関係する限りで概略のみを記せば，以下のようになる。1974年の第5次刑法改革法（BCBl. I, S. 1297）による刑法の改正によって，受胎後12週以内の中絶は，妊婦の同意のもと医師によって行われる限り不可罰とされ（218a条），12週以降では医学的理由に基づく中絶が認められるようになった（218b条）。それに対して，バーデン・ヴュルテンベルク州をはじめとする数州の州政府および野党（CDU/CSU）の連邦議会議員193名が抽象的規範統制を提起した。連邦憲法裁判所は，国家の基本権保護義務（胎児の生命保護義務）を承認して，74年改正刑法218a条を，基本法1条1項（人間の尊厳）と結びついた基本法2条2項1文（生命の権利）に違反し，無効であると判示した。

以上のように74年改正刑法218a条は違憲・無効と判断された（主文Ⅰ）わけであるが，本稿で注目すべきはその後の「事後処理」である。関連する連邦憲法裁判所の主文は以下の通りである（S. 2f.[6]）。

　Ⅱ．新たな法律の規律が発効するまで，<u>連邦憲法裁判所法35条に基づき</u>次のように命じる（anordnen）。

　1．1974年6月18日の第5次刑法改革法によって改正された刑法218b条および219条は，受胎後12週以内の妊娠中絶にも適用される。

　2．妊婦の同意を得て医師によって受胎後12週以内に行われる妊娠中絶は，妊婦に刑法176条から179条までの違法行為がなされ，妊娠がその犯罪によると考えるべき相当な根拠がある場合には，刑法218条によって処罰しない。

---

[5] 畑尻剛「ドイツ連邦憲法裁判所と人工妊娠中絶」城西大学研究年報人文・社会科学編17号（1993年）1頁以下は，仮命令制度について扱う。

[6] 本文中に頁数のみを表記する場合には，扱っている判例の公式判例集における該当頁を指し，下線による強調は引用者によるもの（以下同様）。

3. 妊婦に期待しうる他の方法では回避し得ない重大な緊急状態の危険を回避するために、妊娠中絶が受胎後12週以内に妊婦の同意を得て医師によって行われたときは、裁判所は刑法218条による処罰を免除することができる。

　裁判の執行について規定する連邦憲法裁判所法35条に基づいて、このような暫定的規律が可能か否かは、本来であれば大いに問題となりうるところである。更に言えば、そもそも裁判権の担い手である連邦憲法裁判所が、暫定的であるとはいえ、このような一般的ルールを定めることが可能か否かは、重要な問題のはずである。しかし、この点に関して連邦憲法裁判所は特に詳しい説明をしていない。ただ「法的明晰性のため (im Interesse der Rechtsklarheit)」と述べるだけである (S. 68)。その意図するところを敷衍すれば次のようになるであろう。即ち、問題の憲法適合的な解決には、胎児の生命権（基本法2条2項1文）と妊婦の自己決定権（同2条1項・1条1項）という、ともに憲法上の根拠を有する価値の適正な衡量・調整が必要となる (S. 42 ff.)。一定の妊娠中絶を不可罰とする74年改正刑法218a条を違憲・無効とすれば、原則通り刑法218条が適用され、12週以内の妊娠中絶は可罰的となる。これが違憲・無効と判断した場合の原則的な解決方法である[7]。しかし、それでは12週以内の中絶に刑法218b条（医学的理由に基づく不可罰規定）が適用されず、処罰範囲が過度に拡大するとともに、12週前後でバランスを欠く（12週以内の中絶を不可罰とした立法者の決定とは反対に、12週以内の方が処罰範囲が拡大する）。妊婦に対する期待可能性の観点から不可罰にすべき場合も存在する (S. 48 ff.) のであり、処罰範囲が過度に広い事態も憲法に適合するものとは言い難い[8]。かといって、すべてを違憲無効としてしまうと、ルールが何も存在しないのであるから罪刑法定主義の原則（基本法103条2項）に従ってすべて無罪という結論となるが、それでは胎児の生命保護という観点からは改正法が存続するよりも悪い事態となってしまう。立法

---

[7] Vgl. *Jörn Ipsen*, Rechtsfolgen der Verfassungswidrigkeit von Norm und Einzelakt, 1980, S. 258; *Christian Pestalozza*, Verfassungsprozeßrecht, 3. Aufl. 1991, S. 352 f. (§20 Rn. 127); *Christian Hillgruber*, in: Hillgruber/Goos, Verfassungsprozessrecht, 3. Aufl. 2011, S. 12 (Rn. 28). この点につき *Schlaich/Korioth*, a.a.O. (Anm. 2), S. 310 ff. (Rn. 455 ff.) をも参照。

[8] Vgl. *Malte Graßhof*, Die Vollstreckung von Normenkontrollentscheidungen des Bundesverfassungsgerichts, 2003, S. 283 f. 連邦憲法裁判所が旧法も憲法に適合しないと考えている点につき、例えば *Eckart Klein*, in: Benda/Klein, Verfassungsprozessrecht, 3. Aufl. 2012, S. 592 (Rn. 1488) を参照。

者が新たな規定を設けるまでの一時的にではあれ，そうした不都合な法的事態が発生することを回避する必要がある。アド・ホックな解釈によって対応することも不可能ではないが，ことが刑罰に関わるだけに，何が処罰され何が処罰されないかは，明確に定めておかなければならない。

確かに法の内容を事前に明確に定めておくことは重要な法治国家的要請である。問題が刑罰に関わるものだけに，そのことは一層妥当する。どのような行為が処罰され，どのような行為が処罰されないかを事前に明確に理解できることは罪刑法定主義の基本的要請である。しかし，罪刑法定主義は，そうした法治国家的観点だけでなく，国民の代表者である議会の制定する「法律」によって刑罰を定めるという民主主義的観点も重要な側面である[9]。暫定的であるとはいえ，裁判所が刑罰に関するルールを定めることの問題性を連邦憲法裁判所が意識している様子は，判決文からは全く窺うことができない[10]。

なお，この違憲判決を受けて，連邦議会は1976年5月に新たな法律を成立させた（BGBl. I, S. 1213）。新法の内容は，「裁判所の命令と広範囲にわたり同一であった[11]」とも評されるように，基本的に連邦憲法裁判所の暫定的規律を条文化したものとなっている。

2 第2次堕胎判決

引き続いて第2次堕胎判決（1993年5月28日）[12]について瞥見する。本件も既に多くの紹介・検討がある有名な判例なので，ごくごく簡単に概要を見るにとどめる。

第1次堕胎判決を受けて制定された1976年法も——より胎児の生命の保護を主張する側からも，より妊婦の自己決定権を主張する側からも——批判に見舞われてはいたが，直接的な原因となるのは東西ドイツ統一である。旧東ドイ

---

9) 第1次堕胎判決における暫定的規律が基本法103条2項（罪刑法定主義）に違反するという点につき，例えば Ipsen, a.a.O. (Anm. 7), S. 242; Simone Laumen, Die Vollstreckungskompetenz nach §35 BVerfGG, 1997, S. 209 ff. を参照。
10) 第2次堕胎判決ではこの点に関する批判に応えている（BVerfGE 88, 203 [336f.]）。
11) Schlaich/Korioth, a.a.O. (Anm. 2), S. 322 (Rn. 474).
12) BVerfGE 88, 203〔上田健二＝浅田和茂「ドイツ連邦憲法裁判所第二次妊娠中絶判決の概要」同志社法学45巻4号（1993年）158頁以下，小山剛「第2次堕胎判決」ドイツ憲法判例研究会編『ドイツの憲法判例Ⅱ〔第2版〕』（信山社，2006年）61頁以下〕。

ツでは中絶の自由化が進められており、統一に際して法整備が必要となった。統一条約では、1992年12月31日までに法整備を行うことが立法者の任務であると規定されていた (31条4項)。

こうした状況で、1992年7月27日に「妊婦・家族援助法」が制定された (BGBl. I, S. 1398)。同法13条は堕胎罪に関する刑法218条以下を改正するものであった。それによれば、妊婦が相談所で相談をした後に行われる中絶であって、妊娠12週以内に妊婦の意思に基づいて医師によって行われるものは「違法ではない」とされた。

このような改正に対してバイエルン州政府および連邦議会議員249名が抽象的規範統制を提起した。連邦憲法裁判所は、相談を経た12週以内の中絶を「違法ではない」と規定する刑法218a条1項、相談の目的・内容・手続・組織について定めた刑法219条等を違憲無効と判断した (主文I)。その上で、連邦憲法裁判所法35条に基づいて暫定的な規律を定めた。この点に関する主文だけでも長大である[13]ので、適宜省略しつつ掲げることとする。

Ⅱ．連邦憲法裁判所法35条に基づき次のように命じる。

1．1992年8月4日の判決[14]の基準に従って従来効力を有してきた法は、1993年6月15日まで引き続き適用可能である。その後、新たな法律の規律が発効するまでの期間については、妊婦・家族援助法の諸規定が判決主文Iによって無効と宣言されない限りにおいて、それらを補完して、この命令の2から9までが妥当する。

2．妊婦・家族援助法によって改正された刑法218条は、妊娠中絶が受胎後12週以内に医師によって行われる場合であって、妊婦が中絶を求め、少なくとも手術の3日前に認可された相談所 (本命令4参照) の相談を受けたことが証明書によって医師に示された場合には、適用されない。妊娠中絶の原則的禁止はこの場合でも変わらない。

3．(1)相談は胎児の生命の保護のために行われる。相談においては、女性を妊娠の継続へと勇気づけ、子供との生活についての展望を開かせるよう努力しなければならない。相談は良心に基づいて責任ある決断を下せるように女性を援助すべきである。その際、胎児は妊娠のいかなる段階にあっても、妊婦に対しても、生命への固有の権利を有していること、それ故に法秩序によれば、妊娠を継続することによって妊婦・家族援助法によって改正された刑法218a条2項および3項の場合に匹敵するほど重大か

---

13) BVerfGE 88, 203 (209-213)〔上田 = 浅田訳・前掲注12) 167-170頁〕。
14) BVerfGE 86, 390〔畑尻剛「刑法218条 (堕胎罪) 改正法の発効を停止する仮命令」前掲『ドイツの憲法判例Ⅱ』429頁以下〕。本件の仮命令に関する事件である。

つ異常な負担が妊婦に生じ，期待可能な限度を超えるような例外的状況においてのみ妊娠中絶は問題となりうるということを妊婦に認識させなければならない。(2)相談は妊婦に助言と援助を提供する。相談は妊娠に関連する葛藤状況を克服し，窮状を打開することに貢献する。そのために相談には以下のことが含まれる。……(6)相談員は，相談者の身元をたどることが不可能な方法で，相談者の年齢，家族の状況，国籍，妊娠の回数，子供の数，および以前の妊娠中絶の回数を記録に残しておかなければならない。……

4. (1) 3に従って相談が行われる相談所は，妊婦・家族援助法1条§3に基づく認可とは無関係に，国家による特別の認可を必要とする。……(2)相談所は，妊娠中絶を実施することに関する相談施設の財政的利害が排除されえないほど，妊娠中絶が行われる施設と組織的にも経済的な利益によっても結びついていてはならない。妊娠中絶を行う医師は，相談者から除外される。妊娠中絶を行う医師は，相談を実施した相談所に所属する者であってもならない。(3)相談所として認可されうるのは，3の基準に従った相談を行うことを保障し，人格的および専門的な観点からそのような相談を行う能力を有する十分な数の人員を確保することができ，かつ母と子のために公的および私的な援助を与えるすべての官署と協力する施設に限られる。(4)認可は，法律によって規定される期間ごとに管轄官庁による認証を必要とするという条件の下でのみ与えられる。(5)諸州は，居住地に近い相談所を十分に提供することを保障する。

5. 女性が妊娠の中絶を求めた医師には，この判決の理由から導かれる諸義務が課せられる。〔以下6から9まで略〕

一見しただけで，相談の内容や相談所の組織についてまで極めて詳細な暫定的規律が定められていることがわかるであろう。憲法の抽象的な文言からこのような具体的な要請が解釈上導かれるわけでは決してなく，憲法裁判所による暫定的規律に対する一般的な批判を超えて，特に本件について多くの批判がなされているところである[15]。実体的には，「○○という基本的決定をした以上は△△の内容を規定することが要請される」という論理構成[16]を憲法論としてどこまで展開できるか，という興味深い論点に関わってくるが，それにして

---

[15] 代表的には *Hans-Peter Schneider*, Die Vollstreckungskompetenz nach §35 BVerfGG, NJW 1994, S. 2590 ff. 参照。基本法が意図的に避けようとしたワイマール憲法48条2項の緊急命令権の再来であると批判する。

[16] さしあたり，櫻井智章「参議院『一票の格差』『違憲状態』判決について」甲南法学53巻4号（2013年）75頁以下参照。着眼点は異なるが，高橋和也「ドイツ連邦憲法裁判所が活用する首尾一貫性の要請の機能について」一橋法学13巻3号（2014年）165頁以下をも参照。

も立法者が行うべき詳細な決定までも連邦憲法裁判所が行っているという感じは否定できない。

この違憲判決を受けて，連邦議会は1995年8月に改正法を制定した（BGBl. I, S. 1050）。その内容は，「新妊娠中絶法の諸規定は1993年5月28日のドイツ連邦憲法裁判所第2次妊娠中絶判決……が設定した，新立法が憲法に適合するための諸基準値（とくにその経過規定）をかなり忠実に具体化した形になっている[17]」と評されているように，連邦憲法裁判所の暫定的規律を踏襲したものとなっている。

3　婚氏事件

次に，極めてユニークな暫定的規律を行った例として，婚氏事件（1991年3月5日）[18]を見てみることとする。当時の民法1355条2項1文では，婚姻に際して夫または妻の氏を夫婦の氏（婚氏）とすることが規定されていた。この場合，夫婦がどちらか一方の氏を使用することについて合意できればよいが，合意が成立しない場合の問題が残る。そこで同2文で合意が成立しない場合には「夫の氏が婚氏となる」と規定されていた。この規定に基づいて夫の氏を婚氏として婚姻簿に記載された2組の夫婦が婚姻簿の訂正を求めて裁判所に訴えを提起した。事件を担当したテュービンゲン区裁判所は，この民法1355条2項2文の規定が男女同権を定める基本法3条2項に違反すると判断し，基本法100条1項に基づいて連邦憲法裁判所に移送したという具体的規範統制の事件である。

連邦憲法裁判所は，問題の民法1355条2項2文の規定を基本法3条2項に違反すると判断した（主文Ⅰ）。その上で，立法者に対して男女同権原則を遵守した新たな立法を行うよう義務づける（S. 20f.）とともに，そうした新たな立法がなされるまでの暫定的規律として次のように判示した（主文Ⅱ）。即ち，①婚姻に際して夫婦の氏を決定しないときは，婚姻までそれぞれが用いていた氏を暫

---

[17] 上田健二＝浅田和茂「ドイツ新妊娠中絶法」同志社法学47巻6号（1996年）475頁。Vgl. auch *Laumen*, a.a.O. (Anm. 9), S. 207.
[18] BVerfGE 84, 9〔小川秀樹「ドイツ連邦憲法裁判所における夫婦の氏に関する違憲決定について」戸籍581号（1991年）1頁以下，小山剛「夫婦の氏と憲法」愛知県立大学文学部論集一般教育編40号（1991年）77頁以下，山下威士「婚氏未決定の場合における夫の出生氏の優先適用規定の違憲性」前掲『ドイツの憲法判例Ⅱ』91頁以下〕。

定的に維持する。②法定代理人は，父親の氏，母親の氏，またはそれらの任意の順序による複合氏のいずれを子が称するかを出生届前に決定することができる。③法定代理人がそのような決定をしないときは，子は夫婦の氏から形成される複合氏を称し，その順序についてはクジによる。

　以上のように，政治的に意見が分かれるであろう問題について，憲法裁判所が――暫定的とはいえ――かなり思い切ったルールを設定したことが何よりも興味を引く。まず，①共通の婚氏を決定しない場合には，それぞれ従前に称していた氏を暫定的に維持するという形で，夫婦別姓を承認したのである。そして，②別姓を認めた場合に生じる最大の問題である子の氏の問題について，原則として夫婦の自由な選択に委ねつつ，③夫婦が決めない場合，あるいは決められない場合に備えて，複合氏にすると定め，その順序についてはクジによるという大胆な暫定的規律を行ったのである。この判例において憲法裁判所は，違憲と判断した民法1355条2項2文の規定を原則通り遡及的に無効としてしまうと，著しい法的混乱が生じてしまうため，無効宣言は避け，違憲確認（不適合宣言）にとどめた (S. 20f.)。その場合でも裁判所や行政庁は違憲と宣言された法令をもはや適用できないという効果が発生する (S. 21)。しかし，それでは共通の婚氏について合意のできない男女は婚姻ができないということになってしまい，婚姻の自由（基本法6条1項）の観点から問題がある。他方，違憲と判断した規定を暫定的に引き続き適用させることも，氏名という人格権（基本法1条1項・2条1項）に関わるだけに許されない (S. 22f.)。そこで憲法裁判所が自ら上記のような暫定的規律を行ったわけである。

　この判例においては，憲法裁判所が暫定的規律を行う根拠として連邦憲法裁判所法35条に明示的には言及していない。しかし，後の判例において連邦憲法裁判所法35条に基づいて暫定的規律を行った判例として引証されている[19]ことからもわかるように，連邦憲法裁判所法35条を根拠としていることは明らかである。

　この違憲決定を受けて，1993年12月に法改正が行われた (BGBl. I, S. 2054)。そこでは，氏の統一性（共通性）の原則を掲げつつも（民法1355条1項1文・2文），婚氏を決定しないときは婚姻時に称していた氏を婚姻後も称する（同3文）とす

---

[19] BVerfGE 121, 317 (376).

ることにより，夫婦別姓も承認された。連邦憲法裁判所は，新たな立法に際して性中立的な補充ルールを設けることによって同姓の原則を維持することも可能であると指摘していた (S. 21) のであるから，ここには連邦憲法裁判所が定めた暫定的規律の影響を見て取ることができる。しかし，別姓を選択した場合の子の氏については，複合氏に対する反対が強く，父親の氏または母親の氏から選択することとされ（民法1616条2項），選択がない場合には後見裁判所が両親の一方に子の氏を決定させることとなった（同3項）[20]。このように子の複合氏が排斥された[21]ため，順番をクジで決めるという連邦憲法裁判所の大胆な暫定的ルールも新法には取り入れられなかった。

4　ハルツⅣ判決

次いで日本の状況との対比で興味深い例として，ハルツⅣ判決（2010年2月9日）[22]を取り上げる。

「社会的市場経済」というスローガンの下，「奇跡の経済復興」を果たし，強い経済力を背景に充実した社会福祉を実現させてきた戦後（西）ドイツであるが，少子高齢化，東西ドイツ統一に伴う財政負担と（特に旧東側諸州での）高失業率，ヨーロッパ統合の進展に伴う財政規律健全化の要請，経済のグローバル化による国際競争の激化といった内外の情勢の変化のため，労働市場の改革や社会保障の見直しは大きな政治課題となった[23]。フォルクスワーゲン社の経営立直しに功績のあったペーター・ハルツ（Peter Hartz）を委員長とする通称ハルツ委員会の答申を受けて，シュレーダー赤緑連立政権によって「労働市場における現代的な役務提供のための（第1次～第4次）法律」が制定された。これは一般に「（第1次～第4次）ハルツ法」と呼ばれている。そのうちの2003年12月に制定された第4次ハルツ法（Hartz Ⅳ）は，従来の失業扶助（Arbeitslosenhilfe）と社会扶助（Sozialhilfe）を統合・再編し，失業手当Ⅱ（ArbeitslosengeldⅡ）を新設する

---

20) 床谷文雄「ドイツ家族法立法の現状と展望㈠」阪大法学44巻2・3号上巻（1994年）405頁以下。
21) 複合氏を排斥する民法1616条2項の合憲性につき，BVerfGE 104, 373〔古野豊秋「子供の出生氏における複合氏の排斥」ドイツ憲法判例研究会編『ドイツの憲法判例Ⅲ』（信山社, 2008年）232頁以下〕を参照。
22) BVerfGE 125, 175〔嶋田佳広訳・賃金と社会保障1539号（2011年）71頁以下〕。
23) 参照，熊谷徹『ドイツ病に学べ』（新潮選書, 2006年）。

ことを主たる内容としていた（BGBl. I, S. 2954）[24]。この失業手当Ⅱ（社会法典第2編）は，労使が折半して負担する保険料を原資とする失業保険給付である失業手当Ⅰ（社会法典第3編）とは異なり，税金を財源とするものであり，困窮者（要扶助者）にのみ支給される。従来の失業扶助が失業前の賃金に応じた給付であったのに対して，失業手当Ⅱは生計上の需要に応じた給付（定額給付）とされた。その点で社会扶助（社会法典第12編）と同様であるが，これは就労不可能な者を対象とするものとされ，失業手当Ⅱは就労可能な者を対象とするという形で棲み分けが図られた。「就労可能な困窮者のための，就労支援に重点を置いた『生活保護』[25]」という評価がなされる所以である。給付基準額は，社会扶助と同様に，連邦統計庁が5年ごとに行う所得消費抽出調査に基づいて算定される。「行政の簡素化・効率化と，受給者側での自己責任に基づく給付管理[26]」を企図して，需要の定型化が行われ，2006年には基準給付とは異なる需要の認定を排除する明文の規定が置かれた（社会法典第2編3条3項2文[27]）。

　3組の家族がそれぞれ給付の増額を求めた裁判において，第4次ハルツ法によって改正された社会法典第2編の諸規定の基本法適合性が問題となり，ヘッセン高等社会裁判所（1件）と連邦社会裁判所（2件）が連邦憲法裁判所に移送した（基本法100条1項）という具体的規範統制の事件である。

　連邦憲法裁判所は，問題とされた社会法典第2編の諸規定を，社会国家原理（基本法20条1項）と結びついた基本法1条1項（人間の尊厳）から導かれる「人間に値する（人間の尊厳ある）最低限度の生活」の保障を求める基本権を侵害するものとして違憲と判断した（主文1）。もっとも，連邦憲法裁判所は，給付額が低すぎる（「明らかに不十分である」）とか，統計モデルに基づいて給付額を算定することが不合理である，という理由で違憲と判断したわけではない。連邦憲法裁判所は，憲法上の要請として，透明かつ公正な手続で算定し，算定の方法および根拠が事後的に検証可能であることを立法者に対して求め（S. 225f., S. 238），算定の根拠が「でたらめ（ins Blaue hinein）」であることを理由に違憲と判断した

---

[24] Bundestag Drucksache 15/1516. 文献も含め，田畑洋一『ドイツの最低生活保障』（学文社，2011年），齋藤純子「最低生活水準とは何か」レファレンス728号（2011年9月号）117頁以下が詳しい。
[25] 戸田典子「失業保険と生活保護の間」レファレンス709号（2010年2月号）10頁。
[26] 嶋田佳広「ドイツの保護基準における最低生活需要の充足」賃金と社会保障1539号（2011年）19頁。
[27] BGBl. I, S. 1706; Bundestag Drucksache 16/1696, S. 26.

のである。具体的な制度設計については立法者に裁量を認めざるを得ないため，立法者の決定を実体的に統制することに困難が伴うことは明らかであり（S. 225f.），立法者に対して算定根拠の説明を求めるこのような判断手法自体，非常に興味深い所である。

　加えて，以上のような大筋の違憲判断に続いて，統計モデルを採用し，需要の定型化を行ったことから生じた，「1回限りではなく不可避的かつ経常的な特別の需要」（非典型的需要）を充足する給付を求める請求権が欠けている点も，基本法20条1項と結びついた同1条1項に違反すると判断した（S. 252）。

　以上のような違憲という判断に基づいて，連邦憲法裁判所は，立法者に対して2010年12月31日までに新たな規定を定める義務を課す一方で，それまでは違憲と判断された諸規定も引き続き効力を有することを承認した（主文2）。無効としてしまうと，給付の根拠となる法律が存在しなくなるため，違憲の規定が存続するよりも憲法に適合しない事態が発生してしまうからである（S. 255f.）。更に，新たな立法に際して「1回限りではなく不可避的かつ経常的な特別の需要」を充足する給付を求める請求権を保障するよう立法者に要求し（S. 259），そのような立法がなされるまでの間，基本法20条1項（社会国家原理）と結びついた基本法1条1項（人間の尊厳）から直接に連邦の負担で請求権を主張することを認めたのである（主文3）。

　基本法20条1項（社会国家原理）と結びついた同1条1項（人間の尊厳）から「人間に値する（人間の尊厳ある）最低限度の生活」の保障が導かれること（S. 222）自体は従来から説かれていたところである[28]。しかし，議会が法律によって実現するのが原則としつつ（S. 223f.）も，例外的に給付請求権を直接憲法に基づいて主張することを認めた点は，実体的基本権論にとっても社会国家原理にとっても，大きな意義と射程を有する[29]。もちろん「代替立法者」だという批判[30]も

---

28) BVerfGE 45, 187 (228)〔日笠完治「終身自由刑と人間の尊厳」前掲『ドイツの憲法判例Ⅰ』25頁以下〕; 82, 60 (85)〔岩間昭道「所得に応じた児童手当の削減と最低生活費非課税の原則」前掲『ドイツの憲法判例Ⅱ』203頁以下〕; 113, 88 (108f.); *Josef Wintrich*, Zur Problematik der Grundrechte, 1957, S. 18f.; *Günter Dürig*, in: Maunz/Dürig (Hrsg.), Grundgesetz Kommentar, Art.1 Abs. 1, Rn. 43f. (1958, Sonderdruck).

29) *Hans-Jürgen Papier/Christoph Krönke*, Grundkurs öffentliches Recht 1, 2012, S. 124 (Rn. 257) は，訴求可能な（einklagbar）基本権を例外的に導き出したと述べる（著者の1人パピア教授は当時の連邦憲法裁判所長官であり，ハルツⅣ判決を下した第1法廷の裁判長であった）。

ありうるところであるが，日本で50年近く議論されてきた問題があっさりと肯定されていることが印象的である。本判決においても連邦憲法裁判所法35条には言及されていないが，実定法上の根拠としては同条以外にありえないであろう[31]。

この違憲判決を受けて，まず①2010年5月に基準給付とは異なる需要の認定を排除していた社会法典第2編3条3項2文の規定を削除し，同21条6項に「一回限りではなく不可避的かつ経常的な特別の需要」に関する規定が挿入された（BGBl. I, S. 671）。次いで②2011年3月に算定方法や給付内容を改める法改正が行われた（BGBl. I, S. 453）。社会法典にとって重要なのは言うまでもなく②の改正であるが，本稿で重要なのは連邦憲法裁判所による暫定的規律に対応した①の方である。そこでは，憲法裁判所の定めた暫定的規律が「一言一句忠実に（wortwörterlich）」条文化された[32]。

5　バイエルン元老院廃止判決

最後に，連邦憲法裁判所ではなく，バイエルン憲法裁判所の判例であるが，興味深い事例として元老院の廃止に関するバイエルン憲法裁判所の判例（1999年9月17日）[33]を取り上げることとする。これまで見てきたのと同様のことが，連邦だけでなく州レベルでも行われることがある，ということを示すという意味ももちろんあるが，西南州判決[34]や兵役拒否判決[35]といった連邦憲法裁判所の判例よりも，現在の日本の状況に鑑みると，このバイエルン憲法裁判所の判例の方がレレヴァンスを有すると考えられるからである。

バイエルン州においては，連邦憲法裁判所に勝るとも劣らない強力な権限を有する憲法裁判所（Bayerischer Verfassungsgerichtshof）があり，「州憲法の番人」

---

30) *Ralf Rothkegel*, Ein Danaergeschenk für den Gesetzgeber, ZFSH/SGB (Zeitschrift für die Sozialrechtliche Praxis) 2010, S. 142f.
31) BVerfGE 132, 134 (174 Rn. 99) では，本稿で扱った諸判例が列挙されている。
32) *Arne von Boetticher/Johannes Münder*, in: Johannes Münder (Hrsg.), Sozialgesetzbuch II, 5. Aufl. 2013, S. 557 (§21 Rn. 33). Vgl. auch Bundestag Drucksache 17/1465, S. 8f.
33) BayVerfGH 52, 104 〔村上英明「バイエルン上院の廃止」法政研究68巻1号（2001年）367頁以下〕。
34) BVerfGE 1, 14 〔布田勉「南西ドイツ諸州の再編成に関する2法の合憲性」前掲『ドイツの憲法判例Ⅰ』457頁以下〕。
35) BVerfGE 48, 127 〔笹川紀勝「西ドイツ良心的兵役拒否権の具体化にかかわる兵役義務改正法第25a条の違憲性」北星論集18号（1980年）213頁以下〕。

としての役割を果たしている[36]。本稿で主題としている連邦憲法裁判所法35条に相当する権限もバイエルン憲法裁判所法29条2項で認められている。

バイエルンにおいては，1946年12月に制定された現行憲法によって職能代表型の元老院 (Senat) が設けられていた（バイエルン憲法旧34条～42条）。しかし，「元老院のないスリムな国家」を掲げた州民発案が行われ，州民投票の結果，元老院を廃止する憲法改正が成立した。この憲法改正に対し，元老院が抽象的規範統制（憲法75条3項）を，数名の州民が民衆訴訟（憲法98条4文，憲法裁判所法2条7号・55条）を提起した[37]という事案である。

主要な争点は次の3つである。①バイエルン憲法においては，基本法79条3項と同様に，「憲法の民主的基本思想 (demokratische Grundgedanken der Verfassung)」については憲法改正が許されないと規定されている（75条1項2文）。この規定は「憲法の同一性」を保障するものであるという解釈からすれば，憲法機関を1つ廃止することは憲法の同一性を損なうものであり，しかもバイエルン憲法の特色でもある元老院[38]を廃止することは，違憲の憲法改正ではないか。②バイエルン憲法において，正式の憲法改正として予定されているのは憲法75条のみである。そこでは，州議会の3分の2以上の特別多数による可決と州民投票による賛成が要件とされている（憲法75条2項）。しかし，元老院の廃止に関する憲法改正は，この手続によらずに，憲法74条所定の州民発案・州民投票の手続に従って行われた。この手続は憲法違反ではないのか。③憲法改正州民投票において，投票に参加した州民は全有権者の39.9％であり，その有効投票のうち69.2％の賛成により憲法改正が行われた。つまり全有権者の27.3％しか憲法改正に賛成していないのである。このような低い賛成率に基づく憲法改正を認めることは憲法違反ではないのか。

いずれも興味深い論点であるが，本稿に関連するのは③であるから，この点にのみ焦点を合わせることとする。バイエルン憲法裁判所は①②に関する合憲

---

36) バイエルン憲法裁判所については，参照，櫻井智章「バイエルン憲法裁判所について㈠～㈢・完」甲南法学55巻1・2号（2014年）29頁以下，3号（2015年）29頁以下，4号（同年）69頁以下。

37) バイエルンにおいては民衆訴訟も認められていること，および抽象的規範統制についても連邦のものとは違いが見られることにつき，詳しくは，櫻井・前掲注36) ㈠，㈡を参照。

38) Willi Wolf 元老院議員「元老院のないバイエルンはマスタードのない白ソーセージ」(Süddeutsche Zeitung, 12./13. Mai 1999)。

性を肯定（要旨1・要旨2）したうえで，③について検討を加えていく。②の合憲性が肯定されたことにより，バイエルン憲法の改正には，(i)州議会の3分の2以上の特別多数＋州民投票という正式の手続（憲法75条）と，(ii)州民発案＋州民投票という手続（憲法74条），の2通りの手続が存在することとなる。どちらによるにしろ，基本法とは異なり，州民投票が必要である。しかし，同じく州民投票が必要とされていると言っても，その意味は両手続で同じではない，というのがバイエルン憲法裁判所の基本的な考え方である[39]。換言すれば，(i)議会という公の場（憲法22条）で州民の代表者である州議会議員（同13条）が審議・討論を重ねて3分の2以上という特別多数で可決した手続と，(ii)署名を集めて賛成・反対の意思表示をするだけの手続とでは，その後に行われる州民投票にも違いが出てくる，ということである。具体的には，例えば，前者(i)では複数の改正を一括して州民投票にかける「抱き合わせ」も許容されている[40]のに対して，後者(ii)では「抱き合わせ」が禁止されているのである[41]。後者(ii)では州民が決定するという要素が前面に出てくるのに対して，前者(i)では議会の決定を承認するか否かという点にウェイトが置かれている，ということができるであろう。

　このような相違は③の論点にも反映される。(i)州議会の3分の2の議決を経た後の憲法改正州民投票においては，すでに全州民を代表する議員の3分の2以上の多数という広範な合意に依拠しているのに対して，(ii)州民発案・州民投票の手続によって憲法改正が行われる場合には，特定の少数者（活動的な集団）の意向だけによって憲法改正がなされる危険がある。そのため，この場合の憲法改正州民投票については，──(i)州議会の3分の2の議決を経た後の憲法改正州民投票とは異なり──有効投票の過半数だけでは十分ではなく，州民投票の成立に関する特別の要件（最低投票率や最低賛成率）が要請されると結論づけた。このことは，憲法には法律よりも高度の存続保障が与えられなければならないという要請（憲法の優位）からも必要とされる。(i)議会の手続においては，

---

39) BayVerfGH 52, 104 (120f.); 53, 23 (32f.); 58, 253 (264).
40) BayVerfGH 27, 153 (160ff.); 53, 23 (32f.); 58, 253 (263f.). これは，3分の2以上の特別多数を得るために行われる政党間の妥協が尊重されるべきことを意味する。
41) BayVerfGH 53, 23 (29). 憲法2条1項・7条2項（それぞれ基本法20条2項1文・2文前段に相当する）から導かれる。

通常の法律については州議会の単純多数で制定される（憲法 23 条）のに対して，憲法改正法律については州議会の総議員の 3 分の 2 以上の特別多数に加え州民投票をも要求するというドイツで最も困難な改正手続を設けることによって憲法に高度の存続保障を与えている。しかし，(ii)州民発案・州民投票の手続においては，――そもそも憲法 74 条は憲法改正について明示的に言及していないので当然のことであるが――通常の法律と憲法改正法律との間で手続に何ら差異が設けられていない。憲法に高度の存続保障を与えようとしているバイエルン憲法の趣旨からすると，この点は憲法の欠缺であり，その欠缺を憲法適合的に補充する意味でも，州民投票の成立に関する特別の要件（最低投票率や最低賛成率）が要請されるのである[42]。

　そうした特別の要件について，およそ州民投票が成立し得ないほど高い要件を設けることも，憲法には通常の法律よりも強い存続保障が認められることを無意味にするような低い要件を設けることも許されないとしつつ，その範囲内でどのような要件を設けるかは憲法裁判所ではなく立法者の任務であるとして，立法者に対して判決理由の基準に従った要件を新たに定めるように義務を課した（主文 2）。その上で，立法者がそのような新たな規定を設けるまでの間ではあれ，憲法改正州民投票の有効性が法的に不明確な状態となることは許されない（S. 136）として，憲法裁判所法 29 条 2 項に基づいて「全有権者の 25％以上の賛成」という要件を暫定的に設定したのである（主文 3）。

　結局のところ，元老院の廃止に関する憲法改正州民投票は，全有権者の 27.3％の賛成を得ているため，25％の最低賛成率の要件を充たしており，問題とされている憲法改正は有効だというのが憲法裁判所の結論である（なお，バイエルン憲法裁判所が求めたのは最低賛成率であり，日本において憲法改正手続法〔国民投票法〕制定の際に問題となった最低投票率ではない。もし 50％あるいは 5 分の 2 という最低投票率が必要とされていたならば，元老院を廃止する憲法改正は――39.9％の有権者

---

[42] この限りで，通常法律の州民投票に有権者の 5 分の 2 以上の参加，憲法改正法律の州民投票に有権者の過半数の参加と有効投票の過半数かつ全有権者の 5 分の 2 以上の賛成という特別な要件を設けようとした州選挙法の規定を違憲と判断した従来の判例（BayVerfGH 2, 181 [218]）が変更された。逆に言えば，(1)通常法律の場合の州民投票（憲法 74 条）および(2)州議会の 3 分の 2 以上の特別多数後の憲法改正州民投票（憲法 75 条）については，特別の要件を設けることは依然として憲法上許されないと解されている。特に後者(2)については，憲法制定過程における米軍の要求に基づくものである。この点については別稿で扱う予定である。

しか投票に参加していないため——成立していなかったこととなる）。

　バイエルン憲法裁判所は，州議会が憲法74条に基づく憲法改正州民投票の成立に関して特別な要件を設ける際に，自身が提示した25％の最低賛成率という要件とは異なる規定を設けることも許されると述べていた（S. 136）。しかし，実際には憲法裁判所の示した要件がそのまま州議会に受け入れられ，条文化された[43]。

Ⅲ　若干の検討

　以上，決して網羅的ではないが，著名な憲法判例や興味深い憲法判例を概観してきた。他にもヘッセン選挙審査裁判所事件（2001年2月8日）[44]や非喫煙者保護法判決（2008年7月30日）[45]のように興味深いものもあるが，これ以上立ち入らない[46]。連邦憲法裁判所が連邦憲法裁判所法35条に基づき，かなり思い切った内容の暫定的規律を行っていることが見て取れるであろう（バイエルン憲法裁判所も同様）。なぜ連邦憲法裁判所法35条に基づいてこのようなことまでが許されるのか，という素朴な疑問が浮かんでくるところである。以下，この点について若干の検討を加えることとする。

1　ザールラント共産党決定

　法令の合憲性審査を行う憲法裁判は，法令が違憲であることを確認する確認訴訟であり，違憲無効と宣言すれば，その裁判は拘束力および法律の効力を有する（連邦憲法裁判所法31条）ので，——当初想定されていたように——通常の

---

43) 州選挙法（LWG）79条1項2号（BayGVBl. 2000, S. 365）。
44) BVerfGE 103, 111 (141f.)〔栗城壽夫「ヘッセン州における選挙審査」前掲『ドイツの憲法判例Ⅲ』415頁以下〕。
45) BVerfGE 121, 317 (376ff.)〔井上典之「喫煙規制をめぐる憲法問題」法律時報81巻5号（2009年）104頁以下〕。
46) 適時に法改正を行うとする政治部門（連邦議会・連邦参議院・連邦政府）の意思表明を受けて，暫定的規律を下すまでには踏み込まなかった例として，東西ドイツ統一後最初の連邦議会選挙に際しての阻止条項に関するBVerfGE 82, 322 (352) も興味深い。少し古いが *Gerd Roellecke*, in: Umbach/Clemens/Dollinger, Bundesverfassungsgerichtsgesetz, 2. Aufl. 2005, S. 646f.（§35 Rn. 10）に具体例が要領よく列挙されており，*Graßhof*, a.a.O. (Anm. 8), S. 276ff. では主要な判例の検討が行われている。

事件において裁判の執行が問題となることは多くない。連邦憲法裁判所法35条の解釈について連邦憲法裁判所が本格的に立ち入って判断したのはザールラント共産党決定（1957年3月21日）[47]である。この決定は，連邦憲法裁判所法35条の解釈にとって決定的な意味を有する判例である[48]。連邦憲法裁判所法を制定する際の立法者の想定をはるかに超えて，強力な権限を導き出した点において，まさしく出発点としての位置を占めるべき判例である。

既によく知られているように，前年1956年8月17日にドイツ共産党（KPD）は連邦憲法裁判所によって違憲と判断された。その判決によりドイツ共産党は解散され，代替組織の創設が禁止された。そして，その判決の執行は各州の内務大臣に委ねられた[49]。この有名なKPD違憲判決については，ここで改めて詳述する必要はないであろう。他方，ザールラントは戦後も長らくの間フランスの支配下に置かれてきたが，1957年1月1日にドイツに復帰した。こうしてザールラントにもドイツ法の効力が及ぶようになった（基本法旧23条）。そのため，ザールラントで活動していた共産党に対するKPD違憲判決の効力が問題となり，KPDの代替組織と評価されたザールラント共産党に対するKPD違憲判決の執行が問題となったのである。そこで連邦憲法裁判所法35条の解釈論が展開されることとなった。連邦憲法裁判所の見解を大まかにまとめると次のようになる。

連邦憲法裁判所に最高の憲法機関の1つとしての特別な地位を認めている連邦憲法裁判所法の趣旨からすれば，同法は，連邦憲法裁判所にその裁判を実現するために必要なあらゆる権限を与えたのである。それが連邦憲法裁判所法35条の意味に他ならず，連邦憲法裁判所を「執行の支配者（Herr der Vollstreckung）」たらしめようとしているのである。連邦憲法裁判所法35条が特別な手続を定

---

[47] BVerfGE 6, 300.
[48] 概説書や注釈書においても連邦憲法裁判所法35条の解釈に際して必ず触れられる（というよりも，比較的長文で引用される）判例である。例えば，*Schlaich/Korioth*, a.a.O. (Anm. 2), S. 321f. (Rn. 473), *Klein*, a.a.O. (Anm. 8), S. 589f. (Rn. 1479f.); *Hans Lechner/Rüdiger Zuck*, BVerfGG Kommentar, 6. Aufl. 2011, S. 303 (§35 Rn. 1f.); *Herbert Bethge*, in: Maunz/Schmidt-Bleibtreu/Klein/Bethge, Bundesverfassungsgerichtsgesetz, §35 Rn. 4 (Mai 2009); 中野雅紀「執行命令」畑尻剛＝工藤達朗編『ドイツの憲法裁判〔第2版〕』（中央大学出版部，2013年）206頁以下。
[49] BVerfGE 5, 85 (87)〔樋口陽一「自由な民主的基本秩序の保障と政党の禁止」前掲『ドイツの憲法判例I』415頁〕。

めていないのは、その時々に最も事案に適合し、最も迅速、最も合目的的、最も単純、最も実効的な方法で要請されたことを実現させる完全な自由（volle Freiheit）を憲法裁判所に与えるためである。連邦憲法裁判所法35条にいう「執行」は、民事訴訟におけるような狭い意味で理解されるべきではなく、裁判の実現のために必要なあらゆる措置と広く捉えられるべきであり、したがって給付判決に限らず、確認判決や形成判決においても用いることができる[50]。

連邦憲法裁判所法の解釈という形でおそるべき自己授権がなされていることが見て取れるであろう[51]。この判例により、裁判の執行に関しては連邦憲法裁判所に極めて大きな権限が与えられることとなった。現在では連邦憲法裁判所法35条が同法の中で「最も問題のある規定[52]」という評価がなされることもあるほどである。

しかし、民事訴訟におけるよりも広義の執行概念を採用し、確認判決や形成判決においても執行が可能だと考えたとしても、違憲判断に際して憲法裁判所が暫定的規律を行うことは、そもそも裁判の「執行」と言えるのか、という問題は残されている[53]。

次に、連邦憲法裁判所法35条に基づいて暫定的規律がなされるようになった背景について見てみることとする。

2 第1次堕胎判決前の仮命令

注目すべきは、第1次堕胎判決の本案判決に先立ち、仮命令（連邦憲法裁判所法32条）が申し立てられ、仮命令（1974年6月21日）[54]によって次のような暫定的規律がなされていたということである。

---

50) Vgl. auch BVerfGE 68, 132 (140).
51) 連邦憲法裁判所の判例の傾向を厳しく批判したフォルストホフは、まさにこの判例に法治国家原理からの逸脱を見る。*Ernst Forsthoff*, Die Umbildung des Verfassungsgesetzes (1959), in: ders., Rechtsstaat im Wandel, 2. Aufl. 1976, S. 149f.
52) *Bethge*, a.a.O. (Anm. 48), §35 Rn. 1.
53) この問題について詳細に検討を加えた論者は、概して否定的に回答している。Vgl. *Ipsen*, a.a.O. (Anm. 7), S. 238ff.; *Wolfgang Roth*, Grundlage und Grenzen von Übergangsanordnungen des Bundesverfassungsgerichts zur Bewältigung möglicher Folgeprobleme seiner Entscheidungen, AöR Bd. 124 (1999), S. 470ff.
54) BVerfGE 37, 324.

1. 1974年6月18日の第5次刑法改革法によって改正された刑法218a条は暫定的に発効しない。

  2. 同法によって改正された刑法218b条および219条は，受胎後12週以内の妊娠中絶にも適用される。妊婦の同意を得て医師によって受胎後12週以内に行われる妊娠中絶は，妊婦に刑法176条，177条または179条1項の違法行為がなされ，妊娠がその犯罪によると考えるべき相当な根拠がある場合には，刑法218条によって処罰しない。〔以下略〕

 本案判決前の仮命令手続において，仮命令によって法律の効力を暫定的に停止したにもかかわらず後に本案判決において合憲と判断された場合に発生する不利益と，仮命令を出さずに後に違憲と判断された場合に発生する不利益を衡量したうえで，胎児の生命保護の観点から法律の発効を停止しつつ，妊婦が被る不利益にも配慮して，「事態を暫定的に規律しうる」仮命令の権限（連邦憲法裁判所法32条1項）に基づいて，「立法者の決定から離れた」(S. 328) 暫定的ルールが既に定められていたのであり，本案判決においては，その内容がそのまま採用された格好となっているのである[55]。つまり，連邦憲法裁判所法35条に基づいて新たな暫定的規定が定められたのではなく，同32条に基づいて下され，既に妥当していたルールが引き続き妥当するようになったにすぎないのである。兵役拒否判決（1978年4月13日）においては，既に仮命令（1977年12月7日）[56]において下された暫定的ルールが，連邦憲法裁判所法35条に基づいて維持されると明示的に述べられている[57]。これらのことは，連邦憲法裁判所法35条に基づく暫定的規律の問題を考察する際には，同32条の仮命令制度も視野に入れておく必要があることを示している[58]。

 また，第1次堕胎判決自体が，そもそも政治闘争で敗れた敗者にとっての第2ラウンドとしての色彩をとりわけ顕著にした抽象的規範統制の当否から始まり，胎児の基本権享有主体性や国家の基本権保護義務といった基本権論の重要

---

[55] Vgl. *Pestalozza*, a.a.O. (Anm. 7), S. 269 (§19 Rn. 14k); *Ipsen*, a.a.O. (Anm. 7), S. 237, S. 242.
[56] BVerfGE 46, 337.
[57] BVerfGE 48, 127 (184).
[58] 最初の西南州判決（BVerfGE 1, 14）においても，1951年9月9日の仮命令（BVerfGE 1, 1）によって投票期日が延期されていたが，本案判決の時点（1951年10月23日）で既に投票を行うべき法律所定の期限（1951年9月16日）を過ぎていたため，新たに投票期日を定めるように連邦憲法裁判所法35条に基づいて連邦内務大臣に命じたものであった（BVerfGE 1, 14 [20f., 65]）。

テーマ，刑罰の謙抑性，さらには胎児の生命と妊婦の自己決定の調整に際して2年前のアメリカの判例（Roe v. Wade, 1973）との対照的な結論，等々……賛否両論の論点が盛りだくさんであり，連邦憲法裁判所法35条に基づく暫定的規律という問題それ自体が集中的に批判されることはなくて済んだといえるかもしれない。もし単純な論点の事案でこのような暫定的規律を行っていたなら，憲法裁判所による立法権の簒奪だという批判がより激しくなされてのではないかと想定することも可能であろう。しかし，複雑な事案だからこそ，憲法裁判所が暫定的規律をせざるを得なかったのだという事情に鑑みれば，そのような「歴史のイフ」について詮索してみても得られるものはないであろう。

ともあれ，賛否両論・論点盛りだくさんの事件において，仮命令で既に下されていた本案判決までの暫定的規律を新法の制定まで延長するという形で，憲法裁判所による暫定的規律は行われるようになったのである。その後，──場合によっては連邦憲法裁判所法35条に明示的に言及することなく──様々な暫定的規律がなされるようになってきていることは既に見たとおりである。

3 「効果の管理 (Folgenmanegement)[59]」

このような暫定的規律に対しては，学問的批判の十字砲火（Kreuzfeuer）[60]を受けていると評されることもあるように，多くの批判が存在することも事実である。

違憲無効と宣言すればそれで終わりであり，特に執行について云々する必要はないというのが当初の想定であった。しかし，その後の運用により，違憲＝無効とするだけでは問題が解決しない事案が多数出てくるようになる。そこで違憲確認判決や違憲警告判決といった多様な判決手法が展開されることとなっていった[61]。しかしこれらは，無効とすることによる不都合を避けるために導入されたものであり，法改正を義務づける──場合によっては法改正のための猶予期間を設定し，および／または，詳細な条件を付ける──ことがあったとしても，立法者に対する介入の度合いは，まだ緩やかなものである。また，連

---

59) *Udo Steiner*, Der Richter als Ersatzgesetzgeber, NJW 2001, S. 2922.
60) *Bethge*, a.a.O. (Anm. 48), §35 Rn. 2.
61) 文献も含め，宮地基「西ドイツ連邦憲法裁判所による規範統制判決の展開と機能」神戸法学雑誌39巻4号（1990年）939頁以下参照。

邦憲法裁判所法 35 条に基づいて，違憲と判断した法律が引き続き効力を有すると判断される場合もある[62]。しかし，これも立法者の判断を尊重しつつ法的混乱を回避するための方策として理解できなくもないものであり，違憲確認判決や違憲警告判決の延長で捉えることも可能である。

それに対して，憲法裁判所自身が，暫定的とはいえ，規律を定めることには大きな違和感（Unbehangen）がある[63]。特に堕胎判決のような事案においては，裁判所の暫定的ルールに従って刑罰まで科されうるのである。法律を無効と宣言する権限と対比しても，質的に異なる立法者の権限への介入を意味するのであるから，理論的正当化が困難であることは明らかである[64]。しかも，立法者は憲法裁判所の定めた暫定的規律とは異なる内容の法律を——憲法に適合する限り——制定することも可能であるが，実際には，既に見たように，概ね暫定的規律を踏まえた立法がなされているところである[65]。立法者の決定権限を狭め，更には奪っているという批判，「代替立法者（Ersatzgesetzgeber）」だという批判[66]がなされるのにも十分な理由があるといえる。「法治国家から裁判（官）国家への転換」「（赤い）法服の貴族政」等々のスローガンで表明される議会から憲法裁判所への権限の移転や政治的決定の重心の移動に関する分析や批判の文脈で，この問題がしばしば取り上げられる[67]所以である。

しかし，かなり特徴的な判例を概観してきたため，一見すると思い切った暫定的規律がなされているように見えるが，詳しく見て行けば，実際には穏健な

---

62) BVerfGE 91, 186 (207)〔甲斐素直「租税と原因者負担金の概念区別」前掲『ドイツの憲法判例Ⅱ』459 頁以下〕; 93, 37 (85)〔森保憲「共同決定に要請される民主的正当性」同 323 頁以下〕; 98, 169 (215)〔押久保倫夫「拘禁者の低廉な労働報酬」前掲『ドイツの憲法判例Ⅲ』311 頁以下〕; 109, 190 (237) usw.

63) *Bethge*, a.a.O. (Anm. 48), §35 Rn. 2.

64) Vgl. *Horst Säcker*, Gesetzgebung durch das Bundesverfassungsgericht?, in: Michael Piazolo (Hrsg.), Das Bundesverfassungsgericht, 1995, S. 208.

65) Vgl. *Seung-Ju Bang*, Übergangsregelungen in Normenkontrollentscheidungen des Bundesverfassungsgerichts, 1996, S. 186 ff.

66) *Schlaich/Korioth*, a.a.O. (Anm. 2), S. 322 f. (Rn. 474). 第 2 次堕胎判決に対抗して，基本法 2 条 3 項に女性の中絶に関する自己決定権を盛り込むよう提案する PDS（社会民主党）の基本法改正案（Bundestag Drucksache 13/397）の理由にも登場する批判である（ebd., S. 5 f.）。

67) 例えば *Säcker*, a.a.O. (Anm. 64), S. 189, S. 208; *Wolfgang Knies*, Auf dem Weg in den „verfassungsgerichtlichen Jurisdiktionsstaat"?, in: a.a.O. (Anm. 3), FS Stern, S. 1167 f.; *Rolf Lamprecht*, Oligarchie in Kahlsruhe, NJW 1994, S. 3272 ff. を参照。

内容の判断が慎重な考慮のうえで下されていることがわかる。

　第1次堕胎判決（Ⅱ1）においては，仮命令で既に下していたルールを維持しただけであり，そこには胎児の生命と妊婦の権利に関する調整が存在していた。婚氏事件（Ⅱ3）では，結果的に立法者に先駆けて夫婦別姓を承認したことになる。しかし，これは立法者の決定を先取りするものではなく，頻繁に名前を変更する必要性を無くすことによって，立法者による新たな規律を容易にするためであった（S. 23）。ハルツⅣ判決（Ⅱ4）においては，「1回限りではなく不可避的かつ経常的な特別の需要」を充足する給付を求める請求権が憲法に基づいて直接に認められた。しかし，これは旧来の連邦社会扶助法（22条1項2文）では存在していたものであり，改革後も社会扶助では認められている（社会法典12章28条1項2文，現27a条4項1文）にもかかわらず，失業給付Ⅱについては否定されたもの[68]であって，決して「無からの創造」ではない。バイエルン元老院廃止判決（Ⅱ5）では，有権者の25%の賛成という要件が設定された。この数値の選択について憲法裁判所はいくつかの論拠を挙げている（S. 135f.）が，憲法から確固とした数値が解釈上導かれるわけでは決してない[69]。その点でも「代替立法者」として，更には憲法制定者として振る舞ったという批判[70]は確かに可能である。しかし，それによって憲法改正は有効という結論で終わっているのである。見方によっては，有権者の高々27%強の賛成しか得られなかった憲法改正を有効とするために25%という数値——憲法75条に基づく正式の憲法改正手続がドイツで最も困難であるのとは対照的に，州民発案・州民投票による憲法改正を認める他の州が定める要件（50%）の半分に過ぎないドイツで最も軽い要件（S. 135）——が選択されたのではないかと疑うことすら可能な決定である[71]。特に批判の多い第2次堕胎判決（Ⅱ2）に関しても，改正法を違憲無効と

---

68) このため失業給付Ⅱ受給世帯と社会扶助受給世帯で発生する相違が，平等原則（基本法3条1項）に違反する，というのが連邦社会裁判所の移送理由の1つであった（vgl. BVerfGE 125, 175 (209f.)〔嶋田訳54頁 Rn. 97〕）。

69) *Christoph Schultes*, Die verfassungsändernde Volksgesetzgebung in Bayern, 2006, S. 129ff.

70) *Karl Schweiger*, Verfassungsgerichtshof als Verfassungsgeber？, BayVBl. 2000, S. 195f.

71) Vgl. *Udo Steiner*, Schweizer Verhältnisse in Bayern？, 2000, S. 21. 憲法改正州民投票の投票率が概して低いという実情（vgl. *Klaus Hahnzog*, Bayern als Motor für unmittelbare Demokratie, in: Hermann K. Heußner/Otmar Jung (Hrsg.), Mehr direkte Demokratie wagen, 2. Aufl. 2009, S. 237ff.）に鑑みれば，現実的な数値ということもできる。

することによって東西で分裂していた旧来の法状況を存続させることが許されない状況下[72]にあって，一部の不備を理由に全体を否定するのではなく，立法者の選択した基本コンセプトを活かしつつ，憲法適合的な法状況を創設する試みとして捉えることが可能である[73]。

このように見てくると，憲法裁判所による暫定的規律は，連邦憲法裁判所法35条（またはバイエルン憲法裁判所法29条2項）に依拠してはいるが，もはや裁判の執行とは関係がないと考えたほうがよい[74]。つまり，憲法裁判所の裁判が遵守・尊重されないが故に執行が必要となっているのではなく，遵守・尊重されるが故に発生してしまう法的空白の問題に代表される「違憲判断に際しての法的効果の問題」をどうするかという点こそが，この暫定的規律の問題の核心である[75]。改正法を違憲無効としたが，旧法の復活も妥当でない場合（第1次および第2次堕胎判決），違憲と判断した法令を無効とすることも引き続き妥当させることも許されない場合（婚氏事件），法規定の不在が原因で憲法違反と判断される場合（ハルツⅣ判決およびバイエルン元老院廃止判決）。問題の抜本的解決には議会による新たな法律が必要であるが，そのような法律が作られるまでの暫定的な期間であれ，法的空白が生じてしまうことが許されない状況。このような困難な事案において，憲法適合的な法状況をいかにして創り出すか，そのような試みとして理解することができる。

---

72) ペーター・レルヒェ（鈴木秀美訳）「連邦憲法裁判所の最近の基本判決における主要傾向」自治研究71巻3号（1995年）15頁「暫定的に旧東ドイツ地域において引き続き効力を有していた旧法……が違憲であることは明白であった」。

73) *Peter Lerche*, Das Bundesverfassungsgericht als Notgesetzgeber, insbesondere im Blick auf das Recht des Schwangerschaftsabbruchs, in: Festschrift für Wolfgang Gitter zum 65. Geburtstag, 1995, S. 512f. Vgl. auch *Graßhof*, a.a.O. (Anm. 8), S. 279ff.

74) *Christian Pestalozza*, „Noch verfassungsmäßige" und „bloß verfassungswidrige" Rechtslagen, in: Bundesverfassungsgericht und Grundgesetz, Festgabe aus Anlaß des 25 jährigen Bestehens des BVerfG Bd. 1, 1976, S. 561; *Bethge*, a.a.O. (Anm. 48), §35 Rn. 7.

75) Vgl. *Lerche*, a.a.O. (Anm. 73), S. 510. 実際，違憲確認判決や違憲警告判決等と並ぶ多様な判決手法の1つとして整理されることもある。*Andreas Voßkuhle*, in: v. Mangoldt/Klein/Starck (Hrsg.), Kommentar zum Grundgesetz Bd. 3, 6. Aufl. 2010, S. 696 (Art. 93 Rn. 50).

Ⅳ　おわりに

　本稿では連邦憲法裁判所法35条に基づく憲法裁判所による暫定的規律を手がかりに，議会と憲法裁判所の相互的なやり取り（「協働」「対話[76]」）の中から，より憲法に適合した法状況が形成されていく過程について瞥見してきた。連邦憲法裁判所法35条の問題は，単に裁判の執行という技術的意味に止まらず，憲法構造における連邦憲法裁判所の位置づけに関わる重要な問題であるということができる[77]。

　憲法裁判所が暫定的規律を定めることについて，憲法裁判所による立法権の簒奪であり，権力分立原理（基本法20条2項2文）に反するという批判をすることは容易なことである。しかし，そのような否定的な側面からではなく，違憲＝無効としただけでは解決できない困難な事案において，立法者と協働して憲法適合的な法状況を創造していく1つの試みとして，肯定的に捉えることも可能であるように思われる[78]。

　憲法裁判所は „praeceptor legislatoris" としての役割[79]を果たすべきではなく，立法者が自身の決定の合憲性に責任を負うべきであるという見解[80]にも確かに一理ある。しかし，党派的な配慮が紛れ込みがちな議会に対して，立法者の基本的決定の枠内で純憲法的な要請を実現するには憲法裁判所の方が適合的だと考えることもできるであろう。

　最後にいくつかの指摘を行って，本稿を締めくくることとする。

　①一般的（対世的）効力をもって法律を無効とすることすらも，消極的立法権

---

76) 参照，佐々木雅寿『対話的違憲審査の理論』（三省堂，2013年），同ほか「対話的違憲審査」論究ジュリスト12号（2015年）206頁以下。

77) 憲法裁判制度の核心（Nerv）に触れる問題である点を指摘する *Bethge*, a.a.O. (Anm. 48), §35 Rn. 1を参照。

78) *Otto Bachof*, Der Richter als Gesetzgeber? (1977), in: ders., Wege zum Rechtsstaat, 1979, S. 354ff.〔石川敏行訳「立法者としての裁判官」比較法雑誌12巻1号（1978年）103頁以下〕は「法の進歩」として捉える可能性について指摘する。

79) *Fritz Ossenbühl*, Bundesverfassungsgericht und Gesetzgeber, in: Peter Badura/Horst Dreier (Hrsg.), Festschrift 50 Jahre Bundesverfassungsgericht Bd. 1, 2001, S. 42.

80) *Ernst-Wolfgang Böckenförde*, Sondervotum, BVerfGE 93, 121 (152).

の行使であり，裁判所には許されないと考えられている理論的状況の日本[81]においては，裁判所が暫定的規律を行うなどということは，ほとんど考えられないことである。しかし，違憲判決を出した後の「後始末」に困るからという理由で違憲判決を出せない最高裁判所[82]，最高裁判所が違憲判決を出さないから法律を改正しようとしない国会，という現在の実務的状況に鑑みれば，このぐらいのドラスティックな解決策こそが魅力的に映る。ドイツでは，連邦憲法裁判所の裁判実務において違憲判断に際しての効果の問題が大きな位置を占めていると指摘されている[83]。違憲判決を出してしまうと後始末に困るという理由で違憲判決が出せないという本末転倒なことの無いように，日本においても多様な判決手法の可能性が探求されるべきである。その際，主文で宣告できることが重要な意味をもつのであれば，付随的審査制には根本的な限界があると言わざるを得ないであろう。しかも，付随的審査制の方が，具体的事件の解決という本来の任務の解決策をも考えなければならない点において，より多くの困難を抱えることとなるのである。

②連邦憲法裁判所32条（仮命令）と同35条（執行命令）の関連性が示唆に富む。既に見たように実際の判例において両者の関連性が重要だというだけではない。理論的にも，本案判決後にも仮命令に基づく暫定的規律を認める見解[84]や，35条に基づく暫定的規律の要件として32条の類推適用を説く見解[85]も存在するように，両者の関連性は検討に値する。その際，暫定性や本案判決を意味あるものとするための事前・事後の付随的手続という共通点に尽きない同質性に留意すべきである。即ち，仮処分においては，非訟的判断（合目的性の判断）がな

---

81) 芦部信喜（高橋和之補訂）『憲法〔第6版〕』（岩波書店，2015年）390頁。
82) 藤田宙靖『最高裁回想録』（有斐閣，2012年）152-153頁。「違憲判断の後始末の問題が違憲判断に踏み込むことの妨げ」になっているという点につき，井上武史「日本国憲法と立憲主義」法律時報86巻5号（2014年）16頁以下をも参照。
83) *Udo Steiner*, Zum Entscheidungsausspruch und seinen Folgen bei der verfassungsgerichtlichen Normenkontrolle, in: Freiheit und Eigentum, Festschrift für Walter Leisner zum 70. Geburtstag, 1999, S. 569. ウド・シュタイナー教授は1995年～2007年の間，連邦憲法裁判所（第1法廷）の裁判官を務めていた。
84) *Franz Klein*, Die einstweilige Anordnung im verfassungsgerichtlichen Verfahren, JZ 1966, S. 463f.
85) *Schneider*, a.a.O. (Anm. 15), S. 2593f.

されている[86]が，暫定的規律においても，まさに「違憲の状態を解消するために最適な手段は何か」という目的合理的な判断が行われているのである[87]。つまり，両者においては，ともに，一定の目的を達成するために最適な手段を選択するという非訟的判断（合目的性の判断）が中心的な役割を果たしているのである[88]。

③最後に，何より，効果の問題は権限の問題である[89]，ということである。特に政治部門との関係で裁判所はどのようなことまですることができるのか。本稿ではドイツの憲法裁判所が自身で暫定的規律を定めるという相当に思い切った解決策を選択する事例を見てきた。それと対比した場合に浮かび上がるのは，日本の最高裁判所のおそるべき自己抑制である[90]。裁判所は，憲法解釈という形で自己の権限の範囲に関しても自身で定めることができる地位にある。だからこそ日本の最高裁判所はそのような権限を抑制的に用いてきたのだという観点から肯定的に評価する可能性もあり得ないわけではない。しかし，ドイツ連邦憲法裁判所に対しては――もちろん批判も存在するが一般的には――肯定的な評価がなされ，他方，日本の最高裁判所に対しては違憲審査制の「機能不全」という評価がなされるのが通例である。基本的な土俵設定に関する判断の修正は，今となってはほぼ不可能と言わざるを得ないであろう。となれば，大胆な制度改革しか残された道はないように思われる。

---

86) 櫻井智章「行政と司法の理論的区分に関する試論」大石眞先生還暦記念『憲法改革の理念と展開・上巻』（信山社，2012年）149頁。非訟的判断（合目的性の判断）については，同135頁以下を参照。
87) 婚氏事件に即して，*Graßhof*, a.a.O. (Anm. 8), S. 260 を参照。
88) 違憲判決後の後始末問題一般に関して，櫻井・前掲注16) 87頁以下を参照。
89) *Ipsen*, a.a.O. (Anm. 7), S. 194 ff.; *Bang*, a.a.O. (Anm. 65), S. 2; *Walter Frenz*, Eine begrenzte Gesetzgebungskompetenz des Bundesverfassungsgerichts im Gefüge der Gewaltenteilung, ZG (Zeitschrift für Gesetzgebung) 1993, S. 248 ff.
90) この点で，「本来，裁判所が権限を拡大できるチャンスがあるにもかかわらず拡大しないのは，少々驚きです」というシュリンクの評価が興味深い。ベルンハルト・シュリンク＝高田篤「憲法ができること，できないこと」世界753号（2006年6月号）113頁。

4　フランス

4 フランス

フランスにおける政治と法
―― 法律の民主的正統性と合理性

只野雅人

はじめに――「法律の質」をめぐる言説
I　立法の質
II　法律の質と憲法院
III　立法の質と正統性
むすび

はじめに――「法律の質」をめぐる言説

　2005年劈頭，大統領宮にて，フランス憲法院の院長 P. マゾー（P. Mazeaud）は，大統領に宛てた誓願の中で「法律の質の劣化」という問題を大きく取り上げ，次のように述べている[1]。ちなみにマゾーは，憲法院院長就任前は，国会議員としてのキャリアも積んでいる。

> 「法律は，自明の事実を主張したり，願望を表明したり，あるいは世界の理想状態を描き出すために制定されるのではない」。「法律は呪文のごとき典礼であってはならない。法律は義務を定め権利を設けるために制定されるのである」。

　「立法府の作品の一定の質あるいは合理性の保証人」[2]とも称される憲法院の長による，法律の質の劣化という問題に取り組もうという明瞭な意思表示であ

---

[1] Vœux du président du Conseil constitutionnel, M. Pierre Mazeaud, au Président de la République, Discours prononcé le 3 janvier 2005 à l'Elysée. 憲法院webサイト（http://www.conseil-constitutionnel.fr）掲載の «Contributions et discours» で参照可能である〔最終アクセス：2016年7月18日〕。

[2] V. Champeil-Desplats, «N'est pas normatif qui peut. L'exigence de normativité dans la jurisprudence du Conseil constitutionnel», Les cahiers du Conseil constitutionnel, nº 21, 2006, p. 99.

る。憲法院は，ある種の憲法上の要請として，法律に対して様々な資質を要求してきた。この一節でとりわけ問題となっているのは，「規範性（normativité）」が希薄な法律の存在である。マゾーは，「法律は，許し，禁じ，命じ，確定し，罰し，あるいは償う」という，フランス民法の父である「偉大なるポルタリス（Portalis）」の格言をも引いている。

同様の問題意識は，同席していた下院・国民議会議長 J.-L. ドブレ（J.-L. Debré）によっても共有されている。ドブレは，同年10月，法律の規範性の要請を憲法に盛り込む憲法改正法律案を提出している[3]。その後ドブレは，2007年，マゾーの後継として憲法院院長に就任している。

憲法院以上に，かねてより法律の（さらに広く法規範全般の）質を問題としてきたのが，コンセイユ・デタであった。コンセイユ・デタは，すでに1991年の年次報告の中で，法的安全（Sécurité juridique）という視角から法の複雑化や増殖，劣化といった問題に警告を発している。さらに2006年の年次報告[4]でも，「法が饒舌になれば，市民は法に無頓着になる」（1991年年次報告）という言葉を引き，再び，法的安全と法の複雑性という主題を取り上げている[5]。法の「饒舌」化は，単に法規範の増殖や複雑化のみならず，「饒舌」でありながら語るべきことを語らない法の質の問題をも含みうる。

各省間の調整を行って法案を準備し，また法律執行のためのデクレを制定する政府もまた，この問題には関心を寄せてきた。法文の起草に関する通達が発せられ，実務担当者向けの法文起草のガイド（Guide de légistique）も公表されている。

このように，法律の質をめぐる問題は国家各機関の間で広く共有された問題であった。とはいえ，法律あるいは立法の質をそれぞれが問題にする意図は，必ずしも一様ではない。たとえば2011年7月7日に首相が各大臣宛に発した

---

3) 改正案は，議会が法律として定めうる事項について規定した1958年憲法34条1項に，「憲法が定める特別規定の留保のもと，法律は性質上規範的射程をもたねばならない」との文言を付加し，また，法律事項に属さない事項を定めた議員提出法案の不受理について規定する41条に，「規範的射程を備えていない場合」という新たな不受理の条件を付加するという内容であった。1958年憲法（第5共和制憲法）は法律事項と命令事項を明文で区別し，限定列記したことで知られている。採択はされなかったが，ドブレの改正案は，法律による過剰な領域侵犯に歯止めをかけることを意図したものであった。

4) Proposition de loi constitutionnelle, n° 1832, tendant à renforcer l'autorité de la loi, présentée par Jean-Louis Debré, le 5 octobre 2005.

5) Conseil d'Etat, *Rapport public 2005*, Documentation française, 2006, p. 229.

通達は,「法の質 (qualité du droit)」と題されている[6]。その冒頭の一節は,「法規範の質は, 我々の法体系の魅力と経済的競争力とにとって決定的な争点と結びついている」と指摘する。ここに窺われるのは, 法的安定性や法体系の一貫性・整合性といったニュートラルで技術的側面, あるいはそれらとも不可分の市民の権利・自由の確保といった問題だけでなく, グローバルな市場経済に対応するための法の効果 (efficacité), といった「戦略的」な——さらには立法の質の「道具化」ともいいうる——視点である。

学説の受け止め方も様々である。後述のように, 法律の質や合理性の強調が, かえって政治のダイナミズムを殺ぐのではないか, あるいは政治に対する専門性・合理性の優位, さらにはグローバルな市場経済の論理の優越を帰結するのではないか, といった懸念も少なからず表明されている。

筆者はこれまでも, フランスにおける法律の質の問題を論じてきた[7]。旧稿で論じたのは, 法律の質が問題となる政治的社会的背景やフランス的な法律観をめぐる思想的背景, 欧州における「よりよき立法」をめぐる取り組みや統治の質を問題とするガバナンス論の影響, といった問題である。以下では, こうした旧稿での分析と重複する部分もあるが, まずはフランスにおける法律の質をめぐる問題の前提を確認する。そのうえで, 2008年の憲法改正以降の状況, さらには,「質」の改善にむけた様々な動向に対する学説の批判的応接などに焦点を合わせ, フランスにおける政治と法との相克について, 論じることとしたい。そうした検討を通じ, 民主的正統性を背景とした政治というダイナミックな意思の営みと, それを整序し枠づける法とのせめぎ合いのあり様を描き出してみたい。

なお以下では, 議会が制定する法形式としての法律に限らず, その他の法形式の質をめぐる問題をも検討することになる。「法」あるいは「立法」という場合には, 必ずしも法律には限られない法のあり方を問題としている。

---

6) Circulaire du 7 juillet 2011 relative à la qualité du droit, *JORF* n° 0157 du 8 juillet 2011, p. 11835, texte n° 2.

7) 以下の拙稿を参照。「『饒舌な立法』と『一般意思』——フランスにおける立法と政治」山内敏弘先生古稀記念『立憲平和主義と憲法理論』(法律文化社, 2010年) 254頁,「よりよき立法 (mieux légiférer)——フランスにおける社会・経済の変容と統治の正統性」季刊・企業と法創造『特集・憲法と経済秩序Ⅲ』8巻3号 (2012年2月) 41頁。また, この問題を論じた近時の邦語文献として, 植野妙実子「法的安定性の概念」同『フランスにおける憲法裁判』(中央大学出版部, 2015年) 247頁。

I 立法の質

1 立法のインフレーション

(1) 量的増加

　立法の質をめぐっては，すでに1970年代以降，「立法のインフレーション」という言葉が使われてきた。「インフレーション」という表現は，立法の量的な増殖とそれに伴う価値の低下という2つの問題を含意している。まずは量的な面に目を向けてみよう。

　現存の憲法が制定された1958年から大規模な憲法改正があった2008年の期間についてみると，条約承認のための法律を除けば，毎年平均で62件の法律が可決されている。1997年以降に限ると，年平均は43件であり，むしろ減少傾向も見られる。ただし，1997年以降，法律事項を定める委任命令（オルドナンス）が増加している点には留意する必要がある。1997年から2008年の平均で25件にものぼる。とくに2005年には，オルドナンス（85件）が法律（50件）を大きく上回った。しかし，オルドナンスの増加を考慮しても，可決された法律の件数の面では，必ずしも「増殖」という評価は妥当しないように思われる。ちなみに，「強すぎる議会」が際立った第4共和制期（1947年～1958年）の年平均は241件であった[8]。

　可決された法律の本数以上に，「増殖」の指標としてよく引かれるのが，条文数，語数，あるいは法令集や官報の頁数などを指標に計られる，個々の法律のボリュームの増大である。この点での「増殖」は顕著であるようにみえる。1970年代，法律1本が占める官報の頁数は平均2頁であったが，1990年代には平均6.5頁に増加している。1990年代の平均の条文数は22箇条であったが，2009年には44箇条となっている。法律のボリュームの増大は，必然的に，その施行に必要なデクレの増大をも帰結する。制定されるデクレの数は，1978年から2000年にかけては1年に900～1,300件ほどであった。しかしそれ以降は増加傾向が顕著となり，2007年には1,800件に達し，さらに2010年には2,000件を超えている[9]。

---

8) J.-C. Bécane, M. Couderc et J. L. Hérin, *La loi*, Dalloz, 2ᵉ éd, 2010, p. 168.
9) C. Bergeal, *Rédiger un texte normatif. Manuel de légistique*, Berger Levrault, 7ᵉ éd, 2012, p. 21.

このように，1990年代後半から2000年代にかけて，量的な面で一定の変化があることは確かなようであるが，法律あるいは立法のボリュームの増大を，一概に質の低下と結びつけるわけには行かない。法文を精確，明確なものとしようとすれば，条文構造が複雑になったり，ボリュームが増加することは，ある程度は避けがたい。さらに，インフレーションの背後には，立法をめぐる需要の増大，あるいは個別的事案への迅速な応答の要求といった，社会的構造・条件の変化があることも，十分に推測される。法律を制定する議会が人民の代表であることからすれば，立法の需要に対する迅速な応答はむしろ自然なものともいいうる。問われるべきは，次にみる法律の質をめぐる問題が示すように，その応答の仕方である。

(2) 質の低下

　法律の質の低下を，客観的に類型化することは難しいが，通例指摘される質をめぐる問題は，何点かに集約される。冒頭で引いた誓願の中で，マゾーは法律の質をめぐる問題を，具体例をも引きつつ4点にわたり指摘している。

　第1に，端的な法律自体の欠陥である。マゾーは，「立法者は立法全体の基礎となる用語法を十分な根拠もなく改変するべきではないであろう」と述べている。立法の基礎の無造作な改変は，法的不安定を帰結しかねない。第2に，「社会の実際の反応に従い，あるいはそれを推測して，試行錯誤を繰り返し，短期間であちらこちらへと同じ問題に立ち返る法律」の存在である。毎年のように改正される法律，あるいは施行前に改正される法律さえも存在する。第3に，「明確性（clarté）」あるいは「理解可能性（intelligibilité）」を欠いた法律の存在である。マゾーは，概括的な定めのみを置き，適用に必要な定めを事後の法律に委ねた規定の例を挙げている。最後に，冒頭でも引いたが，規範性に乏しい法律の存在である。規範的負荷を欠いた法律は，「ニュートロン」とも呼ばれる。マゾーは，「法律の劇場政治の手段への堕落」を嘆いている。

　後述のように，憲法院は法律が備えるべき重要な資質として「明確性（clarté）」「理解可能性（intelligibilité）」「規範性（normativité）」などを要求し，法律の質の合理化を図ってきた。立法学（légistique）に由来する諸要請の「憲法化」の試みともいえよう[10]。とはいえ，これらの資質を憲法上の要請として提示することに対しては，やはり後にみるように，その理論的根拠や有効性をめぐり，学

説から根強い批判がある。

次に，量的・質的な変化の背景について，考えてみたい。

2　法律自体の変質？

　問題の直接的要因のひとつとされるのが，議会における修正の氾濫である[11]。よく知られるように，フランスの現行憲法 (1958年憲法) の主眼は，内閣の極度の不安定を帰結した第4共和制までの「強すぎる議会」を制度上封じこめ，執行府の優位を確保することにあった。そこで構想されたのが，規律ある安定した議会多数派が欠けても統治可能な仕組みであり，議員の立法活動には様々な制約が憲法上課されることになった。いわゆる合理化された議院制である。ところが，1960年代中葉以降，下院・国民議会には安定した多数派が形成されるようになり，それに伴い，政党規律も強まってゆく。こうして，議会審議における執行府の優位が強まる中で，かつての法律案の発案権を代替するものとして議員が多用することになるのが，法案に対する修正である。修正は，「議員発案の主要形態」とも評される[12]。とくに1990年代以降，修正の氾濫が問題とされるようになった。

　議員による修正権の行使は，政府・多数党の優位が際立つ議会審議を活性化し，法案をよりよい方向に向けてゆく機能をも果たしうる。しかし過剰な修正権の行使は，法律の質に深刻な影響を及ぼすことになる。当初の法案のボリュームが大きく増加したり，法案全体の一貫性が損なわれることもある[13]。過剰な修正権の行使に対する枠付けは，2008年の憲法改正の重要な眼目のひとつであった。

　もっとも，修正権の氾濫は，法律の質をめぐる問題の一因にすぎない。法律あるいは立法をめぐるより大きな環境の変化にも目を向ける必要があろう。はじめにで引いたコンセイユ・デタの年次報告 (2006年) は，「法の複雑化」の背

---

10) Pierre de Montalivet, «La juridicisation de la légistique. À propos de l'objectif de valeur constitutionnelle d'accessibilité et d'intelligibilité de la loi», R. Drago (dir.), *La confection de la loi*, P.U.F., 2005, p. 100.

11) 詳しくは，徳永貴志「フランス第五共和制における修正権と政党システム」一橋法学7巻2号 (2008年) 511頁を参照。

12) P. Avril, J. Gicquel et J.-E. Gicquel, *Droit parlementaire*, Montchrestien, 5ᵉ éd, 2014, p. 232.

13) Conseil d'Etat, *op. cit.* (n. 5), p. 266.

景として，大きく 2 つの問題を指摘している[14]。法の制定主体の複数化とその帰結としての国内外の法規範の多元化[15]，そして社会学的・政治的要因から生み出される「規範の不摂生 (intempérance normative)」である[16]。

前者は，とりわけ EU 法の発展とその国内法化の進展に関わる。EU 加盟国に共通した現象であるが，国内法（とりわけ経済活動に関する法令）の相当な部分が，EU 法と関わりをもつとされる。後者の「規範の不摂生 (intempérance normative)」もまた，程度の差こそあれ，今日の民主主義に共通した問題である。コンセイユ・デタの報告は，メディアやコミュニケーション環境の変化によって立法府の迅速な対応が要求されるようになっているという問題，職能団体など圧力集団の要求が特定の分野で法律の頻繁な改正をもたらしているという問題を指摘している。報告は，さらに重ねて，フランス特有の要素として，「法律」がもつシンボリックな効果に対する信仰，という問題を指摘する。

ここでとくに注目してみたいのは，この最後の点である。フランスの法文化に深く根付いた「象徴としての法律の効力」という観念が，法律こそ困難に対する「解決」「療法」をもたらしてくれるという期待を生み出しているというのである。それは，「法律は，自明の事実を主張したり，願望を表明したり，あるいは世界の理想状態を描き出すために制定されるのではない」という，冒頭のマゾーの指摘とも直結する問題である。年次報告は，市民の関心が高い治安への対応（テロ対策立法）や雇用問題をはじめとする社会的不安定に対する対応への期待が，法律の増殖の一因になっているとする。

さらにとりわけ問題視されてきたのが，特定の歴史的事実の確認を内容とする法律——「記憶の法律」と呼ばれる——の存在である[17]。「フランスは，1915 年のアルメニアのジェノサイドを公に認める」と定める，1 箇条のみからなる 2001 年 1 月 29 日法はよく知られている。議会の強さが際立った第 4 共和制下では，議会の決議が内閣の責任追及と結びつけられ政権の不安定を帰結したとの認識から，現行憲法のもとでは議会による決議が厳しく制限された。歴史認識が法律という法形式をとって定められる背景にはこうした事情もある。し

---

14) 詳しくは，只野・前掲注 7)「『饒舌な立法』と『一般意思』」255 頁以下を参照。
15) Conseil d'Etat, *op. cit.* (n. 5), p. 234 et s.
16) Conseil d'Etat, *op. cit.* (n. 5), p. 254 et s.
17) 樋口陽一『憲法という作為——「人」と「市民」の連関と緊張』(岩波書店，2009 年) 173 頁以下。

かしそれだけでなく,「記憶の法律」の背景に,「象徴としての法律の効力」という観念が強く働いていることは否定できない。

憲法院は,こうした法律のうち,植民地(とくに北アフリカ)におけるフランスの積極的役割に対し学校教育において「それに値する特別な地位を与える」よう定めていた2005年2月23日法の条項について,憲法上の立法事項にはあたらないと判断している[18]。また2001年法と関連して,アルメニアに対するジェノサイドを否定する表現行為の処罰を内容とした2012年2月28日法の条項を,後述のように,「規範的射程」の欠如にも言及しつつ,違憲と判断した[19]。

3　法律の質の変化と社会の変化

以上みてきたように,フランスにおける法律(立法)のあり方をめぐっては,量的な増殖の問題以上に,質の問題が問われてきたように思われる。そして,法律の質を問う議論においては,当然ながら,一定の資質を備えた本来あるべき法律の姿が,その前提として想定されている。法律が備えるべき資質として伝統的に想定されてきたのは,強制力(force obligatoire),そして一般性(généralité)であった[20]。それぞれは,主意主義的側面と認識論的側面という,フランス的な法律概念の2つの側面と結びついている[21]。

フランス的な法律概念をめぐってまず想起されるのは,「法律は一般意思の表明である」という,1789年人権宣言6条の定式であろう。ここから浮かび上がるのは,法律の主意主義的な側面,「意思の行為」という側面である。強制力という資質は,この主意主義的側面と結びつく。全国民の代表により制定されることによって,意思の行為は強固な民主的正統性をも備えることになる。

しかし法律は,単なる「意思の行為」としてのみ,専ら手続的な側面——国民

---

[18] Décision n° 2006-203 L du 31 janvier 2006. 規定自体が直ちに無効とされたわけではない。なお,以下で引用する憲法院判決は,いずれも憲法院webサイトで参照可能である〔http://www.conseil-constitutionnel.fr　最終アクセス:2016年7月18日〕。また, Commentaire は,該当判決の頁に資料として掲載されている。引用頁は,いずれもwebに掲載された資料の頁である。

[19] Décision n° 2012-647 DC du 28 février 2012.

[20] こうした整理につき, Bécane et al., op. cit. (n. 8), p. 23 et s.

[21] この2つの側面につき, O. Thorozan, «L'excellence de la loi dans la pensée juridique et politique français depuis le XVIIIe siècle», M. F.-R. Stéfanini, L. Gay et J. Pini (dir.), Autour de la qualité des normes, Bruyant, 2010, p. 64.

代表による定律——のみから観念されてきたわけではない。法律は,「認識の行為」としての側面をも併せもつものとされてきた。フランス革命期,法律は,単なる多数者(あるいは国民代表)の意思の所産ではなく,社会秩序を基礎づける「理性(Raison)」の表明であると考えられた。立法者が,いわば自明のものとして「理性(Raison)」を認識した結果が法律だというのである。それゆえ,一般性という資質は,単に規律対象の一般性や規範の平等な適用といった形式的な意味にとどまるものではない。それは,「理性の実質的一般性の中に根を下ろしている」[22] のである。

このように,法律は「意思の行為」であると同時に,意思の合理性を担保する実質(「理性」との適合性)が,同時に想定されていた。大文字で語られる法律 «La Loi» は,「自然法と実定法とを連接する法技術」[23] でもあった。そうした法律の典型が,フランス民法典である。「法律は,許し,禁じ,命じ,確定し,罰し,あるいは償う」という「偉大なるポルタリス」の格言も,法律の2つの側面を前提としたものとみるべきであろう。民法学の泰斗 H. カピタン(H. Capitant)の次の言葉から,フランス的な法律の範型がいかなるものであったのかを,よく窺うことができよう[24]。

>「簡明(simple)で,精確(précise)な言葉で書かれ,周到に区切られ,短くまた多すぎることのない項に区分されて,民法典の条文は法学に通暁していない者であっても容易に読み理解することができる。明確性(clarté),精確性(précision),簡潔性(concision),節度(mesure),ここにこそ民法典を傑出させ,決して凌駕されることのない範型となす資質がある」。

とはいえ,カピタンがこう述べた20世紀初頭,法が理性により妥当することを公定した「偉大なる法の世紀」はすでに過去のものとなっていた。資本主義の発展と社会の複雑化は,必然的に,それらを規律する規範の複雑化をも帰結する。さらに,普通選挙の定着は,法律の制定を「その選出方法ゆえに最大多数の利益と欲求を満たさねばならず,有権者が改革を望むがゆえに持続的に新

---

22) P. Rosanvallon, *Le modèle politique français. La société civile contre le jacobinisme de 1789 à nos jours*, Seuil, 2004, p. 86.

23) Bécane et al., *op. cit.* (n. 8), p. 21.

24) H. Capitant, «Comment on fait les lois aujourd'hui», *Revue politique et parlementaire*, t. XVI, 1917, p. 12.

たな法を創出すべく義務づけられた議会」の手にゆだねる[25]。カピタンは，上述の言葉に続けて，「不幸なことに，われらが民法典のこれら麗しき資質は消え去りつつあり，そしてそれは今日の立法者の過ちによるのである」，とも述べている[26]。コンセイユ・デタが指摘する「規範の不摂生」という事象は，決して最近生じたものではない。

　このような社会の変化を前提とすれば，範型としての法律が備えてきた資質が変質しあるいは失われることは不可避であろう。「法律の複雑性は，世界の複雑性を反映するものにすぎないのだ」[27]ともいえよう。しかしながら，そうした法律の質の変化をそのまま肯定し受け入れてよいかどうかは，別途検討を要する問題である。法律の質の変化は，避けがたいものではあるにせよ，なお看過しえない問題をもはらんでいるように思われる。変化をふまえた，法律の質の確保をめぐる対応が模索されることには相応の理由がある。

　ここまで，法律の質をめぐる問題やその背景について概観してきたが，今度は，立法実務という視点から，フランスにおける近時の法律の質の確保をめぐる取り組みについて，みてゆくことにしたい。そこで問われることになるのは，法律が備えるべき資質とはどのようなものか，という点だけではなく，なぜそのような資質が求められるのか，という点である。伝統的な法律の範型や資質は，もはや自明ではないからである。

II　法律の質と憲法院

1　法律の質・合理性の保証人としての憲法院

　フランスの現行第5共和制のもとでの重要な変化のひとつとして，憲法裁判の進展がある。とりわけ，1789年人権宣言や1946年憲法前文，さらには共和国の諸法律によって承認された諸原理が「憲法ブロック」を構成するものとして，憲法裁判の準拠規範として位置づけられて以降，憲法院は人権保障機関としての役割を演じるようになった。「法律が一般意思を表明するのは憲法を尊

---

25) G. Ripert, *Le déclin du droit*, L.G.D.J., 1949, pp. 1 et 7.
26) Capitant, *op. cit.* (n. 24), p. 12.
27) A. Flückiger, «Le principe de clarté de la loi ou l'ambiguïté d'un idéal», *Les cahiers du Conseil constitutionnel*, n° 21, 2006, p. 110.

重する限度においてである」[28]——憲法院判決のこの一節は，憲法の最高法規性の観念からすれば当然の事柄ではあるが，変化を象徴するものとして，よく引用される。さらに 2008 年の憲法改正により，憲法上の権利・自由の侵害について事後審査の仕組み（QPC）[29]が導入されるに至り，憲法裁判は一層の活況を呈している。

　しかし第 5 共和制初頭，憲法院の役割の重点は，今日とは異なるものであった。1958 年憲法は，それまでの「強すぎる議会」を押さえ込むために，執行府優位の合理化された議院制と呼ばれる仕組みを採用し，立法権が及びうる事項を憲法上明示すると共に，議会の議事手続についても詳細な規定を置いている。このような憲法上の周到な枠付けを議会が侵犯しないよう,「番人」としての役割を付与されたのが憲法院であった。憲法院は，法律事項と命令（デクレ）事項の区分の監視などを行い，また議院規則改正についても監督を行う。

　とくに，議院規則改正がすべて憲法院の事前審査に付されるようになった（第 5 共和制憲法 61 条 1 項）ことは，象徴的意味をもつ。「政治法に固有の，司法によらない規範形成の方式」[30]こそが，フランス議会法の伝統の根幹をなしてきたからである。「政治法」は，第 3 共和制下の議会の先例を集成したE. ピエール（E. Pierre）によれば，「それを適用するものが，まさしくそれを創出するものである」という特質を有する[31]。憲法院による議院規則の事前審査は，そうした「政治法」のあり方に大きな変化をもたらすものであった。さらに，1974 年の憲法改正によって，各議院 60 人以上の議員に憲法院への提訴権が認められるようになった。それ以降，野党議員による憲法院への提訴が増加したが，その際には提訴理由として，憲法の議事手続規定違反が挙げられる事例が増加した。こうして，憲法院の判断が積み重なり，判例議会法とでもいうべきものが形成されてきた。

　憲法院による議会活動の「監視」は，必ずしも議会の役割を厳格に限定する

---

28) Décision n° 85-197 DC du 23 août 1985 [con. 27].

29) さしあたり，ベルトラン・マチュー（植野妙実子＝兼頭ゆみ子訳）『フランスの事後的違憲審査制』（日本評論社，2015 年）を参照。

30) Avril, Gicquel et Gicquel, *op. cit.* (n. 12), p. 25. 立法手続に対する憲法院の統制につき，奥村公輔『立法手続と権力分立』（信山社，2016 年）11 頁以下をも参照。

31) E. Pierre, *Traité de droit politique, électoral et parlementaire*, tome 1, reédition, Edition Loysel, 1989. p. v.

方向でのみ行われてきたわけではない。たとえば，立法事項を限定列挙し，それ以外をデクレに委ねるという憲法の規定は，議会優位の伝統をもつフランスにおいてはある種の「革命」とも評しうるものであった。しかし，デクレに留保された事項の侵犯を理由とした議員による違憲の訴えを，憲法院は斥けている。「革命はおきなかった」[32]と行政法学の泰斗 J. リヴェロ（J. Rivero）は評している。

とはいえ，とくに 1990 年代以降，修正の氾濫が顕著になる中，憲法院は再び手綱を締め直し，議事手続のみならず，法律のあり方についても，統制の強化に乗り出すようになった。そのうちここでは，法律の内容の統制——法律についての一定の資質の要求——という面から，「立法府の作品の一定の質あるいは合理性の保証人」としての憲法院の役割をみてゆくことにしたい。

2　法律が備えるべき資質——立法学の憲法化

(1)　«clarté» «accessibilité» «intelligibilité»

憲法院は，法律が備えるべき資質として様々なものを憲法上の要請として提示してきたが，とりわけ重要と思われるのが，«clarté» «accessibilité» «intelligibilité» の 3 つである[33]。できるだけ原語に忠実に，それぞれ，「明確性」「接近可能性」「理解可能性」と訳出しておくことにする。なお，旧稿で論じたためここでは立ち入らないが，これらの要請は必ずしも憲法院の創出に係るものではなく，欧州司法裁判所・人権裁判所の判例の影響があることもつとに指摘されている[34]。

まず，「明確性（clarté）」ついてである。明確性に言及した判決は 1980 年代から存在するが，憲法院は 1998 年 6 月 10 日判決[35]において，「明確性（clarté）」が憲法上の要請であることを明示している。その際に準拠規範として引用されるのは，法律事項について定めた憲法 34 条である。とりわけ，「公民権，および

---

32) *Vingt ans d'application de la Constitution de 1958: Le domaine de la loi et du règlement*, Economica, 2ᵉ éd, 1981, p. 263. 政府が問題にしない限り，「その領域外で立法を行う議会の暗黙の権利」（J.-P. Camby, «La loi et la norme», *Revue du droit public*, nº 4 2005, p. 852）が承認されることになる。
33) これら 3 つの資質をめぐる憲法院の判例については，以下をも参照。植野・前掲注 7) 266 頁以下，糠塚康江「立法手続における『影響調査』手法の可能性——『より良き立法プロジェクト』への寄与のための試論」高見勝利先生古稀記念『憲法の基底と憲法論』（信山社，2015 年）508 頁以下。
34) 只野・前掲注 7)「よりよき立法」49 頁を参照。
35) Décision nº 98-401 DC du 10 juin 1998 [con. 7].

公的自由の行使のために市民に認められる基本的保障」についての34条1項の規定が重要な意味をもっていると思われる。適正な立法権行使の条件として「明確性（clarté）」が求められるというのである。

次に，「接近可能性（accessibilité）」「理解可能性（intelligibilité）」をめぐっては，1999年12月16日の判決[36]が，双方を「憲法的価値をもつ目的（objectif de valeur constitutionnelle）」であるとしている。判決は，その趣旨を以下のように説明する。

> 「実際，人と市民の権利宣言6条により宣明される法の前の平等と16条によって要求される『権利の保障』は，市民が自らに適用される規範を十分に知る手段をもたなければ，実効的ではあり得ないであろう。適用される規範を十分に知りうるということは，さらに，人権宣言4条により保障される権利と自由の行使にとって必要なものである。それらは，法律によって定められる以外の限界をもたない。5条によれば，『法律によって禁じられないすべての行為は妨げられず，また何人も法律が禁じていないことを強制されない』。」

3つの資質それぞれの関係は，以降の判決の中で明瞭になってゆく。たとえば2004年7月29日判決[37]は，「明確性（clarté）」を憲法34条に由来する「原則」とする一方，「接近可能性（accessibilité）」「理解可能性（intelligibilité）」を1789年人権宣言4条・5条・6条・16条に由来する「憲法的価値をもつ目的」と位置づけ，次のように判示している。

> 「憲法34条に由来する法律の明確性（clarté）の原則と1789年人権宣言5条，6条，16条に由来する，理解可能性（intelligibilité）と接近可能性（accessibilité）という憲法的価値をもつ目的は，憲法によって法律にのみゆだねられた規範の確定を行政あるいは司法機関に任せることなく，憲法に反する解釈や恣意の危険から法主体を保護するために，立法者に対し，十分精確な規定と曖昧さのない定式を採用するよう命じている。」

3つの資質は様々な判決で言及されているが，これらにもとづき法律の規定が違憲とされた例は，実は必ずしも多くない。憲法院は，「法律を違憲とするよりも，解釈留保を通じテクストの意味を明確にすることを好んでいる」[38]とも

---

36) Décision nº 99-421 DC du 16 décembre 1999 [con. 13].
37) Décision nº 2004-500 DC du 29 juillet 2004 [con. 13].

評される。解釈留保とは，特定の解釈をとることを条件に法律規定を合憲とする手法である。

　ところで，憲法院による3つの法律の資質の要求には，実は，次元を異にする2つの要請が含まれていた。議会に対する適正な権限の行使（「明確」な法律規定の制定）と法律の名宛て人である市民の権利・自由の保障である。もちろん，両者は不可分の関係にある。しかしながら，立法府が憲法上求められる権限行使を適正に行わないことを問題にする前者は，実は，「消極的権限逸脱（incompétence négative）」という名称のもとでも論じられてきた[39]。それゆえ，公権力相互の関係を問題とする「原則」（「明確性（clarté）」）と権利保障をも念頭に置いた「接近可能性（accessibilité）」「理解可能性（intelligibilité）」とを区別し，憲法上の要請を後者に一本化するのが適切であるとの批判もあった[40]。

　これを受けてか，憲法院もその後，「明確性（clarté）」の原則という表現を直接用いなくなった[41]。後述の2005年4月21日判決以降は，「憲法，とりわけその34条が付与した権能を十全に行使することが立法者の責務である」といった表現が用いられるようになっている。この要請と，憲法上の価値を持つ目的としての「接近可能性（accessibilité）」「理解可能性（intelligibilité）」の要請が相俟って，立法者に対し「十分に精確な規定と曖昧さのない定式を採用するよう命

---

38) P. Gaïa, R. Ghevontian, F. Mélin-Soucramanien, É. Oliva et A. Roux, *Les grandes décisions du Conseil constitutionnel*, 17ᵉ éd, Dalloz, 2013, p. 282. たとえば，明確性の原則に基づき法律規定を違憲とした例（海外についての指針法）として，Décision nº 2000-435 DC du 7 décembre 2000 [cons. 52 et 53], 接近可能性・理解可能性の要請に基づき法律規定を違憲とした例（元老院議員選挙の改革に関する法律）として，Décision nº 2003-475 DC du 24 juillet 2003 [cons. 20 à 26] などがある。なお，接近可能性・理解可能性のコロラリーとして，「過度の複雑さ」を理由に違憲判断を下した例もある（Décision nº 2005-530 DC du 29 décembre 2005）。憲法院は，法文が明確であれば複雑さを容認しているが，この場合は一般利益の要請から正当化されないほど過度に複雑であるとの判断がなされている。

39) その意義につき，事後審査（QPC）の枠組のもとでの消極的権限逸脱（消極的無権限）をめぐる最初の憲法院の判断を取り上げた，フランス憲法判例研究会編（辻村みよ子編集代表）『フランスの憲法判例Ⅱ』（信山社，2013年）63事件［井口秀作］323頁，を参照。

40) L. Milano, «Contrôle de constitutionalité et qualité de la loi», *Revue du droit public*, nº 3 2006, pp. 249-250.

41) L. Gay, «Le contrôle des qualités formelles de la loi en droit constitutionnel comparé: France, Espagne et Canada», Stéfanini et al., *op. cit.* (n. 21), p. 101. 2006年以降，「明確性の原則」という表現は用いられなくなった（Gaïa et al., *op. cit.* (n. 38), p. 283）。

じている」との構成が取られている。

(2) «normativité»

　憲法院が要求する法律の資質のうち，とくにフランス的と思われるのが「規範性（normativité）」である。先に「記憶の法律」について触れたが，それ以外にもかねてより，規範性が不明確な法律の存在——「立法の命令性（impérativité）の希釈化」[42]——は問題となっていた。憲法院も，1980年代以降，累次の判決の中で，規範性の欠如あるいは不明確さを問題としてきたが，それを理由に違憲判断は行ってこなかった。しかし，上述の2004年7月29日判決では，根拠を明示して，法律は「規範的射程」を有することが必要であることを指摘している[43]。「規範性を欠いた規定に対し，それまで寛容であったその立場を再考する意図」[44]を明示したのである。

　　「人及び市民の権利宣言6条の文言によれば，『法律は一般意思の表明である』。この条項，並びに法律の目的に関連する憲法的価値を有する他の諸規範全体から帰結されるのは，憲法によって予定される特殊な規定についての留保を伴いつつも，法律は準則（règle）を表明することを使命とし，従って規範的射程（portée normative）をまとっていなければならないということである。」

　さらに2005年4月21日判決において，憲法院ははじめて，規範的射程を欠いていることを理由に法律の規定を違憲と判断した[45]。学校の将来に関する指針・プログラム法律7条2項の規定が，「明らかにおよそ規範的射程を備えていない」として違憲とされている[46]。

---

42) Camby, *op. cit.* (n. 32), n° 4 2005, p. 861.
43) Conseil constitutionnel, *Commentaire de la Décision n° 2005-512 DC du 21 avril 2005*, p. 5.
44) Décision n° 2004-500 DC du 29 juillet 2004 [con. 12].
45) Décision n° 2005-512 DC du 21 avril 2005 [con. 8]. この判決については，フランス憲法判例研究会編・前掲注39）42事件［奥村公輔］207頁をも参照。
46) 違憲とされた7条2項の規定は以下の通りである。
　　「学校の目的は，すべての生徒の成功である。生徒の多様性を考慮し，生徒がその才能を発揮できるよう，学校はあらゆる形態の知性を承認し促進しなければならない。学校教育は，教師の権威のもと，親の支持を得て，各生徒が，知的適性のみならず，手作業，芸術，スポーツの適性の活用と発展に必要な作業と努力を実現することを可能にする。学校教育は，生徒の個人的・職業的進路の準備に貢献する。」

日本の法律の場合には，まず目的規定，次いで定義規定が置かれるのが通例である。こうした法律の構成を念頭に置くと，特定の規定を取り上げその規範的射程を問題にするという手法はわかりにくいが，フランスの法律は，必ずしも日本のような構成を取らない。法律は基本的に，「許し，禁じ，命じ，確定し，罰し，あるいは償う」ものでなければならないのである。

　ところで，憲法院が直接に問題としたのは，法律事項を限定列挙する憲法34条が法律の規律対象として許容していない事項を法律で定めることになる，という点であった。それは，「憲法によって予定される特殊な規定についての留保を伴いつつも」という指摘からも窺うことができる。規範性の要請の例外となるのは，いずれも34条に列挙されているが，予算法律，社会保障財政法律，経済的・社会的性格をもつプログラム法律（2008年の憲法改正以降は，さらに，国の活動目標を定めるプログラム法律）である。学校の将来に関する指針・プログラム法律7条2項は，これら明文上の例外にはあたらないため，規範性の欠如が問題とされたのである。一方，やはり規範性の欠如が問題となった同法12条については，経済的・社会的性格をもつプログラム法律にあたるとされ，規範性の欠如を理由としては違憲とされなかった[47]。

　さらに先に見たように，憲法院は，アルメニアに対するジェノサイドを否定する表現行為の処罰を内容とした2012年2月28日法の条項を違憲と判断した[48]。判決は，「ジェノサイドの犯罪を『認める』立法規定は，それ自体としては，法律と結びついた規範的射程をまとうものとはなり得ないであろう」と指摘している。しかし判決は，「とはいえ」と続けて，付託された法律がジェノサイドを否定したり過小評価する表現行為を処罰していることを指摘する。その上で，処罰規定は表現・コミュニケーションの自由に対する違憲の制約であると論じている。判決の論理は必ずしも判然としないが[49]，違憲判断の核心は表現・コミュニケーションの自由の侵害にあり，規範性の欠如自体は，違憲性を根拠づける理由とはなっていないようにみえる。規範性の欠如についての説示は，明

---

[47] Conseil constitutionnel, *op. cit.* (n. 43), p. 6；フランス憲法判例研究会・前掲注39）［奥村］209頁。ただし12条は，憲法70条が求める経済社会評議会（2008年の改正以降は，経済社会環境評議会と改称）の諮問を経ていないことを理由としてとして違憲とされた。

[48] Décision n° 2012-647 DC du 28 février 2012.

[49] この判決の論理につき，曽我部真裕「フランスにおける表現の自由の現在――『記憶の法律』をめぐる最近の状況を題材に」憲法問題25号（2014年）81頁以下を参照。

言こそしていないものの，2001年1月29日法を念頭に，ジェノサイドの存在を純粋に宣言しただけの法律に警告を発したものであると指摘されている[50]。

3 法律の資質の論拠

(1) 「事前」の資質と「事後」の資質

2でみたように，「明確性（clarté）」「接近可能性（accessibilité）」「理解可能性（intelligibilité）」の3つの資質の要請には，権力分立（立法府と執行府の権限配分，立法府による適正な憲法上の権限行使）と，法律規定の名宛て人である市民の権利侵害の抑止という，2つの問題が含まれていた。このうち「明確性（clarté）」の原則は，立法府の適正な権限行使を求める言明に置き換えられている。その背景として学説の批判があったことを指摘したが，残る2つの資質をめぐっても，その理論的根拠や有用性に対する批判がある。

憲法院判例が要求する2つの資質の理論的根拠の脆弱性について立ち入った批判を試みているのが，P. ラピ（P. Rrapi）である。憲法院は，「接近可能性（accessibilité）」「理解可能性（intelligibilité）」の要請を，常にひとまとまりのものとして用いてきた。しかし，ラピによれば，そこには，法律の質をめぐる2つの位相を異にする要素——事前（ex ante）と事後（ex post）——が混在している。事前の資質とは，市民が適用される法律を知ることができるという，いわば権利行使の前提となる問題（法に対する市民の「前法的（préjuridique）」な関係」）であり，市民に対する適切な情報提供を意味する。一方，事後の資質とは，法律執行機関による恣意的な法律の解釈・適用の抑止（権利・自由の侵害の抑止）という問題である。

このうち前者（「事前の資質」）については，前出の1999年12月16日の判決が，「［人権宣言の要請は］市民が自らに適用される規範を十分に知る手段をもたなければ，実効的ではあり得ないであろう」と述べているところである。実はこの判決で問題となったのは，法典化作業を政府のオルドナンスに授権する法律の

---

[50] A.-C. Foirry, «Lois mémorielles, normativité et liberté d'expression dans la jurisprudence du Conseil constitutionnel», *Pouvoirs*, n° 143, 2012, p. 149: Gaïa et al., *op. cit.* (n. 38), p. 280. 憲法院による *Commentaire* は，「憲法院は歴史家の領分（domaine de compétence）に立ち入らないよう配慮した」のであり，2001年法自体が付託されていない以上，問題となる事実（ジェノサイドの存否）については判断をしていない，と指摘している（Conseil constitutionnel, *Commentaire de la Décision n° 2012-647 DC du 28 février 2012*, p. 12）。

合憲性であった[51]。散在する関連規定を体系的に法典化することは，たしかに「市民が自らに適用される規範を十分に知る」という面に，「接近可能性（accessibilité）」の要請に，かなう面があろう。

　一方，それ以降の判決では，「事後の資質」が主として問題となってきた。上述の，「憲法によって法律にのみゆだねられた規範の確定を行政あるいは司法機関に任せることなく，憲法に反する解釈や恣意の危険から法主体を保護するために，立法者に対し，十分に精確な規定と曖昧さのない定式を採用することを命じる」というくだりがそれである。

　このように，「接近可能性」「理解可能性」という同じ定式のもとで，憲法院は，市民の「接近可能性」「理解可能性」の促進を求めるという「前法的」問題を取り扱うと同時に，議会が制定した「接近可能性」「理解可能性」を欠く法律の統制をも行っていることになる。ラピは，この点で，「接近可能性」「理解可能性」の理論的根拠が脆弱であるとする[52]。

　さらにラピは，「事前」と「事後」それぞれの資質の要請の有用性にも疑問を投げかけている。「事前の資質」は，法典化のほかにも，適切な情報提供などを通じ，「接近可能性」「理解可能性」を促進する（そうするよう国家を義務づける）ことを意味する。たしかに重要な側面ではあるが，しかしそれが，憲法院による合憲性の統制になじむかどうかは別問題である。憲法院が注力してきた「事後の資質」についても，ラピは，「接近可能性」「理解可能性」という定式を用いることを疑問視する。むしろ端的に，権利侵害を問題にすればよいというのである。ただしそれは，法律の事前審査の枠組みとはなじまない。法律の事後審査こそが，適切な枠組みということになる[53]。

　「接近可能性」「理解可能性」の要請の根拠の脆弱性やそれを憲法院が用いることの有用性をめぐるラピの批判は，いずれも正鵠を得ているように思われる。とりわけ，アメリカの判例理論に由来する明確性の理論になじみのある日本の憲法学にとっては，「明確性」あるいは「理解可能性」といった問題を裁判で論じる場合，端的に権利侵害の問題として論じるべきだとの主張は理解しやすい。

---

51) オルドナンスによる法典化につき，岡村美保子「フランスの新たな行政改革の手法──委任立法による法と行政の簡素化」外国の立法227号（2006年）87-88頁を参照。
52) P. Rrapi, *L'accessibilité et intelligibilité de la loi en droit constitutionnel*, Dalloz, 2014, p. 80.
53) *Ibid.*, pp. 135-136.

フランスではそれが法律の資質の問題として論じられてきたことに，むしろ違和感があるかもしれない。

とはいえ，それには無理からぬところもある。ラピも指摘するように，権利侵害の問題を争うには，具体的な法律の適用を前提とした合憲性審査の枠組みが適切だからである。事前審査の仕組みの中で，憲法院が権力分立の視点を加味してこの問題を論じてきたことには，それとして十分な理由がある。この点で興味深いのは，2008年の憲法改正で導入された法律の合憲性の事後審査（QPC）における「接近可能性」「理解可能性」の要請の取扱いである。QPCは，「憲法で保障される権利と自由が法律によって侵害されていることが主張された場合」（憲法61の1条）に認められる。それゆえ憲法院は，QPCの枠組みにおいて「接近可能性」「理解可能性」違反の問題それ自体を独立して争うことを認めていない[54]。「事後の資質」が権利・自由の侵害の問題としてQPCの枠の中でどのように争われるのかは興味深い主題であるが，本稿の射程を超える問題であり，ここでは以上の確認にとどめたい。

(2) 一般意思と規範性

憲法院による規範性の要請は，上述のように直接には憲法34条（法律事項）の解釈を基盤としている。しかしそもそも，法律の規定に規範性が要請されるという前提をめぐって，接近可能性・理解可能性と同様に，学説からの批判がある。とくに周到な批判を行っているのが，V. シャンペイユ=デスプラ（V. Champeil-Desplats）である。

シャンペイユ=デスプラは，まず議論の前提として，言表（énoncé）と規範を区別し，問題となるのは，言表の規範性であるとする。形式的にみれば，権限ある機関が制定すれば，法律にはおよそ規範性（normativité）が認められるからである。憲法院が問題にしているのは，冒頭のマゾーの言葉にもあるように，ある種の命令（impératif）を含んだ義務的言表（énoncé déontique）である。

だが，憲法院の考える規範性の基準はさらに狭いと思われる。たとえば，違憲とされた条文には，義務を意味する助動詞 «devoir» を用いた，「学校はあらゆる形態の知性を承認し促進しなければならない」［圏点は筆者］との一節が含

---

54) Décision nº 2010-4/17 QPC du 22 juillet 2010 [con. 9].

まれている。憲法院は，言表の規範性の有無を，義務づけの存否のみからみているのではなく，むしろ用語の抽象度によって判断しているのではないかと，シャンペイユ=デスプラは指摘する。結局，憲法院による規範性の要請は，物理的，社会的，心理的あるいは歴史的事実を認める言表，そして「命令形をとってはいるが，抽象的義務を定め，複数の意味を暗示するような言表」を念頭に置いているのではないか。そして，そうした主観的基準によることで，憲法院は結果的に広い解釈の余地を手にすることになるのではないか。こうしたシャンペイユ=デスプラの分析は，憲法院が用いる規範性の概念の問題を的確に言い当てているように思われる[55]。

　問題はそれだけではない。憲法院は，規範性の要請の根拠として，「法律は一般意思の表明である」という周知の定式に依拠している。一般意思がなぜ規範性を帰結するのかそれ自体も本来は説明を要する問題ではある。しかしより重大なのは，規範的でない形で一般意思を表明することまでもが，この定式からなぜ当然に禁じられるといえるのかという点である。それは「一般意思」についての特殊な概念ではないのか[56]。シャンペイユ=デスプラはこうした疑問を呈したうえで，さらに，規範性の欠如という批判が，「法律の起草の質の悪さ」だけでなく，「偉大なるポルタリス」というマゾーの言葉が示すように，「法律の機能の変化」に関わっているのではないかという，より根本的な問いをも提起している。「特定の歴史的社会的文脈」にもとづき，特定の法律の範型を前提に，質が問題とされているのではないか，というのである[57]。

　最後の指摘は，とりわけ重要な意味をもっている。「偉大なる法の世紀」の法律の範型が，普通選挙のもとではそのままでは維持できなくなったことは先に見たとおりである。近時では，その後の社会の変化や複雑化の中で，一定の形式や強制を特質とした固い伝統的な法とは異なった法のあり方を，社会の変化に適合した，「柔軟性」「適応性」を特徴とするポスト・モダンな法として描き出す論者もある[58]。

---

55) Champeil-Desplats, *op. cit.* (n. 2), pp. 94-96. なお，シャンペイユ=デスプラのこうした批判は，M. トロペール（M. Troper）の流れを汲むリアリズム法学の視点をも前提にしたものであるが，この点にはここでは立ち入らない。
56) *Ibid.*, p. 96. 同様の批判として，Gaïa et al., *op. cit.* (n. 50), p. 281.
57) Champeil-Desplats, *op. cit.* (n. 2), pp. 98-99.
58) J. Chevalliers, *L'Etat post-moderne*, L.G.D.J., 4ᵉ éd, 2014, p. 144 et s.

憲法院は,「立法府の作品の一定の質あるいは合理性の保証人」として，法律が備えるべき資質を提示してきた。それらの理論的根拠の脆弱性や有用性についての疑問を超えて，あらためて問われるのは,「特定の歴史的社会的文脈」に根ざしたそうした範型の今日的な正統性である。実際，フランスでも，社会の変化に適合した法形成のあり方が模索されるようになっている。しかしそこには，効果（efficacité）の重視といった，伝統的な法律が基礎としてきた民主的正統性とは順接しない要素も介在している。次に，近時の立法の形式と実質双方にわたる法律（立法）の質の改善の試みを素材に，こうした問題をみてゆくことにしたい。

III　立法の質と正統性

　フランスにおける近時の立法の整序の試みは，形式，実質，立法手続の各側面に渡っている。このうち立法手続をめぐっては，議院による修正権の抑制や立法手続の合理化が，2008年憲法改正の重要な柱のひとつであった。この改正は，議会に限っても，執行権優位の憲法構造の修正——再均衡化——をはかる大がかりなものである。修正権の枠付けも，法律の質の改善の問題にはとどまらず，そうした再均衡化というプロジェクトの全体構造の中に位置づけ検討する必要がある[59]。そこで以下では，手続の問題には直接立ち入らず，«légistique» の名のもとにすすめられてきた，法律（立法）の質の問題と直結する立法の形式・実質の整序の試みに焦点を合わせることとしたい。

1　形式の整序と実質の改善

　ここまでみてきた憲法院による法律の質の確保の試みは，法律に求められる一定の資質を憲法上の要請として提示し，法律を形式の面から枠づけるというものであった。そうした憲法上の枠付は，厳格で強制力をもつものの，その射

---

[59] 詳しくは以下など参照。徳永貴志「フランス議会の復権はなされたか——2008年憲法改正以降の法案審議」和光経済46巻2号（2014年）39頁，奥村・前掲注30）131頁以下，H. Jozefowiz, «La réforme des règlements des assemblées parlementaires: entre impératifs constitutionnels, amélioration des débats et ouverture au pluralisme», Revue française de droit constitutionnel, nº 82, 2010, p. 329. また，只野雅人「議会をめぐる制度・実践・文化——議会制度と «opposition»」高見勝利先生古稀記念・前掲注33）371頁でも，その一端につき検討を行っている。

程は限定的なものとならざるを得ない。そこで重要になるのが，法律に限らず広く立法全体を広く射程に収めた立法の原則，ルール，方法などの体系化——立法学——である。

フランスでは立法実務を中心に，とくに 1970 年代以降，«légistique» と呼ばれる試みが行われてきた。«légistique» は立法起草学などとも訳出され[60]，狭義には立法実務におけるテクスト起草のための技法を内容とする。しかし近時では，«légistique» として論じられる内容はより大きな拡がりを持つようになっており，広義には「立法学」と形容するのが適切と思われる。広義の «légistique» は，立法の起草の技法を内容とする形式的立法学と，立法の内容の改善を目指し「よりよき立法」とでもいうべきものを追求する実質的立法学に区分することができる[61]。

立法起草の技法や立法の実質の改善への取り組みは，いうまでもなくフランスに限ったものではない。旧稿で詳しく論じたのでここではごく簡単に触れるにとどめるが，EU レベルでも同様の取り組みが，とくに 1990 年代以降強化され，「よりよき立法（mieux légiférer, better regulation）」を掲げたプロジェクトが展開されてきた[62]。こうした EU レベルでの取り組みは，フランスを含む各国の「立法学」をめぐる動向にも無視し得ない影響を及ぼしていると思われる[63]。

かねてより憲法院以上に，法律，さらにはより広く立法の質の確保の問題に関心を寄せてきたが，法律案を含む法文の起草を行い，また法令の執行に携わるコンセイユ・デタ，そして政府である。政府提出法案は，各省庁間の調整，コンセイユ・デタへの諮問を経て議会に提出される。法律以外にも，デクレ，通達など，政府あるいは行政機関は様々な法令の作成に関与する。加えて，EU 法の国内法化という作業もある。法の増殖，あるいは法体系の複雑化の中で，立法実務において，形式の統一は重要性を増している。

立法の形式の整序をめぐり，かねてより政府は様々な通達を発してきたが，

---

60) 山口俊夫編『フランス法辞典』（東京大学出版会，2002 年）329 頁。
61) K. Gilbert, «Une production du droit mieux raisonnée? La diffusion de la légistique en France», *La légistique ou l'art de rédiger le droit*, Numéro spécial de *Courrier juridique des finances et de l'industrie*, La documentation française, 2008, p. 48 et s.
62) 只野・前掲注 7)「よりよき立法」43 頁以下を参照。
63) たとえばスイスへの影響につき，A. Flückiger et C. Guy-Ecabert (éd), *Guider les parlements et les gouvernements pour mieux légiférer. Le rôle des guides de légistique*, Schulthess, 2008.

現在では，実務向けの立法マニュアル，『法文起草ガイド（Guide de légistique）』が作成され，政府が運営するLégifrance——先述の「接近可能性・理解可能性」の要請に応える意味をもつ——のwebサイトにも掲載されている[64]。『法文起草ガイド』は，「規範的テクスト（法律，オルドナンス，デクレ，アレテ）の準備において遵守されるべきルール，原則，方法の総体を提示する」ことを目的に，政府官房（Secrétariat général du Gouvernement）とコンセイユ・デタの構成員が共同で作成している。将来立法実務に携わる官僚養成を念頭においた同様のガイドも出版されている[65]。立法実務による，形式的立法学の試みといえよう。

一方，実質的立法学に関わる取り組みは，フランスでは必ずしもスムーズに進展してきたわけではない。この面での立法の質の改善の手法としては，立法手続への利害関係者の参与（「社会的対話」）[66]や立法の影響評価（étude d'impact）などが考えられる[67]。立法の結果の改善，効果（efficacité）に主眼を置いた手法であり，「アウトプットによる権力の正統化」[68]の手法ともいえよう。

特に重視されてきたのが，立法の事前の影響評価である。事前評価は，1995年11月21日の首相通達以降，政府部内で部分的に導入が図られてきたが，2008年の憲法改正により，ようやく明確な位置づけが与えられることとなった[69]。改正された憲法39条を受け制定された2009年4月15日組織法律8条は，政府提出法案について事前の影響評価を義務づけている。法案を付託された議院の議事運営会議（Conférence des présidents）は，影響評価が不十分と判断した場合には，当該政府提出法案を議事日程に登載しないことができる。議事運営会議と

---

64) http://www.legifrance.gouv.fr/Droit-francais/Guide-de-legistique〔最終アクセス：2016年7月18日〕

65) Bergeal, *op. cit.* (n. 9). 著者は財務省に所属しているが，コンセイユ・デタ出身で，政府官房での勤務経験をもち，また高級官僚養成機関として知られる国立行政学院（Ecole Nationale d'Administration），パリ政治学院（Institut d'Etudes Politiques de Paris）で立法学の講義を担当している。なお，ベルギーでも，法制官僚養成を主眼とした同種の入門書が出版されている。D. Batselé, *Initiation à la rédaction des textes législatifs, réglementaires, et administratif*, Bruylant, 2008.

66) たとえば，2007年1月31日法は，政府法案等の策定に先立ち，労働者代表等との調整を義務づけている。

67) とりわけ，糠塚・前掲注33) 502頁以下を参照。

68) Préface, M. F.-R. Stéfanini, L. Gay et A. Vidal-Naquet (dir.), *L'efficacité de la norme juridique*, Bruyant, 2012, p. 19. 糠塚・前掲注33) 507頁の指摘も参照。

69) 詳しくは，糠塚・前掲注33) 514頁以下を参照。

政府の意見が対立する場合には，憲法院が裁定することになる（憲法39条4項）。さらに憲法院は，39条3項違反を理由として，通常の事前審査の手続で一定数の議員が提訴することをも認めている[70]。

2 「質」の脱政治化・道具化？

以上のような立法の形式の整序（形式的立法学），実質の改善（実質的立法学）の展開は，背景にある社会的与件の変化を考えれば不可避ではあるが，しかし，それらに対する批判も少なくない。とくに問題となるのは，それらの正統性である。

たとえばE. ミヤール（E. Millard）は，「最良の法律とは，最もよく起草された法律なのか？」という問いを発し，フランスにおける『法文起草ガイド』の存在理由に根本的な疑問を投げかけている。ミヤールが問題とするのは，この種のマニュアルにおける，立法者たる議員の「不在」である[71]。それは，マニュアルの作成に議員が関与していないという意味ではない。法律の形式の整序の試みは，政府提出法案の起草段階にのみ関わり，議員提出法案の作成にはほとんど影響を及ぼさない。「立法ガイドは法律が常に，明確性と法的安定を必要としている法律技術者（公的機関，企業の専門法律家等）に向け語りかけることを前提としている」とミヤールは述べる。

ミヤールが形式的立法学の背後にみているのは，「フランスにおけるエリートの再生産システム」[72]である。コンセイユ・デタと政府だけでなく，憲法院との間にも，エリート官僚の循環を通じた人的基盤の同質性が存在する（本編・井上論文を参照）。形式的立法学には，民主的正統性という基盤をもたない，官僚的合理性の所産という側面もある。それは，伝統的なフランス的法律概念のうち，法律の合理性を担保する認識論的側面とも関わる。ミヤールは，形式的

---

70) 糠塚・前掲注33）523頁。ただし，「評価の統制に関する複雑さ」ゆえに，今後の統制がどこまで進展するかはなお定かではない（奥村・前掲注30）38頁以下，S. Hutier, «Retour sur un moyen récurrent: les malfaçons de l'étude d'impact des projets de loi», *Revue française de droit constitutionnel*, nº 101, 2015, p. 85）。

71) E. Millard, «Les limites des guides de légistique: l'exemple du droit français», Flückiger et Guy-Ecabert, *op. cit.* (n. 63), p. 118. なおミヤールについても，シャンペイユ゠デスプラと同様に，批判の前提にはリアリズム法学の視点があると思われる。

72) *Ibid.*, p. 123. フランスにおけるエリートの循環をめぐっては，ピエール・ビルンボーム（田口富久治監訳＝国広敏文訳）『現代フランスの権力エリート』（日本経済評論社，1988年）をも参照。

立法学が「官僚制内部の有用性」と「テクノクラート的危険」との間を揺れ動いていると指摘する。「テクノクラート的なるもの位置（技術性の場，適法性の場）に対する政治的なるもの位置（決定し得ざるものの場，しかしまた正統性の場）について追求せねばならないだろう」とのミヤールの指摘は，法律概念の今ひとつの側面，すなわち，民主的正統性に支えられた主意主義的側面の意義を改めて強調するものといえよう[73]。「政治的イニシアチブをすべて凍結させる技術的規範に立法者を閉じ込める」[74]ことに対する懸念は，なお根強い。

立法学の試みについてさらに重ねて問われるのは，「改善という理念が，価値判断を，それ自体自明ではない一連の基準（法律の機能，法律の定義など）の総体を前提としている」のではないのか，という点である[75]。「規範性」の要請をめぐり，それが「特定の歴史的社会的文脈」に基づくものにすぎないのではないかとの批判があることは，すでにみたとおりである。法律，さらにはより広く立法一般をめぐる質や改善の基準の正統性は，とりわけ，影響評価にみられるような，立法の実質の改善の試み（実質的立法学）との関わりで問題となる。特定の政策目的への明確な指向性を伴った「法律の質の概念の道具化」[76]という問題である。

影響評価を典型とする「アウトプットによる権力の正統化」の手法が基準として据えるのは「効果（efficacité）」という視点である。効果は，立法目的との関係で計られる。それ自体は中立的，客観的な指標であるようにみえる。しかしそこに，「効率の概念の均一化のポテンシャル」[77]が内包されていることは無視し得ない。それは，「規範の制定者は，抽象的なあるいは価値についての考慮よりもむしろ，外国での実験で確認された結果と結びつけられた類いの事実のデータを重視しがちになるであろう」[78]との懸念を生み出すことにもなる。

政治的意思形成の基盤となる民主的正統性に難点を抱え，「民主主義の欠損」

---

[73] Millard, *op. cit.* (n. 69), p. 127.

[74] Rrapi, *op. cit.* (n. 52), p. 217.

[75] Millard, *op. cit.* (n. 69), p. 128.

[76] A. Flückiger, «Qu'est-ce que «mieux légiférer»? Enjeux et instrumentalisation de la notion de qualité législative», Flückiger et Guy-Ecabert, *op. cit.* (n. 63), p. 28.

[77] L. Gay, «L'exigence d'efficacité de la norme, facteur d'un nouvel âge d'or du comparatisme dans la production juridique?», Stéfanini et al., *op. cit.* (n. 68), p. 116.

[78] *Ibid.*, p. 114.

が問題となってきたEUにおいて,「アウトプットによる権力の正統化」が志向されてきたことには相応の理由がある。EUにおける政策評価の手法は,「関係者・関係機関間の広範な連携を生み出し,そこからくみ上げた情報を基礎にした決定」を行うことで,「ステークホルダーの満足を獲得する仕組み」として構想されてきた[79]。さらに,選挙による民主的正統性——手続的な正統性——のみで統治の正統性を担保することが難しくなっている今日[80],EUのみならず国内においても,「アウトプットによる権力の正統化」により統治の正統性を下支えすることには,一定の意義を認めることができよう。

　しかしこうした手法についてなお問われるべきは,「アクセスの可能性や影響力についてのステークホルダーの不平等」あるいは「ステークホルダーが代表するアクターの代表性 (représentativité) の限界」という問題である[81]。もちろん同様の問題は,民主的正統性を備えた議員による立法にも存在する。しかし,法案の準備や評価に関与するアクターの場合,民主的正統性を備えていないだけに,その「代表性」はより深刻な問題となり得る。特定の利益のみが,中立的な外観のもとで過剰に考慮される可能性は否定できない。そうして形成される規範をめぐっては,「権利の均一な保護や平等原理の尊重についての懸念」[82]も生じよう。

　この点とも関わり,さらにいまひとつ問題となるのが,「効果」が,特定の価値あるいは基準——経済的効果——を明確に志向しているのではないか,という点である。象徴的と思われるのは,欧州レベルでの「よりよき立法」のプロジェクトや政策評価の推進の原動力のひとつに,OECDの勧告とその後の一貫した取り組みがある,という点である。たとえば,1995年のOECDによる「公的規制 (réglementation officielle) の質の改善」をめぐる勧告が,フランスにおける影響評価手法の導入を強く促すきっかけとなったことは,よく指摘されるところである[83]。「公的規制 (réglementation officielle)」は様々な手法を包含するが,その中心は法律をはじめとする立法である。

---

79) 糠塚・前掲注33) 506頁。
80) P. Rosanvallon, *La légitimité démocratique. Impartialité, réflexivité, proximité*, Seuil, 2008.
81) M.-L. Basilien-Gainche, «Gouvernance et efficacité des normes juridiques», Stéfanini et al., *op. cit.* (n. 68), p. 100.
82) *Ibid.*, p. 103.

経済のグローバル化が進展する中で，規制の均一化・緩和を求める要求が昂進することは避けがたい。とりわけヨーロッパにおいては，域内の統一市場が動かしがたい与件として存在している。しかしそれだけに一層，経済的効果という視角から立法を含む規制の質の基準が論じられているのではないか，との懸念もフランスでは根強いように思われる。そうした懸念は，実質的立法学のみならず，形式の整序をもとめる形式的立法学に対しても向けられることになる。問題は議会が制定する法律のみならず立法全般とも関わるが，とりわけ法律の形式の整序・実質の改善をめぐり問われることになるのは，「脱政治化」，「道具化」という問題である[84]。

3　政治の定位と法律の合理性

　ここまで，批判的学説を手がかりに，法律（立法）の形式の整序，実質の改善の試みが含む問題について考えてみた。法律（立法）の合理性をめぐっては，民主主義の名において，常にその正統性が問われざるを得ない。正解をもたない「利益と情念の複雑な算術」[85]である政治の性格からすれば，「決定し得ざるものの場，正統性の場」（ミヤール）としての政治の位置をまずは見定め確認すべきであろう。いかにその正統性が問われようとも，議会が規範的には今日においてもなお「議論と政治的対峙の特権的な場」[86]であることの意義は否定できないであろう。「道具化」を回避するためにも，民主的正統性をもった機関による意思決定の意味が確認されねばならない。

　とはいえ，近時の法律の質をめぐる問題が示すように，一面的な「再政治化」もまた，適切な解答とはなり得ないであろう。政治の位置を見定めたうえで，あらためて法律の合理化の適切な位置づけが考えられねばならない。

　この点でひとつの手がかりとなると思われるのは，スイスの立法学研究者による，影響評価をめぐる次のような指摘である。

---

83) F. Melleray, «Qualité de la norme réglementaire et procédure administrative non contentieuse», Stéfanini et al., *op. cit.* (n. 21), p. 163 et s.; C. Groulier, «La gouvernance réglementaire de l'OCDE: vers une globalisation légistique?», *Revue du droit public,* n° 3, 2015, p. 763.
84) Rrapi, *op. cit.* (n. 52), p. 218.
85) P. Rosanvallon, *La démocratie inachevée*, Gallimard, 2000, p. 109.
86) Chevalliers, *op. cit.* (n. 58), p. 192.

「多元的な，あるいはテクノクラートとは異なる評価者は，法律の目的を表明すべく政治的に正統化された機関に取って代わる必要はなく，その意思を明確にする刺激を与えるために，『鏡をさしのべる』ことにとどめるべきである」[87]。

　同じ論者は，「道具化」の問題を指摘する一方，影響評価が「複雑性や不確実性をよりよく考慮すること可能にする」ことの意義をも認めたうえで，評価の適切な位置づけをはかろうとしている。

　鏡のさしのべ方には，もとより微妙なさじ加減が必要である。そこに一義的な答えがあるわけではなく，実際の制度の運用の中で，適切な均衡点が常に模索される必要があろう。「鏡をさしのべる」という言葉は，影響評価に限らず，法律（立法）の形式の整序・実質の改善全般にわたり，民主的正統性と合理性との関係のあるべき方向を，適切に表現しているように思われる。

むすび

　小考では，フランスにおける法律あるいは立法の質をめぐる動向や議論を手がかりに，政治と法との関係について論じてきた。憲法院，コンセイユ・デタあるいは政府による，法律（立法）の合理化の試みに対しては，一定の必要性あるいは必然性を認めざるを得ない反面，その根拠や正統性をめぐる批判もなお根強い。それはすでに指摘したように，正統性と合理性という共に不可欠な，しかしながら常に相互の緊張を伴った，フランスに伝統的な法律概念の2つの側面の関係と重なり合う。

　法律の民主的正統性と合理性という問題は，普通選挙が定着し議会中心主義が開花した時代から，「法律の合理性の保証人」が強く意識してきたものでもある。1886年，コンセイユ・デタの副院長に就任したE. ラフェリエール（E. Laferrière）は，「立法者を補佐するレジスト」の役割について，「最も正統な国民代表の特権」に敬意を払いつつ，次のように述べている[88]。

　「立法者の霊感（inspiration）は，いかに開明されていても，しばしば緻密な法的作業

---

87) Flückiger, *op. cit.* (n. 75), p. 24.
88) *Le Conseil d'Etat. Son histoire à travers les documents d'époque 1799-1974*, Editions du Centre Nationale de la Recherche Scientifique, 1974, p. 619.

によって補われる必要がある。法律のテクストは忠実な証人のようなものであって，およそ真実を語ることができるのは，注意深く厳格な裁判官の前で尋問と対質を受ける場合のみである。」

今日，形式の整序をめぐる厳しい「尋問と対質」のみでは，合理性を担保し切れないことは，ここまでみてきた通りである。とはいえラフェリエールの言葉には，法律の範型を容易に語ることのできない今日においてもなお本質的な視点が含まれている。立法者の「霊感 (inspiration)」をどのように生かすのかという問題であり，それは先に引いた「鏡をさしのべる」という表現にも通じる問題であろう。「法律の複雑性は，世界の複雑性を反映するものにすぎない」とすれば，さしだされた鏡に映る立法者（代表）の姿も複雑なものとならざるを得ない。所与の「法的理性 (la Raison juridique)」を想定し得ないとすれば，「議論と政治的対峙の特権的な場」の位置をしっかりと見定めたうえで，複合的な視角から「実践的理性 (une Raison pratique)」[89] を探求してゆくことになろう。フランスにおける法律の質をめぐる取り組みや論争もまた，その手探りの模索の過程といえよう。

---

89) Chevalliers, *op. cit.* (n. 58), p. 148.

4 フランス

フランスにおける合憲性統制機関
―― 憲法院とコンセイユ・デタ

井上武史

I　はじめに
II　憲法院
III　コンセイユ・デタ
IV　おわりに

I　はじめに

　フランスには，法律の憲法適合性を審査する2つの国家機関が存在する。憲法院とコンセイユ・デタ（国務院）である。まず，憲法の有権解釈権を有する憲法院は，現在，法律の公布前の段階で行われる事前審査だけでなく，法律の施行後の裁判の過程においても法律の違憲審査を行うことができる。他方，政府の法律顧問団としてのコンセイユ・デタは，政府法案の審査の中でまたは政府の諮問への答申において，問題となっている法案や政策上の論点が憲法適合的であるかにつき，政府に意見を述べることができる。このように見ると，憲法院とコンセイユ・デタは，政策の形成過程，政府提出法案の決定，法律の制定後・公布前，そして法律の施行後という法の形成のあらゆる段階において，法律の憲法適合性を審査していることになる。
　そして，これらの2つの合憲性統制機関は，他のあらゆるアクターと比べて，法の形成において決定的な役割を果たす。それは，もし，憲法院が法律を違憲と判断すれば，当該法律は廃止され，法秩序において存在できないからである。

＊本稿は，すでに公表した拙稿「憲法院とコンセイユ・デタ――フランスの2つの憲法解釈機関」法律時報86巻8号（2014年）31頁以下に，大幅な加筆を施したものである。

憲法院は法律を廃止する憲法上の権限を有するが，他方で，コンセイユ・デタは，政府法案が憲法院で違憲と判断されないために，政府に意見を述べるのである。すなわち，両者においては，法的な権限において差異が認められるものの，実際に行う職務やその目的において変わりはない。何れの機関も，法律の有効性に影響を与える重要な役割を担っている。

　それでは，このような重要な任務を行う機関はどのように組織・構成され，また，どのような者が実際の任務にあたっているのか。本稿では，両機関の構成や人事を瞥見することにし，さらに，コンセイユ・デタについては，近時，集団的自衛権に関する解釈変更の議論をめぐり，同じく政府の法律顧問としての内閣法制局の役割に注目が集まったことを踏まえて，その役割や実際の動きについても紹介することにしたい。

II　憲法院

1　憲法院の創設

　憲法院は，1958年の第5共和制憲法で設置された違憲審査機関である。もっとも，当初，憲法院に期待された役割は，諸外国の憲法裁判所が行っているような国民の権利・自由の保護ではなく，むしろ，議会が政府の権限を侵害していないかを監視することによって，執行権優位の憲法体制を守ることにあった。すなわち，憲法院の主たる任務は，議会の立法が憲法で限定列挙された法律事項（憲法34条）の範囲内にあるかを審査することであり，このため，違憲審査権の行使も法律の公布前の段階に限られていた（事前審査）。憲法院は起草者において，「議会の逸脱行為に対する武器」（M. ドブレ）と言われたように，もっぱら議会監視機関として位置づけられていた。

　このように，発足時の憲法院は，裁判機関としてではなく，政治機関として位置づけられていた。すぐ後で述べるように，大統領が退任後自動的に憲法院裁判官に就任する仕組みや，大統領，下院議長，上院議長が職権で，法的素養の有無にかかわりなく憲法裁判官を任命できる仕組みは，憲法院が政治機関であることを裏付けるものであろう。

　もっとも，その後，憲法院は1971年の結社の自由判決によって，人権保障機関であることを自ら宣言し，さらに，2008年7月憲法改正で事後審査制（Question prioritaire de constitutionnalité: QPC) が導入されたことで（2010 年 3 月施行），憲法裁判所としての性格がより一層強まっている。そこで，憲法院の組織や構成が憲法裁判所にふさわしいものであるかが，あらためて検証されなければならない。

2 組織・構成

(1) 任命手続

憲法院は，任命による裁判官（任期 9 年，再任不可）と大統領が退任後自動的に就任する当然裁判官（終身）から構成される（憲法 56 条）。任命裁判官の定員は 9 名であるが，当然裁判官に定員はない。2016 年 7 月時点で，ジスカール・デスタン元大統領が当然裁判官として在籍しているため[1]，憲法院は現在，10 名の裁判官で構成されている。任命裁判官は，大統領，下院（国民議会）議長，上院（元老院）議長がそれぞれ 3 名ずつ任命する。そして，任命裁判官は 3 年ごとに 3 分の 1 ずつ交替するため，上記の各任命権者は，3 年に 1 度 1 名の裁判官を任命する。

(2) 任命に関する特徴

憲法院裁判官の任命については，2 つの特徴がある。第 1 に，裁判官には年齢・資格・経歴に関して何らの条件も要求されない。このため，法律家としての資格や経歴のない（または浅い）者を裁判官に任命することも可能である。現実にも，法学と縁のない薬剤師（R. Fabre）[2]や高名な社会学者（D. Schnapper）[3]

---

[1] 大統領経験者であるシラク氏とサルコジ氏は，退任後憲法院裁判官に当然に就任したが，シラク氏は 2011 年 3 月以降，サルコジ氏は 2013 年 1 月以降審理に加わっていない。シラク氏については，パリ市長時代の汚職疑惑で起訴されたことが，また，サルコジ氏については 2012 年大統領選挙での不正資金疑惑と政治活動の継続（2014 年 11 月には UMP〔現在の共和党〕の党首に選出）がその理由とされている。なお，大統領経験者は，終身，憲法院裁判官の地位にあることが憲法で規定されているため，任意の辞職は認められていない（休職扱い）。

[2] 薬剤師出身の同僚について，同時期に憲法院裁判官を務めたロベール氏（パリ第 2 大学教授）は，「法律についてではなく，政治における良識について，私たちに非常に多くのことを教えてくれた」と振り返っている。ジャック・ロベール（山元一訳）「少し距離をおいて見た憲法院の九年間」日仏法学 22 号（1999 年）107 頁。

[3] 同氏は退任後，憲法院での経験を綴った「憲法院の中の社会学者」という書物を著している。Dominique Schnapper, *Une sociologue au Conseil constitutionnel*, Gallimard, 2010.

【表1】現職の憲法院裁判官（2016年7月現在）

名　前	性別	任命者 （任命者の 政治傾向）	生　年	任命年 （就任年）	任命時 年齢	学歴・主な職歴
L. Fabius （院長）	男性	大統領 （オランド）	1946年	2016年	69歳	パリ政治学院，国立行政学院。コンセイユ・デタ判事，首相，下院議長，外相。
V. Giscard d'Estaing （当然裁判官）	男性	当然就任	1926年	2004年*	—	国立行政学院。大統領。
M. Charasse	男性	大統領 （サルコジ）	1941年	2010年	68歳	法学士，パリ政治学院。上院議員。
C. Bazy-Malaurie	女性	下院議長 （右・左）**	1949年	2010・ 2013年	61歳	パリ政治学院，国立行政学院。会計院。
N. Maestracci	女性	大統領 （オランド）	1951年	2013年	62歳	法学士。裁判官。
N. Belloubet	女性	上院議長（左）	1955年	2013年	58歳	法学博士。大学教授。
L. Jospin***	男性	下院議長（左）	1937年	2014年	77歳	パリ政治学院，国立行政学院。下院議員，首相。
J.-J. Hyest****	男性	上院議長（右）	1943年	2015年	72歳	法学修士。下院議員，上院議員。
M. Pinault	男性	上院議長（右）	1947年	2016年	68歳	法学士。国立行政学院。コンセイユ・デタ事務総長。
C. Luquiens	女性	下院議長（左）	1952年	2016年	63歳	パリ政治学院。下院事務総長。

　* 同氏は，1981年に大統領を退任したが，その後，下院議員（1984～1989年，1993～2002年），欧州議員（1989～1993年）の職を務めたため，実際に審理に加わるようになったのは2004年である。なお，同氏は，個人的な信念から，事前審査の審理にのみ出席し，事後審査（QPC）の審理には加わらない。

　** 2010年から2013年までは前任裁判官の残り任期を務めたが，2013年に再任された。任期満了前に辞職した裁判官に代わって指名された裁判官の任期は，前任裁判官の任期の到来で終了するが，交代後の任期が3年に満たない場合，後任裁判官は，当該任期の満了後，再び任命されることができる（憲法院に関する組織法律についての1958年11月7日オルドナンス1067号12条）。

　*** J. Barrot氏の死去（2014年12月3日）に伴い，2014年12月18日に任命された（2015年1月6日就任）。任期は，Barrot氏の残り任期である2019年まで。

　**** H. Haenel氏の死去（2015年8月10日）に伴い，2015年10月1日に任命された（同年10月12日就任）。任期は，Haenel氏の残り任期である2019年まで。

が任命されたことがある。第2に，任命行為に対する議会の統制が極めて弱い[4]。このため，政治家である上記の各任命権者は，政友や自らの政治的選好に近い者を自由に任命できる[5]。実際，歴代裁判官の顔ぶれを見ると，大臣経験者や元国会議員など政治家としてのキャリアを評価されて任命された者が圧倒的に多い[6]。しかし，現在では，憲法裁判機関としての正統性を確保するために，法的素養や法実務経験を任命の条件とすること，並びに議会承認手続の実効性を高めるべきとする意見が強まっている[7]。

とくに，2010年に事後審査制（QPC制度）が施行されてからは，一度有効に成立した法律でも事後的に違憲・無効にできるようになったため，憲法院の権限行使の正統性は，以前にも増して問われるようになっている。こうした意識が働いたかどうかは定かでないが，2013年の任命では，政治家の任命はなく，3名の法律専門家が任命され，また2016年の任命では，ファビウス（L. Fabius）元首相が憲法院長に任命されたが，残る2人はコンセイユ・デタと議会からの実務家が任命されている。

3 憲法院をめぐる人事

(1) 裁判官人事

憲法院裁判官の任命は憲法で3年に1度と決まっており，また欠員が出た場合も後任者の任期は前任者の残り任期に限られる。したがって，任命権者が特定の政治目的を達成するために憲法院の人事を左右するという事態は考えられない。ただし，各任命権者は自らの政治的選好に従った任命を行うため，全体の構成には自ずと政治色が反映されることになる。この点，1981年のミッテラン政権（社会党）の誕生による政権交代以前は9名中8名が右派によって支配さ

---

4) 2008年憲法改正までは，大統領の任命行為に対して議会は一切関与できなかったが，2008年以降も，国会両院の委員会において，5分の3以上で（可決されることではなく）否決されないことが要求されるだけで（憲法13条5項），任命に対する実質的な統制にはなっていない。

5) 歴代の任命権者が行った任命の傾向については，Dominique Rousseau, *Droit du contentieux constitutionnel*, 10ᵉ éd., LGDJ, 2013, p. 62 に詳しい。

6) 現職の内訳を見ると，政治家出身者が5名，法実務家・法学教授が5名である。なお，現在では当然裁判官制度を廃止すべきとの意見が広く共有されている。

7) Dominique Rousseau, «Article 56, Une procédure de nomination toujours discutable», Jean-Pierre Camby et al. (dir.), *La révision de 2008: une nouvelle Constitution?*, LGDJ, 2011, p. 315 et suiv.

れていたのが，同政権2期目の1989年になってようやく左派が多数派（9名中5名）を形成したことが知られている[8]。また，2010年には，2001年のコアビタシオン（保革同居政権）期に社会党政権が任命した裁判官の退任によって，すべて右派が任命した裁判官で占められることになった。その後，2011年から12年にかけての左派への完全政権交代（大統領，下院，上院）によって，2013年の任命では，左派系裁判官が新たに2名任命されている。

このように，憲法院裁判官の選任における政治任命の伝統は，現在においても見られる。とくに，2010年の2月の任命では，3月からQPC制度が施行されるにもかかわらず，シャラス（M. Charasse. 元大臣，元上院議員），バロ（J. Barrot. 元下院議員），エネル（H. Haenel. 元上院議員）の3名の政治家が任命された。3年後の2013年では，前記の通り，公法学教授（N. Belloubet），裁判官（N. Maestracci），会計院裁判官（C. Bazy-Malaurie. 再任）の3名の女性法律家が任命されて，憲法院が法律専門家からなる裁判機関へと変貌するのではないかとの期待が高まった。ところが，2015年1月，バロの死去に伴う後任として元首相のジョスパン（L. Jospin）が任命されたことで，そのような期待は直ちに裏切られることになる。もちろん，大物政治家ではあるが，法律家としての経歴をまったく有しない者の任命に，学説は大いに失望したようである[9]。

もっとも，裁判官人事が個々の判決にどのような影響を及ぼしたかを実証するのは難しい。それでも，著名な憲法学者で1980年から憲法院裁判官を務めたヴデル（G. Vedel: 1980-1989）が評議で影響力を発揮したことや，1982年の国有化法違憲判決で顕著な役割を果たしたことが伝えられており[10]，さらに，ミッテラン大統領が任命したバダンテール（R. Badinter: 1986-1995）院長の時代に人権保障が大きく進展したと評する論者もいる[11]。

一方で，裁判官人事が政権の政治的アピールの機会として利用されることがある。2010年の任命では，右派であるサルコジ大統領が，かつてミッテラン大

---

8) Rousseau, *op. cit.* (n. 5), p. 63.

9) Olivier Beaud, «Jospin au Conseil constitutionnel: une affaire entendue ou un malentendu?», *Recueil Dalloz*, 2015, p. 1.

10) Bertrand Mathieu et al., *Les grandes délibérations du Conseil constitutionnel 1958-1986*, 2ᵉ éd., Dalloz, 2014, p. 328.

11) Dominique Rousseau, *Sur le Conseil constitutionnel: La doctrine Badinter et la démocratie*, Descartes & Cie, 1997, p. 15.

統領に忠誠を誓った元社会党員（M. Charasse）を任命して話題になったが，これには，左右を問わない開かれた政治姿勢を印象づける狙いがあったようである。また，左派が大統領，下院議長，上院議長を占めていた2013年の任命は3名すべてが女性であったが，これは，オランド社会党政権の男女同数原則（パリテ原則）を重視する姿勢を反映するものである。

(2) 院長人事

人事について特筆すべきは，院長人事である。院長は，可否同数の場合の決裁権をもつほか（憲法56条3項），憲法院の内部人事や訴訟運営について大きな権限を有している。そこで，1970年代以降の違憲審査の活性化の中で，憲法院が政治過程の重要なファクターとして位置づけられるようになったことに伴い，その内部の掌握は政権の関心事となっている。

ところが，憲法は院長の任命権者が大統領であることを示すのみで，任期については何も定めていない。これまでの例を見ると，新任裁判官が院長として任命され，その後9年間の任期満了まで院長職を務めることが多い。そうすると，院長人事は原則として9年に1度しか行われないため，院長の任命は時の大統領にとって重要な意味をもつ。これまでも，政権末期や政権交代が予想される場面で，大統領が自らの側近を院長として任命する例が見られた。ミッ

【表2】歴代憲法院長

名　前	院長在任期間	裁判官任命期間・任命者	備　考
L. Noël	1959–1965	1959–1965・大統領（ドゴール）	
G. Palewski	1965–1974	1965–1974・大統領（ドゴール）	
R. Frey	1974–1983	1974–1983・大統領（ポンピドゥ）	
D. Mayer	1983–1986	1983–1992・大統領（ミッテラン）	1986年院長辞任
R. Badinter	1986–1995	1986–1995・大統領（ミッテラン）	
R. Dumas	1995–2000	1995–2000・大統領（ミッテラン）	2000年裁判官辞職
Y. Guéna	2000*–2004	1997**–2004・上院議長（右派）	任期満了により退任
P. Mazeaud	2004–2007	1998–2007・大統領（シラク）	任期満了により退任
J.-L. Debré	2007–2016	2007–2016・大統領（シラク）	
L. Fabius	2016–	2016–　・大統領（オランド）	

＊ 1999年3月から院長代行。
＊＊ É. Dailly（1995年任命）の死去に伴う任命。

テラン大統領は1995年の政権末期に腹心のデュマ (R. Dumas)[12] を任命し，また，シラク大統領は自らの三選を断念した直後の 2007 年 2 月，30 年来の側近であるドゥブレ (J.-L. Debré) を，下院議長から憲法院長に抜擢した。また，2016 年には，オランド政権で外相を務めていたファビウス元首相が院長に起用されている。

もっとも，過去に院長の任期が問題となったことがある。1983 年にミッテラン大統領によって憲法院長に任命されたマイエ (D. Mayer) は，1986 年に院長職を辞任し (裁判官としては在職)，後任には新任裁判官のバダンテールが院長に任命された。院長の突然の辞任は，表向きは高齢 (77 歳) が理由とされていたが，実際は，ミッテラン大統領が，新院長の任命によって，院長職を 3 年間長く確保することを狙ったとの見方も囁かれていた (結局，バダンテールは 1995 年までの 9 年間院長職を務めた)。この任命を契機に憲法学では院長の任期や任命方法について論争が繰り広げられたが[13]，いまだルール化には至っていない。

(3) 事務総長人事

前記のように，必ずしも法律の専門家でない政治家が多数任命される憲法院において，重要な役割を担っているのは事務総長 (secrétaire général) である。事務総長は憲法院長の提案に基づいて大統領が任命する政治任用職であるが，実際は，1959 年以降，1 人の破毀院出身者を除き，すべてコンセイユ・デタからの出向者で占められている。事務総長は憲法院の事務方の責任者というだけでなく，法律実務の専門家としてすべての評議に参加し，担当裁判官の原案作成に協力するなど，判決の形成にも深くかかわっている。このため，事務総長は「10 人目の裁判官 (dixième membre)」，さらには「真の中心人物 (véritable cheville ouvrière)」と言われるように[14]，憲法院の運営に極めて重要な役割を果た

---

12) しかし，同氏は政治家時代の汚職疑惑 (エルフ事件) により，2000 年に憲法院裁判官を辞任した。
13) そこでは，新院長の任期は前任者の残り任期に限定すべきだとする立場 (M. Duverger) や，新院長は 9 年任期とすべきとする立場 (F. Luchaire) が示されていた (voir, Rousseau, *op. cit.* (n. 11), p. 25 et suiv.)。現在では，憲法院の独立を確保するべく，他国の憲法裁判所に倣って，院長を憲法院裁判官の中からの互選すべきこと，さらに，任期も 9 年ではなく，3 年にすべきだとの意見もある。
Voir, Henry Roussillon et Pierre Esplugas, *Le Conseil constitutionnel*, 7ᵉ éd., Dalloz, 2011, p. 14.
14) それぞれ，Guillaume Drago, *Contentieux constitutionnel français*, 3ᵉ éd., 2011, p. 191, Roussillon et Esplugas, *op. cit.* (n. 13), p. 25.

【表3】歴代の憲法院事務総長

名　前	任　期	前　職
J. Boitreaud	1959-1962 年	コンセイユ・デタ評定官
P. A. de Lamothe-Dreuzy	1962-1983 年	コンセイユ・デタ評定官
B. Poullain	1983-1986 年	破毀院裁判官
B. Genevois	1986-1993 年	コンセイユ・デタ評定官
O. Schrameck	1993-1997 年	コンセイユ・デタ評定官
J.-É. Schoettl	1997-2007 年	コンセイユ・デタ評定官
M. Guillaume	2007-2015 年	コンセイユ・デタ評定官
L. Vallée	2015 年 -	コンセイユ・デタ調査官

している。

　歴代の事務総長の任期は，5～20年と比較的長期にわたっている。最近の例を見ても，ショトゥル（J.-É. Schoettl）は1997年から2007年までの10年間，前事務総長のギヨーム（M. Guillaume. 現在は，内閣事務総長）は2007年から2015年までの8年間務めており，それぞれ任期中に政権交代（コアビタシオンを含む）を経験している。このため，事務総長人事に対する政治介入はほとんどないものと考えられる。

　その一方で，事務総長にコンセイユ・デタ出向者が任命されることは，憲法院とコンセイユ・デタとの関係に，さらには，法の形成のあり方にも一定の影響を及ぼしていると考えられる[15]。実際，2010年の事後的違憲審査制（QPC）の施行当初，破毀院が憲法問題を付託しないなど憲法院に敵対的な態度を示したのに対して[16]，コンセイユ・デタは憲法院の判断に従順な姿勢を示すことが多かった[17]。他方，後述のブルカ禁止法判決のように，憲法院がコンセイユ・デタの意見に配慮する場面も見られる。これらの要因としては，両者が同じ建物（パレ・ロワイヤル）に同居していることの物理的・心理的な近さはもちろん，

---

15) この点を指摘するものとして，参照，植野妙実子「コンセイユ・デタの特異性と先進性」日本比較法研究所編『Future of Comparative Study in Law』（中央大学出版会，2011年）572頁。

16) Nicolas Molfessis, «La résistance immédiate de la Cour de cassation à la QPC», *Pouvoirs*, n° 137, 2011, p. 83.

17) Sophie-Justine Liéber et Damien Botteghi, «Le juge administratif, juge constitutionnel de droit commun?», *AJDA*, 2010, p. 1335. 事後審査制に対する破毀院とコンセイユ・デタとの対応の違いについては，参照，井上武史「憲法院への事後審査制の導入とその統治機構への影響——憲法院と破毀院との解釈権論争を例として」日仏法学28号（2015年）1頁以下。

事務総長を通じた人的な繋がりも無視できないであろう[18]。

III　コンセイユ・デタ

1　組織・人事

　コンセイユ・デタは，ナポレオンによって1799年に創設された国家機関である。憲法院が現行憲法で創設されたのとは異なり，コンセイユ・デタは憲法以前から存在している。このため，憲法はコンセイユ・デタの組織や権限に関する一般的な規定を置かず，必要に応じてその任務を断片的に規定するだけである（1804年に創設された破毀院についても同じ）。

　コンセイユ・デタには，最上級の行政裁判機関としての任務と，政府の法律顧問として意見を具申する任務がある。これに伴い，コンセイユ・デタの内部組織は，訴訟部門と行政部門，そして報告・調査部で構成され，総勢約350名（他機関への出向者を含む）が任務にあたっている（このほか約400名の事務・技術職員が勤務している）。このうち，行政部門は，内務部，公共事業部，行政部，財務部，社会部の5部から構成されており，政府の法令案はその内容に応じて何れかの部で審査される[19]。憲法や人権に関する問題は，内務部が担当する。

　日本の内閣法制局が各省の出向者から構成されるのとは異なり，コンセイユ・デタでは独自の任用が行われている。新任者は，エリート官僚養成機関である国立行政学院（ENA）の卒業生から採用されることになっており[20]，傍聴官（auditeur）として任用された後，他の行政機関や公的機関への出向を繰り返しながら，調査官（maîtres des requêtes），評定官（conseiller d'État）へと昇進する。

　コンセイユ・デタの長（président）は形式上首相であるが，実質的に組織を統括しているのは副長官（vice-président）である。副長官は，閣議を経たデクレで任命されるが，任命される者はコンセイユ・デタの各部長または通常職の評定

---

[18] コンセイユ・デタ副長官が，その後憲法院裁判官に任命された例もある（R. Denoix de Saint Marc）。

[19] コンセイユ・デタの組織については，山岸敬子『行政権の法解釈と司法統制』（勁草書房，1994年）191頁以下に詳しい。

[20] Dominique Latournerie, *Le Conseil d'État*, Dalloz, 2005, p. 4. なお，国立行政学院の院長は，コンセイユ・デタ副長官である。

【表4】歴代のコンセイユ・デタ副長官

名前	任期	職歴など
R. Cassin	1944–1960年	憲法院裁判官（1960–1971年），ヨーロッパ人権裁判所長（1965–1968年）
A. Parodi	1960–1971年	評定官。大臣，外交官
B. Chenot	1971–1978年	評定官。司法大臣，憲法院裁判官（1962–1964年）
C. Chavanon	1971–1981年	コンセイユ・デタ財務部長
M. Barbet	1981–1982年	コンセイユ・デタ内務部長
P. Nicolaÿ	1982–1987年	コンセイユ・デタ訴訟第2部長
M. Long	1987–1995年	評定官。内閣事務総長（1975–1982年）
R. Denoix de Saint Marc	1995–2006年	評定官。内閣事務総長（1986–1995年），憲法院裁判官（2007–2016年）
J.-M. Sauvé	2006年–	評定官。内閣事務総長（1995–2006年）

官でなければならない（行政裁判法典L133-1条）。このため，コンセイユ・デタの外部の者を副長官に任用することはできない。

最近の2代の副長官人事には，2つの特徴が見られる。第1に，任期が比較的長期にわたっている。前副長官（R. Denoix de Saint Marc）の任期は11年（1995年から2006年）であり，現副長官（J.-M. Sauvé）も2006年に任命されて現在に至っている。第2に，前職が内閣の事務方トップである内閣事務総長（secrétaire général du gouvernement）である。前副長官は1986年から1995年まで，現在の副長官は1995年から2006年まで同職を務めた経験をもつ。このような，内閣事務総長にコンセイユ・デタ評定官が抜擢され，同じ者が評定官退任の直後にコンセイユ・デタ副長官に就任するという人事運用は，毎年，1,000件を超える政府からの諮問を円滑に処理するためであると考えられる[21]。

2 諮問機関としてのコンセイユ・デタ

(1) 2つの意見事務

コンセイユ・デタは，義務的または任意の諮問を受けて，政府の法令案や法

---

21) 2003年11月24日通達により，政府のコンセイユ・デタへの諮問は，内閣事務総長を介して行われるものとされた。なお，コンセイユ・デタは，2012年に1,118件，2011年に1,231件の答申を行っている（コンセイユ・デタwebサイトを参照）。諮問手続の合理化の必要を指摘するものとして，voir, Nicole Belloubet, «Conseiller l'État», *Pouvoirs*, nº 123, 2007, p. 35.

的問題について意見を述べる。第1に，義務的諮問として，政府提出法律案は，閣議に付される前にコンセイユ・デタの審査を受けなければならない（憲法39条2項）。審査は，憲法適合性（constitutionnalité），法適合性（légalité），妥当性（opportunité）の観点から行われる[22]。その中でも，法律案が憲法院で憲法違反と判断されないようにすることが最重要の任務であるとされる[23]。もっとも，法案は議会審議の過程で修正されるのが常であり，政府原案のまま成立することは多くない。このため，政府提出法案であっても，その後の憲法院の審査で違憲と判断されることがある。

　第2に，政府は特定の法律問題について任意でコンセイユ・デタに諮問することができる。有名な例として，公立学校でのイスラム・スカーフの着用が政教分離原則に抵触しないかという政府からの諮問を受けて出された，1989年のコンセイユ・デタ意見がある[24]。また，2008年7月の憲法改正によって，コンセイユ・デタは，議員提出法律案についても，議長の求めに応じて審査できるようになった（憲法39条5項）。このため現在，コンセイユ・デタは，政府の法律顧問としてだけでなく，国会の法律アドバイザーとしての役割も引き受けている。

(2) コンセイユ・デタ意見の非拘束性

　前記のように，政府提出法案は，事前にコンセイユ・デタの審査を経ることが憲法で義務づけられている。しかし，コンセイユ・デタ意見には法的な拘束力がない。このため，政府は，コンセイユ・デタ意見に反してでも，法案を国会に提出することができる。

　この点について興味深い例を示すのが，2010年のブルカ禁止法の制定過程である[25]。同法は，女性イスラム教徒によるヴェール（ブルカやニカブ）の着用を禁止するために，「何人も公的な場所で顔面を隠す衣服を着用してはならない」（1条）と規定し，その着用を強制した者に対して刑事罰を科す法律である。し

---

[22] 参照，奥村公輔『立法手続と権力分立』（信山社，2016年）56頁。
[23] 植野・前掲注15）568頁。
[24] 参照，小泉洋一『政教分離の法——フランスにおけるライシテと法律・憲法・条約』（法律文化社，2005年）77頁。
[25] 同法については，中島宏「『共和国の拒否』——フランスにおけるブルカ着用禁止の試み」一橋法学9巻3号（2010年）803頁以下参照。

かし，ヴェールなどの宗教的装束の着用は個人の信仰に基づく行為であるため，それを法律で禁止すれば信仰の自由（1789年人権宣言10条）を侵害するおそれがある。このため，法律案の提出に先立ち，フィヨン首相（当時）は，「全身を覆うヴェールの着用を禁止することができる，可能な限り広範で実効性のある法的な諸解決策」の検討をコンセイユ・デタに依頼した（2010年1月29日）。諮問を受けたコンセイユ・デタは，ヴェールの着用を場所的限定もなく一律に禁止できる法的根拠は見出せず，そのような規制は「違憲と判断される危険が極めて濃厚である」と結論づける報告書を政府に提出した（3月）[26]。

ところが，政府は，コンセイユ・デタ意見に従わず，上記内容のブルカ禁止法案を国会に提出した（5月）。もちろん，政府提出法律案であるため，同法案は閣議決定前に，今度は任意的ではなく義務的な諮問として，コンセイユ・デタの審査を経なければならない（憲法39条2項）。フィガロ紙の伝えるところによると，同法律案についてコンセイユ・デタは，公共の場所における全身を覆うヴェールの着用の全面禁止には，「何らの明確な法的根拠」はなく，「憲法上および条約上の強い疑義がある」と具申したようである[27]。答申を受けた政府は，コンセイユ・デタ意見が「当該立法を推進するという政府の決断を揺るがすものではない」との反応を示し，同意見があくまで参考意見に過ぎないことを強調した。他方で，政府は「法的リスクを引き受けなければならない」とも述べており，政治判断の代償についても認識していたようである。

なお，同法は成立後，両院議長によって憲法院に付託された。憲法院は，同法を合憲であるとしたが，ただし，信仰の自由の観点から，宗教的な場所にまで着用禁止を及ぼすことは許されないとした（留保付合憲判決[28]）。この判決は，結論こそ合憲であるが，憲法院じしんによる同判決の公式評釈が前記コンセイユ・デタ報告書を引用していることからもわかるように[29]，実質的にはコンセイユ・デタ意見を反映したものとなっている。

---

[26] Conseil d'État, Section du rapport et des études, *Étude relative aux possibilités juridiques d'interdiction du port du voile intégral*, Rapport adopté par l'assemblée générale plénière du Conseil d'État le jeudi 25 mars 2010.

[27] «Loi sur la burqa: avis défavorable du Conseil d'État», *Le Figaro*, 14 mai 2010.

[28] Décision n° 2010-613 DC du 7 octobre 2010.

[29] http://www.conseil-constitutionnel.fr/conseil-constitutionnel/root/bank/download/2010613DCccc_613dc.pdf, p. 6.

3 憲法改正案の審査

憲法院は，成立した憲法改正が違憲の憲法改正であるか否かを審査することができない（2003年3月26日判決[30]）。そこで，事前の法案審査を行うコンセイユ・デタは，憲法改正について政府に意見を述べることのできる唯一の機関である[31]。伝えられるところでは，現行憲法施行以来，コンセイユ・デタは政府提出のすべての憲法改正法案の諮問を受けたようである[32]。それらを分析した論者によると，コンセイユ・デタは，多くの場合，憲法改正案に否定的な意見を述べており，その理由には主に次の2つがあるという。

第1に，権力の均衡を破る場合である。1962年憲法改正について，コンセイユ・デタは，手続面で正規の改正手続を経ない改正が憲法を逸脱すると述べただけでなく，実体面でも大統領直接公選制の導入は「権力の均衡を確保している規定全体を改正する中で考慮されなければならない」[33]と述べて，改正案に否定的な評価を下した。同じく，1969年の上院廃止案（非実現）については，議院内閣制を変質させることを，また，2008年7月の統治構造の現代化案については，大統領・政府・議会関係を根本的に転換することを理由として，それぞれに否定的な意見を述べたようである。他方，2000年の大統領任期短縮案（7年から5年へ）については意見を述べなかった。大統領の任期短縮は本来権力関係に大きな影響を及ぼすものであるが，同案については，コアビタシオンの病理を回避できるというコンセイユ・デタの実質的な判断があったとする見方がある[34]。

第2は，憲法典の一貫性（cohérence）を破る場合である。例えば，地方分権改革を主題とする2003年憲法改正では，「フランス共和国は地方分権的に組織される」という原理の導入が提案されたが，コンセイユ・デタは，同原理が憲法1

---

30) フランス憲法判例研究会編（辻村みよ子編集代表）『フランスの憲法判例Ⅱ』（信山社，2013年）47事件［大津浩］，58事件［塚本俊之］を参照。
31) 憲法改正法案の諮問が義務的か任意的かについて，学説では争いがある。参照，奥村・前掲注22) 50頁。もっとも，実務上，政府提出のすべての憲法改正法案はコンセイユ・デタの審査を経ているようである。
32) Séverine Leroyer, *L'apport du Conseil d'État au droit constitutionnel de la Ve République*, Dalloz, 2011, p. 592.
33) Leroyer, *op. cit.* (n. 32), p. 390.
34) Leroyer, *op. cit.* (n. 32), p. 595.

条の諸原理と合致しないことを理由に，否定的な意見を述べている[35]。

　もっとも，既存の憲法に照らして審査する以上，憲法そのものを変更する提案に対してコンセイユ・デタが保守的な態度を示すのは仕方がないであろう。にもかかわらず，フランスでは憲法改正が行われてきたのであって，コンセイユ・デタが示した否定的意見は，国民またはその代表者の政治判断によって乗り越えられている。コンセイユ・デタの意見は，あくまで参考意見としての価値しかもたないのである。

Ⅳ　おわりに

　以上の検討を踏まえて，日本の問題を考えてみたい。

　第1に，憲法院については，その裁判機関への進展に伴って，任命慣行上，憲法院裁判官の法的素養や法実務経験が重視されるようになったことに加えて，手続上も，任命過程における議会の関与が制度化されている（憲法56条，13条）。このことは，法律の違憲・無効を宣言できる憲法裁判機関には，法の専門家としての正統性と同時に，一定の民主的な正統性が必要であることを示唆しているであろう。この点，同じく違憲審査権を行使する日本の最高裁判所の裁判官は，法律上，「識見の高い，法律の素養のある」者であること（裁判所法41条1項）が要求されているものの，その指名・任命の手続において議会の関与は一切要求されていない。近年，違憲審査の活性化の兆しが指摘されているが，違憲審査制がさらに機能するためには，最高裁裁判官の任命手続に議会を関与させて，最高裁の権限行使に民主的正統性を一定程度付与することが必要なのではないか。

　第2に，コンセイユ・デタについては，憲法上審査権限が与えられているとしても，その意見は参考意見としての価値しかもたないことが強調されて然るべきであろう。この点，日本では集団的自衛権をめぐる憲法論議に際して，内閣法制局の過去の意見に拘束力が認められるべきだとする見解が多くの憲法学者から提出された。しかし，そもそも憲法で位置づけられた機関ではなく，その権限も憲法で規定されていない内閣法制局に，内閣の判断を拘束するような

---

35) Conseil d'État, *Rapport public 2003*, La documentation française, 2003, p. 55.

強い権限が認められる根拠は明らかでない。

　また，人事に関しても，内閣法制局長官が内部昇進者からでなく外部から登用されたことが批判された。しかし，コンセイユ・デタのように，独自の採用・昇進のルートを築いているならともかく，内閣法制局の場合，実質的審査を行う参事官ですら他省庁からの出向者である。つまり，内閣法制局は，組織の自律性を備えているわけではない。さらにいえば，そもそも内閣法制局は，法律の専門家集団ですらない。その意味で，コンセイユ・デタの組織や権限行使のあり方は，内閣法制局をめぐる日本の論議に大きな反省を迫るものであるように思われる。

5　ヨーロッパ

5 ヨーロッパ

EU法およびヨーロッパ人権裁判所判決による法形成における「補完性原則」強化と国内議会の役割

建石真公子

I　はじめに
II　EUにおける民主主義の補強——EU法形成への国内議会の参加
III　ヨーロッパ人権条約第15議定書による「補完性」の強調及び第16議定書による人権裁判所の「諮問的意見」制度の創設と締約国との関係
IV　終わりに

I　はじめに

　法形成，すなわち「法律」の制定とは，18世紀末のアメリカおよびフランスを端緒とする近代憲法においては，国民主権の行使として位置付けられ，法律を制定する権限である「立法権」は，国民に法的淵源を置く，選出の議員による議会によって行使されるものとされた。すなわち，「法律」を誰が制定するかという，主権理論が登場する16世紀以来の問いに対して，国民による選出の議会であると位置付けたところに近代憲法の特徴がある。国民主権論および民主主義は，市民の意思をどのように議会に反映するかが焦眉であり，また公権力の正当性も，そうした市民の意思に基づく必要がある。
　しかし第2次世界大戦後のヨーロッパを含む国際社会において，立法権は，2つの意味で制約を受けるようになっている。第1に，違憲審査制の創設であり，議会の意思は，憲法規範の統制を受けることとなった。第2には，国際人

権保障であり，地域的および国際的な人権条約により，国内の立法権を含む公権力は，批准した人権条約によって条約上の人権保障という義務を負うこととなった。議会による立法権は，国際的な組織の制定する法規範の枠内で行使されるものとなったのである。

特に当時の西ヨーロッパにおいては，ヨーロッパ連合（以下EU，当初はヨーロッパ共同体，EC）の設立，およびヨーロッパ評議会の採択したヨーロッパ人権条約によって，議会の行使する立法権に対する拘束はより強いものとなった。戦後のヨーロッパでは，1948年のハーグ会議及びヨーロッパ運動に基づき，ドイツとフランスの融和を図ることにより平和を構築するとともに，当時のソビエトへの防衛を目的としていくつかの組織が設立された[1]。EC及びヨーロッパ評議会もその中に含まれる。

ECは，1950年5月9日，当時のフランス外相のロベール・シューマンが石炭と鉄鋼という，当時，あらゆる軍事力の基礎となっていた産業部門を共同管理する超国家的なヨーロッパの機構の創設を提唱したことに端を発し，主として経済的な分野における統合を目指していた。他方ヨーロッパ評議会は，法の支配，人権保護を核として，政治及び法的な分野での統一されたヨーロッパを目指し，1950年にヨーロッパ人権条約を採択した。

この時期のEC及びヨーロッパ人権条約は，国際組織と各加盟国との関係という面では条約の批准を媒介とする古典的なものであった。たとえばECでは，加盟国は主権的権限を保持し拒否権を行使し得，決定は全員一致で行われていた。ECの採択するEC法も条約形式が多く，批准を必要とし，究極的には条約からの離脱も可能である。さらに，EC法は直接には適用されず，構成国の市民に適用されるのは，議会で法律の形式に転換される必要があった。ヨーロッパ人権条約においても，当初は，個人申立及びヨーロッパ人権裁判所の管轄権の承認は選択的であり，締約国の人権に関する法制度に対する拘束力は強くなかった。ヨーロッパ人権裁判所の判決数も少なく[2]，締約国数も1980年代までは

---

[1] そのほかに，経済分野ではOECDの前進のOECE，軍事分野ではNATOなどがある。
[2] ヨーロッパ人権裁判所による統計では，ヨーロッパ人権裁判所の設立された1959年から1998年までの40年間の判決数は837件であるが，2000年には1年で695件，2001年は888件，最も多い2009年は1,625件である。Aperçu CEDH 1959-2014, p. 4. <http://www.echr.coe.int/Documents/Overview_ 19592014_FRA.pdf>

12〜15か国と限られた国のみを緩やかに拘束していたに過ぎない。すなわち，当初は，EC及びヨーロッパ人権条約に加盟したとしても，各国の憲法制度自体にはそれほど大きな影響はなかったといえる。

しかし，ヨーロッパ共同体からヨーロッパ連合（EU）へと転換し，またヨーロッパ人権裁判所の判決数が飛躍的に増し加盟国も拡大した1990年代以降，ヨーロッパ統合は質的な変容をみる。EUでは，加盟国は主権の分割（委譲）を承認し，EUの決定は多くの分野でコンセンサスから相対的多数決となり，EU法の優越性及び市民に対する直接適用がEU司法裁判所の判例によって形成されてきた。こうした時期，EU司法裁判所は，EU諸条約について「基盤となる憲法的憲章」[3]と表現するに至っている。

同様に，ヨーロッパ人権裁判所も，ヨーロッパ人権条約が各国の人権の個別状況を優越させることを否定し，共同体によって保護するという特殊な性格の条約であることを指して，ヨーロッパ人権条約は「ヨーロッパ公序の憲法的文書」[4]と判決で述べている。またヨーロッパ人権裁判所の条約違反判決は，条約上は個別的効力であるが，事実上，度重なる条約違反判決を避けるためには国内法の改正をもたらす，いわば一般的効力をもつ場合が少なくない。すなわち，統一市場の形成，共通の人権保障と分野は異なるが，EUもヨーロッパ人権条約も，国の同意を相対化しつつ法規範を形成し続ける組織という点では，同質の発展を遂げてきているといえる。なかでもEUは，各国の主権的権限の委譲を要請し，EU法を制定するという点では，従来の条約に基づく国際的な組織とは異なり，構成国の議会に対する法的影響は非常に強いといえる。

ところで，民主主義および国民主権が，公権力，特に法形成において国民の意思を反映するべきである，という近代憲法の定義からは，条約を契機とする国際機関であるEU，及びヨーロッパ人権条約は，国民の意思との関連が限定されており，上述のような国の立法権に対する制約の増大は問題となる。

こうした状況において，民主主義を確保する条件という問題は，ヨーロッパ統合という概念の進展や，超国家的機関の権限を市民が承認するために前提となる重要な課題として扱われてきた。たとえば，国内議会がEC／EU諸機関の

---

3) Avis 1/91, du 14 décembre 1991 relatif à Espace économique européen, *Rec.* I-6079.
4) Loizidou c. Turquie, 23 mars 1995, §§70 et 75.

法形成過程に参加しうるか，あるいは，ヨーロッパ人権裁判所の判決の法的な拘束力との関係でいかに均衡をとるかという問題である。

EUの場合は，ヨーロッパ委員会，閣僚理事会，ヨーロッパ議会の3機関が意思決定を行うが，1979年までは，ヨーロッパ議会の議員は各構成国議会の議員によって構成されていたため，その意味で各国の議会とのつながりは存在していた。しかし，1979年に，ヨーロッパ議会の議員の選出が，各構成国市民による直接選挙となったため，市民の意思の直接的な反映という意味ではより民主的となったものの，構成国議会とのつながりは希薄となった。

これに対して1992年のマーストリヒト条約[5]は，こうした状況を改善するため，構成国議会の役割と議会間協力に関する宣言を付しており，さらに1997年のアムステルダム条約[6]には「EUにおける構成国議会の役割に関する第13議定書」が付属していた。すなわち，構成国議会は，EUの民主化にとって必要とされ，EUと市民，及びEU諸機関とヨーロッパ議会の関係における民主主義の赤字という批判を改善することが期待されていた。

実際，マーストリヒト条約以降拡大しつつあるEUへの構成国の権限委譲は，各国の憲法との抵触関係が違憲審査で判断され，フランスのように憲法改正に至った国もある[7]。またこうした主権的権限の委譲は，構成国議会の立法権の範囲を狭めており，多くの事項に関する立法権は徐々にEU諸機関に移っている[8]。さらに，EU法の優越性，直接適用という性格により，EU法は，構成国国内で議会と関わりなく行政権によって実施される法規範となっている。

EU法の優越性の影響としては，統治構造の中で，まず国内議会の役割を変化させたことにみられる。たとえばフランスでは，国会にヨーロッパ問題を扱う委員会が新設され[9]，ヨーロッパの法令案が閣僚理事会に送付された場合，政府は，その法令案を国会両院に提出しなければならないこととなった。また後述のように，リスボン条約（2007年）に基づき，国会に「補完性監視手続」を

---

[5] Patrick Dollat, *Droit européen et droit de l'Union européenne*, 3ᵉ ed., 2010, pp. 54-58.
[6] *Ibid.*, pp. 64-72.
[7] 建石真公子「憲法ブロックとマーストリヒト条約——改正後の憲法に対するマーストリヒト条約の違憲審査に関するフランス憲法院1992年9月2日判決について」法の科学21号（1993年）177-190頁。
[8] リスボン条約は，EUが単独で立法できる権限として，関税，単一市場の競争ルール，ユーロ圏の金融政策，海洋生物資源の保護，共通通商政策，EUの権限に対応する国際協定の締結を定めている。

行う権限が付与された。

　こうしたEU法との関係での国会の新しい役割は，政府と国会とが連携し国際機関（EU）の制定する法令制定過程に加わるものである。EU法は多様な分野における「EUの政策＝多くが国内政策を直接に拘束する政策」をEU諸機関によって定めてきたが，国会は，国内だけでなく国際機関との関係でもEU法の制定（＝EU政策の策定）に直接に加わる権限を得たことになる。この点で，憲法史においては，政府の権限と国会の権限とが対立してきた外交・国際関係の分野において，議会の権限が格段に強化されている。EU法の優越性はこれまでも，多様な意味における民主主義の観点から批判されてきたが，EU法令の事前審査，また「補完性監視手続」により，構成国との関係においてEU法の民主的正当性は強化されてきているといえる。

　こうした状況を背景に，EUにおける構成国議会の立法過程への参加が課題となってきたといえる。リスボン条約までは，構成国議会の立法過程への参加は，限定された領域に過ぎず，もっぱら議会の役割は，国内において執行権に対する統制に重点が置かれていた。執行権は，閣僚理事会及びヨーロッパ委員会のメンバーとして，EU法制定に関わるからである。したがって，EUは，市民の意思の反映，すなわち民主主義という観点からは，構成国議会には立法権への関与がなく，ヨーロッパ議会は民主主義の赤字という状況で，民主的制度からは程遠かったといえる。EUは条約によって設立された組織であり，各国はEU設立の各条約を議会あるいは国民投票で批准することによりEUの法的拘束力を民主的に承認しているが，EU法はたゆみなく生み出され，権限委譲も進行中である。こうしたなかで，各国の議会が立法過程においてその役割を強化することを内容としたのが，リスボン条約である。

　2009年12月1日に発効したリスボン条約[10]は，EU条約10条でEUが代表制民主主義に基づくことを規定し，同12条で，構成国議会の役割が条約本文に初めて明記された。また条約に付された第1議定書「EUにおける国内議会の役割について」は，これまでのマーストリヒト条約，およびアムステルダム条

---

9) 憲法改正により，1999年1月25日憲法的法律第99-45号による憲法改正により，憲法88条の4が新設されヨーロッパ連合法案を議会で検討する手続きを定めた。さらに，2008-724号により，欧州問題を扱うヨーロッパ委員会が上下各院に新設。

10) Paul Craig, *The Lisbon Treaty*, Oxford, 2011, pp. 25-31.

約にも存在した構成国議会の役割をさらに強化したものである。具体的には，「構成国議会の役割に関する議定書」について構成国の議会の役割を強化する方向で改正され，それと同時に，リスボン条約による基本条約の改正，および第2議定書により構成国の国内議会は「補完性監視手続」により，EUの法案が補完性原則に反していないかを事前に監視する任務を公式に付与された。

　また近年，ヨーロッパ人権条約も，同条約の「補完性」を強調するという新たな傾向を見せている。2013年にヨーロッパ評議会の採択した第15議定書及び第16議定書は，こうした傾向を示すものである。第15議定書は，条約前文に「補完性」の文言を挿入することを内容とするが，この議定書は，条約の改正であるため，全締約国の批准が必要となる。第16議定書は，裁判所の新しい権限として「諮問的意見(un avis consultatif)」を付与しうる権限を定めるものである。この議定書に発効には，10か国の批准が要件となっている。

　このような，EU法に対する「補完性原則」の強調が，ヨーロッパ人権条約に関しても見られる点は，しかしながら，国際的な人権保障という観点からは，懸念される。「補完性原則」の強調——すなわち国内の民主主義を優位に評価する傾向——は，ヨーロッパ人権裁判所における条約適合性審査の審査において，締約国の裁量の範囲をより広く認めることに帰結する可能性があるからである。こうした傾向は，1980年代以降，ヨーロッパ人権裁判所およびEU法による人権保障の進展が見られてきただけに，また「人権の危機」(経済危機による社会権等への保護の減少，テロ対策による自由権への制約の増加等)が指摘される現在[11]，人権保護の観点からは危ぶまれる。

　以上のように，第2次世界大戦後，憲法及び人権条約という規範によって制約された議会の立法権であるが，EUにおける立法過程における構成国議会の役割の強化，またヨーロッパ人権条約における補完性の強化は，こうした傾向を変容させるものだろうか。条約を媒介とする地域的組織に対する国の権限を強めることの意義について，民主主義，及び人権保障の観点から検討する。

---

11) Dollat, *op. cit.* (n. 5), pp. 230-231.

Ⅱ　EUにおける民主主義の補強——EU法形成への国内議会の参加

1　リスボン条約による構成国議会の役割の強化

　リスボン条約は,「連合のより良い運営」のための構成国議会の貢献を定め（EU条約12条[12]),さらに,「EUにおける構成国議会の役割に関する議定書」[13]は,構成国議会がEUの法形成に参加することを促進し,また同議会の意思を反映させるため,構成国議会とEU諸機関との関係をより明確にしている。

　まず,EU条約12条は,構成国議会の役割について6項目を定めているが,そのうち4項目は既存の役割であるが,2項目は新しいものであり,条約改正及び条約加盟手続きへの参加に関してである。しかし,ここで定められている構成国議会の役割は,条約及びEUの構成国の修正に関する異議申立という,伝統的な議会の役割の強化に過ぎないともいえる。

　これに対して,「EUにおける構成国議会の役割に関する議定書」は,新たに2つの点で構成国議会の役割を強化する内容となっている。第1に,構成国議会に対する情報提供の確保であり,構成国議会の意見形成のため,これまで以上に,EU諸機関からの立法に関する情報,たとえば青書,白書,立法案,議事日程などを構成国議会に直接に送付する手続きを定めている。第2に,構成国議

---

12) 国内議会は連合が正常に機能するために,以下の手段によって能動的に貢献するものとする。
　(a) ヨーロッパ連合の国内加盟国の役割に関する議定書にしたがって,ヨーロッパ連合の機関によって通知,送付されたヨーロッパ連合の法令案への対処
　(b) 補完性および比例性原理の適用に関する議定書で規定されている手続きに従って,補完性原理の尊重への配慮
　(c) ヨーロッパ連合の機能に関する条約70条にしたがって自由,治安,司法の枠組み内におけるこれらの分野の連合の政策実施に対する評価メカニズムへの参加,および88条と85条にしたがってヨーロッパ刑事警察機構の政治的監視とヨーロッパ司法機構の活動の評価への関与
　(d) 本条約48条にしたがって,諸条約の改定手続きへの参加
　(e) 本条約49条にしたがって,連合への加盟申請の通知の受理
　(f) ヨーロッパ連合の各国議会の役割に関する議定書にしたがって,各国議会およびヨーロッパ議会との間での相互協力への参加

13) PROTOCOL (No 1) ON THE ROLE OF NATIONAL PARLIAMENTS IN THE EUROPEAN UNION <http://www.lisbon-treaty.org/wcm/the-lisbon-treaty/protocols-annexed-to-the-treaties/656-protocol-on-the-role-of-national-parliaments-in-the-european-union.html>

会及び構成国議会とヨーロッパ議会との間の相互交流である。たとえば同議定書は，共同体事項に関する特別機関会議（Conférence des organes spécialisés dans les affaires communautaires [COSAC]）を正式に認めている。同会議は，1989年に創設され，EU議長国の議会によって招集され，各構成国議会から6名，EU議会から6名，候補国から3名が参加し，年に4回開催されてきた。この会議は，構成国議会間，またEU議会との間に情報交換を可能とし，またEU諸機関に対して「意見」を表明することで，構成国議会とEU議会およびEU諸機関との対話を可能としてきている。この会議が正式に認められたことにより，構成国議会の得る情報はより豊かなものとなる。

2 EUにおける補完性原則と構成国議会による補完性原則の監視

　EUにおいては，補完性原則[14]とはEU諸機関がその権限を行使する際に調整する原則であり，EU諸機関と構成国が権限を分け持つ分野にのみ適用される[15]。国内法において構成国によって実効的に法規制しうる分野に関しては，EUは介入しえない。反面，構成国が十分な方法で目的を達することのできない分野に関してはEUがその権限を行使することを正当化することになる。EU条約に補完性が導入されたことは，最も市民に近いレベルでのその権限を行使することを目的とするためである。

　EU条約に補完性が初めて登場するのは，1992年のマーストリヒト条約であるが，リスボン条約はこの原則に次のような新たな意味を付け加え，構成国議会の権限を強化したといえる。第1に，EU諸機関は，立法に当たり，構成国議会に対して立法情報を伝達しなければならない[16]。第2に，構成国議会の新しい役割として，補完性原則が侵害されているとみなす場合に，意見をEUの立法諸機関に送付することが可能となった点があげられる[17]。また，リスボン条約5条para. 3は，補完性原則という名目によるEU機関の介入に，3つの要件を付して

---

14) <http://www.europarl.europa.eu/ftu/pdf/fr/FTU_1.2.2.pdf>
15) 加盟国との共有権限としては，単一市場，社会政策の一部，経済・社会・領域上の格差是正，農漁業，環境，消費者保護，運輸，欧州横断ネットワーク，エネルギー，自由・安全・司法領域，公衆衛生上の安全問題の一部，研究・技術開発・宇宙，開発協力，人道援助である。加盟国と並行してEUが行動する分野として，共通外交・安全保障政策，危機管理政策などとなっている。
16) ヨーロッパ委員会は，立法に関する提案のすべてをEU諸機関と同時に，構成国議会に送付しなければならない。第2議定書4条。

いる。まず，EUの排他的権限に属する分野ではないこと，次に，企図されている行為の目的が，構成国による十分な施策を侵害しないこと，最後に，その行為が，EUの介入により，状況や効果の面で，より良い行為が実現すること，である。

(1) リスボン条約における構成国議会の新権限——補完性の監視

リスボン条約5条3項[18]，12条[19]により，構成国議会は，第2議定書の定める手続きに従い，補完性原則が尊重されているかを監視する。この手続きは，すべての構成国議会，あるいは院が，EUから法律案が移送された日から8週間の間に，ヨーロッパ議会議長，ヨーロッパ理事会理事長，ヨーロッパ委員会委員長に対して，当該案が補完性原則を尊重していない旨の意見を表明することができるというものである。この意見が，構成国議会の3分の1に達する場合は，当該法案は再検討されなければならない（議定書7条2項＝イエローカード）。さらにその後も，理事会に対する暫定議題への立法草案の上程と「理事会の立場」の採択との間には，10日間の期間が設けられ，理事会が立法草案を審議する会合の議事録を含む，理事会会合の議題および結果は，加盟国政府に直接送付されると同時に加盟国議会にも直接送付される。また，ヨーロッパ理事会が理事会の決定方式あるいは立法形式を変更する場合には，加盟国議会はあらゆる決定が採択される少なくとも6か月前にはヨーロッパ理事会の発議に関する情報提供を受けることとなっている。これに対して当該EU機関は，法案を維持するか，修正するか，取り下げるか決めることができる。自由権，安全，司法に関

---

17) 第2議定書6条（抜粋）。

　構成国議会及び議会のいずれかの院は，EUの公用語で，法案が送信された日から8週間以内に，補完性の原則に準拠していないとみなす理由を付した意見を，ヨーロッパ議会，理事会やヨーロッパ委員会に送ることができる。

18) 5条3項　Under the principle of subsidiarity, in areas which do not fall within its exclusive competence, the Union shall act only if and insofar as the objectives of the proposed action cannot be sufficiently achieved by the Member States, either at central level or at regional and local level, but can rather, by reason of the scale or effects of the proposed action, be better achieved at Union level.

　The institutions of the Union shall apply the principle of subsidiarity as laid down in the Protocol on the application of the principles of subsidiarity and proportionality. National Parliaments ensure compliance with the principle of subsidiarity in accordance with the procedure set out in that Protocol.

19) 前掲注12)。

する法案の場合は，この意見の判断は4分の1に下げられる（議定書7条2項）。

構成国議会がEU立法機関の法律草案が補完性原則に反すると表明した場合，そしてヨーロッパ委員会がその法案を維持すると決定した場合，この法律案は，共同立法機関であるヨーロッパ議会と理事会へと付託される。この共同立法機関が，法律案が補完性原則に反すると判断した場合，ヨーロッパ理事会の55%以上，あるいはヨーロッパ議会の過半数の議決でこの法律案を無効とすることができる。

(2) 補完性原則に関する構成国議会の「意見」

各国議会による「補完性」監視の具体例として，2012年5月，ヨーロッパ委員会は，開業の自由とサービス提供の自由の文脈内でのストライキ権行使を認める規則 (Monti II) の提案を行ったが，これに対して，3分の1を超える議会が，この規則案は補完性原則に反すると判断した。結果的に，委員会はこの規則案を取り下げるに至っている[20]。他方，このような対立が問題となり，しかし構成国議会の意見が容れられなかった例として，2013年10月，ヨーロッパ検察局の創設に関する規則案の場合がある。この規則案は，2013年7月の理事会によるヨーロッパ検察局創設の提案に基づくものであり[21]，ヨーロッパ検察局は，EU運営条約86条に基礎を置き，2009年のリスボン条約の発効によりその創設が可能となっている。構成国議会の3分の1以上は，この規則案が補完性原則に反すると表明したが，しかしヨーロッパ委員会はこの規則案を維持した。その後，ヨーロッパ議会の支持を得るに至っている[22]。

リスボン条約発効後の構成国議会のこのような権限は，EU機関の法定立を一定程度制約する機能を果たし，また「対話」の機会を提供しているといえる。実際に2010年〜2014年に構成国議会から補完性原則に反することを表明する意見は次頁の**表**の通りである。国によってかなりの差がみられる。しかし，実効的にEU機関の法定立に関与しているとまでいうことはできないだろう。

---

20) 本田雅子「EUにおける経済的自由と社会民主的権利の衝突——ヴァイキング事件，ECJ先決裁定，モンティ規則を巡って」大阪産業大学経済論集14巻2号（2013年）248-250頁。

21) Proposition de règlement du Conseil portant création du Parquet européen du 17 juillet 2013, COM (2913) 0534.

22) Résolution du Parlement européen du 29 avril 2015 sur la proposition de règlement du Conseil portant création du Parquet européen (COM (2013) 0534-2013/0255 (APP))．

表　構成国議会の理由付き意見

構成国	議会・院	2010	2011	2012	2013	2014	計
オーストリア	国民議会	1	0	1	0	0	2
	連邦議会	2	1	3	6	0	12
ベルギー	下院	0	1	3	1	0	5
	上院	0	1	0	1	0	2
ブルガリア	国民議会	0	2	0	0	0	2
クロアチア	議会				0	0	0
キプロス	議会	0	1	1	1	0	3
チェコ	下院	1	0	1	0	0	2
	上院	1	0	0	2	0	3
デンマーク	議会	2	1	3	1	0	7
エストニア	議会	0	0	0	1	0	1
フィンランド	議会	0	1	1	1	0	3
フランス	国民議会	0	1	0	1	1	3
	下院	3	1	10	4	0	18
ドイツ	連邦議会	1	1	1	0	0	3
	連邦参議院	2	1	5	3	0	11
ギリシャ	議会	0	0	0	3	0	3
ハンガリー	国民議会	0	0	0	1	0	1
アイルランド	議会	0	1	0	3	0	3
イタリア	下院	0	2	1	1	0	4
	上院	1	3	1	2	0	7
ラトビア	議会	0	0	1	1	0	2
リトアニア	議会	2	0	1	6	0	9
ルクセンブルク	議会	3	7	4	3	0	17
マルタ	議会	0	2	1	5	0	8
オランダ	下院	2	4	4	5	0	15
	上院	2	3	2	3	0	10
ポーランド	上院	2	5	3	2	0	12
	下院	4	4	2	2	0	12
ルーマニア	下院	0	2	0	3	0	5
	上院	0	2	0	3	0	5
スロバキア	議会	0	2	1	0	0	3
スロベニア	国民議会	0	0	0	1	0	1
	国民評議会	0	0	0	0	0	0
スペイン	議会	0	3	2	5	1	11
スウェーデン	議会	3	10	21	14	1	49
イギリス	下院	1	3	3	5	2	14
	貴族院	2	1	1	3	10	7
計		35	65	78	94	5	278

出典：CONFÉRENCE DES PRÉSIDENTS DES PARLEMENTS DE L'UNION EUROPÉENNE, Vilnius, du 6 au 8 avril 2014, NOTE D'INFORMATION, pp. 2-4. <http://www.ipex.eu/IPEXL-WEB/dossier/files/download/082dbcc54477aede0144fdced6a46580.do>

Ⅲ ヨーロッパ人権条約第15議定書による「補完性」の強調及び第16議定書による人権裁判所の「諮問的意見」制度の創設と締約国との関係

　近年，ヨーロッパ人権条約諸機関は，種々の理由により機構改革を進めてきた[23]が，その一つの帰結として，2013年，新たにヨーロッパ人権条約に第15議定書[24]及び第16議定書[25]を採択した。

　第15議定書は，ヨーロッパ人権条約の前文に「補完性原則」を挿入するもので，条約本文の改正という意味では重要な改革である。「補完性」概念自体は，裁判所自身によって早くから条約の支柱[26]と位置付けられており，また国際法固有の原則でもあり，条約システムの基本的な原則としての役割を果たすものである。しかし，「補完性」の新たな強調は，条約の保護する権利に対する制約の条約適合性を判断する際に，その制約が国の裁量の余地に属するか否かを一つの評価手法としてきた従来のヨーロッパ人権条約システムによる，国の履行義務に対する統制を弱めることにつながりかねない。つまり，補完性が挿入されることにより，条約機関による人権保障が，国による人権保障に対する副次的な保障であることが強調されるならば，国にはより広い裁量の範囲を認められる可能性がある。反面，補完性という性質を過度に弱めることは，国による民主的機関（多くの場合議会）による同意に基づく条約を紐帯とするヨーロッパ人権裁判所と締約国の関係において，ヨーロッパ人権裁判所が表明している「第4審ではない」という同裁判所の地位に反する結果となる。補完性は，国内法制度による人権保障と，ヨーロッパ人権裁判所による人権の共通基準の保護との間のバランスを取る原則という意味で，今回の改革の行方が問題となる。

---

[23] ジャン＝ポール・コスタ（建石真公子訳）「ヨーロッパ人権裁判所の新たな挑戦と課題——Nouveaux défis et enjeux pour la Cour européenne des droits de l'homme」比較法学 48 巻 2 号（2014年）63-67頁。

[24] Protocole n° 15 portant amendement à la Convention de sauvegarde des Droits de l'Homme et des Libertés fondamentales. <http://www.echr.coe.int/Documents/Protocol_15_FRA.pdf>

[25] Protocole n° 16 à la Convention de sauvegarde des Droits de l'Homme et des Libertés fondamentales. <http://www.echr.coe.int/Documents/Protocol_16_FRA.pdf>

[26] CEDH, 2012年3月15日 GC Austin c. RU., GC, du 15 mars 2012.

他方，第16議定書は，ヨーロッパ人権裁判所の新たな役割として，各国の国内裁判所からの要請によって条約の解釈に「諮問的意見」を述べる制度である。この制度により，国内裁判所は，必要と判断した場合に訴訟を中断し，ヨーロッパ人権裁判所に条約の解釈の諮問を行うことができる。条約解釈の統一という意味で，国内裁判所に対して条約の適用における困難を軽減し，申立人にとっては国内裁判所で人権保障が得られる可能性が増し，その点はヨーロッパ人権裁判所への提訴数が軽減されることにつながる。

　2つの議定書は，2000年代から継続しているヨーロッパ人権裁判所の改革の一環であり，2010年のイズミール会議，2011年のインターラーケン会議，2012年のブライトン会議の成果である。今回の改革が，各国の裁判所とヨーロッパ人権裁判所の緊張関係の中から，国の条約解釈の評価の余地を尊重する方向性を持つのか否かによって，人権保障に対するヨーロッパ人権裁判所の影響に変化があるのかが問われる。

1　ヨーロッパ人権条約前文への「補完性原則」の挿入の背景

(1)　ヨーロッパ人権裁判所の最近の課題

　ヨーロッパ人権裁判所改革の主な理由は，第1に，申立件数の激増への対処である。2012年12月31日の段階で，訴訟開始待ちの申立は128,100件[27]であった。これらの申立のうち約3,000件が同種の訴訟の繰り返しであり，受理不可能であることが明らかな訴訟が95％を占めている。つまり，このような訴訟を減らすことが改革の目的の一つである。第2は，ヨーロッパ人権裁判所の介入領域を減少させることも予想されている。というのは，ブライトン宣言[28] para. 32には，締約国における条約の実施のため，「ヨーロッパ人権裁判所は，将来的に，より目的を絞った集中した役割を果たさなければならない」と記述されているからである。

　こうした改革の結果としての第15議定書及び第16議定書は，これまで，ヨーロッパ人権裁判所が設立された1959年以来約60年間の歩みにより形成されてきた，人権を実効的に保障するための同裁判所の解釈権限を抑止するものと

---

27) Rapport annuel, 2013.
28) Conférence sur l'avenir de la Cour européenne des droits de l'homme, Déclaration de Brighton.
<http://www.echr.coe.int/Documents/2012_Brighton_FinalDeclaration_FRA.pdf>

なることが懸念される。同裁判所は，判例を通じて，同条約が人権保障を目的とする「ヨーロッパ公序の憲法的文書」[29]であり，また解釈の発展性・拡大性を説明する「現在の生活状況に照らして解釈される生きた文書」[30]と位置付けてきた。解釈の方法に関しても，「積極的義務」[31]という解釈手法によって，自由権として保障された諸権利を社会権的に解釈することにより，実際に保障されるために国に施策を義務付け，人権の実効的な保護を要請してきた。こうした，ヨーロッパ人権裁判所の動態的な人権保護の姿勢と，第15議定書に基づき前文に挿入される条約の「補完性」との関係は，どのようになるのだろうか。

(2) ヨーロッパ人権条約の特殊な性質

第2次世界大戦後の欧米社会において，国際的な人権保障により国家の行為（立法・行政・司法）による人権侵害を統制する必要があるという要請は，いち早く国際法学者のローターパクトによって1945年に示されていた。すなわち，「国は，裁判所に対して，立法権，行政権，司法権の行為と，権利宣言の規定との適合性を判決ないし意見によって表明する権力及び義務を付与しなければならない」[32]と主張されたのである。こうした国際人権保障制度の考え方は，従来の国際法における主権独立に基づく国際社会という理解に対して異なるとらえ方を要請するものであり，Virallyはそれを，「国際法は，まさに主権という聖域に分け入ったのである」と表現している[33]。こうした主権という聖域に分け入る試みとして，ヨーロッパ人権条約は，ヨーロッパ評議会によって1950年に採択された人権条約である。そもそも1949年のヨーロッパ評議会の設立の背景には，第2次世界大戦後のヨーロッパ社会の再生を目指す1948年のハーグ会議，及びそこで誕生したヨーロッパ運動[34]が大きく影響している。ハーグ会議においてヨーロッパ人権条約の起草が開始され，すなわち人権保障を核としたヨーロッパ統合を目指すものである。こうした意味においてヨーロッパ人権

---

29) Cour EDH, Gd. Ch., 23 mars 1995, Loizidou c. Turquie, §75; GACEDH, n° 1.
30) Tyrer c. Royaume-Uni, 25 avril 1978, §31.
31) L'affaire linguistique belge, Arrêt du 23 juillet 1968.
32) Hersch Lauterpacht, *An international Bill of Rights of Man*, Oxford, 1945.
33) Michel Virally, «Cours général de Droit international public», *RCADI*, 1983, t. 183, p. 124.
34) Jean Petaux, *L'Europe de la démocratie et des droits de l'homme: L'action du Conseil de l'Europe*, Editions du Conseil de l'Europe, 2009, pp. 58-59.

条約の特徴の一つは，人権の客観性の原則であり，具体的には，条約的における相互適用の不適用，留保に関するコントロール，条約からの離脱の制約など，一般的な条約に比べて締約国の自由は制約されているといえる。

また，国内におけるヨーロッパ人権条約の位置付けという面でも，人権解釈に関して憲法と同ランクの規範と定めているスペインやオーストリアの憲法が示すように，人権規範という意味で一般的な条約とは異なる性格が与えられている例がある。さらに，いかなる場合でも免脱禁止の権利として，生命に対する権利，拷問禁止，奴隷・強制労働の禁止，刑法の不遡及原則，例外なしの死刑廃止，一事不再理を定めており（条約16条），重要な人権に関して，たとえ戦時であったとしても保護が要請されるという意味で，国の意思に対する拘束は強い。

こうした特殊性に加えて，ヨーロッパ人権裁判所の判例は，ヨーロッパ人権条約の解釈の発展性を認めてきている。ヨーロッパ人権条約は1950年に採択された条約であり，条約の改正には全締約国の批准が必要なため，時代の変化により登場する新しい人権問題に対して，「生きた文書」[35]，「今日的な状況に照らして解釈する必要」[36]，「今日的な状況に照らし，現在において，どのような解釈や適用が要請されているか」を判断[37]，などのような解釈手法により，対応してきているのである。

(3) ヨーロッパ人権条約における補完性原則——民主主義と多様性の尊重

そもそも，ヨーロッパ人権条約は，個人申立の要件として国内救済原則の終了を挙げているように，同条約による人権保護は，国による条約の適用を補完するものと位置付けている。ヨーロッパ人権裁判所も，判決の中で，「ヨーロッパ人権条約による人権保護メカニズムは，国内の人権保護システムに比べ，補完的な性格を有している」[38]と述べている。これに対して，第15議定書による補完性原則の前文への導入は，国の自律性の承認と，評価の余地理論の強化を意味することになる。

国の自律性という意味では，ヨーロッパ人権裁判所は，ベルギー言語事件に

---

[35] Tyrer c. Royaume-Uni, 25 avril 1978.
[36] Marckx c. Belgique, 13 juin 1979.
[37] C. Goodwin c. Royaume-Uni, 11 juillet 2002, GC, §§68-69.
[38] Handyside c. Royaume-Uni, 7 decembre 1976.

おいて，同裁判所は人権保障に関して国の権限に代わるものではない[39]，と述べている。したがって，国は，条約の実施に関しては自律性があり，自由にその条約義務の履行のための政策を決定することができるのである。

さらに，ヨーロッパにおける法的な文化の多様性の維持，すなわち民主主義をより尊重する領域，たとえば道徳，宗教，家族概念等に関してヨーロッパ人権裁判所は注意を払っており，また地域特性にも配慮している。反面，ヨーロッパ諸国全体の法状況の判断に基づき，そのような領域に関しても国内法制度を条約違反とする場合もあり，たとえば，スイスの離婚後の再婚禁止期間を定める法律に関しては，条約違反とした[40]。

補完性に基づく条約違反の判断枠組みとして，国には条約の適用にあたって一定の評価の余地が認められている。すなわち，国は，条約上の権利を制約する裁量権を持つが，それは，国は，当該人権の保護にあたり，ヨーロッパ人権裁判所に比べて，より直接に状況を知りうる立場にあるとみなされるからである[41]。

しかしながら，評価の余地も，ヨーロッパ人権裁判所の統制のもとにあり，評価の範囲や形態等に関して審査が行われている。どのような状況下において行われる制約か，どの権利に対する制約か，また他のヨーロッパ諸国の法制度の状況によって，同裁判所の判断も変化している[42]。こうした同裁判所の統制は，ヨーロッパにおける権利保護の統一性と，逆に各国の独自性との間で，揺れ動いているともいえる。補完性原則に基づくとはいえ，個別事件の人権状況に対応し，抽象的な条約解釈ではなく具体的な事件に応じて判断する点が同裁判所の立場の難しい点でもある。

---

[39] Belgian Linguistic, 23 July 1968.
[40] F. v. Switzerland, 18 December 1987.
[41] Ireland v. The United Kingdom, 18 January 1978.
[42] 評価の余地は，ヨーロッパ人権条約15条（緊急時における離脱），8〜11条（権利制約規定のある条文），14条（差別禁止），第1議定書1条（財産権の保護）に関して，国による権利制約が，条約上認められる国の裁量の範囲を超えるかについての判断の際に適用される審査手法である。ヨーロッパ人権裁判所は，実効的な権利保護，合法性，民主社会，加盟国の法制度のコンセンサス，自律的で発展的な解釈，比例性，調和，多元主義などの基準を用いて解釈を行っている。そのため，問題となる権利の性質，時代や社会の進展により，その解釈は変化してきた。

　Steven Greer, *La marge d'appréciation: interprétation et pouvoir discrétionnaire dans le cadre de la Convention européenne des Droits de l'Homme,* Editions du Conseil de l'Europe, 2000.

2 ヨーロッパ人権裁判所の解釈規範力の形成

(1) 反復的な訴訟を解決する手段

さまざまな国における同様の条約違反に対応するために，明確に確立した判例に関して，他国に対しても適用される判例法とする傾向が徐々に生み出されてきている。それは，ヨーロッパ人権条約19条[43]のヨーロッパ人権裁判所の条約解釈権限に基づくものであり，同様の問題が提起された場合，他国の判決に関しても考慮されうることがインターラーケン会議で主張されている。判例においても，たとえばRantsev対キプロスとロシア判決[44]は，裁判所の判決は，申し立てられた事件についてのみならず，一般的に，条約の規範を明確にし，保護し，充実させるのに役立つ，とし，Opuz対トルコ判決[45]判決では，「裁判所は，条約第I章に定められた権利と自由に関する公式で最終的な解釈を与える役割を維持し，加盟国が同様の問題に関して下した判決，それが他国に対する判決であっても，から引き出される諸原則をその通りに考慮しているか否かを決定しなければならない。[§164]」と述べている。

こうしたヨーロッパ人権裁判所の判例の拘束力を解釈規範力と位置付けられるかは明確ではないが，少なくとも1条及び19条に基づく権限と考えられる[46]。また，ヨーロッパ人権裁判所は，加盟国等の間の「対話」によっても判決の確立性を高めている。M.S.S.対ベルギー及びギリシャ判決（GC）[47]では，第三者として国連難民高等弁務官，ヨーロッパ評議会人権委員会，イギリス政府，オランダ政府が裁判に介入し，多方面からの解釈を反映した判決となっている。

(2) 締約国の上級裁判所との関係

上述のような意味で，締約国の上級裁判所（憲法裁判所，最高裁判所等）との関係は，ヨーロッパ人権条約の実施において重要なものであるが，しかし，そうした上級裁判所との関係については，ヨーロッパ人権裁判所は注意深い態度をとっている。たとえば，2005年のイギリスに対する判決において，ヨーロッパ

---

[43] ヨーロッパ人権条約19条「この条約および条約の諸議定書において締約国が行った約束の遵守を確保するために，ヨーロッパ人権裁判所を設立する。裁判所は，常設として機能する」

[44] Rantsev c. Chipre et Russie, 7 janvier 2010.

[45] Opuz c. Turquie, 9 juin 2009.

[46] Mamatkoulov et Askalov c. Turquie (GC), 4 février 2005.

[47] M.S.S. c. Bergique et Grece, 21 janvier 2011.

人権裁判所は,「国内上級裁判所が完全にまた説得力のある仕方で,問題となっている権利制約の詳細な性格に関して,条約から引き出された判例に由来する原則に基づいて,批判する場合には,ヨーロッパ人権裁判所は,これらの裁判所に対して,国内法の解釈の問題に関して固有の観点を提供するために,また,国内裁判所の判決とは逆に,当事者が,自らの権利の保護のために,国内法によって認められている権利を持つと主張しうると判決を下すために国内裁判所の判決と反対の選択をする場合には,特に重要な根拠を持たなければならない」と述べている[48]。反面,Korbely対ハンガリー判決(GC)[49]では,ハンガリー憲法裁判所の判断を覆し,条約違反判決を下している[50]。また,フランスでは,2010年以降,憲法院による事後的違憲審査が可能となったために,合憲判決ののちにヨーロッパ人権裁判所によって類似の法律に条約違反判決が下されることが現実のものとなった。刑事訴訟法がその例である。法律に関する憲法適合性審査に優位するヨーロッパ人権裁判所の条約適合性審査という構図は,憲法の規範性ひいては議会の権限を支える主権論を空洞化させることにつながりかねない。人権保障は,少数者の保護を眼目とするだけに,民主主義に比して規範の優越性を要請するが,条約という国家の同意を紐帯とするヨーロッパ人権裁判所と締約国の関係は,規範の正当性という意味では不十分な点は否めず,対立の激化は望ましい方向ではないであろう[51]。

3 第15議定書における「補完性」原則の挿入

第15議定書は,2013年6月24日に署名が開始されており[52],条約本文の改正のため,発効にはすべての国の批准が要件となる。2012年の「ブライトン宣言」が反映された内容となっている。

---

[48] MGN Limited c. Royaume-Uni, 18 janvier 2011, §150, Roche c. Royaume-Uni, 19 octobre 2005, §120.
[49] Korbely c. Hongrie, 19 septembre 2008.
[50] 建石真公子「人権保障における憲法裁判所とヨーロッパ人権裁判所 総論」比較法研究73号(2011年)166-171頁
[51] 建石真公子「フランス2008年憲法改正後の違憲審査と条約適合性審査——人権保障における憲法とヨーロッパ人権条約の規範の対立の逆説的な強化(1),(2)」法学志林109巻3号(2012年)1-53頁,同111巻3号(2014年)1-24頁。
[52] 2016年8月31日現在,42か国が署名,32か国が批准している。

(1) 条約前文[53]に「補完性原則」を挿入

(a) 基本的な原則として，第一義的には，条約の保護する権利や自由の行使の確保は，締約国，特に国内裁判所に付与することで，条約の体系は，補完性という概念に基づくこととなった。このように理解される補完性は，「補完性－補足性」として，裁判所の介入は，国内裁判所の条約上の権利の実効的な保護の確保が不履行あるいは不可能な場合のみに限られる。したがって，補完性原則は，締約国と裁判所との権限の分担と考えられる。条約尊重という義務履行の責任は，まず国が負い，最後に裁判所となる。それが，第15議定書の意味である。

(b) 第15議定書1条により，締約国は，「ヨーロッパ人権裁判所の統制のもとに，評価の余地（裁量）を享受する」ことになる。この表現は，Handyside対イギリス判決に倣うものであり，公共の秩序の要請の内容や，自由に対する制約の必要性について決定することについては，「締約国は，原則として，国際的な裁判所よりはふさわしい位置にあり」，国内の司法文化の多様性を保護し，したがって条約は「締約国に評価の余地を確保する」[54]。しかし，同時に裁判所は，評価の余地に対する条約適合性をも判断してきている。今後，裁判所の解釈は，補完性原則という障壁に向かうことになる。

(2) 権利の実効性という原則

他方，ヨーロッパ人権条約による権利保護の実効性という観点からは，Airey対アイルランド判決は，「条約は，権利を，理論的または形骸的なものとしてではなく，現実に実効的に保護するという目的を有している」[55]と述べている。条約における権利保護の実効性という要請は，条約の規範に実効性を与えるために，裁判所をダイナミックな解釈を可能とした。ダイナミックな解釈は，「"今日の状況に従って"，何が現代に要請される条約の解釈や適用か」を再定義することを可能としてきた。この解釈方法は，条約前文3段の「保護」，「発展」の解釈からも導き出される。

---

[53] ヨーロッパ人権裁判所は，Golder対イギリス判決，1975年2月21日で，前文は，「解釈するべき条約の，対象と目的の決定について大変重要である」と述べている。

[54] Handyside c. Royaume-Uni, 7 décembre 1976, §48.

[55] Airey c. Irlande, 9 octobre 1979.

(3) 実効性と補完性の競合

今後は，実効性という原則は，補完性と競合することになるが，補完性原則を前文に挿入する，すなわち条約本文に明文化することは，条約履行にあたり，国の役割を強調し，逆にヨーロッパ人権裁判所の役割を制約し，同裁判所のダイナミックな解釈を減少させることが懸念される。というのは，ブライトン宣言[56] para. 29bには，「締約国は，どのような方法で条約の課す義務を履行するかを選択することができる」とあるからである。そこから，次のような変化が予想される。

(a) 評価の余地に関して，まず第1に，補完性原則は，条約上の原則として，他の条約解釈の方法，たとえば独自の概念，積極的義務等に比べ，優先される原則となる。第2に，国は，自ら，評価の余地に関する判断を行うことができると予想される。これまで裁判所は，国による自由の制約に対して，つまり国の裁量に対して，事後的に限界を決めてきた。第15議定書は，国の評価の裁量を認めることに傾きこそすれ，逆はないであろう。

この2つは同じものではなく，評価の余地は，「多様であり，厳密な定義に狭めることはできない」[57]。また裁判所の統制のもとにあるが，その定義をすることはできない。第3に，第15議定書は，補完性原則と評価の余地を結び付け，判決において，補完性原則によって評価の余地を機械的に適用させる。しかし，この2つの適用領域は同一ではない。補完性原則は，条約の解釈全体に適用されるが，評価の余地は，単に権利の制約にのみ関わる。より正確には，評価の余地は，権利に対する国の制約の比例性において適用されると認識されている。補完性原則と結び付くことにより，評価の余地の領域も広がることが予想され，補完性原則が前文に定められることにより，評価の余地を適用してはならない領域にまで拡大することも考えられる。

(b) 裁判所の統制に関するマイナスの影響としては，評価の余地の性格の変化が，裁判所の統制を後退させる恐れがある点があげられる。国は，評価の余

---

56) Conférence sur l'avenir de la Cour européenne des droits de l'homme: Déclaration de Brighton. <https://wcd.coe.int/ViewDoc.jsp?id=1934045&Site=CM>
57) Bratzaヨーロッパ人権裁判所所長講演，2012年4月18〜20日，Conférence de haut niveau Brighton 18-20 avril 2012 Sir Nicolas Bratza, Président de la Cour européenne des droits de l'homme. <http://www.echr.coe.int/Documents/Speech_20120420_Bratza_Brighton_FRA.pdf>

地に属する国の施策ができるだけ最大のものであるようと望んでおり，評価の余地に関する最も大きな留保を引き出すと国が理解している補完性の原則の前文への導入は，人権裁判所にとって，解釈方法の縮小を余儀なくされる可能性がある。ヨーロッパ人権裁判所副所長のトュルケン（F. Tulken）は，補完性原則の「条約前文への挿入は，解釈方法に関する裁判所の独立に問題を提起するものであり，少なくとも無益なものであり，最悪な場合には非常に危険である」[58]と述べている。すなわち，補完性原則が，ヨーロッパ人権条約の原則となることで，条約ではなく判例によって発展されてきた解釈手法——ダイナミックな解釈，発展的な解釈——を継続することは困難が予想され，さらに，近年，ヨーロッパ人権裁判所の解釈においてしばしばみられる他の国際人権機関の解釈を参照することも困難になるだろう。条約上の権利の実効的な保障は，権利制約に対する厳格な解釈を必要とすることから，少なくとも，評価の余地の適用領域を定めることが必要である。現状では，評価の余地は，社会の問題，倫理・道徳上の問題を提起する領域，妊娠中絶，生殖医療，相続，自殺介助，同性愛者の養子，同性婚などのような，いまだ各国において多様性が存在する人権領域において認められている。補完性原則の採用は，国による条約履行の裁量を拡大するのか，あるいは，国が条約履行の第一義的な責任者であることを強調する働きをするのかが問われる。補完性の意義が，条約機関に対して，国家の主権，すなわち民主的意思決定を尊重するところにあるとしても，人権条約の目的である人権保障との均衡が問われるところである。

4　第16議定書——大法廷への「諮問的意見」を求める制度

　第16議定書は，裁判所の新しい権限「諮問的意見（un avis consultatif）」を認めるものであり，2013年10月2日署名開始で，発効には10か国の批准が必要とされる（2016年8月末現在，5か国批准。未発効）。
　この新しい権限は，ヨーロッパ人権条約の全体の統一性という観点からは，ヨーロッパ司法システムの統一性を崩すものか，あるいは解釈の統一性を確保する結果となるのか，不明確である。

---

58) François Tulkens, «La Cour EDH et la declaration de Brighton: Oublier la réforme et penser l'avenir», *cah.dr.eu*, 2012, p. 332.

(1) 手続き

(a) 手続きの特徴としては，まず，各国の最高裁判所のみが，裁判所に申し立てることができ（第1条），それに対して，大法廷が諮問的意見を述べる（2条2項）。また，諮問をした国によって選ばれた裁判官，ヨーロッパ評議会の人権委員，関係国が，意見文書を提出することができ，法廷において，当該事件の当事者が裁判所における手続きに招かれることができる。すなわち，手続きへの個人の参加が認められている。

(b) 諮問的意見の手続きは選択的であり，具体的な手続きとしては，まず，各裁判所は，ヨーロッパ人権裁判所に諮問的意見を求めることができ（1条），ヨーロッパ人権裁判所は，諮問にこたえるか否かを，5人の裁判官の判断で決定することができる。そして，諮問的意見は，拘束力を持たない（5条）。

(c) 諮問的意見の要件としては第1に，裁判所に係争中の事件（1条），第2に，条約及び議定書の定義する権利と自由の解釈や適用に関する原則についての質問，第3に，条約の解釈，適用の原則または一般的利益にかかわること，第4に，新しい問題の提起であり，問題が，国内法や判例，行政行為との適合性に関するものであること，とされる。すなわち，諮問的意見は，最も重要な事件についてのみ提起できるということになる。

(2) 諮問的意見制度とヨーロッパ人権裁判所の憲法的役割

それでは，このような諮問的意見制度は，ヨーロッパ人権裁判所の「憲法的役割」を促進するのだろうか。まず，個人申立権に基礎を置く通常の条約の尊重の統制は，国の条約違反，国内裁判官による判断を確認し制裁する事後的な統制である。これに対して，第16議定書の諮問的意見制度は，このような対立構造ではなく，裁判官の対話に基礎を置く協調構造へと転換するものと考えられる。国内裁判所は，ヨーロッパ人権裁判所による条約との適合性の判断に従って，事前の条約不適合を避けつつ判断することができる。また国内裁判所に，条約違反が確定する前に介入する可能性を与え，違反－制裁というサイクルを断ち切ることが可能となる。

このようにとらえるならば，第16議定書はヨーロッパ人権裁判所の役割を変える可能性がある。条約の解釈について国内裁判所を支援することによって，諮問的意見という制度は，ヨーロッパ連合の「先決問題」のように，締約国にと

って，また締約国市民の一般的利益のためにも，重大な条約の解釈に関して基本的な最終的な解決を与えることを認めるものである。条約適合性について疑いのある状況，たとえば弁護士の警察留置における接見，同性婚，育児休業における男女の扱いの違いなどは，諮問的意見の対象となりうるヨーロッパ公序に関する原則的な問題である。

(3) 諮問的意見制度とヨーロッパ人権裁判所の役割

ヨーロッパ人権裁判所の役割は，条約上の権利の保護についてすべての個人申立を認めるのか，あるいは人権に関するヨーロッパ公序に関わる原則の定義に関わるような重要な事件のみを扱うのだろうか[59]。これは，長い改革の間，ヨーロッパ人権裁判所に対して投げかけられてきた問いである。諮問的意見は，2009年以来，裁判所が関わってきた，問題の重大性，緊急性に従うという，申立の扱いにおける「優先性という戦略」であり，2番目の道である。国内の最終的な裁判所からの申請で，条約の適用や解釈に関して判断をするというこの方法は，将来の「憲法裁判所」[60]への道を開くことも予想される。「人権の分野において，ヨーロッパにおける裁判所全体の調整を行う裁判所」[61]という評価もあるように，諮問的意見は，対世的な効力を持ち，解釈権限を有し，また各国の裁判所はこれまでの判決を参照することができることから，ヨーロッパ人権裁判所判例は，全締約国の上級裁判所の条約解釈のモデルとなり，すなわち，憲法裁判所的な役割を果たすことになるのである。

こうした第16議定書の創設する諮問的意見制度と，第15議定書による「補完性原則」の挿入は，ヨーロッパ人権裁判所の権限を弱体化させる方向と，逆に解釈統一権によって，訴訟の選択と諮問的意見を通じて，大法廷の役割を強化する可能性も存在する。すなわち，条約の統制の二重性として，一方で，大法廷が，重要な問題，基本的な原則，憲法裁判所的な役割を担い，判例の統一，調和の守護者となり，他方で，他の裁判所が，通常の些細な事件を扱う傾向にな

---

59) Jean-François Flauss, «Faut-il transformer la Cour européenne des droits de l'homme en juridiction constitutionnelle ?», D. 2003, p. 1641.

60) Lusius Wildhaber, «Un avenir constitutionnel pour la Cour européenne des droits de l'homme?», RUDH, 2002, p. 1.

61) Jean-Marc Sauvé, «Le principe de subsudiarité et la protection européenne des droits de l'homme», D. 2010, p. 1368.

ることも予想される。

　条約前文に補完性が挿入されることは，スュードル (F. Sudre)[62] の述べるように，ヨーロッパ人権裁判所の権限に対するブレーキとしてブライトン宣言によって明記されたものであることは明白である。補完性原則は，これまで同裁判所の解釈指針であった「実効性」に対立する原則であり，この2つの対立においてブライトン宣言は，前者を選択した。ブライトン宣言 para. 29b は，「補完性原則を完全に採用することは」，「締約国が，条約によって課せられる義務の履行を実施する方法を，選択できるということなのである」と述べている。

　反面，補完性原則の強調をマイナスにとらえない解釈も比較的多い。補完性原則は，ヨーロッパ人権条約の当初からの原則であり，大きな変化はない，とするシムチェク (D. Szymczak)[63]，補完性は，締約国の義務と責任の実現を正当化する論理であり，まずは国内裁判所においてその義務をはたすことが問われる，とするコスタ (J.-P. Costa) 元ヨーロッパ人権裁判所所長[64] の解釈などが代表的である。こうした評価は，補完性がヨーロッパ人権裁判所に対するブレーキとなる点のみでなく，補完性の挿入による条約の履行に関する同裁判所と国との責任の分担に注視し，逆に国内裁判所におけるヨーロッパ人権条約の適用と遵守の責任が増す，と解釈しているのである。

Ⅳ　終わりに

　以上，EUにおける近年のリスボン条約に付された2つの議定書，議会の役割強化，補完性と比例性の適用，及びヨーロッパ人権条約における補完性の導入の動きについて，検討してきた。

　EUの場合は，各国の議会がEUにおける立法過程に参加する方向での改革であり，またEU機関の補完性の適用，という意味で，従来の民主主義の赤字とい

---

[62] Frédéric Sudre, «Le recadrage de l'office du juge européen», in F. Sudre (dir.), *Le principe de subsidiarité au sens du droit de la Convention européenne des droits de l'homme*, Anthemis, 2014, pp. 241-243.

[63] David Szymczak, «Rapport introductif: Le principe de subsidiarité dans tous ses états», in Sudre (dir.), *op. cit.* (n. 62), pp. 29-32.

[64] Jean-Paul Costa, *La Cour européenne des droits de l'homme: Des juges pour la liberté*, Dalloz, 2013, p. 49.

う批判に対して構成国の議会の役割を強め，市民により近い立場での決定を重視する意図に基づくものである。実際にこの改革が実効性を有しているかについては，まだ評価は早急であるが，補完性の尊重に関して，構成国の議会は，EU法が補完性原則を尊重しているかに関してEU司法裁判所に提訴することを政府に求めることができるようになった。また議会自身も，意見を表明することが可能になっている。EUという地域統合の機関に対して，構成国の市民の意思を伝達するために，構成国議会の役割は，国内の立法のみならず，EU機関の立法に対しても民主的責任を負う機関となっているといえる。

他方，ヨーロッパ人権条約における補完性原則の導入は，ヨーロッパ人権条約が人権規範であるだけに，民主主義との関係での評価は難しい。人権は，多数決に基づく多数派民主主義とは性格を異にするからである。補完性原則の導入の背景は，ヨーロッパ人権裁判所の機能不全にあるが，加えて，締約国の法制度に対する条約違反判決による拘束力が強まっていることも要因となっている。ヨーロッパ人権裁判所の判決が，人権保護の面で拘束力を強めるに従い，国の独自性，立法の主権的性格に基づき，ヨーロッパ人権裁判所の憲法裁判所的な性格の形成に対する国の主権の主張の一つが，補完性原則の導入であるといえる。ヨーロッパ人権裁判所がこれまで形成してきた解釈権限は，あくまでも判例に基づくものであり，条約規定があるわけではない。したがって，条約前文に挿入された補完性原則が，ヨーロッパ人権裁判所の条約解釈を拘束することは明白であろう。ヨーロッパ人権条約に関しては，国の議会の権限の強化が，人権保障につながるかについては評価は難しい。各国の議会に課せられた条約の履行義務が，より明らかになったと解釈しうるなら，人権保障義務を国内の議会に要請することができるという意味で，民主主義に根拠をおく議会の役割がより重くなったともいえるだろう。

EUもヨーロッパ人権条約機関も，ヨーロッパの統一という目的を持つ条約を紐帯とした機関であり，各国は，独自の意思で加盟したという面と，統合の拘束力がますます強まっている，という面とで，政治も法制度も大きな影響を受けている。人権保障に関しては，すでに国に独自の人権規範は事実上あり得ず，ヨーロッパ人権条約は国内における人権保障の基軸となっているといえる。またEUは，EU法によって，各国の法制度や政治に対して，直接的な拘束力を有しており，今やヨーロッパにおいては，伝統的な憲法理論に基づく国民主権

に基盤を置く立法権は，その国の法制度のすべてを決定できるわけではなくなっている。

　しかしながら，新たなEUの改革，ヨーロッパ人権条約の改革は，そうした国民主権の復権の方向で，議会や政治の権限を強化している。条約に基づく地域的機関といえども，市民の意思をその出発点とするが，人権保障に関して民主主義や主権の強化が良い方向に向かうには，市民の政府に対する監視が不可欠となる。民主主義と（人権）規範という，伝統的な対立は，21世紀のヨーロッパにおいてもなお問われ続けている課題であるが，EUやヨーロッパ人権裁判所という国際機関と国との関係において，第2次世界大戦後の国際社会での主権概念の変容を踏まえるなら，市民参加と個人の人権保障に，より重点が置かれることになるだろう。

5 ヨーロッパ

ヨーロッパにおける多層的統治構造の動態
―― ヨーロッパ人権裁判所と締約国の統治機構の交錯

江島晶子

I はじめに
II ヨーロッパ・レベルの統治構造
III ヨーロッパ人権裁判所の判例法形成が各締約国に及ぼす影響
IV おわりに ―― グローバル・モデルとしての多層的人権保障システムの可能性

I はじめに

　グローバル化する世界において、各国の統治機構は、様々なレベルで、伝統的統治機構以外の存在と交錯する場面が増加しており、多層化・多極化・多元化している。本書の**序章**が述べるように、「議会が法律を作り、行政府がそれを執行し、裁判所が解釈・適用するといった伝統的な枠組みで法や法形成の作用・プロセスを捉えることはますます困難」である。なかでも、ヨーロッパ地域においては、ヨーロッパ評議会およびEUの存在ゆえに、各国の統治機構とヨーロッパ・レベルの地域的機構とが密接に接合し、その結果、各国の統治機構がヨーロッパ・レベルの地域的機構から直接的・間接的影響を受けることによって、各国の国内法が重要な影響を受けるだけでなく、統治構造のありよう自体にも重要な変化が生じている。しかも、ヨーロッパ・レベルで存在する地域的機構自体も多層的である。

　本稿では、こうした多層的状況に着目して、ヨーロッパ評議会の人権条約であるヨーロッパ人権条約（The Convention for the Protection of Human Rights and Fundamental Freedoms）が設置するヨーロッパ人権裁判所（European Court of Human Rights, 以下，人権裁判所）における判例法形成が，各締約国の国内法・国内判例にどのような影響を与えているかを検討対象として，法と政治の交錯する状況について，「法→政治」というベクトルから実証的に分析する。これによって，法形成の場面における，ヨーロッパ人権条約が設置する機関と各締約国の統治機構とのインターアクションをつぶさに観察することができる。本書における各国研究との違いは，国内の法部門および政治部門が，ヨーロッパの法部門および政治部門と多層的に交錯する点である。その組み合わせは，①国内の法部門とヨーロッパの法部門および②国内の政治部門とヨーロッパの政治部門だけでなく，③国内の法部門とヨーロッパの政治部門および④国内の政治部門とヨーロッパの法部門も考えられる（【表1】参照）。また，①や②の相互作用の結果が③や④に関係しうるし，その逆も同様であるので，複雑さは増す[1]。国内レベルにおける法部門と政治部門の関係については，憲法学が取扱い，ヨーロッパ・レベルにおける法部門と政治部門の関係については国際法学が取扱うという従来型の分担は，もはや用をなさないといえよう。

　本稿では，人権裁判所における判例法形成にとくに焦点を絞ることから，ヨーロッパ・レベルの判例法（これをグローバルな「人権法」と呼べるかも検討課題の一つである）が国内の政治部門（とくに国内法）および法部門（とくに国内判例）に影響を与えることの意義に注目することになる[2]。

【表1】国内レベルとヨーロッパ・レベルの法部門と政治部門の交錯

		ヨーロッパ・レベル	
		法部門	政治部門
国内レベル	法部門	①	③
	政治部門	④	②

　さらに，本稿では，上記の意義を考察する中で，人権の実効的保障という観点から，国内システムと国際システムが人権保障のために共働的に機能しうる「グローバル・モデル」を構築する可能性を模索する。実際，現在のヨーロッ

---

1) 本書では，民主主義を基本原理とし，民主制・応答性，戦略性などの観点から立法を主体的に扱う機関を「政治部門」，立憲主義・法による支配などを基本原理として憲法適合性・法的合理性・専門性などの観点から立法にかかわる機関を「法部門」と呼ぶ（**序章**より）。
2) 逆の場合については，本編・建石論文参照。

パにおいて，理念としての人権の普遍性を説くことに異論はないとしても，各国における人権の内容，そして，人権の制約がどこまで許されるかという点について共通理解があるわけではない。むしろ，各国の統治機構とヨーロッパ・レベルの統治機構との間に密接な接合関係が部分的にあるだけに，人権の内容および人権の制約の許容程度について，両者の見解が衝突することもあり，かつ，その衝突状況はいっそう鮮明となる。よって，人権の普遍性ゆえに，各国の統治機構がヨーロッパ・レベルの人権基準として抵抗なく受け入れているわけではない。人権の内容や人権の保障の程度の変化に関しては，まさに国内機構とヨーロッパの機構が接合する部分において，時間をかけて発展させてきた「仕組み」が慎重な対応をしてきた。それによって，これまでのところヨーロッパ人権条約は締約国数を増やすことに成功し，また，人権裁判所自身の権威と名声も高めてきた。国内機構と地域的機構によって構築されつつある多層的統治構造の動態に着目すればこそ，この仕組みの実態を解き明かすことができる[3]。

　以上のような観点から，人権裁判所判例が締約国の法に与える影響とそれに対する国内の統治機構（とくに国内の法部門と政治部門）の対応について検討し，「法部門」と「政治部門」が，それぞれ，国内局面および国際局面において，受容・衝突・無視・妥協する様相を検討する。それによって，本稿では，統治構造の「多層性」のメリットおよびデメリットを検討することを企図している。前述したような発展状況は，憲法の「国際化」と国際法の「憲法化」という視角からもとりあげうる[4]。実際，ヨーロッパにおいては，ヨーロッパ人権条約，EU[5]の発展を受けて，「ヨーロッパ多元主義」，「ヨーロッパ立憲主義」が積極

---

3)「EU制度とヨーロッパ人権条約制度とのパラレリズムを中心とした，ヨーロッパ公共圏の重層性こそが，現在のヨーロッパ地域憲法秩序の，さらにはヨーロッパ人権条約の憲法秩序化の不可欠の基盤であった」（小畑郁『ヨーロッパ地域人権法の憲法秩序化』〔信山社，2014年〕29頁）。なお，同書では，憲法の定義を，「国家の基本法」ではなく，憲法の概念から国家的性格を脱色して，公共性の原理体系（内容的側面）とそれを支える一貫したシステムを兼ね備え，これが構成部分の意思から自律して持続的に存立していること（形態的側面）と把握する。そうすると，ヨーロッパ人権条約は，公共性の原理体系である人権の体系を規定し，それを支える一貫性を有するシステム（ヨーロッパ人権裁判所）を備え，この裁判所の管轄権から，締約国は条約自体を廃棄するのでなければ離脱できないという点で，「憲法秩序」ととらえうる（同7頁）。

4) 石川健治「『国際憲法』再論――憲法の国際化と国際法の憲法化の間」ジュリスト1387号（2009年）24頁以下。

的に議論されている[6]。そして，国際法学全体としても，国際立憲主義，国際法の憲法化，グローバル立憲主義，国際法の人権化として，「憲法」，「立憲」，「人権」という概念がメインストリーム化している[7]。

　本書の全体を通じて用いられる「法の政治化」という観点に落とし込むとすれば，まず，「法」とは，ヨーロッパ人権条約および人権裁判所判例法である。他方，「政治化」という用語は多義的であるが，国内の統治機構において違憲審査制をめぐって議論されてきた「司法の政治化」に引きつけて考えるならば，2つの「法の政治化」が指摘できる。第1に，現在の人権裁判所のあり方に対する批判である。すなわち，人権裁判所によって行われるヨーロッパ人権条約の解釈は，同条約が人権裁判所に与えている権限を逸脱しており，国内の統治機構の決定した事柄を条約違反であると判示することに民主的正当性はないというものである。はたして，この批判は妥当なものか。第2に，国内の裁判所によって行われるヨーロッパ人権条約解釈に対する批判である。国内裁判所は，国内憲法の下で付与されている権限を逸脱濫用しており，民主的正当性がないのに，国内議会の制定した法律を条約違反としているというものである。これに対して，本稿では，垂直的関係を水平的関係に置き直すことによって，統治構造の新たな動態把握を試みる。

　以上，まとめると，本稿では，人権に関する法の形成過程に注目する。その際に，法形成過程に関わるアクターの数の増加およびアクターの存在態様における多様性に注目する。そして，政治と法の関係において，国内の「法部門」および「政治部門」にグローバルな「人権法」が介入することの意義を批判的に検証する。そのために，人権を実効的に保障する統治構造について，「グローバル・モデル」を現時点で抽出し，これに依拠して分析を行う。

---

5) EUのヨーロッパ人権条約加入は，長らく議論されており，これも実現すれば多層性を更に増やすことになる。

6) 須網隆夫「ヨーロッパにおける憲法多元主義――非階層的な法秩序の誕生と発展」法律時報85巻11号（2013年）43頁以下および同「グローバル立憲主義とヨーロッパ法秩序の多元性」国際法外交雑誌113巻3号（2014年）27頁以下参照。

7) 薬師寺公夫「国際人権法の現代的意義――『世界法』としての人権法の可能性？」世界法年報29号（2010年）1頁以下，最上敏樹「国際立憲主義の新たな地平――ヒエラルキー，ヘテラルキー，脱ヨーロッパ化」法律時報85巻11号（2013年）6頁以下，阿部浩己「国際法の人権化」国際法外交雑誌111巻4号（2013年）1頁以下参照。

II ヨーロッパ・レベルの統治構造

1 人権の国際的保障とヨーロッパ人権条約

　人権の国際的保障（または人権の国際化）は，第2次世界大戦終結時までのはなはだしい人権侵害という多くの犠牲の下に開花した。人権問題は「国内問題」ではなく，「国際社会の問題」であると認識し，それを条約という形で具体化した。本稿において，国内部門と国際部門の統治機構の交錯を検討する上で重要な点は，単に，国際的な人権宣言を採択するだけでなく（「世界人権宣言」が典型），国際文書に謳った人権を具体的に実現するための国際的実施手段（国際的な統治構造）を導入した点である。これによって，国際法上，法主体ではなかった個人に法主体性をみとめ，個人が救済を国際機関に直接求めることを可能にした[8]。その最初の具体例がヨーロッパ人権条約である。世界人権宣言は1948年に採択された後，これを条約化するための作業に着手したが，東西対立，南北対立を背景として，人権の具体的内容について協議が難航する中で，「政治的伝統，理想，自由および法の支配についての共通の遺産を有するヨーロッパ諸国」（ヨーロッパ人権条約前文）が一足先にヨーロッパ人権条約（1950年署名，1953年発効）を成立させるに至った（なお，ここでいうヨーロッパ諸国とは，10数か国にとどまることに留意したい）[9]。しかも，個人が救済を国際機関に直接求める手段を「個人が国際裁判所に国家を提訴する」という形式で体現するのが人権裁判所である。

　ヨーロッパが他地域に先駆けて地域的人権条約を実現した背景には，大きく分けると，①ナチズムの蛮行を二度と繰り返させないという歴史的反省と，②東西冷戦状況下における，共産主義体制に対する自由主義体制の防波堤という2つの要素が存在する。この要素は，国内部門と国際部門との役割分担とその後の条約の発展状況を考える上で重要な点である。

---

[8] これが国内の統治構造にどのようなインパクトを及ぼすのか，長年議論されてきた。日本は個人通報制度を導入していないため，いまだ個人が日本国政府による人権侵害を国際機関に通報するという状況にない。この点が，後述するヨーロッパで展開されている実状と日本との大きな違いである。

[9] 世界人権宣言は，最終的に権利の内容に即して条約を2つに分けることによって実現に至った（市民的および政治的権利に関する国際規約および経済的，社会的および文化的権利に関する国際規約〔両者とも1976年発効〕）。

2 ヨーロッパ評議会の統治構造

(1) ヨーロッパ評議会の特性

人権条約の母体はヨーロッパ評議会（Council of Europe）である。ヨーロッパ評議会は，ヨーロッパ評議会規程（Statute of the Council of Europe）によって1949年設立された[10]。当初，フランス，イタリア，イギリス，ベルギー，オランダ，スウェーデン，デンマーク，ノルウェー，アイルランド，ルクセンブルクの計10か国から始まったが，【表2】に示すように，少しづつ増加し，冷戦終結後の大量加入を経て，現在，47か国に到達している（人口としては8億人）。日本

【表2】ヨーロッパ評議会加盟国

年　代	加　盟　国	年代毎合計
1940年代	フランス（1949），イタリア（1949），イギリス（1949），ベルギー（1949），オランダ（1949），スウェーデン（1949），デンマーク（1949），ノルウェー（1949），アイルランド（1949），ルクセンブルク（1949），以上，原加盟国 ギリシャ（1949），トルコ（1949）	12
1950年代	アイスランド（1950），ドイツ（1951），オーストリア（1956）	3
1960年代	キプロス（1961），スイス（1963），マルタ（1965）	3
1970年代	ポルトガル（1976），スペイン（1977），リヒテンシュタイン（1978）	3
1980年代	サンマリノ（1988），フィンランド（1989）	2
1990年代	ハンガリー（1990），ポーランド（1991），ブルガリア（1992），エストニア（1992），リトアニア（1992），スロベニア（1992），チェコ（1992），スロバキア（1992），ルーマニア（1993），アンドラ（1994），ラトビア（1994），モルドバ（1994），アルバニア（1994），ウクライナ（1994），マケドニア（1995），ロシア（1995），クロアチア（1996），ジョージア（1999）	18
2000年代	アルメニア（2001），アゼルバイジャン（2001），ボスニア・ヘルツェゴビナ（2002），セルビア（注）（2003），モナコ（2004），モンテネグロ（2007）	6
2010年代		0

注：セルビアは，2003年当時はセルビア・モンテネグロとしてヨーロッパ評議会に加盟。2006年のモンテネグロ独立に伴い，セルビアがセルビア・モンテネグロの承継国となった。モンテネグロは加盟申請を行い，2007年5月に承認された。
出典：<http://www.coe.int/en/web/portal/47-members-states>および国名の日本語表記について<http://www.mofa.go.jp/mofaj/area/ce/>（visited 31 October 2015）。以下，別に断らない限り，webサイトのアクセス日は31 October 2015である。

---

[10] その経緯について，小畑・前掲注3）17頁参照。

もオブザーバー資格を 1996 年に与えられている（ほかにアメリカ合衆国，カナダ，バチカン，メキシコ）。

　ヨーロッパ評議会の目的は，共通の遺産である理想と原理を保護実現するために，そして，経済的社会的発展を促進するために，締約国間のより大きな統合を実現することである（ヨーロッパ評議会規程 1 条）。ヨーロッパ評議会に加入すると，ヨーロッパ人権条約に加入しなければならない。

　後述するような現時点でのヨーロッパ人権条約の発展ぶりを見ると，類似のシステムが他の地域，とくに，アジア地域において実現するとは考えにくい。だが，それは，到達点だけを見るからそう考えるのである。ヨーロッパ地域以外の研究者がヨーロッパ・レベルの人権保障システムを研究する際に見逃してはならないのは，その漸進的かつプラグマティックな発展の過程である。本稿では，それを，この 70 年余の間にヨーロッパの統治構造および締約国内の統治構造において生じた変化として描出する。

(2)　ヨーロッパ評議会の機構（概要）

　最初に，ヨーロッパ評議会の概要を説明する。同評議会は，閣僚委員会（Committee of Ministers），議員会議（Parliamenary Assembly [11]），人権裁判所を中心として構成されている[12]。国内の統治構造との比較において，閣僚委員会を執行府，議員会議を立法府，そして人権裁判所を司法府と分類してもよさそうだが，むしろ，そのようには把握できない部分が，ヨーロッパ・レベルの統治構造を検討する上で重要である。実際，国際機関や地域機関を創設する際に，ある程度，国内の憲法システムとのアナロジーで考えることが想定されるし，実際にもそのように見える部分があるが，同時に，その通りにはいかないのも国際社会の現実である。ヨーロッパ評議会を設立する際にも，政府間協力の形態（イギリス）と連邦主義的統合（フランス）という対立があった（そして，これはアメリカ合衆国建国に際して生じた議論とも一定の相関性がある）。そして，この認識の違いは現在も締約国間のスタンスに表れている（後述，II 3 参照）。

---

[11] かつては，Consultative Assembly（諮問会議）と呼ばれていたが，1994 年 2 月に閣僚委員会は名称変更を決定した。

[12] ヨーロッパ評議会規定が規定する機関は，閣僚委員会と議員会議で，ヨーロッパ評議会が起草したヨーロッパ人権条約によって，人権裁判所が設置されている。

閣僚委員会は，各締約国の外務大臣クラスの閣僚によって構成されており，ヨーロッパ評議会の政治部門の中核にある。また，ヨーロッパ評議会の条約の起草も担うことから，ヨーロッパ評議会の立法の一翼を担う。もちろん，条約の批准は各国の政治部門によって行われることなので，閣僚委員会だけで条約を発効させることはできない（ここが，国内の政治部門とヨーロッパ・レベルの政治部門の接合点の一つとなる）。

　他方，議員会議は，締約国の国内議会の議員の中から，国内議会によって選出または任命された議員318名（議員および予備議員各318名，総計636名）で構成される。各締約国の定数は締約国の人口に応じて決定される。もっとも多くの議員を送っているのが，フランス，ドイツ，イタリア，ロシア，イギリスで各18名である。もっとも少ないのは，アンドラ，リヒテンシュタイン，モナコで，各2名である（【表3】参照）。

　議員会議には立法権限はない。これが国内議会およびヨーロッパ議会（EU）との違いである。また，議員議会の議員は国民が直接選挙で選ぶのではないが，

【表3】議員会議における各締約国の議席数

Albania	4	Germany	18	Portugal	7
Andorra	2	Greece	7	Romania	10
Armenia	4	Hungary	7	Russia	18
Austria	6	Iceland	3	San Marino	2
Azerbaijan	6	Ireland	4	Serbia	7
Belgium	7	Italy	18	Slovakia	5
Bosnia and Herzegovina	5	Latvia	3	Slovenia	3
Bulgaria	6	Liechtenstein	2	Spain	12
Croatia	5	Lithuania	4	Sweden	6
Cyprus	3	Luxembourg	3	Switzerland	6
Czech Republic	7	Malta	3	The former Yugoslav Republic of Macedonia	3
Denmark	5	Moldova	5		
Estonia	3	Monaco	2		
Finland	5	Montenegro	3	Turkey	12
France	18	Netherlands	7	Ukraine	12
		Norway	5		
Georgia	5	Poland	12	United Kingdom	18

出典：<http://www.assembly.coe.int/nw/xml/AssemblyList/MP-Alpha-En.asp>から作成。

議員会議議員は，国内議会の議員でもあることから，一定の民主的選出プロセスを経ている。よって，8億人のヨーロッパ市民の声を間接的に代表しているといえよう。なお，議員会議が，人権裁判所裁判官の選出も行うので，人権裁判所裁判官は一定の民主的正当性を有している（締約国が3名の裁判官候補者リストを提出し，それに基づき議員会議が投票を行い1名選出する）。

　議員会議の主たる役割は，ヨーロッパ評議会の「審議機関」で，ヨーロッパ評議会規程上の権限内に属する問題を議論し，その結論を勧告（recommendation）という形で閣僚委員会に提示する（ヨーロッパ評議会規程22条）。場合によっては，閣僚委員会から問題を付託されて審議することもある。議員会議の重要な役割は，締約国政府，国内議会，他の国際機関および市民社会との間の絶え間ない「対話」であり，その結果として出される勧告である。閣僚委員会は，この勧告に対して応答する責任がある。よって，議員会議は，新しい考えを提起し，戦略的方向性を設定し，ヨーロッパ評議会の重要な活動の多くを発動させたりする「原動力」とみなされている[13]。たとえば，ロシアによるチェチェン住民に対する空爆やアメリカ合衆国のCIAによる秘密裡に行った外国人テロリスト容疑者の移送（一部のヨーロッパ評議会締約国がこれに加担した）についていち早く問題提起をしたのは，議員会議である[14]。

　最後に，本稿の中心的検討対象である，人権裁判所であるが，本稿の観点からは，以下の2点が漸進的発展という点で重要である[15]。第1に，ヨーロッパ人権条約は，当初は，ヨーロッパ人権委員会（以下，人権委員会）と人権裁判所の2段階システムであり，個人が直接申立できたのは人権委員会に対してだけだったことである。第2に，個人の申立権および人権裁判所の管轄受諾は選択的であったことである。言い換えれば，1998年までは，締約国はヨーロッパ人権条約を批准しても，申立権を承認せず，人権裁判所の管轄を受諾しないことが可能であった。よって，最初に述べたヨーロッパ人権条約の最も革新的な部分の影響から完全に逃れることができていた（典型例として，トルコやフランス）。

---

[13] 議員会議webサイト <http://www.assembly.coe.int/nw/Home-EN.asp>．
[14] 一例として，<http://assembly.coe.int/CommitteeDocs/2007/EMarty_20070608_NoEmbargo.pdf>．
[15] 人権裁判所の詳細については，戸波江二他編『ヨーロッパ人権裁判所の判例』（信山社，2008年）参照。

また，受諾している国も，拘束される期間を設定して定期的に更新する形をとっていた（更新しないという選択肢を残す）。これが，ヨーロッパ人権条約第11議定書の発効（1998年）によって，第1に，個人と国家との間で調停的役割を果たしていた人権委員会が廃止され，個人は直接，人権裁判所に申立を行うことができることになった。第2に，個人の申立権および人権裁判所の管轄受諾は義務的になり，いかなる締約国も個人による人権裁判所への提訴から逃れられないことになった。

この機構改革の原因および成功した理由は様々であるが，本稿の問題意識との関わりで強調しておきたいのは，第2次世界大戦後の時点では，国家が個人によって国際的機関に訴えられるという点については，非常に強い抵抗感があったのが，約半世紀に及ぶヨーロッパ人権条約の慎重な運用は，抵抗感を弱め，国際機関に提訴されることをデフォルトとして受け止められるようになったことである[16]。

人権裁判所の裁判官は，現在，合計47名（2014年11月30日現在）で構成されている。任期は9年で再任不可である。裁判官の選出は，締約国が提出した3名の候補者名簿の中から，議員会議で選挙によって選出される[17]。国内からの批判に，裁判官が民主的でないというものがあるが，実は，任命制度をとる締約国の国内裁判官の場合よりも民主的正当性は与えられている。裁判官は，「徳望が高く，かつ，高等司法官に任ぜられるのに必要な資格を有する者または有能な名のある法律家」で，「個人の資格で裁判」し，「任期中，裁判官の独立，公平性または常勤としての必要性と両立しない活動に従事してはならない」常勤職である（ヨーロッパ人権条約21条）。

(3) EUとの関係

EUとヨーロッパ評議会は非常に混同されやすいが，それぞれ異なる条約に成立根拠を置く独立の機関である。しかし，構成メンバーの点では，EU構成国28か国は，すべてヨーロッパ評議会締約国であり，かつ，ヨーロッパ人権条

---

16) 詳細は，小畑・前掲注3）参照。
17) よって，締約国が締約国の国籍を有しない候補者を名簿に入れることは可能である。通常は，締約国は自国の国籍を有する候補者を提出するのが通例だが，リヒテンシュタインは，スイス国籍の候補者を提出したという例がある。

約を批准している。それは，EUに加入する前提条件がヨーロッパ人権条約批准だからである。というのも，EUに加入する際に，コペンハーゲン基準として，①機能する市場経済の存在とEU内で競争の圧力や市場の力に対応できる能力，②EU法の共通規則，基準および政策の採用だけでなく，③安定的民主制，人権保障，法の支配，マイノリティ保護を実現していることが要請される[18]。ヨーロッパ人権条約に入れないようでは，この要請を満たしているとはとてもいえない。また，実際上も両者は密接な協力関係にある。東西冷戦後の状況において，中東欧諸国は，まず，ヨーロッパ評議会に入り，人権保障，民主主義，法の支配についてヨーロッパ評議会の監督を受けながら改善し，EUに入れる条件を整えていった。EUがヨーロッパ人権条約に加入することも長年の課題であり，2014年，EUが加入する草案がまとまったところで，EU司法裁判所から問題点が提示され，再び頓挫している[19]。

3　ヨーロッパ人権裁判所の現在

(1)　申立件数の急増とそれに対する対応

　人権裁判所に対する信頼と権威ゆえに，そして東西冷戦終結後の締約国の急増によって，人権裁判所に対する申立件数は飛躍的に増え，大規模な訴訟遅延を招来させており，裁判所の信頼性を揺るがしかねない事態に至った。47締約国の半数以上は東西冷戦終結後に加入した国である。これらの国々は，本来，人権条約に入ることができる人権保障水準を満たしていないのに，政治的考慮から加入を認めてしまったと批判されてきた[20]。

　後述する機構改革を行うことによって未処理件数の減少に一定の成果は挙げつつあるものの，【図1】に示す通り，相当数の申立が係属中のままになっている（2014年は，56,250件の申立が裁判所の司法構成体に託されている[21]）。人権裁判所は，55年間の間に約18,000件の判決を下しており，約84％において条約違反が

---

18)　<http://ec.europa.eu/enlargement/policy/glossary/terms/accession-criteria_en.htm>.
19)　Opinion 2/13 of the Court (Full Court), 18 December 2014 <http://curia.europa.eu/juris/document/document.jsf?docid=160882&doclang=EN>.
20)　Andrew Drzemczewski, Reflections on a Remarkable Period of Eleven Years: 1986 to 1997, in: Olivier Delas & Michaela Leuprecht, *Mondialisation et Droit International* (*Liber Amicorum Peter Leuprecht* 2011, Bruylant) p. 114.
21)　<http://www.echr.coe.int/Documents/Stats_annual_2014_ENG.pdf>.

認められた[22]。人権裁判所は自らの成功ゆえの難問を抱えるという皮肉な事態に直面している。そして，これを制度的に解決するためには，政治部門の協力が必要であり，ヨーロッパ・レベルの政治部門と国内レベルの政治部門との交渉が展開されている。また，人権裁判所においては，パイロット判決という手法が編み出されている。これは，同じ争点に関して大量の申立があった場合に，その中から1つ選択して判決を下し，その他の申立についても同様の履行を命じるものである[23]。

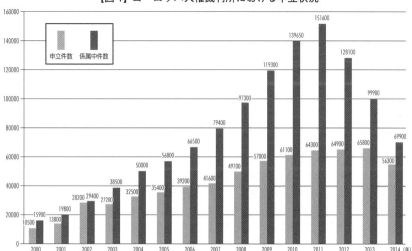

【図1】ヨーロッパ人権裁判所における申立状況

出典：European Court of Human Rights, Analysis of Statistics 2014 (Council of Europe, 2015) から作成。

(2) 判決の執行

人権裁判所の判決が無視されるのであれば，判決が出たところで意味がない。人権実現の鍵を握っているのは，人権裁判所の判決の執行である。判決の執行監視を行うのは，閣僚委員会の役目であるが，判決の具体的執行方法は各締約

---

22) European Court of Human Rights, Overview 1959-2014 ECHR (Council of Europe, 2015).
23) パイロット判決に関する詳細については，徳川信治「欧州人権裁判所によるいわゆるパイロット判決手続き」立命館法学321・322号（2008年）1690頁以下，竹内徹「ヨーロッパ人権条約による司法的規範統制の限界——パイロット判決手続を素材として」名古屋大学法政論集253号（2014年）145頁以下，小畑・前掲注3) 361頁以下。

国の統治機構に任されている。すなわち、判決の執行の鍵を握っているのは、締約国の政治部門ということになる。

この点、初期においては、閣僚委員会の執行監視はノミナルなものであったが、昨今は、判決の履行に力を入れている[24]。【図2】に示す通り、1959年から2014年までの全違反判決の約半数は5か国で占められている。また、現在、係属件数上位10か国中、8か国は、1990年代以降に加入した国々（ウクライナ、ロシア、ルーマニア、セルビア、ジョージア、ハンガリー、ポーランド、スロベニア）である[25]。さらに、第4位のトルコは、古くからの加盟国（1954年批准）ではあるが、トルコが個人申立権および裁判所の義務的管轄[26]を認めたのは1990年代に入ってからであるので、実は、先の8か国とさほど状況は違わない。これらの国の多くは、クローン事件（または反復的事件）と呼ばれる、争点がほぼ同じ事件が

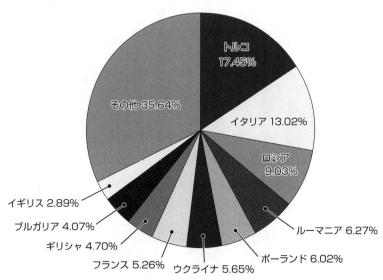

【図2】ヨーロッパ人権裁判所違反判決の国別内訳 1959－2014年

出典：European Court of Human Rights, Overview 1959-2014 ECHR (Council of Europe, 2015) から作成。

---

24) <http://www.coe.int/t/dghl/monitoring/execution/Presentation/Pres_Exec_en.asp>. ルチア・ミアラ（江島晶子訳）「新たに改革されたヨーロッパ人権裁判所における判決執行の監督」比較法学46巻2号（2012年）111-127頁。
25) European Court of Human Rights, Analysis of statistics 2014 (Council of Europe, 2015).
26) 第11議定書が発効するまでは、選択的であった。

大量にストラスブール（人権裁判所所在地）に提訴されるという構造的問題状況を抱えている。たとえば，第2位のイタリアは，国内裁判手続における訴訟遅延が有名である[27]。よって，これまで，裁判所の改革と合わせて，国内における人権条約の実効的実施（とくに国内の構造的問題の解決とそれによるクローン事件の一掃）の重要性が強調されてきた。

(3) ヨーロッパ人権裁判所判例の特徴

ヨーロッパ人権条約自体は，古典的自由と平等を中心に保障している。判例の中でも，人権裁判所が評価の余地（国家の裁量）を狭く判断する傾向があるのは，①生命に対する権利・拷問禁止，②人身の自由，③法の支配との関わりで裁判を受ける権利，④民主制の維持に直結する表現の自由である。人権裁判所における違反判決の内訳は，公正な裁判に対する権利（6条, 43.3%），人身の自由（5条, 12.27%），拷問禁止（3条, 8.38%），実効的救済に対する権利（13条, 8.16%），生命に対する権利（2条, 4.34%），その他（10.43%）の順番となっている。これらは，前述した，ヨーロッパ人権条約のアイデンティティにも関わっている（なお，生命に対する権利〔2条〕，拷問の禁止〔3条〕，奴隷状態の禁止〔4条1項〕，遡及処罰禁止〔7条〕はデロゲートできない権利〔15条〕というカテゴリーに入っている）。これに対して，「ヨーロッパのコンセンサス」が存在しない場合には，人権裁判所は，締約国により広い評価の余地を認める傾向がある。たとえば，性道徳であるとか，政教分離に関する問題である。こうしたことを念頭におきながら，後掲Ⅲでは，人権裁判所の判決をめぐって締約国の政治部門と法部門がどのように反応したのか，最近問題になった幾つかの事例を検討する。

(4) ヨーロッパ人権裁判所の機構改革——ヨーロッパの「憲法裁判所」？

以上のような状況において取り組まれてきたのが，人権裁判所の機構改革である。そもそも第11議定書自体が，申立件数の増加傾向に対する対応であった。それ以前は，前述したように，パートタイムのヨーロッパ人権委員会と人権裁

---

[27] イタリアでは訴訟遅延を人権裁判所に指摘された結果，通称Pinto Actを制定したが，その実効性については，*Scordino (No. 1) v. Italy*, judgment of 29 March 2006 で検証され，再び条約違反が認められている。訴訟遅延に関する全違反判決（1959〜2014年）のうち22%はイタリアに対するものである。

判所の 2 段階方式で，前者を調停機関として機能させ，個人が人権裁判所に提訴できない形（人権裁判所に提訴できたのはヨーロッパ人権委員会と被告締約国だけ）をとる一方[28]，個人申立権も人権裁判所の管轄も，条約の批准とは独立して，締約国が個別に承認する方式をとることによって，主権国家の「抵抗」を和らげていた。よって，締約国は，条約を締結していても，個人申立を受けず，人権裁判所に提訴されることのない立場に置くことができた（この方式は，締約国の抵抗を和らげ，まずは締約国数を増やすことに貢献した）。

第 11 議定書の発効（1998 年）は，①ヨーロッパ人権委員会と人権裁判所を統合し，フルタイムの常設単一裁判所を出現させ，②個人申立権および裁判所の義務的管轄の承認を義務的なものにした。これによって，「個人が国家を国際機関に訴える」という理念が名実ともに実現したことになり，人権裁判所の権威を更に高めるものであり，国際機関による人権実施において質的変化が生じたと評価できる。

だが，1990 年代末の変化（東西冷戦終結後の締約国急増）は，第 11 議定書による改革の成果をはるかに超える急増を招来させた。そこで，ヨーロッパ評議会は，制度改革に取り組み，まずは第 14 議定書（2010 年発効）を，そして，インターラーケン会議（2010 年），イズミール会議（2011 年），そしてブライトン会議（2012 年）を経て，第 15 議定書，第 16 議定書を起草させた（現時点では未発効）[29]。第 16 議定書では，国内裁判所が人権裁判所に対して助言的意見（adovisory opinion）を求める制度が導入されたので，対話のルートが制度化されたことになる。他方，ヨーロッパの政治部門と国内の政治部門の対話・衝突という点で興味深いのは，第 15 議定書である[30]。同議定書は，条約の前文に「補完性の原理」と「評価の余地」を挿入することになったものであるが，その動機は，人権裁判所の判決に対する締約国側の戸惑い，反感に由来する（後述 III 3(3) 参照）。

以上のような制度改革に随伴して，人権裁判所をどのような存在と考えるか

---

28) 第 9 議定書の発効によって，個人が人権裁判所に提訴できるようになったが，それには第 9 議定書の批准が必要なので，第 11 議定書後の状況とは質的に異なる。

29) 小畑郁訳「第 14 議定書によるヨーロッパ人権条約実施規定等の改正」名古屋大学法政論集 205 号（2004 年）249 頁以下，参照。詳細は，本編・建石論文参照。

30) この経緯については，江島晶子「ヨーロッパ人権裁判所と国内裁判所の『対話』?——Grand Chamber Judgment of *Al-Khawaja and Tahery v. the United Kingdom*」芹田健太郎先生古稀記念『普遍的国際社会への法の挑戦』（信山社，2013 年）85 頁以下参照。

についての議論も活発である。元来，個人申立が人権裁判所判例を構築してきたことから個人申立の重要性を強調してきたが，人権裁判所をヨーロッパの憲法裁判所的存在として位置づける考え方も登場している[31]。そもそも人権裁判所は，ECHRを「ヨーロッパの公序に関する憲法的文書」と位置づけている[32]。そして，もはや処理しきれない個人申立件数を前に，人権裁判所こそが取り扱うべき重要な人権問題とそうではないものを区別すべきだという実際上の要請とも一定の協調関係がある。では，ヨーロッパ人権裁判所が現在，各締約国にどのような影響を及ぼしているか，次に検討する。

III ヨーロッパ人権裁判所の判例法形成が各締約国に及ぼす影響

1 分析視角――多層的人権保障システム（モデル）の提示

後述する実証的検討の理解を促進するという意味において，実証研究から抽出した暫定的モデルを先に説明しておく。このモデルにおいては，いずれの機関も優越的地位を占めるものではないと想定する。各国の憲法における条約の位置づけは様々である。しかし，興味深いことに，国内法上の条約の位置づけとは無関係に，人権裁判所判例法は国内法・国内法判例に影響を及ぼしている。国内法上の位置づけがどうであれ，具体的事件において，人権裁判所判例法に照らして条約違反が認定されれば，条約上締約国は，条約適合的になるように何らかの措置をとることが要請されていて，かつ，現在では判決執行のための措置として何を行ったのかは，閣僚委員会による監視を受けているからである[33]。よって，多くの締約国は，条約違反判決を受けたならば，ただちに判決を執行すべく国内法改正や個別具体的措置に着手するのが通例である（ハードケースの場合を除く）。では，人権裁判所は国内裁判所の上級審ということになるのかである。まず，そもそも条約上，人権裁判所は上級審ではない。むしろ前述した

---

31) Steven Greer & Luzius Wildhaber, "Revisiting the Debate about 'constitutionalising' the European Court of Human Rights" (2012) 12 (4) *HRLR* 655.
32) *Loizidou v. Turkey* (preliminary objections), judgment of 23 March 1995, *Series A*, no. 310, para 35.
33) もちろん，締約国における法伝統，法制度，そして，とりわけ国際人権条約の国内法上の位置づけの違いゆえに，受容の態度は様々であるが，一定のレベル（条約を実施する責任がある）というところでは，同じである。

ように，人権裁判所の監督は「補完的」なものとして設定された上，かつ，前述したように，「補完性の原理」については，第15議定書という形で確認されたばかりである。国内の統治機構にも，ヨーロッパの地域的機関のどちらにも軍配を上げないという状況が，様々な点で相違が存在する47締約国において，一定の範囲の人権問題については，「ヨーロッパ社会のコンセンサス」という枠組みを使って人権の実現を確保しているのである。

　換言すると，人権裁判所も締約国（の政治部門および法部門）も，それぞれヨーロッパ人権条約および締約国の憲法に基づき，それに規定されている限りでの権限を有し，かつ，当該権限を行使するレジティマシーを有する。締約国の憲法（中の人権規定）とヨーロッパ人権条約は別個の法秩序で，ヨーロッパ人権条約が締約国憲法の上位に位置づけられるわけではない（連邦法と州法のような関係にはない）[34]。そして，人権規定の常として，抽象的一般的であることから，人権裁判所が行いうる解釈の幅は広いが，他方で，人権裁判所判決の実効性自体が，ヨーロッパ・レベルの統治構造と締約国レベルの統治構造の協働関係にかかっていることから，これまで人権裁判所は注意深く，介入すべき場合を選択し，かつ，その理由づけを工夫してきたといえる。

　このモデルでは，問題の提起の役割を個人の申立に求める（図の中央を占める最も大きい円環は，個人申立が国内裁判所で救済されずに人権裁判所に提訴されると，人権裁判所を中心にヨーロッパ評議会として締約国へ応答が返され，これに対応して国内の統治機構が応答するという一連のプロセスを示唆する）[35]。なぜならば，ヨーロ

---

[34] この点で，イギリスの1998年人権法は，議会を除く公的機関はヨーロッパ人権条約上の権利適合的に行動することを要請されており，たとえば裁判所はヨーロッパ人権条約上の権利適合的にイギリス法を解釈することが義務付けられているために，事実上，ヨーロッパ人権条約が他のイギリス法に優越する地位が付与されたことになる。事実上というのは，議会制定法が適合的に解釈できないときに裁判所がとることができる手段は，当該議会制定法がヨーロッパ人権条約に反していると宣言するだけで（不適合宣言），無効にする権限はないためである。詳細については，江島晶子『人権保障の新局面』（日本評論社，2002年）参照。また，オーストリアのように条約に憲法と同じ位置づけを与えている国においては，憲法裁判所が積極的にヨーロッパ人権条約を参照するという効果が生じることもある。

[35] このとらえ方は，むしろ伝統的な統治機構モデルである。しかし，それがヨーロッパからの問題提起であること，そして，それを契機として新たな発展，たとえば国内人権機関の創設や伝統的統治機構内部の新たな改革を生じさせ，同時に，NGOの発達を招来させていることを図全体としては描出している。

【図3】多層的人権保障システム（モデル）

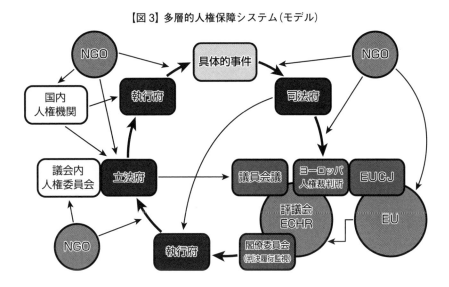

ッパ人権条約のシステムを現在の形にまで発展させたのは，ひとえに個人申立だからである．実際，人権裁判所が始動した時点では，裁判所で審理される事件があるかどうかが懸念されたし，最初の10年間は，年に数件から10件位しか判決が出ていない（1959年から1998年までの40年間の間に出された判決総数が837件であるのに対して，ピーク時の2009年には1,625件，直近2014年には891件の判決が出されている）[36]．人権裁判所で受理されるためには国内的救済を尽くすことが求められているので（ヨーロッパ人権条約35条1項），国内の統治機構を通じて得られるはずの救済を試したが，それが得られずストラスブールに到達したことになる．

　人権裁判所に受理され，条約違反の判決が出れば，敗訴した締約国はヨーロッパ人権条約上，判決を執行する国際法上の責任を負う．これについては閣僚委員会が判決の執行監視を行い，定期的に閣僚委員会の場で進行状況が報告される（判決執行が完了するまで「ヨーロッパ社会」の目にさらされることになる）．こうした状況を回避したい場合には，政府（執行府）は判決執行の実現に真剣に取り組まざるをえない．かつては，判決執行の内容については締約国に一切任され

---

[36] European Court of Human Rights, Overview, *supra* note 22.

ていたが，最近では判決執行の具体的内容についても，個別手段(公正な満足〔賠償〕の支払い，再審，追放命令の取消し等，当該事件に関する救済)と一般手段(法改正，行政実務の見直し等，条約違反の状態が一般的になくなるようにする措置)の実施が要請されている[37]。被告締約国と閣僚委員会とのやり取り(閣僚委員会の年4回の会合)の中で，被告国から出されたアクション・プランとその実施に関する報告書が閣僚委員会で承認されると，執行が実現されたことになる。こうした執行監視の下で，締約国の政府は，たとえば法改正を立法府に提案したり，行政実務を見直したりすることになる。もちろん，それが十分でなければ，閣僚委員会の監視から逃れられないだけでなく，新たな事件が国内で発生し，それが国内システム，そしてヨーロッパ人権条約システムの中を還流し続けることになる[38]。ここまでが中心部の円環内で起きるアクション・リアクションであるが，実際にはより複雑なインターアクションが各機関の間で起きる上，それ以外のアクターの関与がある。とりわけ個人申立との関係で重要なのは，それを支える弁護士やNGOの役割である。そもそも人権裁判所の存在を一般市民が知っていることは少なく，かつ，仮に知っていてもそれを利用しようとまでは思わないのが普通である(それは国内裁判所についても一定程度あてはまる)。そこに，弁護士やNGOの支援があって，実際にストラスブールにまで到達する。また，NGO(より広義では市民社会)は，円環内の各プロセスに刺激を与えて，問題が無視されたり，忘却されたりすることを防止する。そして，1990年代以降は，統治機構上，国内人権機関を創設したり，立法府内(場合によっては執行府内)に人権に特化した機関を設けたりすることも始まっている。そのため，中心部の円環上の各機関の人権問題に対する感度がより高められる状況が制度的に作り出されている。他方，ヨーロッパ人権条約のシステム自身も，EUのシステムとパラレルな構造になっているので，相互に人権実施というマンデートを補強し合う効果が発揮できる。そして，国内平面での決定と国際平面での決定にはタイムラグがあることから，垂直的関係でとらえれば矛盾・衝突となることが，時間的経過の中では，実際上は水平関係としてとらえること

---

37) <http://www.coe.int/t/dghl/monitoring/execution/Presentation/Pres_Exec_en.asp>.
38) 現時点では，ひとたびストラスブールで勝訴し，かつ，当該申立人に固有の事情ではなく，誰もが申立人となりうる性質の事件であれば，大量にストラスブールに申立が押し寄せることになる。たとえば，訴訟遅延は多くの国で問題になりうるが，中でもイタリアは有名である(前述Ⅱ3(2))。

が可能である。

たとえば、イギリスを一例にとって示すと【図4】のようになる。イギリスは、変型方式をとることから、ヨーロッパ人権条約は国内法ではなかった。そのため、国内の裁判所はこれを適用する義務もないし、場合によっては議会法との関係で条約を適用することが議会主権に反するという状況も存在した。そのため、ヨーロッパ人権条約の国内実施については、国内の統治機構は何ら積極的な取組をしてこなかった。しかし、その帰結は、ヨーロッパ人権裁判所における申立件数、敗訴件数第1位というものであったため、また、国内においては、執行府を有効にコントロールする憲法的手段がないことが問題とされてきたため、長らくヨーロッパ人権条約の国内法化が課題であった[39]。

1997年に労働党が政権に就き、「憲法改革」というパッケージの一つとして、1998年人権法（以下、人権法）が制定されたことは、イギリスの統治構造に大きなインパクトを与えた[40]。それは、単に、人権法が制定されて、裁判所が適合的解釈（人権法3条）と不適合宣言（人権法4条）という新しい権限を手に入れ、準違憲審査制的役割を果たすようになったということにとどまらない。むしろ人

【図4】多層的人権保障システムの具体例：イギリスとヨーロッパ人権条約
＊ゴシック体は1998年人権法以降創設（国連・EU関係省略）

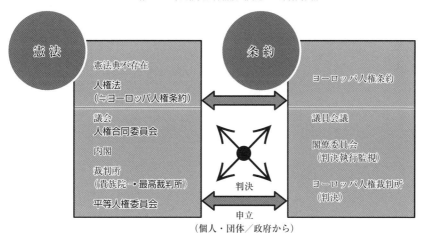

---
39) 江島・前掲注34)。
40) 本書イギリス編・木下論文、同上田論文参照。

ヨーロッパにおける多層的統治構造の動態　329

権法を実施する過程において,統治構造のすみずみに至るまで,人権法適合的(換言すると,ヨーロッパ人権条約適合的)に行動することを意識させたという点が,20世紀末の国内実施の一形態として特筆に値する[41]。人権法実施準備の過程で,裁判所,公務員,公的機能を果たしうる私人(ハイブリッドと呼ばれる)が人権研修を受ける光景が,民主化支援を受けて民主的,自由主義的国家体制への転換をはかった中東欧諸国だけでなく,イギリスでも見られたというのは興味深い[42]。また,人権法実施の過程において,実効性を重視する観点から,統治機構に一定の追加が行われた。すなわち,議会内には,貴族院議員と庶民院議院で構成される人権合同委員会(Joint Committee on Human Rights)が設置され[43],国内人権機関としては,平等人権委員会(Equality Human Rights Commission)が創設された。人権合同委員会は,議会に出されるすべての法案について人権法(すなわちヨーロッパ人権条約)の観点から検討し,問題点を指摘する報告書を作成する。また,それに先立って,当該法案の担当大臣・省庁との協議を重ねており,高い評価を受けている。他方,人権法は,政府が法案を提出する際に,当該法案が人権法適合的かどうかを議会において表明することを義務づけた(人権法19条)。そして,直接人権法の拘束を受けない議会自身も人権アウェアネスを高めており(2001年から2005年までの間では人権についてわずか23件しか議場内議論において言及がされていないのに対して,2005年から2010年では1,006件に急増している),議会と人権という観点からの検討が開始されている[44]。よって,多層的システムのメリットの一つとして,統治機構の各機関(裁判所だけではなく)において,各機関が有する権限の行使の中で人権を考慮することを促進する効果があるといえる。また,議院としての貴族院の一部であった司法府の最上級審としての貴族院が,最高裁判所に置き換えられ,権力分立に反する状態が解消されたことも,統治構造に対するインパクトとして挙げることができる(2005年憲法改革法)。

では,実際に,多層的人権保障システムがどのように機能しうるのか,具体

---

41) ただし,議会主権ゆえに,議会は人権法の拘束下にない。
42) 江島晶子「1998年イギリス人権法の実施過程に関する検討――『人権の世紀』のためにとりうるAlternative」法学新報108巻3号(2001年)551頁以下参照。
43) ちなみに同委員会は,高い評価をヨーロッパ評議会から受けている。
44) Murray Hunt et al, *Parliaments and Human Rights* (Hart Publishing, 2015).

的な例で検討する。

2 ヨーロッパ人権裁判所と締約国（政治部門と法部門）

(1) 受容

ヨーロッパ人権条約の影響は，けっして当初から強力なものではなかった。とりわけ，前述したように，受容形式をとる国は，直接的インパクトから逃れ得た（国内法ではないので適用しない・適用できない）。他方，成文憲法典を有する締約国は，自国の憲法の解釈適用として行うことによって条約の検討をしないで済ませることが一般的であった。逆に，人権裁判所の判例法が蓄積され一定の権威を持ち始めることによって，締約国側の態度がより問われる事態が生じた。

受容の例として，新たに加入した中東欧諸国の場合と古い締約国の場合を挙げる。まず，東西冷戦終結時の中東欧諸国においては，EU加盟を目標と掲げながら，その第1ステップとしてヨーロッパ人権条約に加入することを目指す過程で，新たに憲法を制定する場合にヨーロッパ人権条約を国内に受容するのに親和的な条文が憲法中に導入された。また，これらの国々の民主化支援の中でヨーロッパ評議会ヴェニス委員会が憲法改革を支援する活動を行ったことによって，グローバルな情報交換の場が形成された[45]。たとえば，現在，世界の97の憲法裁判所・最高裁判所の裁判官が一同に会して，共通テーマを設定して意見交換を行う機会を設けている[46]。

当時，新規加盟国の一つであったポーランドに関する *Broniowski v. Poland* [47] は，体制転換後の国における土地収用問題について，締約国とヨーロッパ評議会全体とのやり取りの中で，実効的な解決が目指されたという点で，受容の一態様として評価できる。これは人権裁判所単独ではこれほどうまくいくはずがなく，人権裁判所と並んで他の機関の役割が重要である。本判決は，パイロット判決という，反復的に繰り返される全く同種の内容の事件の大量申立に対する対応が生み出された点でも興味深い。

---

[45] 山田邦夫「欧州評議会ヴェニス委員会の憲法改革支援活動——立憲主義のヨーロッパ規準」レファレンス平成19年12月号（2007年）3頁以下。

[46] World Conference on Constitutional Justice <http://www.venice.coe.int/WebForms/pages/?p=02_WCCJ>．日本の最高裁判所は参加していない。

[47] 小畑・前掲注3）361頁。

他方，原加盟国の一つでもあるイギリスは人権法によって議会以外の公的機関にヨーロッパ人権条約との適合的解釈を課し，なかでも裁判所は適合的解釈ができない場合には不適合宣言を下すことになった。よって，成文憲法典がある国と異なり，国内裁判所が直接，人権条約を解釈する立場に立たされた。ところが，この直後に「9/11」が生じ，テロリズム対策の一環として，2001年反テロリズム・犯罪・安全法（Anti-terrorism, Crime and Security Act 2001 (ATCSA 2001)）が制定された。同法において，とくに問題となったのは，その第4部23条が，国際テロリスト容疑者のうち，国外退去させられない者を無期限で拘束する権限を内務大臣に与えた点である（更新されないと失効する）。このようなドラスティックな（換言すれば非常に人権侵害的な）法律が導入されたのは，人権裁判所が，*Chahal v. UK*（Report 1995-V (1996)）において，本国で拷問を受ける可能性がある者を国外退去させることはヨーロッパ人権条約3条違反（3条のデロゲーションは認められない）であると判示していたからという背景があることも留意したい。イギリス政府は，同時に，ヨーロッパ人権条約5条1項fの下で許容される退去強制等の合理的期間の限度を超えるため，同項からデロゲートした。そして，ATCSA 2001の制定後すぐ，ムスリム系外国人がBelmarsh刑務所に拘束された。

　これに対して，前述したイギリス・ヨーロッパ人権条約の多層的システムは以下のように応答した。まず，法案が1か月で成立したという事実からも，「9/11」直後という状況では，法案審議段階における議会のチェック機能は働かなかったといえよう。その中で，唯一チェック機能として評価されるのは，人権法制定とともに議会内に設置された人権合同委員会である。わずか1か月で成立したATCSA 2001についても，その間に人権合同委員会は2度に渡って報告書を提出した。この報告書は法案の内容に一定の影響をおよぼしたとの評価がある[48]。人権合同委員会は，それ以降，継続的にテロ対策と人権に関する報告書を定期的に提出し，「9/11」後制定された全てのテロ対策法の法案を検討・批判するだけでなく，成立した法律の運用についても定期的に調査を行ってきた。

---

[48] Adam Tomkins, 'Legislating against Terror: The Anti-terrorism, Crime and Security Act 2001' [2002] *PL* 205.

事後のチェック・メカニズムとして最も機能したのは，2004年12月に貴族院が下した不適合宣言である（*A v. Secretary of State for the Home Department [2004] UKHL 56.* 以下，A判決）[49]。貴族院は，外国人の無期限拘束はヨーロッパ人権条約とは適合的ではないと判示した。これを受けて，2005年3月，政府は新たに2005年テロ防止法 Prevention of Terrorism Act 2005 を制定し，外国人の無期限拘束を廃止した。

貴族院の結論もさることながら，注目すべき点は，人権法導入後の貴族院自身による役割認識である。貴族院は，本件の論点は，①人権条約15条がデロゲーションを認める条件である「戦争その他の国民の生存を脅かす公の緊急事態」が存在するかどうか，②人権条約15条に基づくデロゲーションが「事態の緊急性が真に必要とする限度」を超えていないかどうか，③ATCSA 2001の23条が人権条約14条（差別の禁止）に反していないか，の3点だと整理する。そして，貴族院は，①については，下級審の判断を支持し，原告の訴えを退けたが，②については，これを比例性の問題として検討し「事態の緊急性が真に必要とする限度」を超えていると判断し，③については，ヨーロッパ人権条約14条に反していると判断した。すなわち，①「戦争その他の国民の生存を脅かす公の緊急事態」の有無については，内務大臣や議会の判断を尊重するが（政治的問題は政治的解決が向いている），②および③は法的問題で，これを解決するのは裁判所の役割だとしたのである[50]。

以上のような国内裁判所の判決を人権裁判所自身も肯定的に評価しており，その後，本件はストラスブールに提訴されたが[51]，国内裁判所の判決の枠組みを踏襲しながら，条約違反判決を下した（*A v. the United Kingdom*）[52]。多くの論者が貴族院の判決を高く評価し，元来，裁判所懐疑論者であった者さえ，「市民的自由論者は元来裁判官に対して抱いていた懐疑を飲み込んで，昨今の状況において裁判官は自由擁護の前線に立っていることを認めよ」とまでいわしめ

---

49) 詳細は，岩切大地「イギリス貴族院のA判決に関する一考察」東北文化学園大学総合政策論集6巻1号（2007年），江島晶子「テロリズムと人権」社会科学研究（東京大学社会科学研究所）59巻1号（2007年）参照。
50) 詳細は，江島・前掲注49) 48－51頁。
51) 不適合宣言は法律を無効にするものではないので，国内的救済が提供されたとは評価されなかった。
52) *A v. the United Kingdom,* judgment of 19 February 2009.

た[53]）。人権法が制定されていなかったならば，このような国内判決が出ることはおよそ考えられないので，ヨーロッパ人権条約の受容という文脈において，ハイポイントといっても過言ではない[54]）。

(2) 新たな規範の可能性

ヨーロッパ人権条約は補完的存在であるとすれば，もっぱら人権の最低基準を保障することが任務ということになる。しかし，人権裁判所は，目的的解釈，発展的解釈，自律的解釈を行い，社会の発展に合わせて条約の解釈が変化することを前提としている[55]）。他方，新しい問題についてヨーロッパ社会のコンセンサスがない問題なのか，それともコンセンサスが生まれつつある領域なのかによって，締約国に認める評価の余地（裁量）は異なる。よって，多くの場合に，人権裁判所は，当該問題について関係しうる諸外国の立法動向（必ずしも締約国だけにとどまらず，非ヨーロッパ地域の外国法も参照することがある）や他の国際条約について検討する。たとえば，婚外子に対する法的差別を条約違反と認定するに際しては，1960年代以降，ヨーロッパでは差別を廃止する立法動向があったことによって支えられている。

この点で興味深いのは，*S and Marper v. the United Kingdom* [56]）である。本件では，2001年刑事裁判および警察法82条による改正によって，嫌疑をかけられたが無罪となった者の指紋またはDNAサンプルを廃棄せずに，保存・利用できるようになったことである。その背景には，ヨーロッパ社会において，組織犯罪およびテロリズムとの戦いに対して犯罪捜査の実効性を高めたいという要請と新たな科学技術の登場によってDNAの有用性が高まったことがある。国内裁判所は，指紋とDNAサンプルの単なる保存は私生活の尊重を受ける権利（ヨーロッパ人権条約8条）に対する介入に該当せず，仮に該当するとしても非

---

53) Conor Gearty, 'Rethinking Civil Liberties in a Counter-Terrorism World' [2007] *EHRLR* 112; Adam Tomkins, 'Readings of A v Secretary of State for the Home Department' [2005] *PL* 259.
54) その後の展開については，江島晶子「『テロとの戦い』と人権保障——『9/11』以前に戻れるのか」長谷部恭男編『講座人権論の再定位 第3巻 人権の射程』（法律文化社，2010年）113頁以下参照。
55) 詳細は，江島晶子「ヨーロッパ人権裁判所の解釈の特徴」戸波江二他編・前掲注15) 28頁以下参照。
56) *S and Marper v. the United Kingdom*, judgment of 4 December 2008. 詳細は，江島晶子「犯罪予防におけるDNA情報・指紋の利用と私生活の尊重を受ける権利——Sおよびマーパー対イギリス事件」国際人権20号（2009年）120頁以下。

常に控えめな介入であると判示し,上告を退けた。

　本件で問題となるDNAサンプルの利用方法は,各国の技術力に左右されるだけに,犯罪捜査における利用方法は各国様々である。とすれば,締約国の裁量は広く,条約違反は認めにくい事例である（イギリスは法律によってDNAサンプルの利用を認めたという点では先駆者）。ところが,人権裁判所は全員一致で条約違反を認めた。人権裁判所は,「新しい技術の発展においてパイオニアの役割を主張する締約国は,この点に関する正しいバランスを設定する特別な責任を負っている」[57]という。換言すれば,新しい技術ゆえに依拠できる「正しいバランス」が存在しないことをはからずも露呈している。よって,新しい技術と人権との衝突が問題となるところで,新しい技術の未知数の部分を重視して,現状（他国は同様の技術を取り入れていない）を締約国のコンセンサスと評することによって,現状を変更しようとする流れに対してヨーロッパ基準としての楔を打ったといえる（今後,他の締約国がイギリスと同様の政策導入を検討しようとすれば,本判決を考慮に入れる必要がある）。補完性の原理を乗り越えるものとして興味深い。

(3) 衝突・無視

　人権裁判所の権威が高まり,評者によっては積極的になったと評される人権裁判所の判決は,新規加盟国との関係だけではなく,古くからの締約国との間でも軋轢を生じることがある。ここでは,イギリスを例に取り上げ,かつ,イギリスの困惑が国内政治部門を通じてヨーロッパ評議会政治部門に提起されることに留意したい（前掲Ⅱ3(3)参照）。

　たとえば,「受容」の例でも前述した,外国人テロリスト容疑者を,国内の刑事裁判にかけることもできなければ,国外追放もできないという状況とテロリズム対策との衝突は,「9/11」後のヨーロッパにおいては激しいものになりうる。*Othman (Abu Qatada) v. the United Kingdom*[58]に対しては,イギリス首相は,「骨の折れる国際的協定,イギリスの裁判所による審査をはじめとして,合理的な国内プロセスを全て通過したにもかかわらず,いまだ国外追放できな

---

[57] *S and Marper v. the United Kingdom*, supra note 56, §112
[58] *Othman (Abu Qatada) v. the United Kingdom*, judgment of 17 January 2012.

いでいる。したがって，現在の取決めがはたして賢明なものなのか疑問を持ち始めても不思議ではない」(圏点筆者) という不満を，閣僚委員会の議長国となった際に議員会議で行った演説の中で明確に示した。本件では，外国人テロリスト容疑者の本国送還が問題になったが，ヨルダンへの国外追放はヨーロッパ人権条約3条違反ではないが (UKとヨルダンとの国際協定があるので)，ヨルダン国内の裁判においては拷問によって得た証拠によって裁判が行われる可能性があるため6条違反であると人権裁判所が判示したからである。イギリス政府からすれば，ヨーロッパ人権条約3条違反を回避するため，ヨルダン政府との間で拷問にかけないという国際協定の成立に相当の労力を費やしたにもかかわらず，それでも国外追放できないということに，相当の苛立ちを感じたことがわかる。

　さらに，同じく，受刑者の選挙権が問題となった，*Hirst v. the United Kingdom* [59] おいてもイギリス政府はヨーロッパ人権条約に懐疑的になっている。イギリスの国民代表法は，日本の公職選挙法と同様に，受刑者に対して一律に選挙権を認めていない。人権裁判所は，受刑者の選挙権行使の機会の一律剝奪が人権条約第1議定書3条違反であると判示した。同判決後，Hirstと同じ状況に置かれている受刑者または元受刑者からの人権裁判所への提訴が2,500件以上にのぼり[60]，人権裁判所は，*Greens and M.T. v. the United Kingdom* においてパイロット判決の手法をとるに至った[61]。同判決では，判決確定後6か月以内に国民代表法の改正案を用意することが求められたので，イギリス政府にはより具体的執行が迫られ，法改正の準備に入っていた。ところが，国内では，党派を超えてバックベンチャーが法改正阻止の動議を庶民院 (下院) で行い，賛成234票，反対22票という大差で動議を可決するに至った (決議には政府を法的に拘束する力はない)。その後，同種の事件がイタリアに対して提起され (*Scoppola v. Italy (No.3)*)，大法廷での判決が出る間，イギリスに対する期限の延長が認め

---

[59] *Hirst v. the United Kingdom (No.2)*, judgment of 6 October 2005 (GC). 評釈および事件の背景について，北村泰三「重層的人権保障システムにおける受刑者の選挙権——欧州人権裁判所の判例を中心に」法律時報83巻3号 (2011年) 40頁以下参照。
[60] イギリスは，1990年代初頭まで，申立件数，条約違反判決件数において第1位という不名誉な地位を占めていたが，その後，相対的に事件数が減少し，10位以下に後退していたところ，2011年の統計では第10位に返り咲いている。
[61] *Greens and M.T. v. the United Kingdom*, judgment of 23 November 2010.

られた。だが，イタリアの場合は，イギリスの場合とは異なり自動的一律剥奪ではないと判示され，イギリスをとりまく状況はさらに厳しくなったところである[62]。他方，パイロット判決は，イギリスのメディアの格好の批判の種になっている。すなわち，同判決は，一定期限内の条約履行をイギリスに義務づけており，これに従えないときは自動的に賠償の支払い義務が生じる。そこで，人権裁判所は国民の税金を無駄遣いさせていると報道するのである。現在，人権法の廃止を企図する保守党政権下においては，法改正のきざしは見られず，このまま閣僚委員会の監視を無視し続ける可能性が高い。このような事態は両者にとって困難な状況を招くことになる[63]。

(4)「対話」

前述したようにひとたび衝突すると解決手段がない以上，衝突を回避するのが望ましい。実際，人権裁判所は，自身の権威と信頼が高まる中で，人権裁判所と国内裁判所・他の国際裁判所との関係について入念に注意を払ってきた[64]。人権裁判所裁判官と国内裁判所裁判官は，ストラスブールおよび各締約国において定期的に会合の機会を設けてきた。こうした対話の促進は，歴代の所長が努力を払ってきた。たとえば，元所長Costaは，所長としての在任中，頻繁に各締約国を訪問する一方，各国の首脳を人権裁判所に迎えてきた[65]。これは現在も引き継がれている。また，毎年1月，新たな司法年の開始を期するセレモニーにおいて，締約国の最高裁判所または憲法裁判所の長等を招聘し，演説をしてもらった上，これを人権裁判所のwebサイトに掲載すると同時に「裁判官の対話（Dialogue between judges）」として刊行している[66]。これらは法廷外での「対

---

[62] *Scoppola v. Italy (No.3)*, judgment of 22 May 2012.

[63] 江島晶子「イギリス憲法の『現代化』とヨーロッパ人権条約」松井幸夫他編『憲法の「現代化」』（敬文堂，2016年）参照。

[64] 裁判官の対話というタイトルの論文もよく見かけられる。最近の代表的なものとして以下を挙げておく。*M. E. Villiger*, The Dialogue of Judges, in C. Hohmann-Dennhardt et al. (Hrsg.), Festschrift für Renate Jaeger — Grundrechte und Solidarität. Durchsetzung und Verfahren (Engel 2011) S. 196. また，国際人権25号（2014年）の特集参照。

[65] Patrick Titiun, Préface, L'action de Jean-Paul Costa à la tête de la cour européenne des droits de l'homme, in *La conscience des droits, Mélanges en l'honneur de Jean-Paus Costa* (Dalloz, 2011), p. XXVII.

話」といえる。

　これに対して，法廷内の対話として，*Al-Khawaja v. the United Kingdom* は興味深い[66]。同事件では，イギリス裁判所における伝聞証拠の利用が裁判を受ける権利（ヨーロッパ人権条約6条）の違反となるのではないかが問題となった。とりわけ問題となったのは，人権裁判所の伝聞証拠に関する「唯一または決定的ルール」（有罪の認定が，被告人が吟味する機会がなかった人物によってなされた証言に，唯一または決定的な程度で基づいている場合，弁護側の権利の制約の程度は，ヨーロッパ人権条約6条によって規定される保障に反する）という判例法理である。

　まず，*Al-Khawaja v. the United Kingdom* 小法廷判決は，条約違反を認めた[68]。ところが，*R v. Horncastle and others*（別の事件）において，控訴院は，*Al-Khawaja* 小法廷判決を丁寧に吟味した上，結論としてこれには従わないとした[69]。続く，最高裁判所判決[70] もこれを支持した。注目されるのは，Lord Phillips が人権法2条について示した解釈である。Lord Phillips は，次のように述べる。人権法2条が規定する「ストラスブール判例法を『考慮する』要請は，通常，当裁判所がストラスブール裁判所[71] によって明確に確立された原則を適用するという結果になる。しかし，まれに，当裁判所は，ストラスブール裁判所はイギリスの国内手続を十分に正しく理解し，または，習熟したといえるのか懸念を覚えることがある。そのような場合には，当裁判所はストラスブールの決定に従わない自由があり，従わなかった理由を述べる。これは，ストラスブール裁判所に，問題となった決定のある特定の側面について再検討する機会を与えることになり，当裁判所とストラスブール裁判所との間の有用な対話となるであろうものが生じるであろう。本件はそうした事件なのである」（圏点

---

66) 最新の例として，2012年1月27日に開催されたセミナーのテーマが，"How to ensure greater involvement of national courts in the Convention system?" であったことも言及しておく。http://www.echr.coe.int/NR/rdonlyres/DCB7A98A-DAD9-49B0-BE4D-B6E8DB998C79/0/2012_SEMINAIRE_Discours_Bratza_EN.pdf (visited 30 March 2012).

67) 事件の詳細については，江島・前掲注30) 85頁以下参照。

68) *Al-Khawaja and Tahery v. the United Kingdom*, Application nos 2676/05 and 22228/06, judgment of 20 January 2009, para 34.

69) *R v. Horncastle and others* [2009] EWCA Crim 964.

70) *R v. Horncastle and others* [2009] UKSC 14.

71) 人権裁判所のことを指す。

筆者）[72]。そして，最後に，「結論を出すにあたって，私はストラスブール判例を注意深く考慮した。私が望んでいるのは，ゆくゆくは，ストラスブール裁判所も，本件において『唯一または決定的ルール』を私が適用しなかった理由を考慮することである」[73]とまで述べて締め括っている。

これに対して，人権裁判所大法廷は，これまでの判例を確認整理しつつ，イギリス裁判所の意見も考慮しつつ，「唯一または決定的ルール」の硬直的適用は誤りで，総合的考察する必要性を認め，小法廷の結論を変更し，条約違反を一部否定するに至った[74]。

人権裁判所も，イギリスの裁判所も相手の判決を丁寧に検討しており，中でも，人権裁判所大法廷は，豊富な比較法的検討（スコットランド，アイルランド，オーストラリア，カナダ，香港，ニュージーランド，南アフリカ，アメリカ合衆国）も交えつつ，長文の判決を出すに至った。

両者の「対話」は双方の歩み寄りによって現実のものとなったが，これを制度化することも考えられる。たとえば，現在，国内裁判所がEU司法裁判所に対して先決判決を求める手続と類似のものを導入することが考えられる[75]。

(5) 尊重

対話というよりは，人権裁判所の方が締約国の決定を尊重する姿勢を見せる傾向も最近では見られる。典型的な例は，宗教が関係する問題である。たとえば，公立学校の教室内の磔刑像と教育を受ける権利（ヨーロッパ人権条約第1議定書2条）が問題となった*Lautsi v. Italy* [76]では，人権裁判所は国家の評価の余地を広く認め，条約違反を否定した。同じ事件で小法廷は，①磔刑像は宗教的標章として全ての生徒によって容易に解釈することが可能であり，特定の宗教によって特徴づけられた環境において教育を受けてきたと感じる。ある宗派の学生を勇気づけるものは，他の宗教を信仰する学生または信仰のない学生にとって邪魔である，②教育的多元主義に奉仕するとはいえないという理由から，条

---

[72] *R v. Horncastle and others*, supra note 70, para 11.
[73] *Ibid.*, para 108.
[74] *Al-Khawaja and Tahery v. the United Kingdom*, judgment of 15 December 2011.
[75] ブライトン宣言草案の中にも盛り込まれていた。
[76] *Lautsi v. Italy*, judgment of 11 March 2011 (GC).

約違反を認めていた[77]。ところが，大法廷は，磔刑像を教室におくべきかの決定は，一般的には国家の評価の余地内（ヨーロッパ社会のコンセンサス不存在）であるとし，ヨーロッパの監督が必要となるのは，「教化（indoctrination）」となっているかどうかが問題となる場合だとする。そして，①ある宗教が一国の歴史において圧倒的地位を占めてきたことを考慮すると，それが学校のカリキュラムにおいて他の宗教よりも目立つだけで教化とはみなされない。②イタリアの公教育において，磔刑像の存在とキリスト教の必修教育は関連しておらず，他の宗教にも開放的であることから，条約違反を否定した。

また，*S.A.S. v. France*[78] では，人権裁判所は，フランスのブルカ禁止法を条約違反ではないと判断した。一部のムスリム教徒が着用する顔を含め全身を完全に覆う服装（ブルカ，ニカブ等が代表的）が，一部のヨーロッパ諸国において問題となっている状況（そして一部の国では法律によって公道での着用を禁止するに至った）では，人権裁判所の態度には賛否両論がある。とりわけ，ブルカ禁止法の登場によって，ブルカを着用する女性は，外出の際には自己の宗教上の信条に反してブルカを外すか（真摯な信仰を持つ者には不可能），摘発の不安を抱きながらあえてブルカを着用して外出するか（禁止法の存在ゆえにより嫌がらせを受けやすい），あるいは外出を控えて男性家族に用事を託すか（男性に依存しなければならない生活を甘受するか）といういずれも困難な選択肢を迫られるという苛酷な状況に置かれるのに対して，フランス政府が主張する「共生すること（living together）」という目的はそもそもヨーロッパ人権条約8条には明示的に規定されておらず（この点でも人権裁判所は締約国に譲歩している），かつ，その目的が正当であるとしてもそれを実現するために釣り合った手段か（比例原則を満たしているか）という点で疑問が多い（人権裁判所反対意見の見解である）。こうした人権裁判所の態度は，そもそも宗教の多様性について新たな問題状況に直面しているヨーロッパ社会に対する，多層的システムの中での一つの反応としてとらえることができよう。今後，この問題がどのように発展するかは注目に値する。

---

[77] *Lautsi v. Italy,* Judgment of 3 November 2009.
[78] *S. A. S. v. France,* 1 July 2014 (GC).

3　多層的人権保障システムの評価

では，前述の具体的検証を踏まえて，多層的人権保障システムの功罪を整理する。第1に，情報収集・交換において，重要な役割を果たす。第2に，「新しい視角」を提供する。ある国では「常識」，「問題なし」と考えられていても，他国では「非常識」，あるいは「問題として対応中」，「問題として解決済み」ということはある。第3に，一国の中ではマイノリティでも，全世界中で考えれば相当の人数になることもあり，国境を越えた視点で見ると重要問題としてのプレゼンスを発揮することは可能である（たとえば性的マイノリティの問題）。第4に，一度，多層的システムの中に登場すると，問題が何度も別な機関，場面において提起されることが可能となり，問題としてキープすることができる。第5に，万が一，ある国が人権制約（たとえば「9/11」後のテロリズム対策立法が典型例）に乗り出した場合に効果的抑止力となりうる（最低ラインの確立）。第6に，他国の例を集積・参照することによって，新しい問題に対する予防ラインを準備することも可能となる。

他方，現時点での多層的人権保障システムにおいては，様々な課題がある。第1に，御都合主義の利用（cherry-picking）の危険性がある。また，第2に，すでにイギリスの例で紹介したように，国内機関と国際機関との緊張・衝突は，国際機関の方が権威と実効性を獲得すればするほど，より具体的かつ深刻なものになる。国際機関の民主的赤字・民主的正当性はあるのかという形の批判も根強い[79]。また，他国・国際機関による「押しつけ」，「外圧」ととらえれば，バックラッシュも大きなものになる。国際平面における，各国・個人の平等な立場を確保することが重要である。もちろん，現時点で緊張・衝突が生じていないとすれば，むしろ国家の国際人権条約へのコミットメントが「アリバイ」でしかなく，人権実施の実効性が低い疑いもある。最後に，国際機関と国内機関がフラットな関係であるとすると，循環系システムが人権を侵害する方向で働く可能性はないのかという問題がある。これについては，現状のような運用のされ方をする限りはない（すなわちコアの人権，たとえば拷問を受けない権利については，起きない）が，可能性は残る。だが，循環していれば，過去を是正する可能

---

[79] 民主的正当性については，改めて別稿で検討する予定であるが，ここでは数点述べておく。まず，国際機関にも一定の正当性はある（たとえば人権裁判所は議員会議の選挙で選出されている）。第2に，機関によっては民主的選出でないことのメリットという側面がある。

性を維持し続けられると現時点では考えている。

Ⅳ　おわりに——グローバル・モデルとしての多層的人権保障システムの可能性

　人権の実現をめぐって有機的に発展をとげる多層的統治構造のダイナミクスの存在を本稿では指摘した。現状では，インテグリティがあるのか，むしろ混沌としていて単なるご都合主義のようにみえるかもしれない。この点が国内法学者から問われているのかもしれない。だが，時間軸をとって検証すると，システムの多層性はこれまでのところ人権を保障することに貢献しているというのが筆者の現時点での評価である。

　では，ヨーロッパという地域で起きていることの観察から抽出したモデルが，どこまで非ヨーロッパ地域において通用するかは，今後の検討課題である。ヨーロッパ地域の中で見出した多層的人権保障システムの幾つかの要素は，非ヨーロッパ地域でも見出しうる。たとえば，国際人権条約機関が有する国家報告制度は，現在，制度としても確立し，有用な蓄積（総括所見，意見，一般意見）を産出しているだけでなく，個別の問題でみれば，たとえば，婚外子法定相続分規定の問題において，条約機関の勧告が一定の役割を果たしている[80]。また，婚外子法定相続分規定が違憲であるという決定を生む過程において，「婚外子差別においては，提訴，当事者を支援する団体・弁護団の結成，裁判の継続，違法性判断をする下級審判決，上述の社会的な動き，メディアの報道などの諸要素が重なり，行政の対応を可能にした」[81]という指摘は，筆者が本稿で描出しようとした多層的人権保障システムの一環である[82]。グローバル・モデルとし

---

[80] 詳細について，江島晶子「憲法の未来像（開放型と閉鎖型）——比較憲法と国際人権法の接点」全国憲法研究会編『日本国憲法の継承と発展』（三省堂，2015年）403頁以下，Akiko Ejima, 'Emerging Transjudicial Dialogue on Human Rights in Japan: Does it contribute in making a hybrid of national and international human rights norms?' 明治大学法科大学院論集（Meiji Law School Review）14号（2014年）139頁以下参照。

[81] 二宮周平「家族法における憲法的価値の実現——家族法改正と司法判断(1)」戸籍時報726号（2015年）2頁以下，13頁。

[82] 日本における可能性を部分的に検証するものとして，江島晶子「グローバル化社会と『国際人権』——グローバル人権法に向けて」法律時報87巻13号（2015年）348頁以下。

て成立するためには，①モデルとしての通用力が，特定の国や地域に限定されないこと，②考え得る他のモデルよりも，地球規模で通用力があること，③グローバル化社会における人権問題に対して実効性があることが必要であると現時点では考えており，ヨーロッパ地域と非ヨーロッパ地域との比較は今後の課題である。

6 日本

6　日本

立法をめぐる政治と法の状況と課題
―― 法部門による事前審査と事後審査の
役割・あり方等を中心に

川﨑政司

はじめに
Ⅰ　立法に関する日本のシステム
Ⅱ　日本のシステムの実態とその変化
Ⅲ　法の確保にかかわる課題と対応のあり方
まとめにかえて

はじめに

　立法は，政治によって担われるものであるが，法によって枠付けられるとともに，法を生み出すものであり，まさに政治と法が交錯する作用・現象といえる。

　しかし，日本の法律学では，解釈論が中心となり，立法については，政治的なものであるとして，あまりコミットしようとはしてこなかった。このため，立法において法的なものや質を確保していくことよりは，解釈においてそれを確保することに重きが置かれることとなった。

　もちろん，現実に行われる立法やその過程について問題が指摘されてこなかったわけではない。しばしば，その妥協的な性格・内容などが批判され，また，憲法学においては，現実の立法と憲法との乖離を指摘する議論が強かったといえるだろう。

　ただし，その処方箋として憲法学によって論じられてきたのは，主に民主主義と司法審査の強化であった。

前者については，現実の立法が官僚主導となり民意を十分に反映していないとの問題意識の下，唯一の立法機関とされる国会の機能の回復，とりわけそこでの多様な民意の反映・調整に力点を置くものが多かった。しかし，近年は，このような国会中心主義を重視する議論に対して，内閣中心構想が提起されるようになり，そこでは衆議院議員選挙を通じての国民による政権と政策プログラムの選択（民意の集約）や，国民－衆議院－内閣総理大臣－各省大臣－官僚といった委任・正統性・責任の連鎖と内閣（特に内閣総理大臣）によるリーダーシップ・統制が重視され，それが昨今の政治改革や行政改革にも反映されることとなった。

　しかしながら，これらにおいては，専ら民意や民主的正統性ということに焦点が当てられ，法的なものや質の確保という視点が希薄であったことは否めない。民意の反映が，立法の質の改善につながりうることを否定するものではないが，民主的なものと法的なものが対立することも少なくなく，立憲主義ないし法の支配が法によって権力を縛り，法に基づいて統治が行われることを求めるものであることが，立法のあり方との関係でも確認されるべきであろう。

　他方，後者は，立法の憲法適合性を確保するために裁判所の役割を重視するとともに，日本の最高裁判所の消極的な姿勢を批判し，違憲審査の活性化や積極化を志向するものである[1]。また，それに加えて，政治的プロセスを通じた制定法による法秩序形成の比重が高い日本の法システムに関し，裁判を通じた法秩序形成の活性化の必要性を強調する議論も有力に展開されてきている[2]。

　しかし，憲法適合性や法的な質の確保は，訴訟の提起を前提に事後的なチェックや判断を行う裁判所[3]だけの役割ではない。裁判所は，具体的な事件につ

[1) その意味では，前者と後者は，政治的プロセスでは民主主義を重視し，立憲主義や法の支配の確保については裁判所の法的な統制によることとして，政治と法を2つの領域に切り分けて考えるものとみることもできるが，政治と裁判所の相互関係について十分に目を向けてきたとは言い難く，また，やや図式化し過ぎているところもあるようにみえる。
2) 代表的なものとして，佐藤幸治「自由の法秩序」佐藤幸治＝初宿正典＝大石眞編『憲法五十年の展望Ⅱ 自由と秩序』（有斐閣，1998年）15－24頁，土井真一「法の支配と司法権――自由と自律的秩序形成のトポス」同書109－116頁など。このような考え方は，国民の統治客体意識の統治主体意識への転換や，司法を国会・内閣（政治部門）と並ぶ「公共性の空間」を支える柱などと説く2001年6月12日の司法制度改革審議会意見書にも反映されることになり，同意見書は，裁判を通じた法秩序形成に関し「21世紀社会の司法は，紛争の解決を通じて，予測可能で透明性が高く公正なルールを設定し……」などと述べている。

き訴訟が提起された場合に法的な面から判断するにとどまり，法以外の専門技術的な知識の面では能力的な限界もある。法律の効力の広範性や影響力の大きさからすれば，やはり立法の際の立案・審議のプロセスにおいてそれらが確保されることも重要なのであって，そのためには，立法プロセスにおいて補完・チェック（事前審査）を行う仕組みを整備することが合理的であり，そのための仕組みが設けられるのが一般的である。また，司法の基盤や機能を強化し，それを通じた法秩序形成の拡充を図っていく必要はあるとしても[4]，制定法による法秩序形成の比重が大きく変わることはいまのところ考えにくく，立法プロセスにおける憲法適合性や質の確保に留意しつつそのプロセスのあり方・合理化にも目を向けていくことが必要である。

その点では，統治構造あるいは統治作用全体において法制度の憲法適合性や法的な質を確保していくといった視点が重要となってくるのであり[5]，そこでは議会・行政府・裁判所の相互作用による憲法秩序や法の形成といったことにも着目する必要がある。

他方，1990年代以降，変革期にあるとされてきた日本では，政治改革，行政改革，規制改革，司法制度改革，地方分権改革などの統治機構改革が進められ，それに伴って，政治の主導性や力が強まってきているが，その一方で，法的なものや専門性については揺らぎや後退を生じ，改めてその意味やそれらを確保するためのシステム等について考えるべきような状況もみられる[6]。

---

3) ここでは日本で採用されている司法裁判所による付随的違憲審査制を念頭に置いて議論を展開しているが，憲法適合性の確保に関する裁判所の役割は，立法後に具体的争訟を前提として行われるものに限られるわけではない。本書・序章において概観しているように，ヨーロッパ大陸型の憲法裁判所の場合には抽象的審査が行われるほか，フランスの憲法院のように事前審査を行う権限を付与されるものもあり，また，カナダ連邦最高裁判所のレファレンス制度などの例もある。

4) 実際に，法の解釈や欠缺補充（継続形成）を通じて裁判所が法創造的機能を果たしていることや，私法の分野などで裁判所による法形成がそれなりに行われてきていることを認め，それを法秩序形成のルートの1つとして位置付け，その拡充を図っていくことも必要ではないかと思われる。もっとも，その際に，裁判は基本的に国民による訴訟の提起が前提となるとはいえ，司法制度改革審議会意見書のように，必要以上に国民の主体性を強調することについては懸念もないわけではない。

5) この点について指摘し，検討を加えるものとして，大石眞「わが国における合憲性統制の二重構造——合憲性統制機能の立法過程論的考察」戸松秀典＝野坂泰司編『憲法訴訟の現状分析』（2012年，有斐閣）445-464頁などがある。

本稿では，日本の立法をめぐる政治と法それぞれの状況とその変化，問題点等について検討を行った上で，政治との関係に特に留意して，法律専門機関による事前審査と裁判所による事後審査とを対比しつつ，立法の憲法適合性や法的な質を確保するためのシステムの意義・役割・限界について考察を加えるとともに，そのあり方等についても考えてみることとしたい。

I　立法に関する日本のシステム

1　政治をめぐる制度的建前と現実

　日本国憲法は，国会を唯一の立法機関として位置付けるが，議会政治のあり方にかかわる基本的なシステムとして国会中心主義・議院内閣制・二院制を採用している。そして，立法を含む議会政治の運用は，権力分立も絡んだこれらの原理・システムの調整・調合の仕方に左右されることになるが，それらによる具体的なシステムはある程度開かれたものとなっており，かなり制度的な幅ないし運用の幅があるといえる。

　従来においては，国会中心主義に力点を置く議論が主流となり，議院内閣制もそれを前提とした理解がなされ，また，制度的にも，アメリカ型の権力分立的な仕組みが組み合わされ[7]，権力集中型の議院内閣制とは様相を異にするものとなっている。これに対し，近年は，イギリスのウェストミンスター型の議院内閣制をモデルとして，内閣を統治の中心と位置付け，その主導性を強化するとともに，多数派の支持に基づいた政治を重視する内閣中心構想が有力に主張され，その構想の下で改革が行われてきた。

　もっとも，その一方で，これら3つの原理・システムの関係は，複雑かつ微妙でもあり，その不整合や相克が実際の議会政治にも現れることになる。とりわけ，比較法的にみて，第二院としては強い民主的性格と立法権をもつ参議院

---

[6]　司法制度改革はその1つの処方箋と言いうるものであったかもしれないが，専ら司法の基盤の強化に力点が置かれ，司法制度改革審議会意見書では立法・行政に対する司法のチェック機能の充実・強化や裁判所による法形成について言及されているものの，そのための改革はほとんど行われていない。また，それら一連の統治機構改革においては，「立法改革」という言葉はみられなかったように，立法のあり方や立法の質の確保に目を向けた改革は行われてこなかったといえる。

[7]　特に，連合国軍総司令部（GHQ）の指導等を受けつつ，制定された国会法等については，そのような色彩が強いといわれる。

の制度があり，それらによる具体的なシステムを特徴付けるとともに，限界付けることにもなるが，これに対し，内閣中心構想を主張・支持する側からは，制度的な問題点（憲法の設計ミスなど）として批判されているところでもある[8]。

以上のように，立法は，国会あるいは内閣を中心として，基本的に政治によって担われることが制度的な建前となっている。

しかしながら，現実には，立法作業の複雑さ・専門性・技術性や事務量などにかんがみれば，政治がそれをすべて主体的に担うことには限界があり，それを補佐するシステムないし機関が必要となる。その点で大きな役割を果たしているのが官僚組織である。特に，日本では，官僚が政治の役割まで担い，立法の中心的な担い手となるような状況がみられ，「官僚主導」などと批判されてきた[9]。

また，現実の立法システムは，法制度だけでなく，慣行やインフォーマルなルールなどによっても形づくられるとともに，システムの意味や実際の姿は，それにかかわるアクターの状況によっても規定されることになる。そして，その点において，重要な役割を果たしているのが政党であり，さらに，日本の立法のシステム・プロセスを特徴付けるものとなっているのが与党の事前審査の慣行である。与党の事前審査システムは，政府・与党が提出する法案については，その提出前に与党において審査を行うとともに，その了承を経て提出された法案については，衆議院・参議院における審議全般にわたり与党議員に対し党議拘束をかけるとするものであり，その中心となる与党の部会を舞台に議員－省庁－業界団体による利益共同体が形成されるなどして，大きな影響力をもつこととなった。もっとも，その一方で，それにより，割拠的あるいは内閣と与党の二元的なシステム・プロセスとなり，不透明性や責任の所在の不明確性

---

8) そのような議論は，衆議院と参議院とで多数派が異なる「ねじれ」による政治や立法の停滞がみられたことなども背景とするものであるが，「ねじれ」は二院制の病理ではなく生理であり，また，そもそも，二院制は，政治的な経験や妥協によるシステムであって，第二院については，その産物となることが多く，その機能についても，選挙制度，政党等が変数となり，政治的状況によって異なるのであり，妥協の産物であるとか所期の役割と異なるというだけで設計ミスなどと断じるのは妥当ではないだろう。

9) 立法において官僚が重要な役割を果たしていることは各国で指摘されているところであるが，政治との関係，議会審議等における役割などはそれぞれの国によって異なるといえる。この点，日本では，官僚が，事前審査等を通じて与党と深く結び付くなどして，政治の役割まで果たし，また，かつては政府委員・説明員，現在は政府参考人による質疑対応，事前の根回し，質問取りなどを通して国会審議にも深くコミットしている状況がみられる。

をもたらしているとか，国会審議がスケジュール闘争となるなどその形骸化を招いているといった批判がなされてきた。

2　立法における法の位置付け等

　立法は，政治によって担われるが，政治の恣意や無原則な妥協に委ねられるものではなく，立憲主義や法の支配の原理の下で，憲法によって拘束されるほか，法の理念・一般原則や，法の一般性・一貫性・体系性・整合性などといった要素等（形式的合法性）により枠付け・条件付けられ，一定のルール・手続に基づいて行われるべきことになる。

　しかし，政治は，必ずしもそれら（法的なもの）に重きを置くとは限らず，それらを乗り越えるようなこともある。問題は，それらがどのような位置付け・意味をもつかということである。

　この点，憲法は，最高法規として，立法者である政治に指示を与え，それを統制・拘束し，それに反する法律を無効とするものであるが，そもそも，その基本的な前提として，憲法を，共同体全体の法的基本秩序あるいは価値秩序を定めるものと捉えるのか，それとも，国家機関の活動を限界付ける枠秩序として捉えるのかといったことも問題となる。

　そして，日本では，そのことに関しあまり意識的に論じられてはきておらず，また，日本国憲法をどのように理解すべきかをめぐっては様々な捉え方がありうるものの，その規定や，これまでの運用，果たしてきた役割などをみる限り，憲法の規定自体が，立法の内容について具体的に指示したり，正しさの評価規準となることは少なく[10]，立法ないし立法者を限界付ける枠を定めるものとして位置付けられることが多かったといえるのではないかと思われる。とりわけ，立法に関して問題となりうる憲法の人権規定の多くは，抽象性が高く，一定の明確な内容を定め，それに該当するかどうかが二者択一的に問題とされる「ルール」ではなく，基本的な考え方を示す「原理」を定めたものとみるべきだ

---

[10] 憲法が正しさやより良きものを直接に指示するものとみるのは困難といえるが，それにもかかわらず，様々な問題が憲法に照らして内容的に評価され，あるべき姿が論じられるような状況が散見される。しかし，そこにおいて，憲法が持ち出されるのは，憲法の名の下に自己の価値判断を正当化するものであることを疑ってみる必要もあるのではないかと思われる。この点を強調するものとして，西原博史「憲法構造における立法の位置と立法学の役割」同編『立法システムの再構築（立法学のフロンティア2）』（ナカニシヤ出版，2014年）17－21頁参照。

ろう[11]）。そして，そこからは，一義的にその意味などが導き出されるものではなく，他の諸原理との調整が必要となるのであり，他の原理との衡量（価値と価値との衡量）を通じて，より具体的な原理や規範の形成が行われることになる。

　人権規定の以上のような性格からすれば，それが，立法を限界付ける枠として実際に機能するためには，解釈や先例が積み重ねられることで，下位の原理や規範が形成され，それが規範的資源として蓄積・共有化されることが必要となってくる。

　また，憲法の規定は，包括的・抽象的である一方で，不完全な部分があることも否めず，当初から必ずしも十全な形で法典化されているとは限らないだけでなく[12]）．社会状況の変化などに伴い現実との乖離なども生じうる。したがって，そこでは，その具体化だけでなく，解釈を通じた継続的な形成が行われることになるのであり，それらは，統治作用を担う国家機関，とりわけ裁判所が担い，その活動状況に依存することになってくる。

　憲法（憲法適合性の要請）は，政治が法的に問題のある立法を行うことを思い止まらせたり，是正させたり，阻止したりするための最大の武器ともなるものであるが，どのような場合にどこまで憲法を呼び出しうるかは，以上のような憲法の運用（具体的な枠や規範の形成など）の状況によっても異なることになる。

　他方，立法者は法の理念・一般原則や形式的合法性なども考慮すべきであるが，それらは，価値論争的となったり，程度問題となるところがあり，また，それらの中には，憲法に取り込まれたり，憲法から導き出されるものもあるとはいえ，そうでなければ政治を枠付けきれないところがあることは，既に本書の**序章**でも述べたとおりである。

　このほか，立法を法的に統制しうるものとして，条約も挙げられうる。日本では，条約は，法律よりも効力が上位の法形式とされ，自動執行性（直接適用可能性）の問題はあるものの，締結・批准した条約はそれをもって国内法的な効

---

11) ドゥオーキンが示した rule と principle の区別（Ronald Dworkin, Taking Rights Seriously 24, 26 (1977)）は，その意図するところどおりの用い方がなされているといえるかどうかは別として，広く受け入れられるようになっており，憲法の各規定の意味・性格やその解釈について検討する上でも，有用な分析枠組みとなりうるのではないかと思われる。
12) 憲法典には体系的完結性や完全性は必ずしも要求されるものではなく，多種多様な問題や状況の変化等への対応の関係からある程度開かれた構造となっていることが必要となるのであり，また，その改正手続が規定されるのが一般的といえる。

力をもつと解されてきており，また，グローバル化の進展を背景として，多国間条約の増加，条約の対象分野・事項の拡大といった状況を生じるとともに，条約が単に国家関係だけでなく，国家と個人の関係，個人相互の関係なども規律するようになってきている。

　しかしながら，重みを増す多国間の一般条約，特に国際人権条約については，日本では，その締結・批准に際して比較的慎重かつ真摯な検討・手続が踏まれるといわれるものの，国内法との間での明らかな矛盾・抵触の調整といった消極的な調整が行われるほかは，その後に立法・司法の場でそれらが参照・援用されるようなことはあまりないといわれてきた。近年においては，裁判所が人権条約の存在を考慮して判断をするような例[13]や，立法に際して一般条約の存在が考慮される例[14]などもみられるようになってきているとはいえ，一般条約の規定の政治性・妥協的性格・曖昧性・不完全性への疑念，人権のインフレや逆に人権保障の切り下げにつながる可能性への警戒感なども依然として根強く，立法を枠付け・統制するものとしてはなお不確かなものとなっているところがあるように思われる。

---

13) 例えば，国際人権条約に言及するものとして，国籍法違憲判決（最大判平成 20. 6. 4 民集 62 巻 6 号 1367 頁），国際人権条約だけでなく条約機関の勧告にも言及するものとして，非嫡出子法定相続分差別規定違憲決定（最大決平成 25. 9. 4 民集 67 巻 6 号 1320 頁）などがあり，また，下級審レベルでは，差別的憎悪表現行為に対する損害賠償責任を認めるにあたり民法 709 条につき人種差別撤廃条約との適合的解釈を行った在特会京都事件（京都地判平成 25. 10. 7 判時 2208 号 74 頁）などもみられるようになっている。もっとも，最高裁は，それらを立法事実の変化に関する考慮要素の1つとして挙げたにとどまり，これまで国際人権条約の直接適用可能性を認めたことはない。その点では，園部逸夫元最高裁判事（「特別講演 日本の最高裁判所における国際人権法の最近の適用状況」国際人権 11 号〔2000 年〕2-4 頁）が述べた，①法律の関係規定の合憲解釈，②憲法の規定の直接適用，③国際人権条約に沿った憲法の解釈，④国際人権条約の国内直接適用といった裁判所の審理にあたっての思考順序は基本的に変わっていないようにもみえるが，いずれにしても今後の展開に注目していく必要があるといえるだろう。

14) 日本が批准する多国間の一般条約の増加などに伴い，法的な問題や立法の検討にあたり一般条約との関係が論じられたり，法律で条約の理念や精神にのっとるとか，国際的動向を踏まえるべき旨などを規定する例もみられるようになっている。その一方で，例えば人権条約の条約機関による条約の実施状況に関する勧告，懸念等をそのまま受け入れるようなことはあまりない（もっとも，2016 年に制定された「本邦外出身者に対する不当な差別的言動の解消に向けた取組の推進に関する法律」をめぐっては，その制定の舞台となった参議院法務委員会が，その後に行った「ヘイトスピーチの解消に関する決議」において，同法が国連の自由権規約委員会・人種差別撤廃委員会などの要請を踏まえたものであることを強調するといった例などもみられるようになっていることにも留意する必要がある）。いずれにしても，一般条約の締結・批准だけでなく，その受容のあり方についても，政治的・戦略的な要素が働くことは否めない。

3 法を確保する仕組みと法部門

　立法の憲法適合性や法的な質を確保するための仕組みについては，多様なものがあり，政治的プロセスにおけるものから裁判所の役割まで，幅広くみていく必要がある。また，その仕組みについては，憲法や法令によって規定されているものもあれば，慣行によって形成されたもの，事実上のものなどもあるが，一般的には，憲法によって規定されたものは，他のものと比べ政治との関係において制度的に強固な基盤をもつことになることも確認しておく必要があるだろう。

　まず，法ということでは，権力の恣意や濫用の防止が重要となることから，権力の分立をその確保のための仕組みとして挙げることができる。いうまでもなく，日本国憲法は，国家権力を立法・行政・司法に分割し，それぞれ国会・内閣・裁判所に担わせているだけでなく，いわば立法権の分割として，二院制を採用するとともに，地方自治を保障し地方自治体に自治立法権を付与している。それにとどまらず，現実の法形成では，国会だけでなく，行政府や裁判所もそれぞれ一定の機能を果たしていることにも目を向ける必要があるほか，様々な観点・立場から役割や性質の異なる複数の機関が立法にかかわり，競合的なプロセスとなることも重要となる。

　また，政治の側についても，そのプロセスにおいて議論が確保される必要があり，その点では，特に，国会審議において政府・与党のチェック・批判をする野党の存在・役割が重要となることはいうまでもない。

　ところで，日本国憲法99条は，国務大臣，国会議員その他の公務員について，広く憲法尊重擁護義務を定めているが，憲法適合性は，立法にかかわる者にとって大きな関心事となるものであり，立案・審議の過程において，様々なアクターによって検討・議論がなされ，それらを通じて確保されるところもある[15]。ただし，政治による合憲・違憲の主張には，その政治的な立場・イデオロギーなどが反映されたり，政治的なアピールや批判のために憲法が持ち出されるよ

---

15) 各行政機関における検討に関し，政府は，1998年5月8日の衆議院行政改革に関する特別委員会（第142回国会同会議録12号21頁）で，「憲法第99条は公務員の憲法尊重擁護義務を定めているところであり，行政府もその権限の行使を行うに当たって憲法を適正に解釈していくことは当然必要なことと考えられます。その場合，第一義的には法律の執行の任に当たるそれぞれの行政機関により関連する憲法の規定の解釈が行われるが，仮にこれについて疑義が生じた場合には，内閣法制局の意見に基づき内閣がその疑義を解消することになっております」（村岡兼造官房長官の答弁）と説明している。

うなことも少なくない。また、憲法解釈には、法的な専門知識が必要となるほか、一貫性・統一性・体系性なども求められることになる。その点では、法律専門機関の補佐なりチェックといったものが必要となってくるのであり、それは、法的な質の確保についても、同様である。

日本では、立法プロセスにおいて、憲法適合性や法的な質を確保する役割を担うものとして、内閣に内閣法制局が置かれているほか、衆議院と参議院にそれぞれ議院法制局が置かれている。これらは[16]、事前審査のシステムということになるが、事後審査のシステムということでは、裁判所があり、裁判所は、法の論理や体系性に重きを置いて法令の解釈を行い、適切な規定を欠く場合には継続形成を行うほか、日本の場合、下級裁判所も含めて、違憲審査権が付与されており、前提問題として憲法適合性の審査を行っている。

日本においては、これらを立法に関する「法部門」と位置付けることができる。

また、本書の**序章**でも述べたように、法的な質の確保の面では、第三者性や専門性を有する審議会等の役割にも注目する必要があり、日本の所管府省庁において法案準備の作業が行われる場合には、審議会に諮問がなされ、その答申に基づいて進められるのが一般的である。そして、法の対象の拡大と専門分化に伴い様々な法分野が形成され、それぞれの法分野ごとに原理・原則等が立てられ、それに基づいて法の整備や体系化が図られてきているが、それらは審議会を通じて関係府省庁で行われることが多いといえる。特に、法務省の法制審議会は、通常の審議会とは異なり、民法・刑法などの基本的法律について法案の要綱を答申するなど法案準備機関としての役割を果たしてきており、法部門として位置付けることができるが、近年は、政治からの批判を受け、その性格・役割が変化してきているところもある[17]。

---

16) 立法プロセスにおいて事前審査等を行う法律専門機関を指すものとして、本稿では、適宜「法制機関」という言葉も用いることとしたい。

17) 一部の研究者と法曹三者による時間をかけた検討が閉鎖的・独善的で社会の要請に応えていないなどとの批判を受け、行政改革としての審議会改革の流れの中で、その組織や運営のあり方について大幅な見直しを迫られることになり、その結果、法律専門家だけによる構成は改められ、与えられたテーマごとに部会を設置し期間を限って審議を行う方式が採用されることになった。しかしながら、その構成の工夫や透明性の確保が必要だとしても、基本的法律のあり方・改正を検討するものである以上、その主要な役割は、民意の反映や利害調整にあるのではなく、法的な面からの専門的かつ慎重な検討ということにこそあると考えるべきではないだろうか。

Ⅱ　日本のシステムの実態とその変化

　日本の立法ないしそのシステムの実態・特徴としてこれまで語られてきたのは，官僚主導とその裏返しとしての政治の限定的な役割ということであり，また，法的な面で，大きな役割を果たしてきたのは，内閣法制局であって，裁判所の役割は限定的であったとの見方が強かったといえるだろう。そのようなことなどもあって，政治と法の関係やその相克といったことが意識・議論されることもそれほど多くはなかったように思われる。

　しかし，そのような見方については，一定の留保が必要であるだけでなく，最近は，様々な変化もみられる。

　ここでは，立法における政治と法部門（特に内閣法制局と最高裁判所）の実態とその変化について検討を行うとともに，立法において憲法ないし法的なものが果たしてきた役割やその状況についても改めてみておきたい。

1　立法と政治の状況

　日本の立法のあり方をめぐっては，官僚主導，責任の所在の不明確性，計画性・透明性・アカウンタビリティの不足，国会審議の形骸化，部分利益の過剰，民意との乖離などが批判される一方，政治はその役割を十分に果たしていないとされ，その処方箋として主に論じられてきたのは，政治や民主主義の強化であったことは既に述べてきたとおりである。

　これに対して，1990年代以降の統治機構改革では，官僚主導のパラダイムの転換と政治主導の強化が掲げられて改革が進められることとなり，その結果，これまでと比べ，政治が前面化あるいは全面化するような状況もみられる。

　もっとも，批判されてきた官僚主導については，政治の側がその打破を掲げる以前から，官僚中心の立法プロセスの変質が進み，一部で機能不全も起こしていた。それは，政策専門家と目されてきた官僚が，環境の変化に応じた政策的対応能力を十分に持ち合わせることができなくなっているところがあるだけでなく，その政治化と専門性の低下，縦割りによるタコツボ化などによって，生じたものとみることができるだろう。政治と官僚の役割の混合化が進んでいたことも見逃すことができない。

また，二元的体制による責任の所在の不明確化等や国会審議の形骸化の元凶とも目されてきた与党の事前審査の慣行についても，2009年からの民主党政権の下で一旦は廃止されたものの政府に入らない与党議員の不満を背景になし崩し的に復活することになり，その後の自民・公明連立政権では議論を生じることもなく，従前どおり維持され続けている。ただし，与党審査の実態については，審査自体が形式化し，それ以前の根回しの段階でほぼ決着していることが多いといわれ，内閣と与党の力関係は，内閣総理大臣のパーソナリティ，官邸の体制，内閣の支持率などによって左右されるような状況もみられる。そして，現在の自律的・分散的な国会のシステム，特に参議院の存在までにらんだ場合には，内閣にとっても，与党審査は，提出法案を成立させるために都合がよい制度となっているところがあるといわれ[18]，容易には変わりそうもない。

　他方，力を強めることで，その役割を取り戻すべきはずの政治の側も，政治主導をめぐり，そこでいう「政治」とは誰なのか，政治が何を主導するのか，政治主導型の立法とはどのようなものなのかなどをめぐり[19]，揺れ動き，混乱が生じることともなった。立法における政治の存在感は増しているものの，立法プロセスに改善の兆しはあまりみられず，むしろ，アドホックな対応，政治的思惑，法的なもの・専門性の軽視などにより，立法の妥協的性格・不完全性や，法律の道具化・象徴化・希薄化・断片化・不整合などが拡大している。加えて，政治においては，選挙を重視する傾向が一層強まり（選挙至上主義）[20]，逆に，通常政治における応答性や答責性が低下しているような状況もみられる[21]。

　とりわけ，国会審議においては，依然として時間が重要な要素となっており，

---

18) 形式的には国会の運営等に関与する権限をもたない内閣にとって，与党の事前審査システムにより，国会審議において与党議員は内閣提出法案に賛成することが前提となることで，与党議員の独自の動きや造反への対応をとりあえず不要にし，かつ，その成立を見通せることになり，また，政府に入らない与党議員も，事前に情報を入手し政策形成過程にかかわることができることで与党の一員としてのメリットを享受することになる。もっとも，事前審査と表裏の関係にあるとされる衆参をまたいだ全面的な党議拘束については，選挙制度や政治資金制度の改革によって政党の執行部の力が強まってきている面はあるものの，実はそれほど強くはないとの見方もある。

19) 国会中心主義か内閣中心構想かの問題だけでなく，内閣総理大臣と各府省の政務三役との関係，与党や与党議員の位置付けなどをめぐっても迷走することとなった。また，この問題は，議員立法の位置付けにも現れ，政治主導が強調される中で，議員立法の活性化といった状況がみられる一方で，民主党政権の下では，ウェストミンスターモデルを意識した内閣中心構想の下，政府への政策一元化が打ち出され，与党による議員立法は一部の例外を除き制限されることとなったが，与党審査の廃止と同様に，政府に入らない与党議員の不満が高まることにつながり，結局，頓挫することとなった。

限られた時間の中で，数多くの法律案をいかに成立させるか（阻止するか）ということに力点が置かれ，相変わらずスケジュール闘争の様相を呈している。たびたび生じるようになった衆議院と参議院の「ねじれ」に関しても，政党における一院制的な運用・対応なども相まって，与野党が対立する課題については参議院より前の衆議院の段階や国会外での政党間の調整により妥協・修正が図られることが多く，批判された「決められない政治」や立法の停滞についても，時間をかけて議論・調整をする仕組みの工夫・構築よりも，ねじれの解消の方に関心が向かいがちである。国会審議に何を求めるかということはあるが，そこでは議論が不足していることは否めない。

以上のことからは，官僚主導か政治主導かといった二者択一的な問題の立て方自体がもはやあまり意味をなさなくなってきており，また，官僚との関係で論じられてきた政治主導は，実は，与党の問題でもあり，それにもかかわらず，与党における民意集約のあり方や，国会審議等における与党議員の位置付け・役割に関し十分には議論がなされてこなかったことなども浮かび上がってくる。

国会中心主義か内閣中心構想かということについても，その意味・射程等を明らかにしないままに国会の「唯一の立法機関」性の建前にこだわるのは，国会の審議機能の強化を図る必要があるとはいえ，現実性を欠く面があることは否めない。その一方で，諸改革によって内閣総理大臣に権力を集中するための資源が蓄積されてきたものの，内閣総理大臣がどの程度リーダーシップを発揮できるかは，その資質・パーソナリティや支持率だけでなく，参議院の政党状況などに影響されることになり，衆参の「ねじれ」の状況下では，提出法案の成立もままならなくなる状況が，衆参で与党が多数を確保すれば，数を背景に強大な力をもち逆に抑制が働きにくい状況が，現出するといったことにもなりかねない。

---

20) そこでは，国民による政策選択としてマニフェストを重視する動きもみられたが，その位置付け・実施などをめぐって混乱を生じることになったことも指摘しておく必要がある。いずれにしても，選挙は，民主政治において最も重要な選択の機会ではあるが，時間的には点であり，また，民意は流動的かつ不確実である。状況の変化や新たに生じた問題に適切に対応するためには，選挙やマニフェストを絶対視するのではなく，通常の政治における応答性や説明責任の連鎖・ルートが確保されるようにしていくことも必要といえる。

21) 立法に振り向けられる各種資源は限られているとはいえ，解決や調整が難しい法的問題については，政治がなかなか対応しようとしない状況も相変わらずみられ，それが，裁判所に訴訟を提起することで制度や政策のあり方を問い，その対応を促すことを狙いとする「制度改革訴訟」の活発化にもつながっている。

問題は，憲法が定める枠の中で，国家や社会の状況等を踏まえ，どのような立法システムを構想するかということであるが，国会論や政党論にも深く踏み込んだ議論になかなかつながっていかないところがあり，また，議論が民主主義の面に偏りがちとなり，法的なものや質の確保ということにはあまり目が向けられてこなかったといえるだろう。

　なお，政治については，衆議院議員の選挙制度として小選挙区比例代表並立制が導入されたことなどに伴い，協調型の政治から対決型の政治にシフトしたともいわれ，選挙による本格的な政権交代を生じることにもなった。

　政権交代は，人だけでなく，政策・システムをリセットする機会となるものであり，そこでは，法制度の安定性・一貫性・整合性等が後退を余儀なくされる場面も生じうることになる。また，異なる政権による最高裁判事の人事が最高裁判所の構成や傾向に影響を与える可能性もあり，そのことが最高裁の違憲審査の活性化につながることを期待する議論もみられる[22]。

　この点，実際には，グローバル化・財政状況の悪化等による政策の幅の限定，政党の包括政党化とそれによる政策の同質化・中道化などもあって，政権交代によって，そう大きくは変わらず，逆に十分な政策競争が行われにくい状況もみられ，いまのところ政権交代による立法や法制度への影響は限定的なものにとどまっているようにもみえる。

　もっとも，法部門のうち，官僚組織でもある内閣法制局に対しては，政治の側からの風当たりが強く，それぞれの政権において，その役割を限定したり，

---

[22] 日本の最高裁が違憲審査に積極的となるためには，政権交代が可能な政治の実現が必要との指摘がなされることも少なくない。例えば，ロバート・A・ケイガン（見平典訳）「『応答的法』型の司法に向けて——可能性と危険性」棚瀬孝雄編『司法の国民的基盤——日米の司法政治と司法理論』（日本評論社，2009年）224頁は，「日本の裁判所は，日本の民主政治がより競争的にならない限り，冒険的な政策形成者にはならないように思われる。1つの政党が国政を長期間支配すると，裁判官は，政府の政策に対して強い異議申し立てをしなくなる。」とし，阪口正二郎「上昇する期待と下降する期待——『司法支配制』の評価をめぐって」同書80頁も「わが国においてそれなりに違憲審査制が機能するためには，まずは政権交代の可能性が現実化する必要性があるかもしれない」と結んでいる。いずれもアメリカの連邦最高裁判所の司法積極主義の要因を踏まえたものであり，見平典『違憲審査制をめぐるポリティクス——現代アメリカ連邦最高裁判所の積極化の背景』（成文堂，2012年）176-178頁は，アメリカでは追求されるリーダーシップの型と分権的政治構造の齟齬が政治指導者による「司法積極主義の政治的構築」の原因となってきたとの理解の下に，日本における「司法積極主義の政治的構築」の可能性について，定期的な政権交代の可能性，衆参のねじれ，官僚機構との法律の改廃等をめぐっての対立が，政治指導者による政策定着や政策実現のための積極的司法構築の動機・誘因となるとする。

抑え込もうとする動きが顕在化したほか[23]，そのレーゾンデートルともいわれてきた憲法9条の解釈の変更を余儀なくされることにもなった。これに対し，最高裁判事の人事については，そのプロセスが外部からはよく見えないことなどもあって，にわかには判断できないものの，政治の側の関心の低さなどもあってか，いまのところ政権交代によるその人事や構成に大きな変化はみられないとの印象が強いように思われる[24]。一貫性を重視する裁判所が政権交代に伴う制度変更に異議を示すといったこともみられない。

このほか，政治については，次々と目新しい課題を打ち出したり，批判・攻撃すべき標的を設定することなどにより，国民の期待値を高めてはそれに応えられないといった状況が繰り返され，国民の側も，政治に対し不信感を抱きつつも，国家やその対応に対する依存意識の強さなどもあって，その役割を過大視するような状況が相変わらずみられることも指摘しておきたい。しかしながら，現代においては，政府や政治の有効性が低下してきていることは否めず，政治の役割の過度の強調は，政治がその能力以上のものを背負い込むことにもなりかねない。また，そのことは，立法の質をめぐる問題状況にも結び付いているところがあるだけでなく[25]，結果として，政治だけでなく，法に対する信頼の低下にまでつながっていく可能性もある。

---

[23] 民主党政権の時代には，内閣法制局長官の国会審議における政府特別補佐人からの除外（答弁排除）などの動きを生じるとともに，内閣総理大臣の指示により内閣の法令解釈に関する事務を担務する大臣が置かれたほか，その後の自民・公明連立政権の下では，内閣法制局長官の人事について，従来の慣行を破り，内閣法制局での在職経験のない外務官僚からの登用が行われるなどした。

[24] 政治の関心が低いのは，最高裁が政治における存在感を薄めてきた結果ともいうこともできる。他方，政治の側は，むしろ司法制度改革にもみられたように，建前としては司法機能の強化をうたってきており，憲法裁判所の導入論などもその1つといえるのかもしれない。ただ，野党だけでなく，与党までもが，最高裁の違憲審査の不十分さを指摘し，憲法裁判所の導入を論じるのはやや不思議な感じもしないわけではないが，それは，内閣法制局に対する不満・批判・反発を背景としたものであるとの見方もあり，例えば，大沢秀介『司法による憲法価値の実現』（有斐閣，2011年）172-176頁は，2005年の衆議院憲法調査会報告書を分析しつつ，憲法裁判所の違憲判断に対応する憲法改正手続の軟性化の組合せという狙いとともに，この点を指摘する。このほか，西原博史「憲法裁判所制度の導入？」ジュリスト1289号（2005年）42-50頁，市川正人「憲法裁判所」法律時報77巻10号（2005年）75-79頁なども参照。

[25] 例えば，法律が，政治的なアピールやエクスキューズの手段・媒体として用いられることにより，立法そのものが目的化・象徴化するとともに，法律に各自の要求を盛り込むことが大きな政治的関心事となっており，そこのことが法律の希薄化・曖昧化・情緒化や実効性の欠如・不整合などをさらに拡大させている。

2 内閣法制局が果たしてきた役割とその評価

これまで立法の品質保証のシステムとして大きな役割を果たしていると目されてきたのが，内閣法制局である。すなわち，内閣法制局は，立法の中心を占める内閣提出法案について厳格な審査を行い，そのことが最高裁の違憲判決の少なさにつながっているともいわれてきた。

しかし，これは十分な検証もないままに神話化されてきたところがあることは否めず，また，内閣法制局の審査に対しては批判的な見方も散見される。ただ，内閣法制局の審査と最高裁の違憲判決の少なさを結び付ける見方については次のⅡ3で述べるとおり一定の留保が必要だとしても，内閣法制局が，行政府における法律顧問としての役割を果たし，内閣提出法案の完成度を高め，法制度の体系性・整合性の確保に貢献してきたことは確かであり，その役割を過小評価することは妥当ではないだろう。

その一方で，その問題状況や限界にも目を向けることが必要であり，その役割を過大視するのも妥当性を欠くといえる。

例えば，内閣法制局の法案審査[26]については，過度の形式主義・前例踏襲主義や保守的傾向に陥っている面があり，内閣法制局の壁や，法制執務・立法技術の独善化・秘技化などが問題とされることも少なくない[27]。また，憲法適合性の審査については，内閣法制局は，内閣に置かれた補佐機関であり，裁判所のように厳密な対審構造と論証過程を通じて中立的な立場から判断を行う機関ではない。直接に人権保障の使命を負っているわけでもなく，仮にそのような役割意識をもっていたとしても，具体的な事件（権利・利益の侵害など）を前提として救済の必要性について判断を行う裁判所の審査とは異なるものとならざるを得ず，そこでは，常に合憲・違憲の判断を示すことが求められているわけで

---

[26] その審査は，形式的・論理的ないし立法技術的な面が中心となるが，憲法適合性や現行法制との整合性などについても審査を行い，それらを通じて内容的・実質的な面にもかかわることになるといわれる。

[27] 「内閣法制局の壁」として特に指摘されるのは，過度の先例主義や，その独特の論理による保守的な解釈・法的整合性の重視などによって，新規の政策などを阻害しているとの批判であろう。確かに，内閣法制局の側は，これまで積み上げてきた法制度とのバランスや整合性を重視し，新たな理念や政策には慎重な立場をとる傾向が強いといわれ，批判されるべき面もあるが，その一方で，その中には，法的なものに対する誤解や嫌悪などによるものも多分に含まれており，また，問題があり実現の難しい法案について内閣法制局の審査を理由としてその政治的な要求を断念させるなど，政治や府省庁の側も「内閣法制局の壁」をうまく利用してきた面もあるように思われる。

もない[28]。内閣法制局の審査は非公開であり[29]，その判断の理由を示すことが義務付けられているわけでもない。

このように，その審査は，裁判所とは異なるところがあるとみるべきである[30]。加えて，立法の必要性や合理性の基礎となる立法事実に関しては，内閣法制局は独自に調査する手段を有しておらず，基本的には所管府省庁が提示する資料や説明に依拠せざるを得ない面があることにも注意を要しよう。

そして，Ⅱ4で述べるように，憲法の人権規定について具体的な枠や規範が十分に形成・蓄積されてきたとは言い難いことなども考慮するならば，内閣法

---

28) 府省庁側が作成した法案やその説明について，憲法との関係で疑念を示したり，憲法との関係につき合理的な説明を求めたりすることなどにより，内容が変更され，あるいは作業・手続がストップすることもありうるのであり，合憲か違憲かの判断を迫られる裁判所とはこの点でも異なるといえる。

29) 内閣法制局の予備審査の記録等については行政機関情報公開法の情報公開の対象となっており，西川伸一「内閣法制局による法案審査過程――『政策形成過程の機能不全』の一断面として」政経論叢72巻6号（2004年）259-309頁は，開示請求によりテロ対策特別措置法案，総合保養地域整備法案，PKO協力法案（1992年法）の予備審査記録を入手し，分析を行っている。もっとも，情報公開の対象となるからといって，その審査や判断・理由の公開性が確保されているわけではなく，また，どの程度の情報が公開されるかは，記録の作成・保存の状況に依存することになる。なお，政府における法律専門機関の意見・判断については，審議・熟議の必要や依頼者との信頼関係の確保などの点から，他国でも一般的に非公開とされているが，長谷部恭男「比較の中の内閣法制局」ジュリスト1403号（2010年）7頁は，アメリカの連邦司法省法律顧問局（OLC），フランスのコンセイユ・デタでは広範な政府活動に関連するものや社会一般の関心事となるべきものに関する助言についてはホームページ（ウェブサイト）で公開されており，内閣法制局の助言についても同様に公開されるべきであるとして，かつて顕在化した内閣法制局長官の国会答弁の排除の動きに疑問を呈するとともに，国会答弁の封じるのであれば，与野党の代表の質問に内閣法制局が回答する場の設営や重要な論点に関する意見のホームページでの公開を考えるべきとする。このほか，コンセイユ・デタの意見については，2015年に，オランド大統領が，秘密性の伝統の廃棄とその公共性（公益性）ゆえの公表を宣言しており，その行方が注目される。

30) その点では，内閣法制局の審査は，客観的・形式的な憲法秩序の維持に力点が置かれたものとなっているといえるだろう。他方，人権保障の役割を担うべき裁判所の側が実際にその機能をどの程度果たしてきたかについても，様々な見方があり，人権保障といった主観的機能よりも，客観的憲法秩序の維持機能を果たしてきたとする評価も少なくない。なお，浦田一郎「事前の違憲審査と事後の違憲審査の同質性と異質性――内閣法制局と最高裁判所の関係を中心にして」高橋和之先生古稀記念『現代立憲主義の諸相・上巻』（有斐閣，2013年）367-390頁は，内閣法制局による事前の違憲審査と最高裁の事後の違憲審査が同質となっていることを前提に，本来的に，両者の違憲審査を同質のものとみるか，異質性がなければならいものと考えるかが，違憲判決の少なさの原因につき内閣法制局の審査の厳密性，最高裁の消極的・形式的な審査のいずれに求めるかの背景となっていることを指摘する。実際には同質的なものとなっているところがあるとはいえ，その役割も含め両者の審査は本来的に異なる面があることを出発点として考察を加えていくべきではないだろうか。

制局が厳格に行ってきたといわれる憲法適合性の審査については，前例（既存の法制度・体系等）や審査担当者の価値判断に依拠するものとなっていた可能性もあり，また，そこでは，それなりに整合性や比例性は確保されていたところがあるとはいえ，その権威等の保持のために裁判所による違憲判断の回避といった思考が過度に働いていた可能性があることは否定できないのではないだろうか[31]。内閣法制局で法案審査を中心的に担う参事官のシステム（各省からの出向者によって担われ，在任期間はおおむね5年程度といわれる）についても[32]，法的専門性ということでは評価の分かれうるところかもしれない。

　もう1つみておく必要があるのは，政治との関係である。

---

31) 最高裁により違憲と判断されることはその権威の低下にもつながるため，違憲とされるリスクを避けるために，憲法を持ち出して，できるだけ慎重・抑制的な判断を示す（石橋を叩いて渡る）傾向を生じることは想像に難くないところだろう。そして，内閣法制局が憲法適合性につき懸念を示したり，慎重な姿勢をとることで時間がかかったりするような場合には，議員立法により法律が制定されるといった例が散見されることにも注意が必要である。田島信威「議員立法の実態と機能」ジュリスト805号（1984年）145-146頁は，成立した議員立法の類型として「政府立法とするのは適当ではないと考えられた法律」を挙げた上で，その内容について憲法上の疑義があったために議員立法になったものとして1950年の公衆浴場法の一部を改正する法律，規制内容が厳しいことや対症療法的な対策であることから政府部内での対応に躊躇がみられたために議員主導型で発議されたものとして1972年の火炎びんの使用等の処罰に関する法律や1978年の新東京国際空港の安全確保に関する緊急措置法などを挙げている。内閣法制局の意見の関係で議員立法となったことが文献で確認できるのは，法務府時代のものではあるが，1950年改正公衆浴場法の距離制限規定である（林修三「法律解釈の一断面——公衆浴場法に関する仙台高裁判決を読んで」ジュリスト244号〔1962年〕25-26頁）。いずれにしても，それは，自ら審査した法案の違憲判決のリスクだけでなく，政治との対立などを回避するルートとなってきた可能性もある。

32) このような人事システムは，府省庁が作成した法案を審査するにはそれぞれの行政にある程度通じていることが必要であるとの考えによるものといわれ，内閣法制局での勤務経験等に基づく仲野武志「内閣法制局の印象と公法学の課題」北大法学論集61巻6号（2011年）191頁は，「理詰めで行われるにも拘らず法案審査が理論倒れに終わることがないのは，各参事官が行政運営の実際を熟知しているからである。これは議院法制局や研究者には真似の出来ない強みである。」として，これを高く評価する。これに対し，本書・井上論文（282頁）は「コンセイユ・デタのように，独自の採用・昇進のルートを築いているならともかく，内閣法制局の場合，実質的審査を行う参事官ですら他省庁からの出向者である」，「内閣法制局は，組織の自律性を備えているわけではない」とする。もちろん，内閣法制局では，仲野が「法制局における法案審査の山場」と述べる部長審査をはじめ，次長・長官の審査が順次行われ，重層的なチェックが行われていることや法律問題に対する意見陳述（特に憲法解釈）を担う第1部が設けられていることなども考慮する必要があるが，いずれにしても，行政経験と法的専門性との関係や，内閣法制局が諸外国の法律専門機関と比較して法的専門性が高いとまでいえるかどうか，については，評価の分かれうるところだろう。

この点，内閣法制局はあくまでも行政府の一組織であり，政権を担う政治の方針や政策に呼応せざるを得ないところがあり，法律専門機関として憲法適合性や法の質を確保する役割と，その時々の内閣の政策を法的な面から支える役割という，時に矛盾しかねない2つの役割・性格を併せもつことになる[33]。加えて，内閣法制局は高度の独立性が保障されているわけではなく，また，その意見や解釈は拘束力をもつものではない[34]。そして，そのあまり強くはない立場を補強し，その判断に重みをもたせてきたのが，その審査と違憲判決の少なさを結び付ける言説と，憲法をはじめとする法令の解釈は「客観的に一義的に

[33] 横大道聡「執行府の憲法解釈機関としてのOLCと内閣法制局——動態的憲法秩序の一断面〔補訂版〕」研究論文集——教育系・文系の九州地区国立大学間連携論文集5巻1号（2011年）1-95頁は，OLCの法解釈のあり方をめぐる議論となっている，法解釈の領域に政治的・政策的考慮を持ち込まず可能な限り客観的に法の意味を探究すべきであるとする「準司法モデル」と，法的アドバイスを与える者との関係を弁護士と依頼人の関係に類するものと捉える「アドボケートモデル」を参考に，内閣法制局の法解釈のあり方について論じており，注目される。横大道は，内閣法制局が示す解釈観を根拠にその解釈態度は「司法モデル」に近いとし，政府の憲法解釈機関であることを前提に準司法モデルがあるべき解釈モデルとするが，現実に内閣法制局が行ってきた憲法解釈を踏まえるならばそれを司法モデルと呼ぶのには違和感があり，また，準司法モデルが理想ではあるとしても，それをどこまで規範論として論じうるかということもある。元内閣法制局長官である阪田雅裕「内閣法制局の機能」論究ジュリスト9号（2014年）50-51頁が「内閣法制局には，いわば唯一の顧客である政府の利益，すなわち時々の内閣の目指す政策が円滑に実施されるように最大限の努力をすることが求められる」と述べるように，府省庁との関係はともかく，内閣との関係ではアドボケートモデルとなる場合があることを否定できないのではないかと思われる。結局は，準司法モデルとアドボケートモデルの間でどうバランスをとっていくかということに帰着することになってくるのではないだろうか。

[34] 制度的には，人事院，公正取引委員会などの独立行政委員会について定められているような独立性は認められていない。また，内閣法制局設置法3条1号は「閣議に付される法律案，政令案及び条約案を審査し，これに意見を付し，及び所要の修正を加えて，内閣に上申すること」を内閣法制局の所掌事務として規定しているが，内閣法制局は法案（閣法）・政令案・条約案について審査権限をもち，その審査を経ない法案等は閣議にかけることができないと解することは可能だとしても，閣議決定される法案等が内閣法制局の審査どおりのものである必要があるかどうかは明らかでなく，設置法とはいえ国会が内閣提出法案の立案手続においてどのような統制を及ぼそうとしたと解すべきかが問題となりうる。なお，内閣法制局の法律問題に関する意見事務について，民主党政権時代に内閣の法令解釈に関する事務を担当することになった枝野幸男内閣府担当大臣は，2010年2月19日の記者会見において，内閣法制局は内閣の法令解釈を決定する機関ではなく，まずは法令解釈の担当である同大臣が決定権・判断権をもち，最終的には閣議で決定すること，法案の作業で各省と内閣法制局との間で見解が分かれた場合は各省大臣等から同大臣に意見を言うようにしたことなどを説明している。政府の憲法解釈を決定するのは内閣であるということからすれば，あらかじめ内閣によって憲法解釈が示されたような場合には，内閣法制局はその解釈に基づいて法案審査を行わざるを得ないことになる可能性が高いといえる。

正しく確定せらるべきもの」とか,「論理的に得られる正しい解釈は一つしかない」などとする解釈観である[35]。

しかしながら, 厳格な審査による無謬性の神話にも少しずつ陰りがみられることが指摘されるようになっている[36]。また, 国会等でたびたび示されてきたその解釈観に関しても, 法の解釈をどのように捉えるかについて争いがあるとはいえ, 規定の抽象性が高ければ高いほど解釈の幅や選択肢が広がるとともに, その選択には価値判断が伴うことになる面がある以上, 違和感を拭うことはできず, 政治に自己の解釈や意見を受け入れさせるためにあえて強調したレトリックとみるのが素直なようにも思われる[37]。

そもそも権威に従うのは, たとえ自分の意向とは違っていたとしても, それに従う方が自分だけで判断するよりもメリットがあるからであり, それがないと考えれば, それに従うことには必ずしもならないだろう。その是非はともかく, 政治が, 政治的な必要性が高く最高裁で違憲とされるリスクを厭わないと考え, あるいは最高裁は違憲の判断をできないと見切るならば, 内閣法制局に解釈・判断の変更を迫ったり, その解釈・判断を無視したりする余地も出てくることになる。

なお, 内閣法制局の憲法解釈が特に重要な意味をもってきたのは, 政治的な争点となってきた憲法9条のほか, 統治機構にかかわる規定に関するものである。これらについては, 裁判所はその審査や判断を自制・回避することが少なくなく, あるいはそもそも訴訟が提起されにくいためでもあり, 特に, 9条については状況の変化や政治の要請も踏まえつつガラス細工の解釈とも呼ばれるように複雑かつ緻密な解釈が内閣法制局によって積み上げられてきた。内閣法制

---

35) 例えば,「法律の解釈は, 客観的に一義的に正しく確定せらるべきものでありまして, 行政府がこれをみだりに変更することなどあり得ない」とする1975年2月7日の衆議院予算委員会 (第75回国会同会議録9号7頁) での吉國一郎内閣法制局長官の答弁,「憲法をはじめ法令の解釈は, 当該法令の規定の文言, 趣旨等に即しつつ, それが法規範として持つ意味内容を論理的に追求し, 確定することであるから, それぞれの解釈者にとって論理的に得られる正しい結論は当然一つしかなく, 幾つかの結論の中からある政策に合致するものを選択して採用すればよいという性質のものでないことは明らかである」とする1978年4月3日の参議院予算委員会 (第84回国会同会議録23号2頁) での真田秀夫内閣法制局長官の答弁など。

36) 例えば, 大屋雄裕「立法の品質保証と民主的正統性」法哲学年報2014 (2014年) 92-93頁など。

37) すなわち, 正統性や最終的な決定権をもたない内閣法制局が, 特定の解釈観を主張することによって自らの解釈の正当性を主張し, 政治に対抗しようとしたものとみることもできるだろう。

局のイメージはこれを通じて形成されてきたといっても過言ではないが，逆に，そのことが与党・野党の双方から政治的な批判や反発を招くことにもつながることになった。

3 最高裁が果たしてきた役割と政治との距離

最高裁判所をめぐっては，長らく，その消極的・謙抑的な姿勢が批判されてきたが，それを物語るのが，日本国憲法施行後69年が経過する中で，最高裁の法令違憲判決は10件にとどまるという事実である。

確かに，単純な比較はできないとしても，欧米諸国の最高裁判所や憲法裁判所の違憲判決の数に比べ，日本の最高裁の法令違憲判決が極端に少ないことは否めない。

ただ，しばしば指摘されているとおり，最高裁は，憲法判断にも消極的であったわけではなく，数多くの合憲判断を示してきており，あくまでも消極的であったのは違憲判断である。合憲判断については，立法者の判断を安易に是認するものとして批判も多いが，その一方で，合憲解釈を通じて，実質的には政治部門の判断を変更し，憲法による統制を及ぼしていることなども指摘されている[38]。

また，日本の法律学，特に憲法学では，伝統的に，司法を法の執行・適用と位置付け，裁判所による法形成に十分に目を向けてこなかったきらいがあるが，民事法・労働法・環境法・刑事法などの分野では，解釈や一般条項などを通じて積極的に法創造が行われてきていることも確認しておく必要がある[39]。

---

38) この点について，阪口正二郎「司法支配制と日本の特殊な違憲審査制」山内敏弘先生古稀記念『立憲平和主義と憲法理論』(法律文化社，2010年)210頁は，長谷部恭男『憲法学のフロンティア』(岩波書店，1999年)75頁の「日本の裁判所は，ほとんど制定法を違憲と判断することなく，したがって『司法積極主義』との非難を受けることなく，しかし制定法を最高裁判所の有権解釈権を通じて読み替えることで，積極的に政治部門の判断を変更し，しかもそれを『現状』として固定化してきた可能性がある」との指摘を引用しつつ，日本の最高裁の違憲審査制の行使の1つの特徴はかなり大胆に制定法の合憲解釈をするという手法の利用にあるとする。なお，本書・上田論文 (182頁以下) は，イギリスでは，日本における議論とは異なり，裁判所による合憲限定解釈に相当する「適合解釈」の政治部門に与えるインパクトの強さに焦点が当たっている点を指摘しているが，日本でも，合憲限定解釈を，不明確あるいは広汎な規定の安易な救済とだけ捉えるのではなく，裁判所による憲法を持ち出しての立法者の意思の変更・消極的立法といった積極的作用でもあることがもっと認識される必要があるだろう。

司法機関としての最高裁が憲法保障や法形成の面で果たしてきた役割，あるいはアメリカの連邦最高裁判所ともドイツの憲法裁判所とも大きく異なる状況に対する見方・評価は，様々であるが，いずれにしても，最高裁が違憲判決に消極的であったという点では一致している。問題は，なぜ最高裁が違憲判決に消極的であったのか，その理由である。

　この点についても，既に多くの論考がみられるが，結論から言えば，その力点をどこに置くかということはあるものの，複合的な要因によるものと解するのが妥当ではないかと思われる。その上で，本稿の考察との関係で検討しておかなければならないのは，内閣法制局が事前に厳格な審査を行っていることが最高裁の違憲判決の少なさにつながっているとの見方であり，この点については，山口繁元最高裁長官が国会で同趣旨の発言をしたことでも注目されることとなった[40]。

---

39) 民事法の分野では，法人格否認の法理，譲渡担保，貸金業者と消費者等との間で締結された金銭消費貸借契約の金利，借地借家，交通事故紛争，内縁保護等，労働法の分野では，解雇権濫用の法理，雇用差別等，環境分野では，公害訴訟等の例が挙げられることが多い。これらの点については，ダニエル・H・フット（溜箭将之訳）『裁判と社会——司法の「常識」再考』（NTT出版，2006年）211-273頁のほか，環境分野も含めた最近の民事事件の状況を述べたものとして大沢・前掲注24）206-209頁等を参照。また，刑事法については，例えば，佐伯仁志『刑法総論の考え方・楽しみ方』（有斐閣，2013年）27頁は「わが国の裁判所は，大審院の時代から現在に至るまで，裁判所が処罰に値すると考える行為が新たに生じると，刑罰法規を柔軟に解釈することでこれに対処してきた」ことを指摘しているように，かつて刑事立法がなかなか進まない状況がみられたことなどもあって，罪刑法定主義が憲法上の要請とされているにもかかわらず，解釈などを通じて裁判所により実質的に法形成が行われてきており，刑事立法が活発化している現在においても，そのような状況は変わっていないとみることができる。

40) 山口元長官は，諸外国との比較において，日本の最高裁の違憲判決の少なさをもたらした事情（裁判所を取り巻く環境の異同）の1つとして「立法過程における法案チェックの有無」を挙げ，「法律案は大半が内閣提出法案でありましたために内閣法制局による法案審査がなされます。そこで厳密な合憲性の検討がなされておりますので，違憲ではないかという問題提起がなされるような法令自体少なかったのであります。」と述べた（第156回国会衆議院憲法調査会統治機構のあり方に関する小委員会議録第3号〔2003年5月15日〕6頁）。もっとも，そのほかに，「多民族国家であるかどうか」「連邦制か中央集権体制か」「政権交代の有無」「裁量上告制（サーシオレーライ）の問題」等も挙げ，それら種々の事情が影響するとしており，さらに，最高裁の各裁判官は，憲法適合性が問題となった場合，政治的色彩の濃いテーマであれば司法の機能・本質をどのように考えるか，民主的基盤をもたない司法が政治問題にどこまで介入し口出しすべきか，憲法判断の最終的な実効性をどう確保するかといった点について総合考慮した上で結論を出すとも述べていることに留意する必要がある。

しかしながら，事前審査がどれだけ厳格に行われたかということは，最高裁の憲法適合性の判断に影響することは確かだとしても，それだけが要因となっているわけでなく[41]，むしろ，その謙抑的な姿勢や政治に対する警戒感，役割観，最高裁の審査と内閣法制局の審査とが重なる部分の大きさ[42]，最高裁判事の人事や短い在任期間，処理事件数の多さなど，最高裁の姿勢や置かれている状況等に起因するところの方が大きいのではないかと思われる。内閣法制局がモデルとしたフランスのコンセイユ・デタの事前審査も厳格であるとされるが，その意見が諮問的価値しかないとされ，また，議会で法案修正が活発に行われているという事情もあるとはいえ，憲法院が多くの違憲判断を行っていることも，内閣法制局の審査だけに要因を求めることはできないことの傍証となるのではないかと思われる。

　ちなみに，近年は，これまで広い立法裁量を認めてきた事項について踏み込んだ判断を行うなど最高裁の姿勢にも変化がみられるが[43]，内閣法制局の審査との関連について言及されることはほとんどない。

　なお，最高裁は，違憲審査において立法者の裁量を広く認め，その判断を追認する中で，しばしば専門性を備え公共の利益のために合理的な判断を行う立法者像といったものを擬人化しつつ描いてみせる。それは，立法者である国会

---

[41] 違憲判決の少なさの要因として内閣法制局審査を挙げる場合には，最高裁が違憲とした法律のうち内閣法制局が審査したものの割合が論じられることが多い。しかしながら，その審査の厳格さと最高裁判決の関係を論じるのであれば，最高裁が合憲（限定）解釈を行った判決，最高裁が法律の規定の憲法適合性や法的合理性に疑義を呈した判決，政令の規定の違法判決なども議論の俎上にのせるのでなければ，片手落ちとの感は否めず，政治の側が違憲判決にしか反応しないというのと同じ弊に陥っていることにならないだろうか。

[42] 佐藤岩夫「違憲審査制と内閣法制局」社会科学研究（東京大学社会科学研究所）56巻5・6号（2005年）81－108頁は，内閣法制局の憲法適合性の審査は論理的・形式的な審査となっているとした上で，最高裁が政治への介入を極度に自制する役割観をとっていることで，内閣法制局の果たす役割と最高裁の果たす役割の重なりが大きなものとなり，その結果，事後的な司法審査の機能領域を小さなものとしていると分析している。

[43] この点について，大沢・前掲注24）212－214頁は，民事事件・憲法事件におけるそれぞれの変化を分析した上で，最高裁が積極性を示すようになった要因として，最高裁事務総局の姿勢の変化，裁判官の積極的意見表明の傾向などの内在的要因のほか，外在的要因として，司法制度改革，裁判員制度の導入，憲法裁判所導入論の影響を挙げている。もっとも，いまのところそれまでの基調が大きく変わったとまでは言い切れない面があり，今後ともその動向を注意深くみていく必要があるのではないかと思われる。

に対する敬譲を示すものともいえそうだが，慎重にその行間を読みつつ，それに官僚中心の立法という従来の姿を重ね合わせるならば，「立法者」として念頭にあったのは，その実像がどうであったかはともかく，また，そのことが最高裁の姿勢等に何らかの影響を及ぼしたかどうかについては様々な見方がありうるものの，国会あるいは政治ではなかった可能性があることにも触れておきたい。しかし，その官僚も政治化が進むとともに，官僚中心の立法というあり様は既に変わりつつある。

次に，最高裁が常に意識しているともいわれる政治との距離についてもみておきたい。

日本における政治と裁判所の関係を一言で表すならば，表面上のかかわりの希薄さということになるだろう。すなわち，裁判所の判断が立法や行政に与える影響は限定的であり，また，政治の側も，裁判所の判決には概して無関心であり，そこでは相互作用といったものはほとんどみられず，それぞれ一方通行的な状況が続いてきた。

もっとも，その一方で，政治的な関心を呼ぶものや世論が大きく取り上げる判決には，政治の側がやや過剰反応するような傾向もみられる。また，最高裁の法令違憲判決に対し，政治は，おおむね迅速に対応してきたといえるが，必ずしも判決を十分に咀嚼・検討した上での対応とは言い難いところもあるほか，政治（多数派）がこだわる基本的な価値や政治的な体制・運営・対立に影響を及ぼすような問題については，最高裁が警告判決や違憲判決を出しても容易には対応しない状況もみられ，踏み込んだ判決に対しては，敏感に反応し，政治的な反発が沸き起こることもある。そして，それが，最高裁に政治的な圧力をかけようとする動きなどに発展することもあり，例えば，1960年代末から1970年代前半にかけての「司法の危機」とも呼ばれた時期には，全逓東京中郵事件判決（最大判昭和41.10.26刑集20巻8号901頁）と都教組事件判決（最大判昭和44.4.2刑集23巻5号305頁）への反発などから政治的な裁判批判や干渉の動きを生じ[44]，それが，それらの判例を変更する全農林警職法事件判決（最大判昭和48.4.25刑集27巻4号574頁）などをもたらすとともに，その後の最高裁のスタンスにも大き

---

44) 当時与党であった自民党では，それらの判決を批判する声が高まり，判決傾向を調査すべきとの提案が行われ，1969年5月には同党に司法制度調査会が設置された。

な影響を与えてきたといわれる。

　最高裁は，政治による裁判批判に対しては，敏感に反応するとともに，政治との距離（政治への影響の最少化）を確保することに腐心してきたといえる。違憲判断をする場合にも，政治との正面衝突を避けようとする配慮が働くことが多い。それと同時に，最高裁は，自己の権威を重視し，その無謬性や判断の最終性にこだわる姿勢が強く，先例を含む自己の判断の重みを意識するあまり，それに自己拘束され，過度に慎重となったり，孤塁（独立性・無謬性等）を守ろうとする傾向が強いとされる。

　なお，政治の側によって任命される最高裁長官と最高裁判事の人事については，大統領の指名と上院の承認によるアメリカの連邦最高裁判事の場合のように政治性が色濃く出るようなことはないといえるが，その過程はブラックボックスであり，外からは容易には窺い知ることができないものの，政治的な影響から解き放たれているわけではない[45]。

4　それらが憲法や法の状況にもたらしたもの

　以上のような政治や法部門の状況も踏まえ，日本の立法において法，とりわけ憲法が果たしてきた役割についても振り返ってみる必要があるだろう。

　その前提として，日本社会における法の位置付けや状況について確認しておかなければならない。しばしば指摘されるとおり，日本では法が十分に社会に浸透し構造化されているとは言い難く，そのことが，国民の法に対する意識・姿勢や，統治のあり方などにも影響を及ぼしてきたのではないかと思われる。とりわけ，憲法については，日本国憲法の正統性や改正が政治的な対立点・争点の1つとなってきたのであり，また，政治的な関心や議論が憲法9条ばかりに向けられてきたことなどもあって[46]，規範として国民の間に十分に浸透して

---

45) 最高裁は政治との関係で，比較的，安定的な関係を築き，一定の自律性を確保してきたともいえるが，ジョン・ヘイリー（浅香吉幹訳）「日本における司法の独立・再考」石井紫郎＝樋口範雄編『外から見た日本法』（東京大学出版会，1995年）25頁が指摘するように「この自律は，内閣によるこれら［筆者注：キャリア裁判官の任命・昇任・異動］の決定への積極的な吟味が行われうるということによって抑制されている」とみることができ，また，デイヴィッド・S・ロー（西川伸一訳）『日本の最高裁を解剖する』（現代人文社，2013年）55-56頁は，全逓東京中郵事件判決と都教組事件判決の後の多くの人々を驚かせた最高裁長官人事により，最高裁が大きく変わったことを指摘する。

いるとは言い難い状況にある[47]。

このことを抜きにして，政治と法の関係を語ることはできない。日本では，権力や多数派の意思も法によって縛られるという観念が浸透せず，立憲主義が十分に定着してはこなかったのであり，「違憲立法審査権，というものが字義通りに機能するための条件は，人々が民主主義よりも法の方が重要だと考える局面が実際に成立している，ということにある。」[48]との指摘を正面から受け止める必要があるように思われる。

それでは，立法にかかわる者にとって大きな関心事であるはずの憲法は，現実の立法において，それを枠付け・限界付けるものとしてどれほどの役割を果たしてきたのであろうか。

この点については，Ⅰ2でも述べたとおり，紙に書かれたテキストに過ぎず，また，抽象性・包括性の高い条文によって構成されている憲法が，規範としてどれだけ具体化されているのか，あるいは憲法の枠や判断基準がどれだけ形成・蓄積されているかにかかってくることになる。そして，そこにおいて中心的な役割を果たすことが期待されているのが，いうまでもなく最高裁である。

しかし，繰り返しとはなるが，最高裁は，少なくとも表面上は国会や行政機関の判断を追認することが多く，法令違憲判決はわずかにとどまっているだけでなく，最高裁が示す理由が，初期の「公共の福祉」を理由として簡単に合憲とする判決，あるいは先例に徴して明らかであるとする「徴する判決」にみられるように，簡単な理由によって合憲の判断が示されることが多く，また，昨今は従来と比べ詳細な理由を付す判決が増えてきてはいるものの，政治への配慮や警戒から婉曲的なものとなったり，過去の判例との整合性に腐心して論理が

---

46) 多少敷衍しておくならば，日本国憲法の制定における正統性を疑問視しその改憲を主張する政党が長年にわたり与党の座を占め続けてきていること，改憲派と護憲派の間ですれ違いの議論が繰り返されてきたこと，憲法をめぐる議論が9条の問題に偏り，9条が問題となる場面以外で憲法を十分に生かすことができなかったことなどの問題を挙げることができる。

47) この点について，例えば，戸波江二「憲法裁判の発展と日本の違憲審査制の問題点」ドイツ憲法判例研究会編『憲法裁判の国際的発展』(信山社，2004年) 48頁は，アメリカやドイツでは，憲法が国の基本であることの確信が国民に広く行き渡っているのに対し，日本では，憲法は統合のシンボルではなく，護憲・改憲の対立の中心に置かれ，憲法学の主流は抵抗のシンボルとして憲法を持ち出すなど，憲法が政治・社会の共通の基礎であることについてのコンセンサスが成立していない，とする。

48) 嶋津格「秩序の希少性について」井上達夫＝嶋津格＝松浦好治『秩序像の転換（法の臨界Ⅱ）』（東京大学出版会，1999年) 249-250頁。

複雑になったりするなど，分かりにくいものが少なくない。しかも，最高裁は憲法判断において事案ごとの利益衡量や総合考慮の手法を用いることが多く，それ自体からは基準らしきものはあまり導き出し得ない[49]。

すなわち，最高裁判決から，憲法の枠や具体的な規範・基準を読み取ることが困難なことが多く，最高裁はその形成・提示といった役割を十分に果たしてきたとは言い難い。そして，そのことは，裁判所の影響力を限定的なものとしてきただけでなく[50]，憲法にかかわる規範的資源の不十分さにもつながり，憲法の規範力をさらに弱いものとしてきたといえるのではないかと思われる。

これに対しては，最高裁に代わって厳格な審査を行ってきた内閣法制局においてそれらは形成されてきたとの議論もありうるのかもしれない。

その場合には，憲法の下で造り上げてきた法体系そのものが先例というのかもしれないが，しかし，そこからは，合憲とする理由・論理や，憲法の枠・基準といったものはあまり見えてはこない。また，国会審議や質問主意書に対する答弁書を通じて示される憲法判断や憲法解釈については，憲法9条に関するものは別として，人権に関するものは一般論にとどまることが多く，不十分であるとの感を免れない。

もっとも，そのことをもって内閣法制局を批判するのはフェアーではないだろう。

内閣法制局は，行政府の一組織として，その政策を支える立場にもあり，国会での答弁等を除きその審査や理由・判断を公開することを求められているわ

---

[49] 千葉勝美最高裁判事は，社保庁職員事件・最判平成24.12.7刑集66巻12号1337頁の補足意見で，近年の最高裁大法廷の判例においては，人権を規制する規定等の合憲性審査にあたり，多くの場合，「利益較量」の判断手法を採っており，その際の判断指標として事案に応じて一定の厳格な基準等を考慮したものがみられるが，厳格な基準のどれを採用するかは，具体的な事案に応じて必要なものを適宜選択して適用するという態度を採っており，さらに，適用された厳格な基準の内容についても，事案に応じて，その内容を変容させあるいはその精神を反映させる限度にとどめるなどしており，基準を定立して自らこれに縛られることなく，柔軟に対処していると述べる。これをどう評価するかはいろいろと議論のあるところだが，仮にそのとおりだとすれば，判決から判断基準等を導出することが困難であることには変わりがないといえる。

[50] それらの欠如や不足は，それだけにとどまらず，最高裁がフリーハンドをもち，主観的な判断をもたらすことにもつながりかねず，予測可能性の面で問題を生じることにもなりかねないともいえるが，その謙抑的な姿勢・判断により，これまでのところ，そのことが問われるような場面が少なかったということだろう。

けではないのであって,憲法の枠や具体的な規範の形成のために果たす役割は限定的なものとならざるを得ない[51]。その役割の1つとして,最高裁によって違憲とされるような立法の回避ということがあるとするならば,その審査は,最高裁のこれまでの憲法判断を踏まえ,あるいはそれを先取りする形で行われることにもなるはずだが,最高裁の判決から憲法の枠や判断基準などを読み取ることは困難であったのであり[52],逆に,そのことが,違憲判決は限定的であったにもかかわらず,抑制的な事前審査を招く一因となった可能性も捨てきれない。

このほか,法律学説についても,実務に対して理論的な面などから規範的資源を提供することがその役割の1つとして期待されているといえる。しかしながら,解釈論中心の伝統の下で,そのような機能を十分に果たしてきたとは言い難く,実務と学説の乖離は大きいままである。特に,憲法学説によって示される憲法理論や憲法解釈は抽象的なものにとどまったり,論者のイデオロギーや立場が色濃く反映されたものとなっているものが少なくないとの指摘もみられる[53]。

法の理念・一般原則や形式的合法性などについても,これまで憲法に関し述べてきたのと同様の状況にあり,程度問題とならざるを得ないところもあるとはいえ,立法を枠付け・限界付けるものとして,十分に位置付けられ,あるいは準則化などされてはいない。

---

51) 植野妙実子「コンセイユ・デタの特異性と先進性」日本比較法研究所編『Future of Comparative Study in Law』(中央大学出版会,2011年)568頁は,Yves Gaudemet, «Le Conseil constitutionnel et le Conseil d'Etat dans le prosessus législative», Conseil constitutionnel et Conseil d'Etat, L.G.D.J., 1988, p. 93を引用し,「コンセイユ・デタは合憲性審査の原則や内容をつくりあげるところではない」とするが,このことは,日本の内閣法制局にも当てはまるといえるだろう。

52) この点,元最高裁判事の泉徳治『私の最高裁判所論——憲法の求める司法の役割』(日本評論社,2013年)156-166頁は,「最高裁の合憲・違憲の判断は,柔軟といえば柔軟であるが,その判断過程に一定の法則性がなく,個々ばらばらでアドホックなものである」,「違憲審査基準をあらかじめ裁判規範として確立しておかないと,安定的な権利擁護が図れない……国民が権利行使について萎縮することにもなりかねない」などとして違憲審査基準の必要性を強調するが,違憲審査基準は,裁判官の判断を縛るとともに,予測可能性を高めることになるのであり,最高裁によってそれが示されれば,立法プロセスにおいてそれを踏まえて憲法適合性の判断が行われることにもつながりうるといえる。

53) この点について,研究者出身の最高裁判事であった伊藤正己『裁判官と学者の間』(有斐閣,1993年)127-128頁は,「憲法解釈論は論理が粗雑であり……」,「実務を行う裁判官からみると,イデオロギー性のつよい客観性に乏しい議論が多く,……少なくとも裁判の場で納得させる力が弱いと感じられている」と述べる。

立法の憲法適合性や法的な質の確保のためには，法律専門家の役割やそのあり方とともに，その基盤ともなる規範的資源[54]，さらには法律専門家集団の共通理解といったものが重要となってくるが，以上のとおり，それらが十分に存在していたとは言い難いようにみえる。そして，それらのことが，政治によって，それまで積み上げられてきたとされる法的な枠などが容易に乗り越えられてしまうような状況にもつながっているのではないだろうか。

Ⅲ　法の確保にかかわる課題と対応のあり方

　大衆社会の進展，民意の向上，権威の喪失，不確実性の拡大などを背景に，専門性に対して懐疑的な目が向けられるような状況がみられるが，法的なものも，その例外ではなく，国民の感覚にそぐわないもの・国民を遠ざけるものとして批判され，政治の力が強まるに伴い，立法においてこれらが軽視されるような状況もみられる。このことは，立法の量的増大，官僚の専門性・政策機能等の低下などと相まって，立法の質にも少なからず影響を与えているのではないかと思われる[55]。

　このような状況は，政治的なもの（政治）と法的なもの（法）との相克と捉えることもできるが，相克とはいっても，両者ともに問題を抱えつつも，法の側が防戦・後退を余儀なくされているようにもみえる。そして，問題なのは，政治的なものが強まり，立法をめぐる状況が変化してきている中で，法を担う側が，旧来の枠や発想から抜け出せず，また，政治を説得しそれに対抗できる論

---

54) 見平・前掲注22) 44-45頁は，裁判所が違憲審査権を行使するためにはそれを支える一定の資源が必要であり，この資源は規範的資源・政治的資源・実務的資源の3つに整理できるとする。その上で，その中でもとりわけ重要とする規範的資源については，実定法・法理論・役割規範・権威などがあるとし，実定法・法理論の関係では，積極的な違憲審査の根拠となりうる制定法・先例・法理論がどの程度の厚みをもって存在しているかということが違憲審査制の運用に大きな影響を及ぼすとしているが，筆者も，同様の視点に立ちつつ，特に，日本における憲法や法の枠，具体的な規範などの不足を問題とするものである。なお，この規範的資源・政治的資源・実務的資源という視点・考え方は，裁判所だけでなく，政治的プロセスにおける法律専門機関の審査にもある程度当てはまるのではないかと思われる。

55) 例えば，日本の法制度については，これまで，比較的，形式的な統一性・整合性が確保されてきたといわれてきたが，不必要・不適合・不整合な規定の増加と可視性の低下・一貫性の欠如などの問題が指摘されるようになっており，それらについても揺らぎつつあるようにみえる。

理や枠組みを十分にもてないままに，その基盤が揺らぎ，立法の質の問題が顕在化していることであり，それにもかかわらず，新たな状況に対応した法的あるいは政治的な環境や体制の整備が進まないことであろう。

そのような視点に立ちつつ，これまでの考察を踏まえ，現下の課題として，法の確保やそのあり方との関係で重要と思われる点をいくつか取り上げ，それらに関する対応について，若干の検討を加えることとしたい。

1　複数性と専門性の確保

まず，政治の力や統制が強まり，プロセスやこれまでの積み重ねをスルーないしスキップするような状況もみられる中で，立法システムにおける複数性，すなわち異なる使命や特性・行動原理をもつ機関の補完・競合・協働やそのプロセスを確保することの重要性について，確認をしておくことが必要である。その中には，法制機関や各種専門機関も含まれる。

そして，そこでは，それぞれの間において相応の自律性や適切な距離の確保が必要不可欠となる。もちろん，最終的な決定権は，政治の側，最終的には国会に留保され，また，民主的正統性をもたない機関は政治の民主的コントロールを受けることになるが，政治の側には，それぞれの機関の役割を理解し，それらによる補佐なども踏まえて判断することが求められることになる。

また，現実の立法あるいは法秩序形成の状況を考慮するならば，国会による立法の不完全性・非完結性や立法の多元性を前提に，国会だけでなく行政府・裁判所の役割や，それらの間での相互作用などを考慮することも必要である。

これらは立法の権能・作用の機能的な分離や分業により立法の質を確保しようとするものということができる。日本国憲法は，国会を唯一の立法機関と定めるが，例えば国会の権限・責任の放棄となるようなことは許されないとしても，以上のような捉え方や仕組みをとることを許容しているとみることができるだろう[56]。

---

[56] その場合には，国会に関する「唯一の立法機関」の意味・射程が限定・相対化されることにもつながるが，唯一の立法機関については，これまで，その意味・射程が十分に検討されないままに，その重要性が強調されてきたところがあるようにみえる。この点については，川﨑政司「『唯一の立法機関』の法的な意味・射程──意味することとしないことの再考」法学研究87巻2号（2014年）283-335頁も参照されたい。

これに対しては，民主的正統性の観点から，民主的なものの後退との批判が常につきまとうことになる。
　確かに，かつて行政の中立性や分担管理原則を盾に，政治に対する官僚組織の自律性が強調されることで，過度のセクショナリズムを生じ，行政の機能不全をもたらしたことを忘れてはならず，官僚が政治の役割まで担うような状況はその役割や専門性・中立性ということからも，好ましいものではない。第三者機関が権威付けや政治的な議論を抑えるために利用されるおそれもある。ただ，その一方で，政治だけで作業・決定するというのは困難であるだけでなく，妥当でもなく，各種機関の補佐・補完・チェックなども受けつつ，決定をしていくことが重要といえる。
　なお，そのことは，既存のシステムや機関のあり方をそのまま肯定するというものではなく，その役割やあり方の再考・見直しなども伴うようにしていく必要がある。ただ，それは，あくまでもその使命・役割や特性を生かす方向のものでなければならないだろう[57]。

2　法部門による重層的・競合的なチェックの仕組み

　立法に関する憲法適合性や法的な質を確保するためのものとして，事前審査のシステムと事後審査のシステムの両方が設けられているが，そこにおいて中心的な役割を担ってきたのは内閣法制局であるとの見方が強く，その果たしてきた役割については様々な評価がありうるものの，前者に重心が偏っていたことは確かだろう。
　しかし，その果たしうる役割・機能には，行政府の一組織であることによる特徴と限界があり，かつ，裁判所によるチェックとは自ずから異なるところがあることも，既に指摘してきたとおりである。そして，政治の力が強まる中で，そのあり方が批判され，政治的な圧力にさらされてきており，内閣法制局が政治との関係でこれまでのような立ち位置や役割を維持することは難しくなってきているようにもみえる[58]。

---

57) 例えば，官僚組織については専門性・中立性等の面で問題が指摘されていることからすれば，それらが確保されていくよう改革が行われる必要があるが，昨今の国家公務員制度改革では，むしろ政治の統制や関与を強めることに重点が置かれ，そのような視点が希薄となっていることは否めない。

官僚的なものと法的なものを一緒くたにしたような批判には疑問があるが[59]，その一方で，内閣法制局審査に問題がなかったわけではなく，また，憲法機関でもなく民主的正統性を欠く内閣法制局の解釈・判断・意見に法的な拘束力はないのであり，その果たしうる機能は，最終的には，その権威や自律性を政治の側がどの程度認めるかということにかかってくることになる。また，立法プロセスにおいて憲法適合性や法的な質を確保するためのシステムは多様であり，内閣法制局といった仕組みに限られるものではない[60]。

　しかしながら，繰り返しとはなるが，立法に際して法的な観点から専門性や第三者性をもった機関によるチェックがなされるというのは，その憲法適合性や法的な質を確保する上で重要な意味をもつのであり，特に，司法裁判所が具体的な訴訟の提起を前提に違憲審査を行う付随的審査制を採用する場合には，その必要性はより大きなものとなる。加えて，これまで憲法9条の関係では内閣法制局が防波堤となってきたところがあるように[61]，事前審査の存在は，裁判所の側の負担（裁判所に対する政治的圧力）の軽減にもつながりうる。

　他方，上記のことを背景に，これまでよりも最高裁に期待せざるを得ない状況が現出してきている中で，最高裁がそのことを自覚して踏み込んだ判断を示

---

58) 大石・前掲注5) 448頁は，政治部門における合憲性統制を立案責任者から独立して行う組織または機関は，「民主的な統治構造を前提とする限り，……常に国民による選挙を基礎とした政治的変動に曝される宿命にある。したがって，それが職務上の独立性を充分に保つことができない状態に置かれるようなことがあれば，その合憲性統制の機能は大きく減殺することになりかねない」と指摘する。

59) もっとも，内閣法制局について批判される過度の先例主義・形式主義は，法的なものというよりは，官僚的なものの色彩が強いのかもしれない。

60) 政治的プロセスである立法プロセスにおいて，法律専門機関がかかわる方法としては，時間的には法案提出前，議会審議過程，議会可決後法律公布（発効）前があり，また，特別の専門機関を行政府や立法府に設置する方法，行政府の法務機関等に担わせる方法，裁判所を関与させる方法などがありうる。ちなみに，戦後の一時期（1948～1952年），法制局は，連合国軍最高司令官の書簡を受けて，廃止され（佐藤達夫「法案作りの四半世紀（Ⅳ）」自治時報昭和30年9月号〔1955年〕18頁によれば，GHQから，当時の法制局が余りにも形式的・論理的・反動的とみなされたためといわれる），法務総裁の下の法務庁（府）の一組織とされていたことがあった。

61) 最高裁は，砂川事件・最大判昭和34.12.16刑集13巻13号3225頁などにみられるように，統治行為論的な考え方を持ち出し，あるいは訴の利益を認めないことなどにより，憲法判断を回避する一方で，内閣法制局によって示されてきた憲法解釈が枠や歯止めとなることで，裁判所の側が踏み込んだ判断をしないで済んできた，さらにはそれによって内閣法制局が政治の側の不満や批判を一身に受けてきた，といった見方などもできるのではないだろうか。

すことで，違憲判決の可能性が高まるようになれば，事前審査においても，法制機関の側が，それを持ち出し梃子にすることで，政治と対峙し，政治の側を説得しやすくなることにもつながりうる[62]。

すなわち，その立場や役割は異なるところがあるとしても，力を強める政治に対し，法部門としてそれぞれの機関が事前と事後に重層的・競合的にチェックをしていくことが重要であり，両者がその役割を果たし，それらが相まって，立法の憲法適合性や法的な質が確保されていくことになると考えるべきだろう。特に，内閣法制局の権威の低下や，次のⅢ3で触れる裁判所の側の限界なども考慮するならば，いわば法部門の側の戦略的な対応として，両者の協働あるいは役割分担[63]といったことが重要となってくるのではないかと思われる[64]。そして，それは，立法にかかわる法律専門家集団のあり方といったことを考えることにもつながってくるのではないだろうか。

なお，憲法適合性の事前チェックの仕組みとして，カナダの連邦最高裁判所のレファレンス制度などをモデルに，議院，内閣等が憲法適合性の照会を行い，

---

[62] 事前審査において違憲の懸念があるとの意見を政治に受け入れさせるためには，最高裁によって違憲と判断されるおそれがあるということに頼らざるを得ないところもある。かつてはそれを持ち出す必要はあまりなく，また，持ち出せるようなものがあまりなかったともいえるが，政治状況の変化や内閣法制局の権威の低下などにより，それに依存せざるを得ない状況が強まってくる可能性があり，そのような状況に対応するためにも，最高裁の側が踏み込んだ判断をしたり，詳細に語るようにしていく必要があるといえるだろう。植野・前掲注51）568－569頁は，コンセイユ・デタの任務は政府提出法案が憲法院によって違憲とされることがないようにすることであり，そのリスクを憲法院の判決や将来下されるであろう判決の方向性などを理解して回避することであるとしつつ，今日では法案起草の段階から憲法院の存在が重要となり，しばしばコンセイユ・デタが下した意見以上にその影響力が大きいものとなっていることなどを指摘しているが，内閣法制局と最高裁の関係も，今後そのような方向に変化していく可能性もあるといえるだろう。

[63] 植野・前掲注51）561頁は，フランスのコンセイユ・デタと憲法院の関係について「コンセイユ・デタも憲法院も双方役割を分担しつつ，かつ協力しつつ働いている分野が増えてきている」とする。

[64] なお，本稿では，議院法制局については検討の対象としていないが，比較法的にみると，行政府のほかに議会にも法律専門機関を置く例（アメリカ，日本等）はあまり多くはないものの，議員提出法案や法案修正について憲法適合性や法的な質を確保する上で一定の役割を果たしており，重層的な仕組みの1つとして捉えることができるだろう。もっとも，議院法制局は，内閣法制局よりも政治に近いところに位置し，党派的対立に対してより中立的に対応する必要が出てくることになり，また，その立案・審査については基本的にそれぞれの議員や政党の解釈・判断・政策を前提に対応せざるを得ないところがある（民主的正統性をもち法案提出権を有する議員の法案提出を憲法適合性や法的な合理性・整合性等の欠如を理由に阻止する権限まであるかどうかといったことが問題となりうる）ことにも留意が必要だろう。

最高裁が勧告的意見を述べる制度や，フィンランドの憲法委員会などをモデルに，国会あるいは両議院に憲法適合性について専門的に検討を行う憲法委員会を設置する案なども提案されている[65]。

ただし，レファレンス制度については，司法権や付随的審査制との関係，具体的事件に基づかない審査・意見の意義や重み，政治的な利用や政治の無責任化の危惧，政治的対立に巻き込まれる危険性などを考慮するならば，慎重な検討が必要であり，仮に日本で導入されたとしても十分な効果が発揮されない結果となる可能性もあるのではないだろうか[66]。また，憲法委員会については，その専門性の確保や党派性の排除といった課題があり，憲法がなお政治的・イデオロギー的な対立点の1つとなり続けていることなどからすれば，現実的な選択肢とはなかなかなりにくいところもあるようにみえる。

3 最高裁への期待とその限界

立法における政治的なものの強まりを考慮するならば，裁判所，とりわけ憲法機関として憲法適合性の判断権を付与されている最高裁がこれまでより立法の品質確保の役割を果たすことに期待せざるを得ない。そして，最高裁が法律の憲法適合性や法的な質を確保するために踏み込んだ判断[67]をすることにより，政治と裁判所の相互作用を通じた法秩序形成につながっていくことも期待されうる。

しかしながら，その一方で，裁判所による事後的なチェックや補完に大きくシフトすることについては，原理的な問題ということよりも，その立ち位置・

---

65) レファレンス制度や憲法委員会については**序章**参照。なお，レファレンス制度の導入を積極的に主張するものとして，中村睦男「国民の権利実現と違憲審査制」ジュリスト859号（1986年）99-102頁，佐々木雅寿「勧告的意見の可能性」髙田勝ісо＝岡田信弘＝常本照樹編『日本国憲法解釈の再検討』（有斐閣，2004年）323-341頁など。また，憲法委員会の導入を論じるものとして，高見勝利『現代日本の議会政と憲法』（岩波書店，2008年）279-280頁などがある。
66) 政治的多数派の見解とは異なる意見を出すことが多ければ，多数派からは有害なものとみなされることになりかねず，かといって，多数派の見解を追認する意見ばかりを出したり，裁判所の判断に適しない照会であるとして回答拒否を多用することになれば，あまり意味のない制度とされかねないなど，その導入は，最高裁にかなりの政治的負荷などをかけ，その基盤やあり方に影響を及ぼすことにもつながりかねないのではないだろうか。
67) ここでいう「踏み込んだ判断」には，違憲判決だけでなく，違憲状態の確認，違憲の疑いの示唆などの警告判決（補足意見や意見での警告を含む），合憲限定解釈，勧告的意見や法改正の必要性の示唆等を含む判決なども含まれるといえる。

基盤の弱さ,政治の状況やバックラッシュの可能性,政治に巻き込まれることの危うさなどを考慮するならば,慎重に考えるべきところもある。

すなわち,法形成において最高裁の判断は必ずしも最終的なものとなるわけではなく,とりわけ相互作用ということになれば,判決に対してどのような対応をとるかは開かれていることが前提となり,最高裁の権威の相対化を招く可能性もある。

しかも,民主的正統性をもたず,任命権を内閣に握られている最高裁の政治的な立場はあまり強くはなく,議院内閣制の下で多数派が強大な力をもつことになる政治との間で対等な対話[68]が成立するためには,政治の側が,法や裁判所の権威を認め,理性的な対応をすることが必要不可欠となってくるが,現在の政治にそれを果たしてどれほど期待できるだろうか。政治は,概して司法に対し無関心であるが,昨今みられる政治による最高裁判決の批判や都合のよい引用,政治の側においてもたびたび浮上する憲法裁判所の導入論などにもみられるように,政治の側が抱く司法像というのはかなり複雑・微妙・気まぐれである。政治の多数派が重視する価値や党派的な対立が大きい問題について憲法をもって介入することになれば,かつての「司法の危機」の際にみられたように,強力なバックラッシュや政治的介入の動きを生じる可能性もある。

その場合に,裁判所の側の最後の頼みの綱は,国民の信頼・支持ということになるが,民意は流動的で不確かなところもあるだけでなく,裁判所が法の論理よりも国民の支持を意識しすぎることになれば,その政治性を強め,その立場を掘り崩すことにもなりかねない。国民の政治に対する不信は根強いものがある一方で,国家に依存し,その介入を求めようとする傾向が依然として強く,また,法が社会に深く根ざしているわけではないことも念頭に置く必要もある。司法の国民的基盤強化策の柱として導入された裁判員制度が,裁判所に対する理解・支持の基盤の醸成にどこまでつながっているかについても慎重な見極めを要しよう。できうるならば,国民も加わった公共性の空間で対話が展開されることが理想ではあるが,国民が憲法を自分たちの問題として捉えるような背景などもないところで,対話が成立し,それらの間でうまくバランスのとれた

---

68)「対話」という言葉・概念の意義や問題については本書・序章で述べたところであるが,ここでは,最高裁判決を受けて政治において議論や立法が行われ,それに対して最高裁がさらに判断を示すといった,生産的・建設的な形のものを指すものとして用いている。

議論が展開されることになるだろうか。

　最高裁が現在置かれている環境の下で，その権威や信頼を維持しつつ，うまく対応していくのは決して容易なことではなく，近年変わりつつあるとも言われる最高裁がそれ以上に自ら積極的な姿勢をとる可能性はあまり大きくないのかもしれない。しかしながら，政治的・社会的な状況の変化は，それを許さない方向に進んできているようにもみえる。

　となると，当面は，司法機関の枠を大きく踏み外さないところで，大規模なバックラッシュを生じるような政治との正面衝突を避けつつ，違憲判決も含む踏み込んだ判断など[69]を積み重ね，資源を蓄積していくのが現実的ではなかろうか。そして，それと同時に，違憲判決に対する消極姿勢の要因となってきたものの是正や，その役割を果たしやすくするような基盤整備を進めていくことが不可欠ではないかと思われる。現行憲法下でも可能なものとして，人事システムの改革，憲法部の設置や特別高裁の設置，上告のさらなる制限，アミカスキュリーの導入など様々な改革案が論じられているが[70]，そのメリット・デメリットを見極めつつ，最高裁の変化も横目でにらみながら，検討・改革を進めていくべきだろう。最高裁の奮起とか政権交代による変化まかせでは，限界がある一方で，資源や基盤を欠いたままでの積極化への急旋回は思わぬ歪や反動などをもたらしかねないのではないだろうか。

　このほか，下級裁判所の役割や，最高裁と下級裁判所の相互作用や協働といったことなどにも目を向けていくことなども必要である。

4　法的な資源の豊富化・明確化・共有化

　立法を枠付け・条件付けるための憲法や法に関する規範的資源を充実する必要があることは既に述べてきたところであるが，それは，その形成において中心的な役割を果たす裁判所自身の資源となるだけでなく，法制機関にとっても，立法プロセスにおいて政治を説得し，あるいは思い止まらせる上で重要な資源となる。そして，その形成・蓄積の過程に，様々な法律専門家が加わることで，

---

[69] その際には，本書・序章でも述べたように，違憲判決の処理や政治部門の対応もにらんだ多様な判決手法の探求も必要となってくるのであり，そこでは，憲法学説にも，外国の例の研究・分析なども通じ，規範的資源となりうるものを提供していくことが期待されているといえるだろう。

[70] この点については，大沢・前掲注24) 185–192頁，見平・前掲注22) 193–206頁等参照。

それは，これまで十分に存在していたとは言い難い法律専門家集団（解釈共同体）における共通理解の形成にもつながっていき，政治を限界付け，それに対峙・対抗していく上での資源や基盤ともなりうるのではないかと思われる。
　また，それとの関係で，立法の品質確保のための条件整備として，立法に関する法的な指針・約束事等を明確にし，共有化を図ることも重要となる。
　この点，法制機関によって担われてきた従来の法制執務は，形式的な統一性・整合性の面では一定の寄与をしてきたものの，立法の法的な質を高めるものとしては不十分な面があることは否めず，また，実際の立法においては，職人技的なものとなり，担当者の腕次第となっているところがあるのが実情である。
　それが「立法学」なるものにつながるかどうかは別として，理念・理論的な基礎や体系性を付与し，また，形式的合法性などがもつ意味を改めて確認し取り込んだ[71]，立法に関する指針・約束事等を，政治も納得できるような形で構築し，共有化していくことが必要ではないだろうか。それは，法的なものを可視化し，立法について自制・対話・議論が成り立つための土壌ともなるものといえる。この点，欧米諸国では，立法の手引・指針等が政府内で策定・公表されていることについては既に本書の**序章**で言及したところである。これに対し，日本では，1963年9月13日閣議決定の「内閣提出法律案の整理について」などがあるほかは，公刊・非公刊の立法技術中心の法制執務に関する書物があるにとどまる[72]。

---

[71] この点については，ロン L. フラー (LON L. FULLER, THE MORALITY OF LAW (2d rev. ed. 1969)) が「法の内面的道徳」として掲げた①一般性，②法の公布，③非遡及性，④明晰性，⑤無矛盾性，⑥遵守可能性，⑦恒常性，⑧法（ルール）と公権力の行動の一致を基に，井上達夫「法の支配——死と再生」同『法という企て』（東京大学出版会，2003年）54-67頁のほか，川﨑政司「立法をめぐる昨今の問題状況と立法の質・あり方——法と政治の相克による従来の法的な枠組みの揺らぎと，それらへの対応」慶應法学12号（2009年）43-99頁などが，その再構成・再解釈を行った上で，立法が備えるべき条件や要素として，論じている。

[72] 1963年の閣議決定では，①法律の規定によることを要する事項をその内容に含まない法律案は提出しないこと，②現に法律の規定により法律事項とされているもののうち，国民の権利義務に直接的な関係がなく，その意味で本来の法律事項でないものについては，法律の規定によらないで規定しうるように措置すること，③単純に補助金の交付を目的とする規定を法律で設けないことなどが定められているにとどまり，その内容は極めて限定的なものとなっている。また，そのほかには，「法令における漢字使用等について」の内閣法制局の通知など形式的なものがあるにとどまり，公刊されている書物としては，法制執務研究会編『新訂 ワークブック法制執務』（ぎょうせい，2007年）など，非公刊のものとしては『法令審査事務提要』などがあるにとどまる。

そして，立法の指針等の構築に際しても，立法実務だけでなく，裁判所，法律学説（研究者）などがかかわっていくことも必要となってくるのではないかと思われる．

法的な判断の基礎ともなる資源を豊かで効果的なものとしていくためにも，法律専門家による相互の検証・批判等も含めた協働といったことが求められているといえるだろう．

5 説明責任の強化と議論の活性化

日本における立法の問題点として，情報や説明，議論の不足といったことがあることは既に指摘したとおりである．また，国会審議における質疑中心の審議は，日本独特のものであり，欧米諸国の議会との比較において，その異質性なども指摘されている．

国会審議のあり方をどのようにしていくかは重要な課題であるが，いずれにしても，立法プロセスにおいては，立法の必要性・合理性が公共的な理由（public reasons）として説明されるとともに，その根拠とされた事実やその資料ができる限り示され，公開の場で議論されることが必要である．

近年，立法の際にも「立法事実」の検討の必要性がいわれるが，立法の質を確保する上で，その必要性・合理性を基礎付ける社会的・経済的・政治的・科学的な事実の存在は重要な意味をもつといえる[73]．しかし，立法事実は，根拠（evidence）に基づく立法につながりうるとしても，立法の実効性や効果・影響をはじめとする将来的な事実の予測まで含むものであるとともに，限られた時間・情報の中で行われることや，科学技術の発達等に伴う不確実性の増大といったことなども考慮せざるを得ず，その完全な把握や厳密な科学的証明といったことは困難であることも少なくなく，また，現実的ではない面がある．

その意味では，立法の際における立法事実の問題は，事実を踏まえた合理的な説明とその論拠を問うものともみるべきであり[74]，一定の事実の裏付けによ

---

73) 憲法訴訟における立法事実と，立法プロセスにおける立法事実との異同については，本書の**序章**において既に述べたところであり，また，ここで主に問題としているのは後者の方である．
74) 最高裁判決においても，それを読む限り，立法事実を，特に違憲判断の場合の説明材料の1つないしその理由の説明力を増すための補強材料として持ち出しているところがある．他方，合憲判断の場合には，詳細な説明は不要，あるいは合憲性の推定が働くところでは立法事実の審査は不要ということなのか，立法事実の検討・言及はなおざりとなっているようにみえる．

り，思い付きや思い込み，世論に対する無条件反射，感情などの要素を排除するものでもある。すなわち，立法事実の問題は，説明責任（accountability）やプロセスと結び付けて捉えていくことも必要であり，それは議論や審議の過程を通じて認定されていくべきものともいえる。そして，そこでは，その根拠とされた事実や資料ができる限り明らかにされ，公開の場で議論されるプロセスが確保されるようにするとともに，考慮すべき事実をきちんと考慮しているのか，恣意や思惑などが紛れ込んでいないかどうかといったことなどが検証され，記録されることが重要であり，そのことが，後に訴訟が提起された場合には，裁判所により，憲法適合性の判断において検討されることにもつながりうるのである。また，それらについて適切な議論や評価が行われるようにするには，情報の多元性・多様性の確保が不可欠であり，そのためにも，専門性の入力回路の多様化，幅広い意見の表出や並行的・複合的な議論の確保，社会における情報の集積，評価の仕組みの整備なども必要となる[75]。

　他方，国会審議については，帝国議会の時代から採用されている日本独特の質疑中心の審議に対しては批判も強いが，提案者側が説明責任を果たすとともに，その必要性・合理性等を検証する場となりうるであり，その公開，とりわけ国会会議録検索システムや国会審議インターネット中継の整備などによりその情報が容易に入手可能となったことで，議員の側も国民の目を意識しつつ質疑を行うようになっている。実際の審議には問題も少なくなく，また，それが直ちに「熟議」につながるものではないが，審議時間の確保，逐条審査の導入，審査報告書の充実などの改善を図りつつ，説明・批判・論証の場としての機能を高めていくことは，立法の質の確保につながるところもあるのではないだろうか。

　もちろん，欧米諸国の議会で審議の中心となっているとされる議員同士の議論の活性化を図っていくことも必要であろう。ただし，議会の審議において何を重視すべきかは，議会審議の意義・役割をどのように考えるかということにもかかわってくるのであり，そのあり方の検討において日本の審議システムを相対化して考えることも重要となるとはいえ，欧米諸国の議会の審議システム

---

75) このほか，その完全とは言い難い決定を補完し，あるいはその後の変化に対応するためには，フォローアップを怠るべきではなく，その検証を通じてそれをよりよいものへと改善していくことが求められる。立案（Plan）・実施（Do）・評価（Check）・改善（Action）を主要な要素とするマネジメント・サイクルを確立していくことは，立法の質を確保していく上で必要条件といえる。

と形式的に比較しその異質性を指摘したり，一定のモデル[76]を当てはめてその見直しを論じるだけでは，なかなか実際に有効かつ十分な処方箋とはなり得ないところがあるのではないかと思われる。

なお，説明責任の強化の問題は，決して立法プロセスにおける問題だけにとどまるものではない。裁判所，とりわけ最高裁の判決についても，その理由をもっと詳細に分かりやすく説明する責任があるといえるだろう。これまでのような簡潔あるいは分かりにくい理由では，その役割・責任を十分に果たしたとは言い難く，最高裁の判断に説得力をもたせたり，最高裁の踏み込んだ判断を正当化付けたり，政治との間で対話が行われるようにするためにも，あるいは規範的資源の充実を図っていくためにも，十分な理由が示され，説明が行われることが必要である。

まとめにかえて

司法の場だけでなく，立法プロセスにおいて法の論理が作動する場も「法的空間」と呼ぶことが許されるとするならば，そのプロセスにおける法的空間が狭まりつつある状況に対し，法（立法の憲法適合性や法的な質など）を確保するための対応として，法部門，特に内閣法制局と最高裁に焦点を当ててそのあり方の検討を行うとともに，法的な資源の充実，説明責任の強化・国会審議における議論の活性化などについても，論じてきた。

ただ，これに対しては，テクノラート支配・専門家支配にもつながる（あるいは逆戻りする）非民主的な構想・議論であり，政治のダイナミズムをそぐことになりかねないとの批判もありうるところだろう。

この点，立法の主体は，本来的に政治であり，民意に基づいた立法は，国民主権や議会制民主主義を基本とする憲法からも強く要請されるものであって，民主的正統性をもつ政治が立法において力を強めること自体は何ら否定されるべ

---

[76] 例えば，N. ポルスビーが提起したアリーナ型と変換型のモデル（*Legislatures*, 5 HANDBOOK OF POLITICAL SCIENCE (Fred I. Greenstein & Nelson W. Polsby eds., 1975)），A. レープハルトの多数派モデルとコンセンサスモデル（AREND LIJPHART, DEMOCRACIES: PATTERNS OF MAJORITARIAN AND CONSENSUS GOVERNMENT IN TWENTY-ONE COUNTRIES (1984)）が，日本の国会の役割や国会審議のあり方などを論ずる場合にしばしば持ち出されているが，その機能や現実の審議の多様性にかんがみると，それをそのまま当てはめるのは難しいところがある。

きものではなく，官僚が政治の役割まで担いその舞台回しを一手に引き受けてきた従来の立法のあり方を改め，政治がその役割を果たすようにしていく必要があるといえる。

　しかしながら，それと同時に，立法も法の枠の下で行われるべきであり，また，政治が，すべて主体的に担うことには限界があるだけでなく，選挙や政局を意識したり，部分利益を代表しがちとなることなどにより，総合性・一貫性・統一性・長期性・安定性を欠く傾向を生じやすいことも念頭に置く必要がある。

　そもそも，民意は多様・断片的・流動的であり，民主的正統性を有する政治の意思が民意に最も近いものとして優先するとはいえ，政治だけが独占的あるいは適切に民意を語りうるものでもなければ，民意のルートは選挙や政党に限られるわけでもない。制度上の民主的正統性ということだけに目を奪われることなく，民主主義のあり方や何が民意かということについても絶えず問うようにしていく必要がある。政府に対する不満，法や専門性に対する懐疑的な見方が強まる中で，民主主義への過剰な期待や要求といったものがみられるが，民主主義は，議会政治にとって不可欠のものではあるとしても，手段的なものであるとともに，不完全性をもつものでもあり，機能や権威の劣化を民主主義で補完することには，限界があるだけでなく，危うさがつきまとうところもある。そして，民主主義や民主的正統性が過剰に持ち出されることが，逆に，国民への責任転嫁や，決定の論理・過程の不明確化にもつながりかねない。

　立法において政治と法との調整・調和をどう図るのか。そのためには，立法の本来の担い手である政治のレベルの向上を図ることも必要であるが，それは民主的な方法だけでは調達が困難な面があるだけに，悩ましい問題である。また，政治が力を強めるのであれば，それと同時に，政治がどこまで担うべきか，そしてどこまで担いうるかということも問われなければならず，また，それを枠付ける法のあり方や補完・チェックをするシステムにも目を向けていくべきだろう。

　もっとも，その場合に，ただ法の優位性や自律性を叫び，守ろうとするだけでは，大きな支持は得られないだろう。立法といっても多種多様であり，そこでは法の論理が常に優先するとは限らず，また，政治と法の境界は相対的なところもある。政治と法の折り合いをつけていくためには，政治的なものと法的なものがそれぞれ重視・確保されるべき場合などを切り分けて考えるようなこ

とも必要となってくるだろう[77]。

　いずれにしても，政治と法の間においても議論や対話がかなり不足してきたことは否めない。本稿は，政治と法が建設的・理性的な対話を行うための環境やシステムの整備の必要性とその対応のあり方の一端について検討を加えたものともいえる。

　本稿で示した対応については，原理的な議論や規範論の不足，あるいは基本的なモデルの欠如といった指摘もありうるのかもしれない。しかし，たとえそのようなところがあるとしても，抽象的なあるべき論を振りかざしたり，あざやかに図式化してみせたりするだけでは，現在の状況や変化に十分に対応できない可能性があるのも事実であろう。そもそも，「政治」と「法」の間にあらかじめ適切な解があるわけではなく，また，政治の側も法の側もいろいろと問題を抱えている状況にある。それらの問題状況に照らせば，「あれかこれか」ではなく多角的・多面的・複合的な対応が必要であり，それは，経験を積み重ねながら，状況に応じた試行錯誤的な取組とならざるを得ないところがある。そして，そのために，理論・実践の双方にわたる議論を展開していくことが求められているのであり，本稿はそのためのささやかな試みの1つを述べたにとどまる。

---

77) この点については，川﨑政司「立法における法・政策・政治の交錯とその『質』をめぐる対応のあり方」井田良＝松原芳博編『立法実践の変革（立法学のフロンティア3）』（ナカニシヤ出版，2014年）55－59頁で，その限界に留意しつつ試行的に，基本ルール設定型立法，制度形成型立法，政策構想・選択型立法，政策遂行型立法，問題対処型立法の類型に分けて，それぞれにおいて重視されるべき要素やそれを中心的に担うべきアクター・プロセスのあり方などについて論じている。

6　日本

立法の質と裁判所の役割

大沢秀介

Ⅰ　はじめに
Ⅱ　統治構造の改革と立法の質の低下
Ⅲ　立法の質と立法実務家の見解
Ⅳ　立法事実と裁判所
Ⅴ　立法の手続的正当性と司法の役割
Ⅵ　結びに代えて

Ⅰ　はじめに

　最近わが国で立法学研究[1]が注目されている。その研究の進展は、20世紀末から21世紀初頭にかけてのわが国におけるさまざまな改革と関係している。それは、それら諸改革の範囲がわが国の統治構造全般を対象とするものであったこと[2]、そして、その中で立法府としての議会も「ねじれ国会」などによって立法機能をうまく果たせないことが明らかであったことから、改めて立法の質を確保することが喫緊の課題になったからである。
　このような立法の質の低下に対する重大な関心は、当然のことながら、立法実務に携わる人々によって強く抱かれ、立法のためのマニュアル化が提唱されることになった。このような動きは、これまで職人的な技術として伝承されてきた法制実務を体系化しようとする点で重要なものということができる。ただ、

---

[1] 最近の立法学研究の成果として、『立法学のフロンティア』全3巻（ナカニシヤ出版、2014年）の出版があげられる。
[2] 川﨑政司「統治構造改革と政治主導――『政治主導』をめぐる議論の錯綜とその意義・射程・限界」大石眞先生還暦記念『憲法改革の理念と展開・上巻』（信山社、2012年）5頁。

立法の質の確保という課題がさまざまな統治構造の改革の中から生まれたということからいえば，立法のためのマニュアルを整備することによって，課題が即座に解決されるということにはならないように思われる。

　立法の質の問題が，いま述べたような国家の統治制度の改革の中で生じてきたものであるとすれば，立法の質を確保するということに関して，国家機関としての裁判所の役割も重要といえよう。最近，立法事実の変化論などとの関係でその活性化が指摘される最高裁[3]ないし裁判所であるが，その動きを立法の質を確保するための役割との関係で考察することが必要と思われる。もちろん，裁判所のそのような役割にも限界があることは考慮しなければならない。

　そこで，裁判所と他の政治部門との関係を踏まえた上で，裁判所がどのような役割をどのような方法，形式で果たすことができるのかを考えていくことにしたいが，その前にまず立法の質が諸改革との関係で問題となった状況について，振り返って見ておくことにしたい。

II　統治構造の改革と立法の質の低下

1　諸改革と政官関係

　20世紀から21世紀にかけてのわが国は，政治改革，行政改革，規制改革，司法制度改革，地方分権改革など，さまざまな改革の嵐が吹きあれた時代であった[4]。それら改革が叫ばれるに至った背景には，対外的には冷戦構造の崩壊，対内的にはバブルの崩壊とデフレの進行による安定的経済成長期の終焉という環境変化の中で，日本の政治や行政さらに司法の従来の惰性的なあり方を変革しなければならないという認識が存在していたことがあげられる。そして，1988年の消費税制度の導入とリクルート事件によって国民の政治不信が高まる中で，1994年に成立した政治改革四法[5]は，政党交付金制度の創設によって実質的には政党法制を確立し，また小選挙区比例代表制は選挙制度を単に変更

---

[3]　大沢秀介『司法による憲法価値の実現』(有斐閣，2011年) 206頁。
[4]　川﨑政司「立法をめぐる昨今の問題状況と立法の質・あり方——法と政治の相克による従来の法的な枠組みの揺らぎと，それらへの対応」慶應法学12号 (2009年) 43頁。
[5]　政治改革四法とは，政党交付金と小選挙区比例代表並立制にかかわる公職選挙法の一部を改正する法律，衆議院議員選挙区画定審議会設置法，政治資金規正法の一部を改正する法律，政党助成法をさす。

するだけではなく,「国民の意思を国会に公正かつ効果的に反映させる」という民主的代表の論理よりも,政権の安定を重視するという形でわが国の選挙のあり方を大きく変化させたのである[6]。

ただ,さらにより重要な点は,統治構造改革が「政治主導」の理念の下で従来の政官関係の変更を求めて遂行されたということである。諸改革以前のわが国における政官関係は,各省庁の官僚と自民党の政治家が,とくに高度経済成長の時期やその後の好況時に見られた成長によって拡大したパイを両者で配分するというものであった。そこでは,官僚は政府の予算や権限を増大させ,一方政治家は選挙区等への利益誘導を行うという形で,その具体的政策を相互協力して形成・実行するという関係であった[7]。ただ,いま述べた「政治主導」の理念とともに指摘されていたのは,その裏面としての官僚主導による政治の行き詰まりであった。すなわち,官僚主導による政治では「官僚支配という形で,官僚制が中心となって政策を立案し,調整し,かつ執行してきた」[8]が,そこには大きな限界があると指摘されていたのである。官僚主導の政治は,政治的安定状態の中で,新たな政策よりも既存の政策の継続的発展が望まれている状況においては有効に機能するが,「win-winな」政官関係ではなく,果断な政治的リーダーシップが求められる1980年代以後の時代においては,機能不全の状態を露呈しているとされたのである。

いま述べた観点から見て,政治主導を実現するものとしてイギリスにおける「政と官の関係」を,わが国の統治構造の中に持ち込もうとする動きは大きな意味をもっていた。そこには,2つの意味があった。第1は,内閣と与党の一体化である。それは,大臣・副大臣・政務官(政務三役)といった形をとって,多くの与党議員を政権に入れ,官僚ではなく政治家である政務三役が中心となって,政治主導の形で政策を立案,調整,決定するということを意味していた[9]。第2は,内閣機能の強化であり,この点は,橋本内閣の行政改革によって大き

[6) 現行選挙制度の特色については,渋谷秀樹『憲法〔第2版〕』(有斐閣,2013年)554-555頁参照。
[7) 中井歩「内閣機能の強化と行政の役割」土井真一編『変容する統治システム(岩波講座 憲法4)』(岩波書店,2007年)136-137頁。ジョン・C・キャンベル(真渕勝訳)『自民党政権の予算編成』(勁草書房,2014年)148頁。
[8) 福岡峻治「行政改革と日本官僚制の変容──『官僚主導』から『政治主導』への転換とその課題」現代法学13号(2007年)128頁。
[9) 福岡・前掲注8)121頁。

く進展することになった[10]。行政改革の内容は多岐にわたるが，その主たる要素は中央省庁の改革・再編と内閣機能の強化の2つであった。中央省庁の改革・再編のあり方と内閣機能の強化の内容は，ともに1998年に成立した「中央省庁等改革基本法」によって明らかにされた[11]。とくに重要であると考えられたのは，内閣機能の強化であった[12]。

　内閣機能の強化は，小泉内閣の時代に実行された官邸主導の政治との関係で大きく注目されることになった。それは，小泉首相が橋本行革によって推進された内閣機能の強化を，制度的な権力資源として用いることによって，内閣の意向を官僚の間に浸透させたこと，また官僚人事や党三役人事において，派閥の意向を無視した一本釣り人事を行うことによって，内閣の与党からの自立性を確保したこと，さらに経済財政諮問会議を構造改革の司令塔として活用し[13]，選挙における争点として構造改革の是非を掲げて国民の支持を集めることに成功したこと，そしてこれらの成果による政権の正統性の基盤の強化を踏まえた政治を行ったからである。もちろん小泉内閣を支えた重要な要因としての，小泉首相の個人的な人気に多くを負った官邸主導の手法があったことは確かであ

---

10) 中井・前掲注7) 143頁。

11) その具体的内容としては，省庁の統合と大蔵省や通商産業省の名称変更及びそれに伴う各省内の部局数の整理などである。増島俊之「行政改革の現状と評価」『公共政策』日本公共政策年報1999 (1999年) 5-6頁。

12) 橋本内閣における内閣機能の強化は，1997 (平成9) 年12月の行政改革会議「最終報告」において，その骨格として①新たな省間調整システムの要としての「内閣」の機能強化，②「内閣総理大臣の指導性」の明確化，③「内閣及び内閣総理大臣の補佐・支援体制」の強化という3点が明らかにされた櫻井敏雄「官邸機能の強化と行政全般の見直し──『国家戦略室』と『行政刷新会議』の設置」立法と調査300号 (2010年) 5頁。その具体的内容は，②について，内閣総理大臣の首長性の強調 (内閣法2条1項等)，内閣総理大臣による「内閣の重要政策に関する基本的な方針その他の案件の発議」(内閣法4条2項) があり，また③については内閣官房の体制の拡大・強化および内閣の重要政策に関する内閣の事務を助けることを任務 (内閣補助事務，内閣府設置法3条1項) とする内閣府の設置があげられる。そして，①については，内閣府に特命担当大臣を置くこと (内閣府設置法9条1項)，経済財政諮問会議等の「重要政策に関する会議」を内閣府に設置すること (内閣府設置法18条1項)，内閣官房が「内閣の重要政策に関する基本的な方針に関する企画立案及び総合調整事務・行政各部の施策の統一をはかるために必要となる企画立案及び総合調整事務等を行う」(内閣法12条) などがある。

13) ただし，自民党内での反対派もこのような小泉政権による官邸主導のやり方に対しては，法案に対する与党内での事前審査や国会での審査において，強い抵抗が見られた。武蔵勝宏「政治の大統領制化と立法過程への影響」国際公共政策研究13巻1号 (2008年) 277-279頁。

るが,制度的な権力資源の重要性も認識しておく必要がある[14]。

いま述べたような小泉内閣を支えた個人的な資質を抜きに,官邸に構造的な形で権限が集中するようにして官邸主導の政治を行おうとしたのは,民主党であった[15]。民主党は,ウェストミンスター・モデルを実現するという考え方の下で[16],2009(平成21)年7月に発表された衆議院総選挙に向けた民主党マニフェストの中で,政治主導のための5原則とそれを敷衍した5策を示した。そのうち,原則2(政府と与党を使い分ける二元体制から,内閣の下の政策決定に一元化へ)を下敷きにした第2策では,「閣僚委員会」の活用と事務次官会議の廃止等が示された。また,原則3(各省の縦割りの省益から,官邸主導の国益へ)を下敷きにした第3策では,総理直属の「国家戦略局」を設置し,新時代の国家ビジョンを創るとともに,政治主導の新たな幹部人事制度の確立などが示された[17]。しかし,このような民主党の官邸主導の政治は,うまく機能しなかった[18]。

そして,その後2012(平成24)年の総選挙で自民党が政権に返り咲き,同年12月に発足した第2次安倍内閣では,各府省連絡会議の名称が次官連絡会議へ変更され,事務次官会議は事実上復活した[19]。このような傾向は,それ以前の状況に戻るような印象を与えるものであったが,むしろ,内閣官房・内閣機能の強化はそれ以前よりも進展し,とくに第2次安倍政権の下で,内閣官房・官

---

14) 中井・前掲注7)152頁。
15) 民主党は2009年の総選挙マニフェストの中で,「与党議員が100人以上,大臣・副大臣・政務官等として政府の中に入り,中央省庁の政策立案・決定を実質的に担う」ことを謳った。http://www.dpj.or.jp/article/manifesto2009
16) 古川俊治「日本におけるウェストミンスター・モデルの適合性」西原博史編『立法システムの再構築(立法学のフロンティア2)』(ナカニシヤ出版,2014年)135頁。
17) 櫻井・前掲注12)9頁。
18) 失敗の原因は,まず原則2および第2策については,事務次官会議の廃止によって内閣が重要政策を主体的に決定するとされていたものの,廃止によってそれまで事務次官会議が担っていた政策間の優先度に関する調整に基づいた迅速な決定を行うことができず,また民主党のマニフェストの基本政策に関して,その実現の必要性に関する閣僚間の合意が存在しなかったためである。つぎに原則3および第3策については,政権交代後本来予定していた国家戦略局が担当大臣であった菅直人大臣が消極的であったために設置できず,国家戦略室にとどまった結果,省庁横断的な総合政策を決定するという内閣の総合調整機能を損なうことになったためである。このようにして,民主党政権で目指されていた官邸主導体制は,政府与党一元化とともに,両者とも当初の見込み通りには成功せずに終わってしまった。日本再建イニシアティブ編『民主党政権 失敗の検証——日本政治は何を活かすか』(中公新書,2013年)参照。

邸機能の強化という制度面での基盤強化が進み,幹部官僚を含めた官邸主導の傾向が顕著になった。

たとえば,内閣官房の強化は,2010（平成22）年と2013（平成25）年の内閣官房の組織を比較しただけでも,その拡大の様相は明瞭である。具体的に言えば,内閣官房の人員は2010（平成22）年度には定員と常駐併任を合わせた人数が1980名であったのに対して,2013（平成25）年度には2453名となってかなり増加している[20]。また組織面では,2015（平成27）年度にはそれ以前には存在していなかった,国家安全保障局,内閣サイバーセキュリティセンター,内閣人事局が設置されていることが注目される。とくに内閣人事局によって,官邸主導の幹部職員人事の一元化がなされ[21],そのトップである内閣人事局長に特別職である内閣官房副長官3名の中で国会議員が充てられていることなどは,官邸主導の政治が実現されていることを示している。

このような官邸主導の政治は,政治の「大統領化」[22]と関係するといえる。それは,このような形の官邸主導が進んだ結果,これまで内閣と官僚との間に存在していた与党の役割が低下するだけではなく,官邸の立法府に対する自立性が強まることになるからである。さらに,そのような大統領的首相の傾向が強まるにつれて,立法府の役割も低下することになる。それは,与党に対する内閣そして首相の自立性が増加するとともに,野党の影響力も低下するからである。首相は,執行府を指揮する強大な権威と立法府内の信頼できる多数派を保持することで,執行府に対して受け身となった立法府も指揮しうる能力を有することになるからである[23]。もちろんそこには,立法府内での多数派の維持

---

19) もっとも,事務次官会議の復活が始まったのは,民主党政権時代に東日本大震災後に事務次官を集めてつくった「各府省連絡会議」が,毎週金曜日に定例化され,国政全般の幅広いテーマが扱われるようになってからとされる。「『事務次官会議』復活へ　政治主導わずか2年」朝日新聞デジタル2011年9月10日 available at http://www.asahi.com/special/minshu/TKY201109090741.html

20) 五十嵐吉郎「内閣官房,内閣府の現在――中央省庁等改革から13年目を迎えて」立法と調査347号（2013年）60-61頁。

21) 内閣人事局については,内閣府のwebサイト参照のこと。http://www.cas.go.jp/jp/gaiyou/jimu/jinjikyoku/

22) 政治の「大統領化」とは,「議院内閣制の枠組みの下において,政党を基軸とした従来の政治のあり方が,首相を中心に『より大統領的なもの』になることを意味する」とされる。高見勝利「政治の『大統領化』と二元的立法過程の『変容』?」ジュリスト1311号（2006年）51頁。

23) 高見・前掲注22）53頁。

の必要性など[24]，一定の制約が存在する。具体的には憲法上の制約として，わが国の国会が権限の上でほぼ対等の二院制を採用していること[25]，あるいは議事日程の設定や政府提出法案の成立を最終的に担保する手段が内閣に与えられておらず，内閣が主導権を発揮できにくい障害が存在するからである。国会の議事手続による制約は大きなものがあるといえる[26]。そのことは，いままでのことを踏まえれば，わが国では憲法上の，政権の存立条件と立法の成立条件とが異なっていることに起因とするものともいえよう[27]。

2 官邸主導の政治と立法の質

このような官邸主導の政治は，これまで議院内閣制の伝統的な理解が想定してきたものとは異なるものである。そのことは，最近のわが国における議院内閣制の動向についてしばしば指摘されるレイプハルト教授の分類にいうコンセンサス民主政モデルからウェストミンスター・モデルへの接近を意味する。ここでいう2つのモデルについては，レイプハルト教授が執行府－政党次元におけるウェストミンスター・モデルとコンセンサス型民主主義との対比を示した5つの事項によって区別しうる。それによれば，両者の間には5つの事項で大きな相違があるとされる。①単独過半数内閣への執行権の集中 対 広範な多党連立内閣による執行権の共有，②執行府首長が圧倒的権力を持つ執行府－議会関係 対 均衡した執行府－議会関係，③二大政党制 対 多党制，④小選挙区制 対 比例代表制，⑤多元主義 対 コーポラティズムである。①から⑤の前者がウェストミンスター・モデル，後者がコンセンサス型民主主義の特徴を示すものとされる。

このウェストミンスター・モデルとコンセンサス・モデルの対比は，憲法学

---

[24] 官邸主導の政治が成立するためには，与党が国会での安定多数の議席を有していることが前提条件となる。また，首相が強力な指導力を行使するためには，小泉首相の例に見られるように，国民からの直接の支持を基盤とすることも前提条件となる。

[25] この点で，「ねじれ国会のもとで，首相の自律性が，特に与党内と国会において交代したのは，そうした制度的な制約が影響を及ぼした」といえよう。武蔵・前掲注13) 290頁。このようなねじれ状況を否定的に解し，参議院の強い「拒否権」的権能は再検討する必要があるものとして，井上達夫「立法理学としての立法学——現代民主政における立法システム再編と法哲学の再定位」同編『立法学の哲学的再編（立法学のフロンティア1）』（ナカニシヤ出版，2014年）26頁。

[26] 武蔵・前掲注13) 290頁。

[27] 川人貞史「衆参ねじれ国会と政権の運営」西原編・前掲注16) 131頁。

者も含めて[28]，議院内閣制の下における二院制の是非[29]，現行選挙制度における小選挙区制度の是非[30]など様々な形で議論されてきた。そして，ウェストミンスター・モデルへの接近を肯定的に評価する立場から，民主党によって具体的な政策が示された。また学説においても，高橋和之教授により「国民内閣制」[31]が提唱された。さらに法哲学の分野でも，「批判的民主主義」の構想を提唱する井上達夫教授の見解[32]などがその方向を示すものと解されてきた。

しかし，このような理解に対して，最近では日本社会の特性を無視し，単に理念的にウェストミンスター・モデルを捉えて，それをわが国の政治的現実に当てはまるということは無理であるとする批判が生じてきている。それは民主党政権が崩壊して以後の立法府の権威の失墜が見られる状況では，ウェストミンスター・モデルを採用した場合の内閣のアクションに対するコントロールの役割を果たす野党の役割[33]は大きく低下していると考えられるからである。その意味で単純にわが国の議院内閣制の方向に関する理解を，ウェストミンスター・モデルとコンセンサス型民主主義との関係として切り分けることは難しいであろう[34]。

たとえば，英国では「大臣に公務員の人事権はなく，次官に至るまで一般公務員は政治的中立が義務づけられ，幹部公務員の任命は人事院などの中立的機関が選考する」とされる。これに対して，わが国ではむしろ積極的に公務員人事に対する内閣の人事管理が認められたことなどが留意されるべきであろう[35]。また，これまでそのポストの位置づけについて議論があった[36]内閣人

---

28) このような議会制の運用を憲法理論上体系化したのが，議院内閣制の直接民主政的な運用形態としての「国民内閣制」論である（高橋和之『国民内閣制の理念と運用』〔有斐閣，1994年〕17-43頁。
29) 田中嘉彦「二院制に関する比較制度論的考察(1)――ウェストミンスターモデルと第二院」一橋法学9巻3号（2010年）217頁。
30) 右崎正博「選挙制度／『統合』型か『共存』型か――ウエストミンスター型『神話』への疑問」法律時報68巻6号（1996年），小松浩「ウェストミンスター・モデルの動揺――イギリス小選挙区制改革の動向」憲法理論研究会編『憲法基礎理論の再検討（憲法理論叢書8）』（敬文堂，2000年）など。
31) 高橋・前掲注28) 参照。
32) 井上達夫『現代の貧困――リベラリズムの日本社会論』（岩波現代文庫，2011年）270-273頁。
33) 髙見・前掲注22) 55頁。
34) この点について，井上達夫教授と小堀眞裕教授との興味深い論争がある。詳しくは，小堀眞裕『ウェストミンスター・モデルの変容』（法律文化社，2012年）236-245頁および井上・前掲注25) 30頁注6) 参照のこと。

事局長について，特別職である内閣官房副長官の中でその一人として席を占めていた国会議員がその任に充てられたことは，わが国の官邸主導の政治の特徴を示すものと思われる[37]。

このようにわが国の最近の政官関係のあり方は，幹部官僚を取り込んだ形での官邸主導による政治主導の形として見ることができる。その結果，とくに重要度の高い法律について，「法案における個々の法律規定の規律密度が不十分で，結局は規制の実質を行政立法に依存する」立法が多くなり，「官僚の考え方で規制の匙加減が決められ，法律が，議員が想定していたような機能を十分に果たさない」という状況が，構造的に定着する可能性が今後高まるように思われる[38]。それは立法の質の低下を招くことをも意味する可能性が高いといえる[39]。

III 立法の質と立法実務家の見解

1 立法マニュアルの提示の動き

いま述べたような立法の質の低下をめぐる問題との関連で，衆議院および参

---

35) 2014（平成26）年4月の「国家公務員法等の一部を改正する法律」（平成26年法律第22号）により，人事院の当初の強い反対を抑えて，麻生内閣のときの2009（平成21）年法案にほぼ沿った内容で，「中央人事行政機関としての内閣総理大臣が，幹部職員人事の一元管理（適格性審査，幹部候補者名簿，任免協議）等に関する事務を行う」こととされ，その事務を担当する機関として内閣人事局が設置された。『平成25年度公務員白書』3頁。
36) 井田敦彦「内閣人事局をめぐる経緯と論点」レファレンス753号（2013年10月号）132頁。
37) このような政治主導を進めるための公務員人事のあり方は「政権政党が，自らの政策を実施する上で適切な人物を，幹部公務員のリストの中から選んで枢要なポストに就けることで，民意に基づいた質の高い行政活動を実施できるという考え方」に沿ったものといえるが，他方「政治的な情実人事が横行するのであれば，公務員の業務は過度に政治的歪みを生じ，モラルの低下を招く」おそれが高いといえる。古川・前掲注16) 139頁。
38) このような見解に対して，総理官邸と内閣官房は一体とした上で，内閣官房は量的にも規模を拡大させ，「内閣レヴェルで政策決定を行う経験を積んだ官僚集団」であって，各省庁の官僚と質的に異なる「内閣官僚」の形成がいわれるが，内閣官房の内閣参事官以下は，各省庁の定例人事の一環として行われており，なお他省庁に対して優越的地位を占めるとはいえないとする見解も有力である。上田健介『首相権限と憲法』（成文堂，2013年）201頁。
39) このことは，他面政党や国家議員の情報収集能力の不十分さが反映しているという問題でもある。例えば，このことを示す最近の事件として，以下のニュースを参照。東京新聞 2015年5月19日「局長が不適切資料配布認める　厚労省，派遣法で民主党議員に」*available at* http://www.tokyo-np.co.jp/s/article/2015051901001347.html（2016年4月現在リンク切れ）

議院の法制局の職員の中から、立法の質を確保するための具体的なマニュアルが提示されていることが注目される。これらマニュアルに共通するのは、法律の一般性を欠く個別的法律と政策大綱を示すにとどまるような基本法ないし政策プログラム法など、従来の伝統的な法律（案）とは異なるものが増大し、立法の質が全体的に低下しているという認識である。この点に関しては、すでに立法プロセスにおける事前の党内審査手続[40]や機関承認[41]の問題性が指摘されてきた。まず、事前の党内審査手続については、「国会提出後の公開の場で議論するべきことを、政党という私的な団体……内部の密室で実質的な議論がなされ、国会における審議を空洞化させているのではないか」、「いわゆる『族議員』が特定団体の利益代表として活動する場になっているのではないか」、「族議員が特定の利益代表として跳梁跋扈しているのではないか」などの制度に内在する問題点が指摘されてきた[42]。また、機関承認の問題については、衆議院の重要な議事手続準則にかかわるものであって、「議院の行為に対しては他権の批判」を許さないという議院自律権の思想を踏まえて判断するべきであるとの見解[43]や、そもそも機関承認の適否は司法審査の対象外であるとする立場[44]が見られる中で、国民投票法案不受理違憲訴訟（東京地判平成8.1.19判例集未登載）では、事件性を認めて、機関承認が裁判所で争われた。

　しかし、最近の法律（案）のつくり方は、そのような手続問題を超える問題性を示しているように思われる。たとえば、橘氏があげる「オウム真理教に係る

---

[40] 事前の党内審査手続とは「与党・野党を問わずに、議員立法の企画立案の段階において、その提出しようとしている議員の所属する政党（会派）が、その法律案の内容を審査し、その提出を了承するという『事前（＝国会提出前）の党内審査手続』を履践することである。」大森政輔＝鎌田薫編『立法学講義〔補遺〕』（商事法務、2011年）123頁［橘幸信執筆部分］によれば、55年体制下において最もシステマティックな制度が確立されている自由民主党の場合を例にとれば、部会・政調審議会・総務会といった党内各機関による一連の審査手続であったとされる。

[41] 機関承認とは、「衆議院における議員立法の場合には……会派所属の議員が発議者となっている議員提出法律案を受理する場合には、国会法規上明文で定められている……要件のほか、当該所属会派の党内審査手続を経た旨の一定の機関（幹事長や国対委員長といった当該会派が届け出た機関）の承認印を要するとの要件である。」大森＝鎌田編・前掲注[40]［橘執筆部分］123頁。

[42] 大森＝鎌田編・前掲注[40]［橘執筆部分］124頁。

[43] 木下和朗「議院自律権と司法審査――国民投票法案不受理違憲訴訟」ジュリスト1113号（平成8年度重要判例解説）（1997年）24頁。

[44] 本件における衆議院側の主張である。

破産手続における国の債権に関する特例に関する法律」(平成10年度法律第45号)のような行政的立法は，これまでほとんど見たことがないほどに一般性を持たない法律であるといえる[45]。このようなかつては予想だにし得なかったような立法に，どのように対するか，そしてどのような対応が必要とされるのかを模索する動きに伴う切迫感は，議院法制局職員の最近の見解の中から見て取ることができる。

　従来の法案立案は，関係官吏の徒弟制度的な状況の中で行われてきた。これに対して，末広厳太郎博士が「何等科学的自覚の下に科学的操作に依って行われていない」[46]と批判したことはよく知られている。しかし最近では，そのような状況の枠を踏み出して，積極的な形で立法マニュアルを提示する傾向が見られる。たとえば，衆議院法制局の橘幸信氏は，次のような「実践的立法学」の構想を明らかにした[47]。「実践的立法学」とは，法律(案)の「つくられ方」に関する一般的な知識を体系化し整理して提供するという部分と，法律(案)の「つくり方」に関する知識・ノウハウを体系化して提供するという部分から構成される[48]。このうち，基本とされる法律(案)のつくり方の4つのポイントとして，①政策合理性の検討，②法律事項の検討，③法令のピラミッドの中での整合性，④立法技術に則った条文化が指摘されているが，本稿との関連では①②が注目される。

　一方，参議院法制局の川﨑氏も，最近の立法をめぐる現状認識を橘氏とほぼ共有しつつ，「ましな立法」をつくるための要件との関連で，法的適格性をめぐる議論を展開している。ここでいう法的適格性の意味は，「法的正当性の前提条件となるものとして，立法の内容が，事柄や形式の面で，法律で定めるのにふさわしく，また，それが期待される機能を果たしていく上で適切なものとなっているかどうかを問うもの」とされる[49]。法的適格性を構成する要件としてはさまざまなものがあげられているが[50]，橘氏の場合と同様に，法律事項該当

---

[45] 橘幸信「『実践的立法学』の構築に向けて——法律(案)のつくり方・つくられ方」北大法学論集 54巻1号 (2003年) 189-190頁。また橘氏が政策宣言的法律の嚆矢として1988(昭和63)年消費税導入の際に制定された「税制改革法」をあげている。

[46] 末広厳太郎「立法学に関する多少の考察——労働組合立法に関連して」法学協会雑誌 64巻1号 (1946年)。

[47] 橘・前掲注45) 171頁。

[48] 橘・前掲注45) 183頁。

性,立法事実,法律の目的の明確性があげられている[51]。

2 法律事項該当性と政策合理性の検討

このような両者の見解を見ると,そこには現在の立法に対する実務の観点から見える問題点が示されているといえる。そこでは,①法律事項の理解と限界,②立法および立法目的の合理性そしてそれを支える立法事実の存在の検証という課題が存在していること,そして両者の見解は,それらの課題に対する実務家としての対応案の提示として理解することができると考えられる。

①の法律事項について,橘氏は,現在においては法規説的とらえ方[52]に固執することなく,議員立法における法律事項については,「『その時代時代の政治的・社会経済的諸状況を踏まえて,国民代表たる国会議員が,法律として定めるにふさわしいと考える事項』=『国民生活に重要な影響を及ぼし,あるいは国民が政治的関心を有する事項(いわば,国政における本質的事項)』といったものになるように思われる」とする[53]。

しかし,このような法律事項のとらえ方には問題点も存在する。それは,川﨑氏の指摘するように,現在,基本法,推進法などの政策プログラム法が増大し,その結果,規範性を欠くと見られる法律(案)が頻出しているという状況にあり,そこでは「行政のコントロールという民主的な意義」が見失われ,「逆に行政機関に幅広い裁量を認め,法や国会のコントロールの及ばない領域を国会みずからがつくりだすような状況」を招いているからである。したがって,そこでの課題は,それら法治主義の限界を超えると思われる立法が,行政権や司法権を侵害し憲法65条や76条に違反したり,「憲法の人権規定に抵触する場

---

49) 川﨑政司「立法における法・政策・政治の交錯とその『質』をめぐる対応のあり方」井田良=松原芳博編『立法実践の変革(立法学のフロンティア3)』(ナカニシヤ出版,2014年)67頁。法的整合性については,立法が膨大な実定法体系の中で体系性・統一性・調和性を保っているか,また法体系の複雑化に対応しているかどうかをさすものと考えられる。同93頁。
50) 川﨑氏は,それらの要素として,法律事項該当性,一般性,非遡及性,明晰性,実効性,整合性,一貫性,手続保障・救済可能性をあげる。川﨑・前掲注49)48頁。
51) 川﨑氏は,さらに明晰性を加えているが,それは国会における審議プロセスの透明性と応答性にかかわるものであり,広い意味での法律のつくり方にかかわるものと思われる。川﨑・前掲注49)48頁。
52) 大森=鎌田編・前掲注40)316-319頁[山本庸幸執筆部分]。
53) 大森=鎌田編・前掲注40)112頁[橘執筆部分]。

合」のように違憲・無効とはならないとしても[54],立法としての質が大きく低下している状況をどのように改善するかということである。

つぎに,②にかかわる政策合理性の検討とは,橘氏によれば,「立法目的の合理性及び立法目的とそれらを支える立法事実の存在などが,客観的事実やデータとして検証され得るかということをチェックすること」である。そして,「『立法事実』とは,単なる『生のデータ』などではなく,そこから『抽象的な事実』を抽出・構成し,立法目的や立法手段の合理性を支えるものとして立案者において再構成された,理論的・規範的なものである。そうでなければ,現に生じていない,予測された将来の事象に対応するような立法などは,そもそも『立法事実』がない,ということになってしまいかねない」とする。

ここで課題とされるのは,裁判所の審査基準と立法府による政策合理性の判断基準との関係である。それは,「(憲法訴訟理論で) 説かれている『立法裁量』とか『合憲性の推定』,あるいは『司法の自己制限』ないし『司法消極主義』といった一連の考え方が,ひとつのあるべき立法者像というものを前提として成り立っている」のか否かということと関連するものである。この点で,橘氏が「『合理性の基準』のように裁判所としては立法府の判断を前提として合憲・違憲を判断するといった基準が妥当する領域の立法をする場合,立法府としては『我々の判断を裁判所は原則として認めてくれるはずだから,どのような判断をしても良いのだ』」と考えることが,多くの立案担当者が誤解している点だと指摘していることが注目される。ここでいう誤解とは,「裁判所が行使する違憲審査基準を立法者がみずからのものとして受容する姿勢」に起因するものであろう。それは,「違憲立法審査権を行使する裁判所との関係で立法が従属的な位置に立つこと」を承認することを意味し,「民主制の根本問題」を提起する可能性を有するといえるからである[55]。

そのような中で,立法の質を高めるための裁判所の役割は,どのように考えられるのであろうか。以下では,立法事実,立法の手続的正当性の順に,裁判所の役割を見ていくことにしたい。

---

54) 川﨑・前掲注49) 49-50頁。
55) 西原博史「憲法構造における立法の位置づけと立法学の役割」ジュリスト1369号 (2008年) 35頁。

Ⅳ 立法事実と裁判所

1 立法目的の正当性と合理性を支える事実

立法事実とは，法律の「立法目的および立法目的を達成する手段（規制手段）の合理性を裏づけ支える社会的・経済的・文化的な一般事実」[56]をさすとされる。換言すれば，立法目的の正当性や必要性を裏付ける事実およびその立法目的を達成する手段の合理性や必要性を支える事実を意味している[57]。

それはすでに述べた，法制実務者のいう立法の政策合理性にかかわる点でもあり，そこでは，立法目的の合理性と立法目的を達成する手段の合理性が検討されてきた。そして，このような立法事実の検討は，「立法事実」が単なる客観的事実として存在するか否かの判断にとどまるものではなく，事実状況が立法を支えるか否かをさまざまな諸利益を比較衡量した上で判断し，立法事実の有無の存否を判断することまで求められる。このような立法事実の存否の判断に関して留意すべき点は，立法事実が立法目的の正当性や合理性を支える事実を含んでいるということである。ところが，わが国においては，しばしば立法事実の検討は立法目的とその達成手段との合理的関連性のみを意味し，その点を検討することが法的思考であるとする見方が強く存在する。この見解に従えば，裁判所は立法目的の正当性や合理性を支える立法事実の審査を慎重に行い控えるべきであるということになる。しかし，この点については，ここで検討の対象としている最近の政治的な政策の立法化に関して，どのような政策目的を実現するかという点に主たる重点が置かれており，その意味で立法の「目的」が立法全体の主たる関心になっているという認識を据えることが重要である。そして，そのような状況では，「立法目的が定まらなければ，それを実現するための法的手段も立たないから」裁判所が立法事実を厳しく審査すべきであるということもできるように思われる[58]。ただ，このような見解については，2つの

---

56) 芦部信喜『憲法〔第6版〕』（岩波書店，2015年）383頁。
57) そして，このような立法事実の立法を要求し，その立証がない場合に違憲判断を行うという判断方法が立法事実論ということになる。渡辺千原「法を支える事実——科学的根拠付けに向けての一考察」立命館法学2010年5・6号（2010年）1808頁参照。
58) 高見勝利『現代日本の議会政と憲法』（岩波書店，2008年）275–276頁。

検討すべき点が伴うと考えられる。

　第1に、裁判所がこのような審査を実際に行うことができるのかということである。それは、仮に裁判所が「立法事実に依拠した審査方法、すなわち、当該立法の根拠となる事実をもとに、その目的の正当性・合理性、目的・手段の関連性の有無等について、立法時に行われたとほぼ同様の手順で審査を」行った場合に、裁判所は「基本的に訴訟当事者が提出する資料に依拠せざるを得ず、立法事実に関する情報量の点では」、国会や官庁の保有する情報量にははるかに及ばない[59]から、審査はできないと考えることもできるように思われるからである。しかし、この点に関して、高見教授は「争訟事件となって事案に適用せられるべき、具体的なある法律のある特定の条項に関する『立法事実』ないし『目的-手段』の審査にかかる事実ということになると、裁判所の方が、大雑把な国会よりも、ピンポイントでのきめの細かい事実の検証は可能である」とし、その具体例として、最高裁が森林法186条の共有林分割制限規定の立法目的を認定したことを指摘する[60]。

　第2に、仮に裁判所が立法目的の合理性を支える立法事実を事実として判断できるとしても、立法目的の正当性を支える立法事実を審査するべきであると当然視できるのかということである。この点で注目されるのが、立法事実論の意義に関する最近の議論である。淺野教授によれば、芦部教授が立法事実と訳したlegislative factsは、アメリカの行政法の大家として知られるデーヴィス（Kenneth C. Davis）が、司法過程における「法適用のためになされる事実認定」と区別する形で、行政過程におけるあるべき事実認定を論じる中で用いた言葉であり、そこではlegislativeは、主体としての立法府をさすのではなく、作用としての立法作用をさしていたとする[61]。この見解に立って考慮すれば、legislative factsとは、法形成・政策形成を支える事実を意味すると解することができ、裁判所による立法事実の審査は制度的な枠を乗り越えうることになる。

---

[59] 高見・前掲注58) 281頁。
[60] 高見・前掲注58) 281頁。
[61] 淺野博宣「立法事実論の可能性」高橋和之先生古稀記念『現代立憲主義の諸相・上巻』（有斐閣、2013年）423頁。

2 合憲性推定原則と立法事実の関係

いま述べたlegislative factsに関する指摘の重要性は、アメリカにおいて立法事実を論じる際に、法形成・政策形成を支える事実、すなわち法律の合憲性を支える事実を検討する場合と、法律の合理性を検討する場合が区別されていたということを示していることにある。もっとも、アメリカにおいては、ロックナー事件判決[62]において、多数意見は「立法の目的の適切さおよび目的と手段との直接的な関係性を問い、公衆衛生や労働者の健康の保護という立法上の目的に対して裁判所が自ら探求し立法事実を精査する厳格な姿勢」[63]をとったため、経済的規制立法に対する司法の違憲判断に対する批判は大きなものとなり、法律の合憲性を支える事実、すなわち法形成・政策形成を支える事実に対する司法による審査はいわば凍結され、それに代わって合憲性推定原則が一般化するようになったという事実が存在することには留意する必要がある[64]。

アメリカにおけるこのような立法事実を論じる際の特徴は、わが国でも見ることができる。たとえば、国籍法違憲判決（最大判平成20.6.4民集62巻6号1367頁）は、国籍法3条1項の立法目的の合理的な根拠をほとんど検討することなく認め、国籍法3条1項が制定された当時にとられた立法目的達成の手段として、準正子（嫡出子）と非準正子（非嫡出子）を区別することは、国籍法3条1項の立法目的との間に合理的関連性があったということを、立法事実を示す資料やレポートなどを精密に提示・検討することなく認めている。この点で本判決は「合憲の推定をおくことを前提にして審査」[65]をしていることになる。また、森林法共有林事件判決（最大判昭和62.4.22民集41巻3号408頁）でも、森林法186条の立法目的について、明治40年森林法（明治40年法律第43号）6条の規定を受け継いだものであるとした上で、「現行の森林法は、明治40年法6条の内容を実質的に変更することなく、その字句に修正を加え、規定の位置を第7章雑則に移し、186条として規定したにとどまるから、同条の立法目的は、明治40年

---

62) Lochner v. New York, 198 U.S. 45 (1905).
63) 川岸令和「経済的自由とデュー・プロセス条項(1)」アメリカ法判例百選（2012年）91頁。
64) 淺野・前掲注61) 428-429頁。
65) 木村草太「立法過程の法的統制──立法裁量・立法目的・立法事実」憲法理論研究会編『変動する社会と憲法（憲法理論叢書21）』（敬文堂、2013年）27頁。木村はさらに国籍法違憲判決及び在外邦人選挙権訴訟判決（最大判平成17.9.14民集59巻7号2087頁）は、立法事実認定の証拠や資料をほとんど指摘していないとする。

法6条のそれと異なったものとされたとはいえない」としており，森林法186条の政策形成の正当性・合理性を支える事実についてはほとんど審査を行っていない。さらに薬局開設距離制限違憲判決（最大判昭和50.4.30民集29巻4号572頁）についても，同様な点が指摘できる[66]。

しかし，本来合憲性推定原則と立法事実論とは独立した関係にあり，そのため立法事実論を突き詰めていった場合には，合憲性推定原則が維持できないことになる可能性があるということを考えておく必要がある。ただ，そのような場合には，両者は鋭い緊張関係を有するにいたることになる。このような緊張関係の発生可能性を理由として，合憲性推定原則をとるのか立法事実論をとるのかという二者択一的判断を考えるということもありうる。前述したわが国のとらえ方は，緊張関係の存在を理由にして，合憲性推定原則を合憲性を支える事実の推定として説明し，立法事実を法律の合憲性ではなく，法律の合理性を支える事実として説明する傾向が高いように思われる。しかし，このような選択は，立法事実と合憲性推定原則の関係を曖昧化するように思われる。この点は，二重の基準論の意義とも関連する重要な点であり[67]，ただちに二者択一的な判断を行うことが適当とは思われない[68]。

3　立法事実論の展開と司法積極主義

このように立法事実を立法の政策合理性との観点で重視する違憲審査の判断方法については，一般的にどこまで行えるのかについて懐疑的ないし否定的な見方が強い。それは，立法を正面から評価する裁判所の判断手法となる可能性があるからである。そして，「この意思決定モデルに登場する立法の『目的』，そして『目的達成の手段』といった概念に接するとき，とくに薬事法違憲判決（最大判昭和50年4月30日民集29巻4号572頁）などで示された判断方法が，国会の立法活動に及ぼすであろうインパクトについても考えざるをえない」[69]とさ

---

66) 宍戸常寿「立法の『質』と議会による将来予測」西原編・前掲注16) 66頁。
67) 宍戸・前掲注66) 65頁。
68) 淺野・前掲注61) 432頁は，「合憲性の推定を認めても，それをすべての分野・論点について一般的に認める必要はなく，例えば，表現の自由の分野については議会の事実認定を信用できない理由があるので裁判所が審査するべきであるというような例外を認める余地」を指摘する。
69) 大石眞「立法府の機能をめぐる課題と方策」佐藤幸治先生古稀記念『国民主権と法の支配・上巻』（成文堂，2008年）323頁。

れるのは,そのような問題意識の反映である。ただ,「薬事法違憲判決などで展開された議論は,もっぱら違憲か合憲かの法的判断,すなわち具体的な立法について,その目的だけでなく目的を達成する手段の必要性と合理性を検討して,『立法府の判断がその合理的裁量の範囲を超えないかどうか』を判断する点に向けられたものにすぎず,一般に評価要素として用いられる効率性・有効性基準といったものとは大きく異なっている」[70]とされるのである。

このような立法事実論の展開に対する懸念は,そのような立法事実論の展開が積極的に違憲判断を行うという意味での司法積極主義に結びつきやすいと考えられてきたことを反映していると考えられる[71]。それは,前述の立法事実論を突き詰めていった場合には,司法による立法の目的そのものの当否の判断にまで及ぶ可能性があるからである。目的設定が政策的な判断を含む以上,司法による政治への関わりを持たせる可能性が高いといえるからである。

この点について,川﨑氏は,裁判所の役割について,以下のように限定的に捉えている。「法秩序形成における国会と裁判所の相互作用を仮に『国会と裁判所の対話』としてとらえるならば,それぞれの機能・役割の限界ということも十分に意識・自覚しつつ,より良き法の形成に向けて,国民も加わった公共性の空間においてその対話が促進されていくことも必要」であるが,「対話ということになれば,裁判所の法的な判断が必ずしも最終的なものとならず,開かれていることが前提となるが,それは,裁判所の権威の相対化を招く可能性」[72]をもたらす[73]。「しかも,民主的正統性を持たず,任命権を内閣に握られている裁判所の政治的な立場はあまり強くはなく,……政治の側が,法や裁判所の権威を認め,理性的な対応をすることが必要不可欠の条件となってくる。……裁判所の側の最後の頼みの綱は,国民の信頼・支持ということになるが,民意の多様性・流動性や気まぐれな性格からすれば危険な賭けとなる」[74]とする。

---

70) 大石・前掲注69) 323-324頁。
71) 渡辺・前掲注57) 1808頁。
72) 川﨑・前掲注49) 71頁。
73) このことは,「違憲無効判決が下されたとしても,違憲無効とされた当該規定を含めて全体としてどのような法規定にするかは,……裁判所がどのように判断しようとも,結局は,これを受けた立法府による対応が不可欠なものとなる」ということであろう。畑尻剛「憲法訴訟における立法府と裁判所との協働——立法事実の変化とその対応をめぐって」日本法学72巻2号(2006年)319頁。
74) 川﨑・前掲注49) 72頁。

それでは,だれが立法の「質」を確保する役割を担うのか。この点について,川﨑氏は,立法の質を高めるための「事後的な仕組みの代表的なものが紛争処理機関であるとともに法原理機関である裁判所ということになるが,裁判所は,具体的な事件に付き訴訟が提起された場合に法的な面から判断するにとどまり,科学技術をはじめ法以外の専門性の面では限界もある」[75]とする。それに代えて川﨑氏は,2011年に国会に設置された東京電力福島原子力発電所事故調査委員会を念頭に,「専門性の高い問題や党派的対立から離れて検討する必要性のある問題などを中心に国会に第三者的・専門的な諮問調査機関を設置する」[76]ことをあげる。また,「立憲主義国家では法的な面での質を確保するために,立法のプロセスにおいて法律専門機関としてそれをチェックし助言・補佐を行う法制機関」[77],とくに内閣法制局に着目する。

　しかし,川﨑氏が認めるように,いわゆる制度改革訴訟に見られる裁判所の役割をどのように考えるかも重要となる。制度改革訴訟とは「本来であれば立法府において解決されることが期待されるものであるのに,立法府ではなかなか対応がなされないような場合に,国等の政策や制度のあり方,不作為などを争点に含む形で,裁判所に訴訟を提起することにより,立法府の対応を促すことをその狙いとするものといえる。また,これに対し,裁判所の側は,原告の請求は棄却しつつ理由の傍論の部分で対応の必要性等に言及するものなどもみられたが,最近は,在外選挙訴訟最大判平成17年9月14日（民集59巻7号2087頁）などのように,立法の不作為の違憲性・違法性を正面から認めるものも現れてきている」[78]からである。このような指摘は,裁判所が政策形成に関して時として立法への補整的介入を行っているという現実を示唆しているように思われる。

4 「立法事実の変化論」の議論

　つぎに,最近指摘される立法事実の変化を理由とする違憲判断の手法である「立法事実の変化論」について,若干の考察を行っておきたい。それは,「立法

---

75) 川﨑・前掲注49) 63頁。
76) 川﨑・前掲注49) 65頁。
77) 川﨑・前掲注49) 66頁。
78) 川﨑・前掲注4) 50頁注13。

事実の変化論」は「今や違憲判決の定石的手法」[79)] と言われるようになっているからである。立法事実の変化論との関係で注目される最近の最高裁判決や決定としては、①在外国民選挙権事件判決 (最大判平成 17. 9. 14 民集 59 巻 7 号 2087 号)、②1 人別枠方式判決 (最大判平成 23. 3. 23 民集 65 巻 2 号 755 頁)、③国籍法違憲判決事件、④非嫡出子法定相続分差別規定違憲決定 (最大決平成 25. 9. 4 民集 67 巻 6 号 1320 頁など)、⑤農作物共済当然加入制判決 (最判平成 17. 4. 26 判時 1898 号 54 頁) などがあげられる[80)]。

これらの中で、本稿との関係でとくに注目を引くのは、在外国民選挙権事件判決である。この事件には多様な論点が含まれて存在するが、立法事実論とくに法形成・政策形成を支える事実との関連で重要な点は、本判決が選挙権の行使の制約にはやむを得ないと認められる事由が存在しなければならないとした上で、その事由として「選挙の公正を確保しつつ選挙権の行使を認めることが事実上不能ないし著しく困難であると認められる場合」であると指摘し、「選挙権の制約目的として憲法上認められるのが、専ら選挙権の中から引き出される選挙の公正の確保に限られること」[81)] を示している点である[82)]。このような立法目的に対する審査がなされた背景には、「選挙権は重要な権利であるから国民を代表する国会において法律で定めなければならない。しかし、選挙は国会議員の身分・利害にかかわる事柄であって、個々には利益相反状況が発生しているのであり、立法者に対する信頼をそもそもかたり得ない局面である。」と見られていることがあげられる。

また、衆議院議員選挙の 1 人別枠方式の合憲性が争われた事件でも、最高裁は 1 人別枠方式について、「国政における安定性、連続性の確保を図る」必要性と 1 人別枠方式なしには選挙制度の改革が実現困難であったといった事情を考慮して、当初 1 人別枠方式に「合理性があった」として、平成 11 年判決 (最大判平成 11. 11. 10 民集 53 巻 8 号 1441 頁)、平成 19 年判決 (最大判平成 19. 6. 13 民集 61 巻 4

---

79) 宍戸常寿『憲法解釈論の応用と展開〔第 2 版〕』(日本評論社、2014 年) 64 頁。
80) もっとも、立法事実の変化を違憲の理由としてあげる判決としては、すでに 1976 (昭和 51) 年に衆議院議員定数不均衡訴訟判決 (最大判昭和 51. 4. 14 民集 30 巻 3 号 223 頁) が登場しているが、それは一般論として述べているにとどまっている。
81) 宍戸・前掲注 79) 51 頁。
82) この点に関連して、アメリカの選挙運動資金規制におけるブライア裁判官の提唱する民主制審査が注目される。村山健太郎「ロバーツ・コートと選挙運動資金規制(1)」ジュリスト 1415 号 (2011 年) 95 頁。

号1617頁）等において合憲判断を下しながら，平成23年判決では，「新しい選挙制度が定着し，安定した運用がなされるように」なっていた2009（平成21）年8月30日の選挙当時においては，1人別枠方式の「合理性は失われ」，「憲法の投票価値の平等の要求に反する状態に至っていた」と判示して[83]，「事情の変更による違憲判断」という判断手法を採用することによって，1人別枠方式の立法目的の合憲性を支える事実の変化を踏まえる形で，それ以前の判決と矛盾・抵触することなく，違憲状態との判断を下すことができた[84]のである。

　このような「立法事実の変化論」に対しては，批判も根強い。その理由として司法による立法事実を審査する能力が一般的にいって存在しないという指摘[85]がある。それは，川崎氏のいうように，「司法制度改革などにより一定の変化がみられるとはいえ，果たして我が国の裁判所にその覚悟や準備はできているのだろうか」という疑問とつながる批判である。つぎに仮に審査する能力があるとしても，「立法事実の認定・評価は，国会（議員）の『仕事』であって，そもそも裁判所（裁判官）の『仕事』ではない。法律で規制しようとする事柄に関する『事実』は多様であろうし，それらを評価した上でどのような『事実』を取り上げるかなどは，国会の『仕事』である」[86]とする批判が存在する。この点は，立法事実の審査といわゆる立法評価との関係からする批判[87]ということができる。そして第3に，立法が「『法』と『政治』が或る種の劇的な邂逅の場」[88]であることからくる批判が存在する。この点についてはすでに触れたが，なお「立法事実の変化論」については，その違憲判決が当該法律成立の時点ではなく，それ以後の時点の違憲性を基準に違憲と判断されることになることとの関係で，どの時点においてそれまで合憲であった法律が違憲に転化したかを特定することが，非常に困難であることに注意する必要がある。当初合憲であったものが「その後の社会の意識の変化，諸外国の立法の趨勢，国内における立法改正の動向，批准された条約等」を考慮した場合に，いつの時点で違憲となるのかは明瞭に判断することが困難であろう。そこで，かりに判決の時点において明らかにな

---

83) 櫻井智章「事情の変更による違憲判断について」甲南法学51巻4号（2011年）801頁。
84) 櫻井・前掲注83) 803頁。
85) 淺野・前掲注61) 432頁。
86) 青柳幸一「平等原則をめぐる司法審査のあり方(2)・完」明治大学法科大学院論集16号（2015年）7頁。
87) 大石・前掲注69) 323頁参照。
88) 谷口功一「議会における立法者，その人間学的基礎」ジュリスト1369号（2008年）39頁。

った違憲性を根拠に，当該法律を無効とすることが合理的であると考える[89]とすれば，それは前述の社会の意思の変化などの諸要素を裁判所が判断するという形で，裁判所が実質的に政策形成について判断に加わることを意味することになる。

このような問題を抱えているとはいえ，違憲審査制の発展の不可逆性を考えるときに，立法との関係で裁判所の介入が問題とされる可能性があるのは，「裁判所が目的プログラム化された憲法を振り回し，そのことによって，本来の民主制理解においては立法府に留保されているはずの指導的規範設定についての権限を簒奪する」[90]場合であろう。そして，すでに見たように，最高裁の判例は，立法府を聖域化していないと見られる[91]。ただ，このような理解に対しては，「立法者による規範設定の意義を踏まえるならば，違憲立法審査権を行使する裁判所が立法目的を検証できる範囲は，もともと限られたものでしかない」し，「立法目的となるものを評価して規範設定を行う立法者の原理的権限を意識すれば，その立法目的と手段との整合性」こそが問われるべきという批判が想定されることになろう[92]。そこで，この種の批判を回避するための方策として判断過程統制に焦点があてられ注目されることになるが，立法プロセスの手続的正当性との関係で判断過程統制について，以下述べてみることにしたい。

V　立法の手続的正当性と司法の役割

1　判断過程統制と立法者の義務

わが国で最近有力な司法審査の手法として見られているのが，判断過程統制である。その内容は，「立法府の裁量権行使の結果よりも，裁量権行使の過程，方法の審査に重点を置き，立法裁量の適正行使義務というものを措定し，立法府に上記義務違反があるかどうかを吟味しようとするもの」であり，それは「行政裁量の分野において行われている司法審査の手法を立法裁量の分野に応用し

---

[89] 畑尻・前掲注73) 328頁。
[90] 西原・前掲注55) 35頁。
[91] 山本龍彦「立法過程の脱『聖域』化——主観的憲法瑕疵への注目」法学セミナー685号 (2012年) 66頁。
[92] 西原・前掲注55) 36頁。

ようとするもの」[93]であるとされる。とくに，2004（平成16）年の参議院議員定数不均衡訴訟（最大判平成16.1.14民集58巻1号56頁）において，亀山裁判官らの補足意見2[94]が判断過程統制の影響の下に「①客観的憲法瑕疵よりも，②立法者が立法過程において何をしたか——較差是正に向けて『真摯な努力』をしたか——に，違憲審査の重点を移してきていること」[95]が，憲法上重要な点として意識されるようになっている。すなわち，平成18年判決（最大判平成18.10.4民集60巻8号2696頁）の藤田補足意見も述べているように，「立法府が，……諸考慮要素の中でも重きを与えられるべき投票価値の平等……が損なわれる程度を可能な限り小さくするよう，問題の根本的解決を目指した作業の中でぎりぎりの判断をすべく真摯な努力をしたものと認められるかである」という見解を提示して以降，国会が「相当期間継続しているにもかかわらずこれを是正する措置を講じない」ということのないよう「国会が不平等是正措置をしっかり行っているかどうか」が，重点的かつ自覚的に審査されるようになったのである[96]。

判断過程統制に関して，本稿との関係で注目されるのは，ドイツにおいてそれを積極的に支持するシュベルトフェーガーの所説とそれに対する批判である[97]。シュベルトフェーガーは，法律の内容がより高位の法に照らしてそれ自体として可能である枠内にとどまっている場合における，立法に際しての手続瑕疵について，法が課している要求として，①立法に関連するデータを可能な限り完全にかつ正しい内容で考慮して，現状を分析し，現状をどのような手段で変え，その手段が目的に対してどの程度効果的かを探求する義務，②①に関する複数の選択肢の利害得失に関する政策的・評価的観点からの衡量義務をあげる。このようなシュベルトフェーガーの所説に対しては様々な批判があるとされるが，その批判の要点は，立法府における立法手続について手続的措置を講ずるよう法的には要求しえないという点にあるように思われる。そこでは，

---

93) 福井章代「公職選挙法14条，別表第3の参議院（選挙区選出）議員の議員定数配分規定の合憲性」最高裁判所判例解説民事篇平成16年度35頁。
94) 亀山継夫，横尾和子，藤田宙靖，甲斐中辰夫の4裁判官による補足意見である。
95) 山本・前掲注91) 67頁。
96) 山本・前掲注91) 70頁。なお，毛利透「参議院の選挙区選出議員定数配分規定の合憲性」民商法雑誌142巻4・5号（2010年）。
97) 岡田俊幸「判断過程統制の可能性」法律時報83巻5号（2011年）56 - 59頁。

法律を制定する連邦議会が直接的に民主的に正統化される機関であるから，その立法の手続を憲法の枠内で自ら形成する権限を有するとされることになる。

このようなドイツの議論を考えるとき，わが国の最高裁が前述の2004（平成16）年参議院議員定数不均衡訴訟判決補足意見2などが示した判断過程統制の考え方は，二重の意味で注目される。第1に，ここでは「ある法律の内容が法の下の平等に違反し，憲法の定める基本的人権を侵害するものかどうかを審査する際に，個別具体的な行政活動の適法性審査を目的とする行政裁量論の手法を利用することが」見られるということである[98]。第2点として，参議院という直接国民によって選出され民主的に正統化される機関の組織形成に対して判断過程審査を行ったということである。

もっとも，このような考え方はドイツだけに限られるわけではない。たとえば，アメリカにおいても「議会の立法に対してはその合憲性を支える事実が推定されるという意味での合憲性推定原則」の根拠付けを強化するという立場が見られる。それは，サックス（Albert Sacks）とハート（Henry Hart Jr.）によって，ハーバード・ロー・スクールでの教材として編まれた「リーガル・プロセス」の中で示された見解である。ハートとサックスは，高見教授によれば次のように述べているとされる。立法の目的に沿って人々の行動を規正し，一定の方向に導くために「制度化された手続とその手続の運用を委された機関の整備は，ある社会の内部における諸問題がただ単に実質的に解決されることよりも遙かに重要である」。「そこでの法曹の果たすべき役割は，どうすれば，複雑多様で動態的な社会生活上の諸問題を解決するのに最も適した法的手続制度を創設することができるのか，という点に求められる」[99]。

高見教授は，このような見解を踏まえて，「ハートとサックスによれば，社会に生起する具体的な諸々の争いについて，それらをとりあげ解決する公私の分散的で重層的な制度のもとにあって，その決定の実質は，……準則や基準の定立にあるというよりも，むしろ，決定の手続のうちにこそ存在する」[100]とされる。そして，その手続は行使される権限の性質に応じて異なるが，「そこで採用

---

98) 岡田・前掲注97) 62頁。
99) 高見勝利「『より良き立法』へのプロジェクト——ハート＝サックス〈The Legal Process〉再読」井田＝松原編・前掲注49) 24頁。
100) 高見・前掲注99) 28-29頁。

されるいずれの手続も権限を行使するうえで必要な情報を十分に入手し，賢明な決定に資するものでなければならない」とし，「そこで求められる最善の手続は，『関連する情報を手に入れるまで重要な決定を行わない』という意味での情報に基づく手続，『決定を行う者の間で，十分な意見交換がなされない限り重要な決定を行わない』という意味での審議手続，しかも，『すべての立法提案が利用しうる時間内において，しかし，より重要な提案にはより多くの審議時間が割り当てられるよう処理すべきだ』という意味での手際よい手続でなければならない」ということからなるとされる[101]。

2 具体的な判断の内容

いま述べたようなリーガル・プロセス的な見解によれば，裁判所の一般的な役割として，第1に，裁判所が役割を果たすか否かを判断する際には，立法の類型による相違が検討される必要があろう。「立法の類型ごとに重視されるべき法的な要素や立法のあり方を検討してみる」[102] ことが必要だからである。ここではとりあえず，川﨑氏の示した分類である①基本ルール設定型立法，②制度形成型立法，③政策構想・選択型立法，④政策遂行型立法，⑤問題対処型立法をあげて見ておくことにしたい。

①の基本ルール設定型立法とは，「社会における基本的ルールや法の基本的価値にかかわる立法であり，伝統的な法のあり方が当てはまるタイプ」（民法，商法・会社法，刑法など）である。これらの法については，立法目的や立法目的達成手段を支える立法事実の審査を裁判所が行うことは不適切であり，判断することはできない[103]。これらの法は，国民生活を支える基盤的なものであり，裁判所は具体的な規制事例の判断の積み重ねを通して，これらの法形成に関して大きな役割を果たすことが予定されているといえる。その意味では，立法それ自体の中に判例による法形成が組み込まれているということができる。

②の制度形成型立法とは，「各法分野における制度の基本にかかわる実体的な制度形成のための立法であり，形式面での法的な枠や要素が妥当するとともに，それぞれの領域における専門的な合理性や制度的な体系性・整合性などを

---

101) 高見・前掲注99) 29頁。
102) 川﨑・前掲注49) 55頁。
103) 宍戸・前掲注66) 75頁。

確保することが比較的強く求められるもの」とされる。このような制度形成型訴訟においては，それらの制度形成に対する立法府の判断を尊重することがまず求められるが，その制度が憲法上の基本的な人権，統治構造に反するという場合には，裁判所が厳格な形で違憲審査を行うということがありえよう。

③の政策構想・選択型立法とは，「その時々の政府の政策の基本的な方向付け・選択や，価値の調整・選択による社会の方向付けにかかわる立法」であり，具体的には改革立法を意味している。これらの政策構想・選択型立法は，国政上の重要な課題に対する政治側の認識を示すにとどまって本来的に政治的なものであり，裁判所との邂逅はないであろう。

④の「政策遂行型立法」とは，「法令の適用・政策の執行の関係で必要とされる立法であり，行政的な合理性や法律による行政の観点から，特に合目的性や整合性を確保することが求められるものであり，形式面での法的な枠や要素についても，制度形成型ほどではないとしてもそれに準じる形でそれなりに満たすことになる」とされる[104]。

⑤の「問題対処型立法」とは，社会に生起する諸問題に対処するために行われる立法であり，措置法・処分的法律などと呼ばれるものがその典型である」。これらの法律については，裁判所が一定の役割を果たすことがあろう。

また，裁判所は立法プロセス[105]に関する国会法，議院規則，先例などによって課されている立法手続に対する制約についても，その制約の適否について，一定の役割を果たすことになろう。立法手続の問題点については，すでに現在の立法プロセスの問題点が，法制実務家ばかりではなく，学説上も指摘されているところである。すでに述べたように，事前承認制や機関承認制については，その問題性が指摘されてきたところである。なかでも議員提出法案に対する機関承認の問題に関しては，議員の議案提出に対する事前規制が，他の議院内閣制諸国では見られないばかりではなく，わが国の国会法，衆議院規則，衆議院先例集にもないという点で極めて特異なものであると指摘されている[106]こと

---

104) 川﨑・前掲注49) 58頁。
105) ここで立法過程ではなく，立法プロセスという言葉を用いたのは，立法過程については，政治学等でも用いられており，多義的な意味合いを持つためである。ただし，立法プロセスという言葉を用いたもう一つの理由は，立法過程の動態的な理解を考慮したためである。「立法過程」の法学的な精密な定義については，木村・前掲注65) 17頁参照。
106) 大石・前掲注69) 310頁。

に留意が必要であろう。

3 「立法者制御の法理論」との関係

いま述べたように，最高裁は判断過程審査論の影響の下で，立法プロセスにおける立法者の主観的瑕疵を問題にすることが多くなっているが，そのことに関連して2つの点が裁判所の役割との関係で検討されることが必要であろう。すなわち，判断過程審査が「行政裁量の分野において行われている司法審査の手法を立法裁量の分野に応用しようとするもの」であるなら，現在行政裁量の分野で行われている司法審査の手法を改めて検討する必要も生じる可能性があるということである。その点で，行政法学で「立法者制御の法理論」が展開されていること[107]が注目される。その理論によれば，立法の質の評価基準として，以下のようなものがあげられる。第1に，憲法の個別の人権規定と密接な関係に立つ評価基準として，法律の規律密度，すなわち法治主義的要請から，「形式的に法律の授権規定があるだけでは足りず，介入の要件や効果が法律で明確に定められているか」か否かが，また裁判を受ける権利との関係から，立法が実効的な権利救済に対する十分な配慮をなしているかが検討されるべきとされる[108]。第2の評価基準として，公法学の指針的価値，すなわち決定過程の公正性・中立性，決定過程の透明性，執行過程の実効性・効率性の3点があげられる[109]。ここでは，第2の評価基準であげられた3点に加えて，立法プロセスに対する評価という点を付け加えて，もう少し検討してみたい。

決定過程の透明性については，すでにつぎのように指摘されている。「我が国の立法のプロセスにおいて決定的に不足しているものは，透明性と説明責任であるというべきであり，『良き立法』の実現のためには，そのプロセスの可視性と立法情報の公開性を高めることが前提条件となる。……その点からは，国会提出前の立案過程の可視性を高めることも重要」である。この決定過程の透明性は，立法プロセスにおいて立法目的の明確性を明らかにする形で担保される必要がある。それは，川﨑氏の述べるように，わが国で見られるような「法

---

107) 原田大樹「立法者制御の法理論——政策決定の『質』向上のための一試論」新世代法政策研究7号（2010年）109頁。
108) 原田・前掲注107) 120–122頁。
109) 原田・前掲注107) 129–131頁。

律に目的規定を置くのは，比較法的にみて，決して一般的なものではない」が，「諸外国の議会では，法案について，詳細や資料やレポートが政府から提出されることが少なくない」からである。そのためには，まず立法の「目的」と「動機」とを区別した上で，法案の詳細や資料・レポートなどから，「目的が建前的なものとなったり偽装されたりする場合には，むしろ動機の方が問われる」[110]という判断の方法を検討することが考えられよう。

もっとも，立法の動機の審査はかなり困難と考えられる。それは，立法動機が「国会議員や官僚など，立法関係者が，その法案を立法しようとした内心たる動機」[111]を指すからである。ただし，その場合に立法の趣旨・目的のみを文言によって審査することは，合理的な目的といえるものが容易に考えられるため，その目的を常に正当化してしまうおそれがある。したがって，そこでは立法事実の存在を裁判所が立法プロセスにおける詳細な資料やレポートなどを用いて審査することが求められることになるが，さらに立法動機をどのように立法目的とは分離して考慮しうるかが問題となろう。

つぎに，立法プロセスの公正性及び中立性との関係では，国会の審議のあり方の公開性をいかに高めるかが重要となる。そのことによって，国会が「質疑や議論を通じて，法律案を提出した側がその必要性や合理性を論証し，説明責任を果たす場となるようにしている」[112]か否かを問うことができるからである。この点は，すでに国会の審議過程に関して可視性を高めるという観点から，問題が学説上指摘されてきた。それは，与党審査に絡んで，「与党の国会対策委員会などに中央省庁の官僚らが出席し，法律案などを説明するしくみである。さらに，そこでの法律案の説明は，概要説明だけでなく，特にその法案の問題点，対立点（各種情報）等を説明すること」[113]が加えられるとされる。重要な点は，このような仕組みについて，内閣が議院の法案議事プロセスに介入することを認めることは，内閣提出法案の成立を確実にするために生み出された「極めて合理的な政策決定手続」であるという評価と[114]，このような仕組みは「法律上

---

110) 川﨑・前掲注49) 53頁。
111) 木村・前掲注65) 21頁。この点で，ドイツ憲法学における「違憲の主観化」が注目される。
112) 川﨑・前掲注4) 98頁。
113) 大石・前掲注69) 312頁。
114) 大山礼子『国会学入門〔第2版〕』（三省堂，2003年）54-55頁，255頁。

の根拠をまったく欠いており、また、国民一般・外部に対する公開性を欠いたまま与党審査を行うことは、不透明だとの批判を免れない。」とする評価[115]が対立していることである。このような評価の対立する問題に対処するためには、裁判所が立法記録の審査を実質的に行うことが求められると考えられる。

　立法プロセスの実効性や効率性を高めるという点で、問題となるのは、現在行政立法に対する効果的なコントロールが欠如していることである[116]。とくにこれまで指摘したように、現在は官邸主導による政治という傾向が一層強められており、その意味で行政立法をいかに効果的にコントロールできるか否かは重要な問題といえる。現在内閣の定める政令は成立した法律の数を大きく上回り、毎年常に法律のほぼ4, 5倍に上っているといわれ、さらに「その中には、法律の委任を受けて制定されたもの（受任政令）も多いが、一般に、議員は、法律の内容に強い関心を示すことはあっても、法律により委任された側（各省庁）が定めた内容を注意ぶかく検討することはほとんどない、といってよい。これでは、もともと政府提出法案の比率がきわめて高いという状況の下において、委任という手続を経由して法律から政令に移された事項は、結局のところ、各省庁又は官僚により独占的に決定されることを許してしまうことになる」という問題点が指摘されている。そこで、このような委任立法に対しては、立法府がその責任として、委任者たるの自覚に立って、受任政令（案）を自らチェックする方法を採り入れるべきであるとの提案がなされている。たしかに、このような方法は「その委任法（母法）との整合性だけでなく政策的な当否や妥当性をも含めた効果的なコントロールをおこなうことができるという意味を有する」といえるが、現にそのような委任立法の統制方法が行われているイギリス議会は、わが国のように会期制をとっておらず、「こうした制度を日本において実行に移すためには、国会両議院は常に活動能力を有し、委員会も常に議案審査をおこなうことのできる体制を整えておくことが不可欠であろう」とされる。しかし、わが国の議会を通年国会の形で行うことに対しては、通説は過剰な立法による人権への制約などを理由に否定的である。そうであるとすれば、受任政令に対する統制の問題をもっぱら司法部の事後的な判断に委ねているやり方を、一層積極的に行う必要が生じることになろう。

---

115) 大石・前掲注69) 312頁。
116) 以下の文章は、大石・前掲注69) 319-320頁による。

立法プロセスの評価とは，立法的評価，すなわち「立法的性格を持つ国家的措置に関する評価」であって「法形式を備えた規範が全体適用領域に対して及ぶ財政的および非財政的，意図的および非意図的影響を分析するもの」[117]とは異なる。ここでいう立法プロセスの評価とは，立法の質の確保に対する事後的な司法の役割を意味している。この事後的な司法による立法の質の確保を図る手段としては，違憲無効判決に加えて，違憲警告判決や違憲確認判決さらに将来効判決などの違憲判断の多様な判決形式がまず想起される。もっとも，違憲警告判決については「これを受けた立法府における迅速な対応が期待されるような状況においてはじめて積極的な意味をもつ」にとどまるのに対し，違憲確認判決は，判決が下されることにより，「立法府は遅滞なく違憲な法状態を排除して，新しい合憲的な規律を行うことが義務づけられる」とされる。ただし，違憲確認判決についても「違憲とされた規定の適用の停止が重大な法的空白や法的不安定を生じさせる場合には，当該規定は例外的に継続的に適用される」ことになる[118]。これらの違憲判断の判決形式は，事後的な司法による立法の質の確保の手段としては重要なものといえるが，立法のプロセスそれ自体にまで影響するものではない。その意味では，立法のプロセス自体に影響を及ぼしうる立法者が立法目的に関して明白に誤った判断を行った場合に法改正を義務づける立法者の事後改善義務などの問題[119]を今後検討する必要があろう。

VI　結びに代えて

　以上，立法の質の確保に関する裁判所の役割について若干の考察をしてきたが，わが国の最高裁はその役割の拡大について，これまで慎重な姿勢をとってきた。たとえば，立法不作為違憲国賠訴訟のリーディング・ケースであった1985(昭和60)年の在宅投票事件（最判昭和60.11.21民集39巻7号1512頁）では「立法行為の違

---

117) 大石・前掲注69) 312頁。
118) 畑尻・前掲注73) 325-326頁。
119) 宍戸・前掲注65) 69頁。立法者の事後改善義務については，以下の文献を参照のこと。合原理映「立法者に対する法改正の義務づけ——改善義務に関するドイツの学説の考察」阪大法学53巻6号（2004年）1541頁，同「立法者に対する法改正の義務づけ——ドイツ連邦憲法裁判所における改善義務論」阪大法学49巻1号（1999年）269頁，入井凡乃「立法者の予測と事後的是正義務——ドイツ連邦憲法裁判所判例を中心に」法学政治学論究96巻（2013年）343頁。

法性を，立法内容の著しい瑕疵（一義的文言違反）に置き換えることによって，立法行為それ自体の司法審査対象性を否定した」とされる[120]。また，1976 (昭和51) 年の衆議院の議員定数不均衡訴訟判決（最大判昭和51.4.14民集30巻3号223頁）では，「一般に，制定当時憲法に適合していた法律が，その後における事情の変化により，その合憲性の要件を欠くに至ったときは，原則として憲法違反の瑕疵を帯びる」としたが，いつの時点で当該法律が違憲となるかの判断は慎重に行われなければならないとした。このような裁判所の慎重な姿勢の背景には，立法事実とくに立法の法形成・政策形成を支える事実の審査が，立法府による政策判断と密接な関係を有することを認識上でなされるものであるということがある。

しかし，最近では，すでに見たように，国籍法事件，在外邦人選挙権違憲訴訟，非嫡出子法定相続分差別規定訴訟などで「立法事実の変化論」が採用される形で違憲判決が下されている。また，議員定数不均衡訴訟でも，判断過程審査が採用されるなどしている。このような傾向は，立法の質の確保についての今後の裁判所の役割を考える上で重要なものといえる。そのような観点から本稿では，裁判所が立法の質を確保するためにとりうる手段について，検討を加えてきた。

もっとも，改めて言うまでもなく，裁判所が立法の質を確保するという役割をどのような形で果たすのかについて，すぐに結論を出すことは困難であるようにも思われる。それは，法律の規定が憲法の明示的な規定との間で客観的な規範衝突が存在する場合だけではなく，立法府の主観的瑕疵を問う形でにこれまで委ねられてきた「聖域」に踏み込むことを意味するからである。それは，憲法の基礎とする議院内閣制ともかかわる重要な問題である。裁判所の民主主義的正統性さえ問われかねない状況が予想されうるからである。

もっとも他方において，本稿が冒頭で述べたように，わが国の立法府は20世紀から21世紀にかけての諸改革の中で実質的にその地位を相対的に低下させてきている[121]。そこでは幹部官僚を取り込んだ官邸主導の政治が諸改革によ

---

120) 山本・前掲注91) 67頁。
121) その理由として，現代社会のIT化などにより有益な情報の収集や分析が困難なことに加えて，社会の流動化，利害の対立の細分化・深刻化の中で，国会議員が再選を目指すためにその態度を明示することを回避し，官邸や行政の判断を待つという姿勢をとるという理由もあげられよう。再選との関係でアメリカにおける議員の行動を説明したものとして，以下の文献を参照のこと。デイヴィッド・メイヒュー（岡山裕訳）『アメリカ連邦議会──選挙とのつながりで』（勁草書房，2013年）。

る制度的権力基盤を与えられて見られるようになってきており，官邸主導の立法がなされる事態が生じている。それは，委任立法の範囲にとどまらないような，これまでにない種類の立法を増大させている。そして，そのような状態を反映して，法制局の実務者からは緊急な対応を求める声が立ち上っている。

　そこで本稿では，そのような立法の質の低下の状態を回復するための裁判所の役割について若干の検討を加え，具体的には立法事実論を改めて見直し，それが目的・手段の合理的関連性のみを問題にしていたのではなく，立法目的の合憲性を支える立法事実を問題にしていたものであることを明らかにした。ただそれは，立法に示された政策的合理性を裁判所が検討することを意味し，政治と司法との邂逅の場である立法という場を浮き上がらせるものであった。そのような中で，立法の質を回復するために裁判所がどのような役割が果たすべきかについては，わが国の場合には，直接国民によって民主的に選出される議会に対して，裁判所は一定の敬譲を払う必要があることを前提にして，検討を加えることが重要であるといえる。そのような観点から，ここでは具体的には，立法のプロセスの手続的正当性の問題について，立法プロセスにおける決定過程の公正性・中立性，決定過程の透明性，執行過程の実効性・効率性，決定過程の評価という点に沿って，これまで提唱されている裁判所の役割を紹介しつつ若干の検討を行った。その中でも認めているように，そこにはなお検討するべき多くの点が存在している。その検討を後日に期すことを記して，本稿をとりあえず閉じることにしたい。

著者紹介

編者

川﨑政司(かわさき　まさじ)

慶應義塾大学大学院法務研究科客員教授

『法律学の基礎技法〔第2版〕』(法学書院, 2013年)

「立法における法・政策・政治の交錯とその『質』をめぐる対応のあり方」井田良＝松原芳博編『立法実践の変革(立法学のフロンティア3)』42頁(ナカニシヤ出版, 2014年)

大沢秀介(おおさわ　ひでゆき)

慶應義塾大学法学部政治学科教授

『アメリカの司法と政治』(成文堂, 2016年)

『司法による憲法価値の実現』(有斐閣, 2011年)

編集委員

大林啓吾(おおばやし　けいご)

千葉大学大学院専門法務研究科准教授

『憲法とリスク——行政国家における憲法秩序』(弘文堂, 2015年)

『アメリカ憲法と執行特権——権力分立原理の動態』(成文堂, 2008年)

井上武史(いのうえ　たけし)

九州大学大学院法学研究院准教授

『結社の自由の法理』(信山社, 2014年)

『一歩先への憲法入門』(共著, 有斐閣, 2016年)

見平　典(みひら　つかさ)

京都大学大学院人間・環境学研究科准教授

『違憲審査制をめぐるポリティクス——現代アメリカ連邦最高裁判所の積極化の背景』(成文堂, 2012年)

「憲法学と司法政治学の対話——違憲審査制と憲法秩序の形成のあり方をめぐって」法律時報86巻8号93頁(2014年)

木下和朗(きのした　かずあき)

岡山大学大学院法務研究科教授

「オーストラリアにおける両院制——直接公選対等型両院制に関する制度考察」高見勝利先生古稀記念『憲法の基底と憲法論』471頁(信山社, 2015年)

『二院制の比較研究——英・仏・独・伊と日本の二院制』(共著〔岡田信弘編〕, 日本評論社, 2014年)

上田健介(うえだ　けんすけ)

 近畿大学大学院法務研究科教授
 『首相権限と憲法』(成文堂, 2013年)
 「イギリスにおける憲法変動の改革論」駒村圭吾=待鳥聡史編『「憲法改正」の比較政治学』(弘文堂, 2016年)

片桐直人(かたぎり　なおと)

 大阪大学大学院高等司法研究科准教授
 「財政・会計・予算」法律時報88巻9号4頁(2016年)
 「日本国憲法の下における中央銀行制度の位置づけとそのデザイン」論究ジュリスト16号140頁(2016年)

櫻井智章(さくらい　ともあき)

 甲南大学法学部教授
 『判例で読む憲法』(北樹出版, 2016年)
 『レクチャー比較憲法』(共著〔初宿正典編〕, 法律文化社, 2014年)

只野雅人(ただの　まさひと)

 一橋大学大学院法学研究科教授
 『選挙制度と代表制——フランス選挙制度の研究』(勁草書房, 1995年)
 『憲法と議会制度』(共著, 法律文化社, 2007年)

建石真公子(たていし　ひろこ)

 法政大学法学部法律学科教授
 「フランス2008年憲法改正における違憲審査と条約適合性審査——人権保障における憲法とヨーロッパ人権条約の規範の対立の逆説的な強化(1), (2)」法学志林109巻3号1頁, 111巻3号1頁(連載継続中, 2012年, 2014年)
 「生殖補助医療における法の役割——『権利』と『公序』の選択」憲法理論研究会編『対話的憲法理論の展開(憲法理論叢書24)』257頁(敬文堂, 2016年)

江島晶子(えじま　あきこ)

 明治大学法科大学院教授
 「権利の多元的・多層的実現プロセス——憲法と国際人権条約の関係からグローバル人権法の可能性を模索する」公法研究78号47頁(2016年)
 「グローバル化社会と国際人権」法律時報87巻13号348頁(2015年)

現代統治構造の動態と展望──法形成をめぐる政治と法

2016年11月30日　初版第1刷発行

編集Ⓒ　川﨑政司
　　　　大沢秀介

発行者　芋野圭太
発行所　尚　学　社
〒113-0033　東京都文京区本郷1-25-7　電話(03)3818-8784
http://www.shogaku.com/

ISBN978-4-86031-123-0 C3032　　　組版／ACT・AIN　印刷／互恵印刷　製本／三栄社